呼伦贝尔农垦集团
产业发展战略研究

◎ 胡兆民 刘晓洁 郭 平 张海燕 等 著

中国农业科学技术出版社

图书在版编目（CIP）数据

呼伦贝尔农垦集团产业发展战略研究 / 胡兆民等著. --北京：中国农业科学技术出版社，2022.6
ISBN 978-7-5116-5464-9

Ⅰ.①呼… Ⅱ.①胡… Ⅲ.①农垦公司－企业集团－产业发展－研究－呼伦贝尔市 Ⅳ.①F324.1

中国版本图书馆CIP数据核字（2021）第174411号

责任编辑	崔改泵
责任校对	李向荣
责任印制	姜义伟　王思文

出 版 者	中国农业科学技术出版社
	北京市中关村南大街12号　邮编：100081
电　　话	（010）82109194（编辑室）　（010）82109702（发行部）
	（010）82109709（读者服务部）
网　　址	http://www.castp.cn
经 销 者	各地新华书店
印 刷 者	北京科信印刷有限公司
开　　本	185 mm×260 mm　1/16
印　　张	17.5
字　　数	402千字
版　　次	2022年6月第1版　2022年6月第1次印刷
定　　价	100.00元

◆◆◆◆ 版权所有·侵权必究 ◆◆◆◆

《呼伦贝尔农垦集团产业发展战略研究》
著者名单

主　著　胡兆民　刘晓洁　郭　平　张海燕
副主著　樊江文　辛良杰　郭金花　王金河　高树琴　张玉成　李惠实　张宝祥
　　　　　鲍业鸣　白曙光　栾永刚　张宝君　宋延臣　程　燕　贾志奎　郑力军
　　　　　牟春雨　张绍勋　吴国志　陈　建　胡家才　杨晓光　包常顺　刘仁刚
　　　　　张　然　侯吉喆　赵建虎　郝宝明　吕歆懿　张更乾
著　者（按姓氏笔画排序）
　　　　　于德军　呼伦贝尔农垦三河农牧场有限公司
　　　　　马铁栋　呼伦贝尔农垦集团有限公司
　　　　　王　刚　呼伦贝尔农垦集团有限公司、呼伦贝尔农垦投资有限公司
　　　　　王士奇　呼伦贝尔农垦牙克石农牧场有限公司
　　　　　王本峰　呼伦贝尔农垦集团有限公司
　　　　　王国刚　中国农业科学院农业经济与发展研究所
　　　　　王欣甜　山东建筑大学
　　　　　王金河　呼伦贝尔农垦集团有限公司
　　　　　王树勇　呼伦贝尔农垦哈达图农牧场有限公司
　　　　　王穗子　中国科学院地理科学与资源研究所
　　　　　乌恩旗　呼伦贝尔农垦集团有限公司
　　　　　田保国　呼伦贝尔农垦那吉屯农牧场有限公司
　　　　　白曙光　呼伦贝尔农垦集团有限公司
　　　　　丛　明　呼伦贝尔农垦集团有限公司
　　　　　包常顺　呼伦贝尔农垦集团有限公司
　　　　　吕歆懿　呼伦贝尔农垦集团有限公司
　　　　　伦　飞　中国农业大学
　　　　　庄树生　呼伦贝尔农垦大河湾农牧场有限公司
　　　　　刘　宇　呼伦贝尔农垦食品集团有限公司
　　　　　刘仁刚　呼伦贝尔农垦集团有限公司
　　　　　刘晓宇　中国科学院地理科学与资源研究所

刘晓洁	中国科学院地理科学与资源研究所
刘家梅	中国科学院地理科学与资源研究所
刘端瑞	呼伦贝尔农垦集团有限公司
闫景赟	呼伦贝尔农垦科技有限公司
孙云飞	中科信息技术产业研究院、呼伦贝尔农垦科技有限公司
牟春雨	呼伦贝尔农垦集团有限公司
杜增友	呼伦贝尔农垦特泥河农牧场有限公司
李　宏	呼伦贝尔农垦集团有限公司
李惠实	呼伦贝尔农垦集团有限公司
李愈哲	中国科学院地理科学与资源研究所
杨晓光	呼伦贝尔农垦集团有限公司
吴国志	呼伦贝尔农垦集团有限公司
何兆东	呼伦贝尔农垦拉布大林农牧场有限公司
冷占武	呼伦贝尔农垦集团有限公司
辛良杰	中国科学院地理科学与资源研究所
宋　涛	中国科学院地理科学与资源研究所
宋延臣	呼伦贝尔农垦集团有限公司
宋恒飞	中国科学院地理科学与资源研究所
张　凤	山东建筑大学
张　然	呼伦贝尔农垦集团有限公司
张广会	呼伦贝尔农垦上库力农牧场有限公司
张中原	呼伦贝尔农垦集团有限公司
张文武	大兴安岭农垦（集团）有限责任公司
张文博	中国农业科学院农业资源与农业区划研究所
张玉成	中国科学院计算技术研究所
张更乾	呼伦贝尔农垦集团有限公司
张其文	呼伦贝尔农垦绰尔河农牧场有限公司
张宝君	呼伦贝尔农垦集团有限公司
张宝祥	呼伦贝尔农垦集团有限公司
张绍勋	呼伦贝尔农垦集团有限公司
张思军	呼伦贝尔农垦格尼河农牧场有限公司
张洪源	中国科学院地理科学与资源研究所
张海燕	中国科学院地理科学与资源研究所
张雅娴	中国科学院地理科学与资源研究所

张满泽　呼伦贝尔农垦谢尔塔拉农牧场有限公司
陈　建　呼伦贝尔农垦集团有限公司
武奎斌　呼伦贝尔农垦扎兰屯农牧场有限公司
郑力军　呼伦贝尔农垦集团有限公司
官惠玲　中国科学院地理科学与资源研究所
封　鑫　呼伦贝尔农垦集团有限公司
赵宏伟　呼伦贝尔农垦集团有限公司、大兴安岭农垦（集团）有限责任公司
赵建虎　呼伦贝尔农垦集团有限公司
郝宝明　呼伦贝尔农垦集团有限公司
郝建玺　呼伦贝尔生态产业技术研究院
胡立民　呼伦贝尔农垦苏沁农牧场有限公司
胡兆民　呼伦贝尔农垦集团有限公司
胡家才　呼伦贝尔农垦集团有限公司
侯吉喆　呼伦贝尔农垦集团有限公司
贺一兵　呼伦贝尔农垦集团有限公司、呼伦贝尔农垦建设有限公司
贾志奎　呼伦贝尔农垦集团有限公司
栾永刚　呼伦贝尔农垦集团有限公司
高华成　呼伦贝尔农垦集团有限公司
高树琴　中国科学院植物研究所
郭　平　呼伦贝尔农垦集团有限公司
郭金花　中国科学院地理科学与资源研究所
郭海山　呼伦贝尔农垦物资石油集团有限公司
郭祥华　呼伦贝尔农垦免渡河农牧场有限公司
陶　然　呼伦贝尔农垦集团有限公司
逯心平　呼伦贝尔农垦浩特陶海农牧场有限公司
韩玉军　呼伦贝尔农垦集团有限公司
韩成古　中国农业科学院农业经济与发展研究所
韩宗霖　郑州电力职业技术学院
程　涛　呼伦贝尔农垦集团有限公司、海拉尔农垦（集团）有限责任公司
程　燕　呼伦贝尔农垦集团有限公司
鲍业鸣　呼伦贝尔农垦集团有限公司
樊江文　中国科学院地理科学与资源研究所
潘　勇　呼伦贝尔农垦莫拐农牧场有限公司
魏　巍　呼伦贝尔农垦集团有限公司

序　言

呼伦贝尔农垦集团是一家以农牧业生产为基础，农牧工商贸综合经营、一二三产业融合发展的大型国有企业。呼伦贝尔农垦集团位于我国大兴安岭与呼伦贝尔草原两大生态圈内，自然资源十分丰富，环境条件得天独厚，具有集团化、组织化、集约化、机械化水平高，管理能力强的特征，是典型的"农业国家队"。进入新世纪以来，集团依靠"全原生态资源环境、全产业链管理模式、全过程重品质保障、全农垦人诚信支撑"，打造出极具影响力的"呼伦贝尔农垦"品牌，培育出"芥花油、大豆、面粉、淀粉制品、奶制品、羊肉、牛肉"七大系列全产业链产品，为保障国家粮食安全和振兴地方经济发展作出了重要贡献。

"十四五"时期是我国开启全面建设社会主义现代化国家新征程的第一个五年，对于农垦集团来说也是实现更大发展的关键时期。新的历史机遇下，呼伦贝尔农垦集团谋划布局，特委托中国科学院地理科学与资源研究所编制呼伦贝尔农垦集团"十四五"产业发展战略规划（2021—2025年）。本书在回顾我国农牧业发展历程，分析新时期我国农牧业发展面临的挑战和机遇基础上，深入剖析呼伦贝尔农垦集团发展环境和未来形势，提出呼伦贝尔农垦集团农牧产业"十四五"发展战略和发展目标；依据产业特点和发展理论方法，优化产业发展空间布局，提出产业结构调整思路；明晰夯实产业发展基础的具体路径；谋划实现创新发展的战略对策，部署深化体制机制改革的重要举措，描绘呼伦贝尔农垦集团未来五年农牧产业发展蓝图。规划突出顶层设计，科学统筹，具有较强的前瞻性和指导性，基础扎实，有理有据，具有较强的系统性和可操作性，为农垦集团"十四五"产业发展提供了坚实的科学支撑。

本书的显著特点是立足贯彻落实习近平总书记"大食物观"的要求，将呼伦贝尔农垦集团作为典型案例，通过战略谋划和科技支撑，全面展示了新时期农垦发展的新思路、产业发展的新布局；既强调了夯实粮食生产的基础，又突出了自然资源的全面开发利用，大力增加粮食和肉类、蔬菜、水果、水产品等各类食物生产，为保障国家粮食和食物数量安全、质量安全、营养安全发挥更大的作用。

  本书的出版，对深刻认识新时期我国"大食物观"的新特征，提高农业综合生产能力，加强优质农产品有效供给，保障食品安全和营养安全，深化农业供给侧改革，大力促进我国食物生产、消费升级和农业可持续发展战略转型等，起到积极的推动作用。同时，规划提供的编制方法和指标测算、重大对策措施谋划，可供农业、资源、地理、环境、产业发展等相关领域的专业科研人员和相关决策管理部门参考。

2022年4月26日

前　言

农垦是特定历史条件下为承担国家特定使命而建立的农业综合生产体系，经过几十年的发展，已成为中国特色农业经济体系不可或缺的组成部分，为维护国家粮食安全、边疆稳定发挥了巨大的作用。新时期新形势下，农垦全方位改革的需求愈发迫切。2012年，国家启动了农场办社会职能改革试点。2015年，发布了《中共中央、国务院关于进一步推进农垦改革发展的意见》（中发〔2015〕33号），全国农垦体制机制改革由此拉开序幕。为深入贯彻落实中央农垦改革发展文件精神和习近平总书记关于农垦改革发展的重要指示精神，呼伦贝尔农垦集团坚持社会主义市场经济改革方向，切实推进垦区集团化、农牧场企业化的主线改革，取得了一系列成绩。2016年，国务院副总理汪洋在黑龙江省考察农业农村工作时，明确提出"现代化草牧业看呼伦贝尔农垦"。2014年和2019年，习近平总书记两次考察内蒙古自治区，做出"建设美丽草原""不忘初心"等重要指示。呼伦贝尔农垦集团为贯彻新时代新发展理念，正不断努力探索一条符合战略定位、体现农垦特色的高质量发展的新路子。

"十四五"是我们国家发展中的一个极其重要五年期，是在全面建成小康社会的基础上，向基本实现社会主义现代化目标奋斗15年的开局五年。从全球发展态势看，全球范围内贸易摩擦、争端加剧，贸易战、科技战、网络战、金融战不断升级。全球新冠肺炎疫情可能会持续较长时间，世界经济下行压力不断加大，风险挑战和不确定性显著上升，也使我国经济输入性风险持续上升，外部经济环境严峻。"十四五"也是全面推进乡村振兴、加快农业农村现代化的关键五年。党的十九届五中全会明确提出，坚持把解决好"三农"问题作为全党工作重中之重，加快农业农村现代化，保障国家粮食安全，提高农业质量效益和竞争力。在疫情冲击和国际复杂经济政治环境下，粮食安全尤其重要，"中国人的饭碗任何时候都要牢牢端在自己手上"。

受国内外大环境影响，全国农垦发展面临的环境更加错综复杂。一方面，国际农业领域竞争日趋激烈，跨国垄断农业企业在全球范围内配置资源趋势更加明显，在我国布局的步伐加快、影响增强；国内外农产品市场深度融合，主要农产品价差拉大，国内农业资源环境约束加剧，我国农业生产效率不高、竞争力不强等问题凸显，转方式、调结构更加迫切。另一方面，现代农业建设加速推进，农业整体竞争力逐步提升，城乡居民消费结构升级换代加快，发展的基础和环境良好、潜力巨大。同时，也要清醒地认识到，农垦系统仍存在一些突出问题和矛盾，体制改革虽基本完成，但产业体系与产权关系尚待理顺，农牧产业结构亟须调整，产业融合发展有待进一步提高，营销网络与品牌建设面临较大困难，人才建设与科技支撑能力也需进一步提升。

"十四五"时期是呼伦贝尔农垦集团发展的重要战略机遇期，也是改革发展的攻坚时期。面临机遇与挑战，呼伦贝尔农垦集团必须主动适应和把握新形势新要求，深化体制机制改革，理顺产业体系与产权关系，亟须调整农牧产业结构，切实解决好营销网络与品牌建设面临的困难，提升人才建设与科技支撑能力。2020年，特委托中国科学院地理科学与资源研究所编制了《呼伦贝尔农垦集团"十四五"产业发展战略规划（2021—2025年）》。

本书在探讨我国农牧业面临形势和新时期发展要求的基础上，客观分析、诊断呼伦贝尔农垦集团关键问题与主要挑战，提出构建现代产业体系的基本思路和发展定位与目标、产业布局与策略，部署集团产业体系培育、科技创新、品牌营销、垦地融合、体制机制改革、对外合作、重大项目建设以及垦区民生发展等重点任务。基于以上研究，提出以"固农兴牧、三产融合、打造品牌、优化供给"为产业发展方向，大力推进生态产业化、产业生态化，将生态优势转化为产品优势和经济优势，以"农牧林旅结合，一二三产融合"为载体，转变思想观念、强化创新，以"由农转牧，农牧结合，农旅融合，以牧为主"为突破口，强基础、补短板、抓重点，积极构建现代产业体系、生产体系和经营体系的"十四五"产业发展主线，以供农垦农牧业技术人员和服务人员参考，为推进垦区经济社会可持续发展提供科学支撑。

著者

2021年12月

目 录

第一章 新时期我国农牧业发展面临的挑战与机遇 ············ 1
- 第一节 改革开放以来我国农牧业发展历程 ············ 1
- 第二节 我国农牧业发展存在的主要问题 ············ 9
- 第三节 我国农牧业发展机遇 ············ 14
- 第四节 我国农牧业未来发展方向 ············ 23

第二章 农牧产业发展现状与趋势 ············ 30
- 第一节 产业发展和布局的基本理论 ············ 30
- 第二节 传统农牧业国内外发展现状 ············ 37
- 第三节 农机服务业发展现状与趋势 ············ 53
- 第四节 现代物流业发展现状与趋势 ············ 58
- 第五节 旅游业发展现状与趋势 ············ 66

第三章 产业发展理论概述 ············ 70
- 第一节 产业发展和布局的影响因素 ············ 70
- 第二节 区域产业布局效果评价方法 ············ 73

第四章 产业发展的基础与态势 ············ 78
- 第一节 发展历程 ············ 78
- 第二节 发展态势 ············ 79

第五章 发展目标与策略 ············ 88
- 第一节 指导思想与原则 ············ 88
- 第二节 发展定位与目标 ············ 89
- 第三节 产业空间布局 ············ 94
- 第四节 发展策略 ············ 103

第六章 主导产业发展战略 ············ 115
- 第一节 优质粮油业 ············ 115

第二节　生态饲草业 …………………………………………… 124
　　第三节　绿色乳业 ……………………………………………… 131
　　第四节　健康肉业 ……………………………………………… 137

第七章　特色产业发展战略 …………………………………………… 143
　　第一节　特色种植业 …………………………………………… 143
　　第二节　特色养殖业 …………………………………………… 146
　　第三节　优质林产品产业 ……………………………………… 148

第八章　现代农牧服务业发展战略 …………………………………… 159
　　第一节　现代农机服务业 ……………………………………… 159
　　第二节　现代物流服务业 ……………………………………… 162
　　第三节　农牧旅游业 …………………………………………… 166

第九章　现代农牧基础设施建设 ……………………………………… 170
　　第一节　加强农田基础设施建设 ……………………………… 170
　　第二节　加快仓储物流设施建设 ……………………………… 172
　　第三节　推进现代农牧设施建设 ……………………………… 174

第十章　产业发展的基础与动力 ……………………………………… 179
　　第一节　加强品牌和营销体系建设 …………………………… 179
　　第二节　聚力打造创新平台 …………………………………… 183
　　第三节　全力推动农牧业数字化 ……………………………… 195
　　第四节　打造区域产业联合体 ………………………………… 199
　　第五节　构建双循环发展新格局 ……………………………… 204

第十一章　现代企业治理体系与保障措施 …………………………… 213
　　第一节　现代企业治理体系建设 ……………………………… 213
　　第二节　实施保障管理 ………………………………………… 216

第十二章　生态保护工程与民生建设 ………………………………… 222
　　第一节　生态环境保护与建设 ………………………………… 222
　　第二节　着力保障和改善民生 ………………………………… 233

参考文献 ………………………………………………………………… 237

附件　参考文件与资料 ………………………………………………… 247

附录　呼伦贝尔农垦集团发展历程大事记 …………………………… 249

第一章　新时期我国农牧业发展面临的挑战与机遇

"民以食为天",农牧业涉及每个人的日常生活。中国是世界农牧业生产大国与农畜产品消费大国,农牧业发展历史悠久,是世界农牧业起源地之一。在过去几千年的历史长河中,农业一直是中国的第一产业。进入近现代以来,虽然农业产值不断下降,但作为保障国家安全的基础性地位却在不断加强,我国政府非常重视农牧业发展与国家粮食安全,新中国成立后,中国农牧业取得了令世界瞩目的成绩,创造了"以不足10%的耕地比例养活了世界22%的人口"的中国奇迹。

第一节　改革开放以来我国农牧业发展历程

1978年,党的十一届三中全会确定了农村家庭联产承包责任制,拉开了中国农牧业改革的序幕,从而给国家社会主义现代化和工业化建设打下了坚实基础。在中国共产党的领导下,我国坚持解放思想、实事求是的思想路线,尊重农牧业发展规律,结合我国实际,促进农牧业技术方面的改进以提高农牧业生产力,逐步完善以改革农牧业生产关系,有效配置了多种资源。虽然经历过曲折,仍然走出了一条具有中国特色社会主义的农牧业发展和现代化的道路。

要厘清改革开放以来的农牧业发展史,需要选择重要的时间节点进行分期。目前,不同学者针对机械化水平(刘合光,2008)、研发水平(黄季焜,2018)或经济社会发展道路来进行划分,并没有就此达成统一。本章考虑到主要研究对象为中国农牧业,则以党的十四大(1992年)、十六大(2002年)和十八大(2012年)为节点,将这四十余年划分为4个阶段,以体现逐步深化的"三农"改革带来的农牧业发展,并对各阶段的发展重点、所获成就和历史经验进行概述和总结,以期为未来中国农牧业的发展提供参考,为新时期呼伦贝尔农垦集团制定更符合时代要求发展的战略提供依据。

一、改革探索阶段(1978—1991年)

党的十一届三中全会将党的工作重心转移到经济建设上来,农业方面主要是希望通过粮食增产来解决人民的温饱问题。以邓小平为核心的第二代中央领导集体在农村率先进行制度改革和结构调整，对我国农业现代化发展道路开始了新的探索。这一阶段探索的主要举措和成就如下。

（一）建立家庭联产承包责任制，因地制宜完善农业生产责任制

美国经济学家道格拉斯·诺斯指出，有效的经济组织是经济增长的关键。中国传统农业主要以家庭为生产单位，存在着规模小、经营分散等缺点。从1952年起，国家为促进粮食生产大力发展合作社，"人民公社"中所有生产手段和资料的集体化让农民的生产积极性不高，经济效益也很低。1978年，安徽省受旱灾影响，秋种困难，凤阳县小岗村的农民们不得不自发地对过去的农业管理体制进行了划时代的突破，采取了"包干到户"的做法，同时期山东等地也出现了类似形式的萌芽。在各方面的努力下，党的十一届三中全会文件中都提到了保护生产队的所有权和自主权，规定可以在生产队统一核算和分配的前提下，包工到作业组，联产计酬等，一些省市也依据自身情况开展试验。后续国内各界对农业生产责任制展开了广泛的讨论，党中央也下发了一系列文件加强和完善农业生产责任制，鼓励各地干部群众解放思想，探索符合实际情况的生产责任制。全国的农业生产责任制蓬勃发展起来，农民积极性和劳动效率得到了很大的提高，对加快实现四个现代化产生了深远影响。

（二）改革农产品流通体制，优化农业产业结构

1978—1984年，国家在原有农产品供销政策上进行探索和调整，通过提高农产品收购价格、降低农业生产资料价格、调整征购基数、在国营商业为主渠道的基础上放宽粮食集市贸易等手段来配合家庭联产承包责任制，很大程度上调动了农民的生产积极性，但仍然难以解决国家财政负担和"卖粮难"等问题。1985年年初，中央一号文件《关于进一步活跃农村经济的十项政策》提出：除个别商品外，国家不再向农民下达农产品统购统派任务，并且不同的产品视情况实施合同定购或市场收购。农产品的"双轨制"取代了统购派购体制，市场价格在我国农业生产中的作用逐渐变大，这一变化从根本上推动了农业产业结构去适应市场价格并做出调整。虽然新中国成立之初就形成了"以粮为纲，全面发展"的农业思想，但直到1978年，我国农业产业依旧以单一的种植业为主，林牧渔各业都十分薄弱，经济作物业极不发达，造成了农业生态极度不平衡。党的十一届三中全会指出要充分利用我国优越的自然条件，有计划地改变我国农业结构。这一阶段内，我国开展了农业区划的理论研究和实践，于1981年编写完成《中国综合农业区划》，并逐步向省、县纵向延伸，从整体规划上促进了资源的合理开发利用。经过十几年的努力，到1990年，我国农业总产值有了很大的提升，种植业占比下降，其他生产部门占比提升（表1-1），大农业开始互相促进、补充，走向良性循环。

表1-1 改革开放初期我国农业各部门产值

项目	1978年		1990年	
各部门	产值（亿元）	农业总产值占比（%）	产值（亿元）	农业总产值占比（%）
种植业	1 117.50	79.99	4 954.26	64.66
林业	48.06	3.44	330.27	4.31
牧业	209.37	14.99	1 967	25.67
渔业	22.07	1.58	410.56	5.36

注：资料来源于国家统计局。

（三）发展乡镇企业，推动农业现代化

在1978年社队经济取得正式经济身份之前，就已经开始带动周围农村的生产了，随后在《中共中央关于加快农业发展若干问题的决定（草案）》等文件的支持下，社队企业排除万难，快速兴起。从结构上来说，当时的乡镇企业几乎涵盖了除种植业外的一切产业，对农村经济体系起到协调支持的作用，总产值逐年不断递增，还大大提高了社员收入，支援了集体福利事业（田毅，2008）。1983年年底，中共中央恢复建立乡镇人民政府，并于1984年年初的中央1号文件中鼓励农民个人兴办或联合兴办各类企业，社队企业改称"乡镇企业"，对推动农村工业化进程起到了重要作用。经过大约10年的高速发展，1988年有关部门根据实际情况对乡镇企业进行整治，控制了其发展速度和规模，调整其内部结构并不断完善乡镇企业经营承包责任制，使乡镇企业的发展更为稳定健康。

（四）全方位对外开放推动农业现代化进程

改革开放后，我国适应经济全球化的进程，形成了全方位对外开放的格局，通过沿海开放城市和经济特区的农村，一方面不断引进国外先进技术和资金，另一方面大力发展外向型经济，鼓励沿海涉农企业走出国门。农业现代化的内涵也从只依靠机械化扩展到依靠科学技术上来。通过"外引内联"，沿海各地先进的农业技术也不断向内地转移，加速推动了全国农业现代化的发展进程。

二、改革深化阶段（1992—2002年）

1992年，邓小平南方谈话对上一阶段改革探索进行了总结，指明了收获的经验和未来深化改革的方向。从党的十四大起，改革一方面在农村纵向推进巩固，另一方面横向推广到我国城市地区，在我国掀起了深化经济体制改革的浪潮。这一期间暴露出来的"三农"问题也为下一阶段的战略部署和政策制定提供了思路。这一阶段改革的主要举措和转变如下。

（一）坚持发展家庭联产承包责任制和乡镇企业，探索新规模经营模式

家庭联产承包责任制自实施以来，一直受到党和政府的高度重视，1993年被正式列入宪法，成为国家的一项基本经济制度，承包期也在原有的15年延长至30年，但这一制度存在难以扩大土地经营规模、难以提高农民收入等问题。与此同时，政府对乡镇企业的大力支持让许多农村的支柱产业从农业逐步向非农产业转移，引发了土地撂荒等问题。因此，如果要继续坚持家庭联产承包责任制和乡镇企业，就必须对其进行完善，并探寻新的经营模式。早在1984年，党中央就在《中共中央关于一九八四年农村工作的通知》中提醒各地政府在完善承包制的基础上关注生产规模问题，但在当时并未引起广泛重视，只有经济较为发达的长三角苏南地区尝试对家庭联产承包责任制进行了补充，对适度规模经营展开探索。责任田是当时苏南农业适度规模经营的主要土地经济类型，且大部分为中低产田和边缘湖滩坡地（江苏省农村发展研究中心课题组，1992）。当时具体的组织形式有种粮大户或家庭农场、个人承包雇工经营农场、厂办农场、联户农场等。其中，家庭农场模式是较为主要的规模经营单位，其生产分配等过程和一般农户相同，但是在作业上可以获得优先的集体机械服务，由农户自负盈亏，较好保持了家庭联产承包责任制的基本特点，但经营状况仍不够稳定。1990年，邓小平同志指出发展适度规模经营和集体经济是中国社会主义农业改革和发展的第二个飞跃，并且人们也认识到，只有土地、社会经济条件多方面达到要求的地区才可以适当开展规模经营，这为后来全国范围的规模经营提供了参照。

（二）发展农业产业化，适度调整农村产业结构

随着1992年左右中国社会主义市场经济体制的确立，党中央进一步调整农业发展体制。各地在农业发展中也遇到了农户难以与市场对接、农业效益较低、工农城乡关系不协调等问题，传统农业经营模式已经和农业现代化发展产生了矛盾。山东省潍坊市总结借鉴了美国、日本等发达国家农业产业化的经验，结合自身实际率先提出了"农业产业化"这一经营方式，围绕主导产业，狠抓龙头企业，促进农产品生产、加工、销售等专业化、一体化经营及三产联动融合，从而提高经济效益。短短几年时间，多地借鉴潍坊经验，兴起了探索农业产业化的浪潮，农民专业合作社作为产业链条的黏合剂，也伴随着农业产业化的发展而诞生。党中央、国务院对此予以肯定和支持，党的十五届三中全会和五中全会都对农业产业化经营给予了高度评价，指出农业产业化是实现农业现代化的重要途径。在这一阶段中，农业内部的产业结构逐渐稳定下来，但种植业中的粮食生产仍占据主要位置，造成了结构性剩余，导致农产品价格偏低。1998年《中共中央关于农业和农村工作若干重大问题的决定》中党中央强调要重视农村产业结构调整问题，除了调整农业内部的结构不均外，还应当解决农村工业与城市工业重复率高、与农业关联度低的问题（邓隽和易法海，2000）。农村第三产业包括的内容十分广泛，且随着人们生活水平的提高而不断扩大，但在农村农业和工业发展到一定程度时产生剩余劳动人口的转移，才能促进农村第三

产业的繁荣。1992年6月和11月，中共中央两次明确要加快发展第三产业，为未来农村发展提供了无限潜能。

（三）从"增产"走向"增收"，"三农"问题更受关注

改革开放后的第一个阶段，农业发展的重点在于粮食增产，主要解决了温饱问题，后期把重心放在城市和工业发展上。但粮食的结构性过剩问题并没有解决，依然存在优质品种供不应求、低品质品种供大于求的现象，粮食价格难以提高。另一方面地方政府对农村投入少，大量资金用于建设城市和工业，进一步导致农民收入从改革初期的高速增长走向增长滞缓，城乡差距逐渐变大。农业发展问题从单纯的产业问题和经济问题逐步扩展为影响面较大的农村社会问题，因此在往后的农业发展阶段中，党和政府也更加注重将农业、农村和农民视为一个整体来考虑，"三农"思想成为改革开放中的重要理论成果和集体智慧结晶（贾俊民和葛文光，2013）。

三、全面展开阶段（2003—2012年）

上一阶段暴露出的农业农村发展短板引起政府的高度重视，于是中央增强了对"三农"建设的投资和政策支持力度，实施城市、农村两手抓，明确了"工业反哺农业，城市支持农村"的方向，我国城乡关系进入了一个新的阶段。与此同时中国加入世界贸易组织，让中国农业进一步走向"开放"。这一阶段的探索和改革成果主要如下。

（一）农业税费制度改革，完善各项服务

从1949年到20世纪80年代，农业税根据我国农民土地占有、生产收入情况、产业结构等多方面因素进行了调整，对社会主义农业发展起到了很大的作用。但20世纪80年代中期后，农民收入有所减缓，一些地方基层财务秩序混乱、监管不严，导致农民负担总水平在1983至1988年间，年均增长9.7%（胡志辉，2014）。20世纪90年代形成的"三提五统"（村提留，乡统筹）的乡村公共分配制度，更是给农民造成了沉重的经济负担。随后，国家出台相关政策法规以期为农民减负，但无论是控制提留比例、规范相关税收，还是遏制不合理收费，都是治标不治本。进入21世纪后，经过五年左右在全国多省内取消农业税的试点工作，第十届全国人民代表大会常务委员会第十九次会议决定全面废除征收农业税，延续了几千年的"皇粮国税"退出历史舞台，这对于减轻农民负担、推动农村及产业发展具有划时代的作用。同时，还设立了多项农业补贴制度，包括退耕还林、还草补贴，进一步调动了农民生产积极性。总的来说，农业税的取消给地方财政收入带来了较大的影响，迫使各地正视自身问题并做出调整，如精简编制、调整区划、转变政府职能等，促进了农村综合改革的进程。

（二）促进城乡一体化发展，探索"四化"同步

这一阶段农牧业的发展逐渐走向现代化，迫切需要城市和工业的反哺与支持。党的十六大报告明确指出，要统筹城乡发展，建设现代农业，对农村实行"多予""少取"和"放活"方针，缓解过去以农养工造成的严重城乡失衡。党中央把城乡经济社会一体化上升到战略高度，一方面加大了对农村中小型设施和科研等方面的投资，整体提升农村文化和基础设施水平，并对农业产业进行结构调整和土地制度的改革，缩小城乡经济差距；另一方面，对向城市转移的农村剩余人口提供相关福利制度，促进农村探索现代化经营方式。城乡统筹发展还对新型工业化、信息化、城镇化和农业现代化起到了推进作用。从2002年党的十六大到2012年的十八大，党中央关于"四化"协同发展的思想理论不断完善，指出农业为工业发展提供坚实基础，但农业现代化仍是"四化"中的短板，应通过先进的机械技术进行补足。"四化"还要共同发展，更应融合发展，实现产业间的联动。

（三）农牧业科学技术创新，保护农业生态环境

在农业税费改革和"四化"理念提出后，农村基层政府转变职能，积极推动农村基础设施建设和科技创新工作。邓小平同志曾提出"科学技术是第一生产力"，这一时期中国虽已基本解决了产量问题，但农产品质量不高，人均生产力水平和机械化水平都较为低下，中国的农业亟需科技创新的推动。政府作为技术创新的推动者，主要通过从上至下政策法规的制定来引导整个科技创新从研究试验到推广应用的进行。2004—2012年，每年的中央一号文件也根据当年农业科技发展情况，体现关于农业科技创新的内容，覆盖加强科研能力、提高转化能力、促进技术推广和社会化服务等多个方面（许莹莹，2016）。这一阶段，农业生态环境也受到重视，在2004年中央一号文件提出"各级政府要切实落实最严格的耕地保护制度"，体现了党中央对耕地红线的重视。十七大报告指出要建设"资源节约型、环境友好型"社会，表明了农业发展不再是以牺牲环境和资源为代价。同时，政府鼓励发展生态农业和循环农业，促进废弃物的循环利用，很大程度减少了面源污染。

（四）推进农牧业产业化，积极应对"入世"

这一阶段，税费改革和科技创新让中国农业迅速发展，对内将农业产业化作为现代化农业发展的指引，对外抓住2001年加入世界贸易组织（WTO）的契机，改革完善农产品流通市场。在国家政策引领下，多地形成了不同的农业产业经营模式，其中较为关键的模式为龙头企业带动模式，主要以"公司+农户"或"公司+基地+农户"的组织形式出现。此外，各地还规范了专业市场，引导实施区域专业化生产，如福建省安溪县的特色茶产业（石红梅，2007）。这一时期，正逢国际农产品价格上涨，中国入世后农产品出口总额增长，贸易顺差加大，但同时也面对着技术壁垒、产品质量不高和安全性不足等问题，在面临机遇的同时也面临着很大的挑战。党中央积极探索，提高农业基础地位并坚持市场导

向,冲破技术贸易壁垒。农产品流通体系经过多年的调整,虽尚不健全,但也基本形成以批发市场为枢纽的市场体系,针对存在的种种问题,国家发布了《关于加快农产品流通设施建设的若干意见》,农产品流通规模更大,流通市场更为规范,也为与国际贸易接轨提供了良好氛围。

四、提升转型阶段(2013年至今)

党的十八大以来,我国开启农牧业现代化的新篇章。随着经济发展和人民生活水平的提升,人们对农产品的需求从"数量"转到了"质量"层面,然而农牧业中存在的深层次结构性矛盾与此产生了冲突。因而我国农牧业发展需要通过城乡一体化、品质提升和理念转型的路径,以期更好地解决三农问题,推动农牧业现代化发展。这一阶段的突破和创新主要如下。

(一)完善土地流转机制,促进适度规模经营

土地流转是农业适度规模经营的重要方式,是农业产业化形成的基础。从"家庭承包"到"专业户",从"家庭农场"到"土地流转",党中央始终从人民群众根本利益出发,不断推进农村土地制度的改革,健全权属关系,优化土地资源配置。改革开放以来,农村集体土地从经营权和所有权合一发展为所有权归集体,承包经营权归农户。在此基础上,中共中央进一步顺应农民意愿,于2016年推行"三权分置",形成了具有中国特色的"集体所有、家庭承包、多元经营"的格局,以便更好地保障农户的承包权,用活土地的经营权,从而解决了因为城市化而出现的土地细碎化及撂荒的问题。虽然这一过程中不可避免地出现了流转不规范、流转规模小和区域不均衡等问题,但在一系列文件的支持和指导下,土地流转在实践中不断推进,形成了多种农村土地流转的形式,包括土地互换、土地出租、土地股份合作等。另外,适度的土地规模经营,对于培育新型农业经营主体有着重要作用,让包括返乡农民工、涉农企业家、创业大学生在内的社会各界人士都投入到农业经营中来,农业现代化生产的队伍逐渐壮大起来。

(二)提出农业供给侧结构性改革,推进农业结构调整

自改革开放我国解决粮食产量问题以来,粮食结构性过剩问题日益凸显,对此,党中央做出了农业结构的调整,但新形势下矛盾主要集中于供给侧。2015年,中央财经领导小组第十一次会议上首次提出"供给侧结构性改革"的概念,2017年,中央一号文件又以推进农业供给侧结构性改革为主题。从供给侧来看,其实质就是围绕市场需求来优化资源配置、提升品质、扩大有效供给。这是一项长期且艰巨的任务,各地主要在"调结构、提品质、促融合、降成本、去库存、补短板"6个方面下功夫。首先,在原有农业结构调整的基础上突破传统农业结构,向第二、第三产业拓展融合以形成"大农业";其次,提升农

产品质量安全水平、培育大品牌,满足居民对于绿色健康食品的需求;国家还对储备过多且质量不高的农产品进行调减,改善供需不平,增加价格调节的弹性,近几年黑龙江的玉米去库存就是一个很好的案例;"降成本"则通过多种途径,包括适度规模经营、发展农业科技、形成农业产业链来实现。这几个方面多管齐下,矫正要素的配置,以提升全要素生产率。从需求侧来看应当解决消息不对称和滞后的问题,从而对供给侧的生产行为进行有效约束(孙海燕,2019)。

(三)倡导农业可持续发展理念和新发展理念

20世纪,一些国家经济高速发展引发的对自然的破坏让人们心生忧虑,由此世界环境与发展委员会1987年提出了"持续发展"的概念。这一概念也逐渐传入中国,引起了党中央对于牺牲环境发展经济这一问题的重视,随后正式确立了中国面向21世纪实施可持续发展战略的总体框架和各领域的主要目标。党的十八大以来,党中央针对我国农业发展现状,进一步提出了农业绿色发展理念,旨在解决土地资源和水资源等使用过度的问题,从而在未来实现农业的可持续发展。党的十八大报告还将生态文明建设独立成章,促进农业向着提供多种生态服务功能且高产高效的方向发展,目前我国各地已因地制宜形成了各种类型模式的高效生态农业(黄国勤等,2011)。2015年,党的十八届五中全会提出的"创新、协调、绿色、开放、共享"发展理念,进一步引领农业可持续和现代化发展。纵向来看,创新理念促进科技进步,为农业绿色发展和现代化建设提供基础和动力;横向来看,协调理念一是让农业内部结构更加合理,二是让农业更好地和其他产业进行融合,形成具有完整环节的产业链,整体提升农业产业的质量水平。同时开放理念基于当前全球化的大格局,推动我国农产品不断"走出去"以应对国外农产品进口给我国农业发展带来的威胁;共享理念则是让更多农民享受到科技和现代化的发展成果,缓解区域间的不平衡。总体来说,可持续发展理念和新发展理念共同对农业的现代化划清发展底线并指明前进方向。

(四)"互联网+"助力农业产业升级

这一时期的关键字莫过于"新",发展理念推陈出新、科技不断突破、经济进入新常态,党和政府也关注到了互联网给人民生活带来的巨大转变,提出《关于积极推进"互联网+"行动的指导意见》,其中第三项就与农业相关。"互联网+"现代农业主要是依托互联网、物联网和大数据等技术,利用其便捷性、实时性、精准性等优点对农业生产各环节进行助力升级。农业生产前期,通过互联网构建的资讯服务平台能够帮助生产者在较低成本下了解市场需求,把握市场动向,降低交易成本。生产环节中,物联网联通了作物、机械生产工具和环境等要素,便于生产者监控管理,实现更为智能、精准和安全的农业生产,农民不再"靠天吃饭"。2013年国务院颁发的《关于推进物联网有序健康发展的指导意见》表达了中央对于物联网发展的重视。在最后的农产品销售环节，电子商务平台的出现更是创造了全新的销售模式，解决了农产品季节性强、难以长期保存、市场失灵等问题，真正做到精准营销，大大提升了农产品产销效率（范贵德，2016）。虽然目前我国"互联网+"农业正在发展，还存在许多不足，但其势头向好，前景光明。

通过对我国改革开放以来农业发展阶段的梳理，可以看到无论政策、技术还是思想方面，都有了很大的进步，也可以看到每个时代背景下的农业发展特色。在当前我国城乡一体化和新型农业不断发展的时期，以史为鉴，定能寻求到宝贵的经验。

第二节 我国农牧业发展存在的主要问题

改革开放四十余年，我国农牧业问题不断演进转型，总体来说，从促供给为核心的粮食问题发展到促收入为核心的贫困问题，进一步转变为以生产要素调整和经营方式革新为核心的农业调整问题（朱满德等，2018）。在一系列政策指引和科技发展助力下，各阶段的农业问题都得到了一定程度上的解决，我国"三农"建设取得了较大的成就。第一是主要农作物产量有了大幅提高，粮食安全得到基本保障，主要粮食产量从1978年的30 476.5万吨增长到2019年的66 384.3万吨（表1-2），总量充足。第二是农业生产水平有所提升，机械装备改善，体现出了科技带动作用。第三是农业产业化的推进和新业态的蓬勃发展，四十余年的发展让传统小农经济得以突破，截至2018年年底，各类新型农业主体超过300万，新型职业农民超过1 500万人（韩长赋，2019），有效促进农业的全面发展。第四是农民收入稳步增加，脱贫攻坚取得突破，2018年我国农村贫困人口1 660万人，比2012年减少8 259万人，城乡收入差距也逐渐减小；同时，农业基础设施也有所提升，农村人居环境持续改善，2018年全国农村公路里程达到405万千米，是1978年的6.8倍，网络宽带、卫生厕所的覆盖率也大大提升（蒋和平等，2019），农村社会保障体系也进一步完善。

表1-2 我国1978年、2019年主要农作物产量 （单位：万吨）

年份	粮食产量	油料产量	棉花产量	甘蔗产量	甜菜产量	烟草产量
1978	30 476.50	521.79	216.70	2 111.64	270.23	124.19
2019	66 384.30	3 493.00	588.90	10 938.80	1 277.30	215.30

注：资料来源于国家统计局官网. http://www.stats.gov.cn/。

总而言之，目前我国农业农村发展持续向好，但其中仍存在一些不容忽视且亟需解决的难题，本节将具体分析我国农业在新时期下面临的问题与挑战，并针对此提出切实可行的应对方案，探讨未来我国农业农村发展的思路和方向。

一、农产品供给侧结构性矛盾，消费能力流向国际市场

自家庭联产承包责任制实施以来，农民积极性得到了很大提高，粮食总产快速增加。当前，我国农业发展稳步向前，生产力整体有了很大提升，处于一个供过于求和优质供给不足并存的阶段。一方面，粮食总产量从2003年到2015年实现了"十二连增"，年均增长率高达3.7%，快速的增产导致了粮食供过于求，农产品价格下跌，带来了新一轮农民增收的问题；同时期，粮食进口量从2 283万吨增长到12 477万吨，增长了4.47倍（王国敏等，2017），尤其是大豆的进口量与产量之差呈递增趋势；此外，我国粮食库存量也不断增加，总体来看"三量齐增"问题十分突出。另一方面，我国膳食结构发生明显变化，口粮消费量明显减少，肉、禽、蛋、水产品类消费持续增加，人均收入的提升让人们对食物的需求从"吃饱"转为"吃好"，消费结构逐步升级，从而更青睐高质量、绿色安全的农产品，这是国内农业市场较为缺乏的，因此消费能力流向国外。同时由于我国农业人工、土地成本都较高，因此难以以价格优势取胜国外农产品，甚至会出现国内外农产品倒挂现象，给国内农产品市场带来压力。在这种情况下，国内应当提升自身农产品的竞争力，通过供给侧结构性改革改变目前尴尬的现状，同时，农业保护政策也应当继续加强，抵挡国外农产品对我国农产品销路的挤压。

二、农业生产成本高，小农户难以推行规模化和现代化经营

受资源环境约束，供需矛盾以及全球化进程推进的影响，农产品价格快速提升，这意味着我国农业已经进入高成本时代。稻谷、小麦等主要农产品的成本自2010年以来呈上升趋势，畜牧业、渔业等其他农业行业成本也较快增加（武拉平等，2015）（表1-3）。

表1-3　2010年、2017年我国稻谷、小麦、玉米、大豆成本情况　　　　（单位：元）

品种	指标	2010年	2017年
稻谷	生产成本	625.20	980.88
	人工成本	266.58	482.93
	土地成本	141.43	229.31
小麦	生产成本	497.18	800.52
	人工成本	178.83	361.87
	土地成本	121.45	207.12
玉米	生产成本	495.64	816.18
	人工成本	235.10	441.20
	土地成本	136.95	210.30

（续表）

品种	指标	2010年	2017年
大豆	生产成本	280.39	417.51
	人工成本	115.31	215.85
	土地成本	150.81	251.29

数据来源：刘元胜.我国农业供给侧问题焦点及深化改革的政策取向.《社会动态科学》2020年第1期。

农产品成本提升背后的因素是多方面的。近年来非农业劳动的收入大幅提升，许多农民的工资性收入甚至超过家庭经营收入，成为农民收入的主要来源，因此我国大量农村劳动人口向城镇转移，农村劳动力短缺，农业人工成本显著上升，从表1-3可以看出，每种农产品从2010年至2017年的人工成本基本达到了翻倍。农民从事农业生产的积极性受到打压，农业机会成本的提升不容忽视；从土地成本来看，由于城市化的推进，耕地供给数量不断减少，必然导致土地成本的上升，养殖业所受影响尤为显著；恶化的生态环境和短缺的能源导致化肥、农药等生产资源费用不断上涨，也给农民带来了巨大的压力。随着我国城镇化的推进，一系列成本的抬升仍将持续，进一步加剧国内外农产品价格倒挂，在国内经济收益增速放缓的情况下，农产品收益更是受到进口粮食带来的威胁。因此，政府应当以农民增收、生产增效为核心，对农业生产提供一定的补贴以扭转当前局势。

我国自古以来小农经济较为发达，改革开放后家庭联产承包责任制的诞生，更是形成以农户为主要经营主体的中国农业特征。第三次农业普查显示，目前我国户均经营规模为0.52公顷，小农户占比98%以上（于文静等，2019）。预测到2030年，3.33公顷以下的小农户还将存在1.7亿户，到2050年还将存在1亿户（阮文彪，2019）。在这种情况下，我国农业的现代化一定是基于小农户的现代化。然而在我国地少人多且耕地质量整体不高的情况下，小农户经营模式容易导致耕地碎片化，尤其对于农户的劳动力和经济能力来说，难以配套高科技农业设施进行规模化生产，农民素质的参差不齐更是对小农生产形成了制约，难以得到市场所需的高质量、高标准的农产品。在市场面前，小农户与广大市场之间的消息不对称，销售机制难以对接，急需互联网的深入发展来解决该问题。另外，小农户的经济实力难以规避市场和自然方面的风险，还需政府在政策和补贴上倾斜。

近年来，各地政府大力推进农业生产社会化服务，以期解决个体农户规模小的问题，这在整体上取得了较大的进展但仍处于起步阶段。其原因是多样的，包括农业生产社会化服务体系组织架构的不健全，基层服务机构少且内容单一；各地农业科技创新动力不足，农业科技推广难。比如在甘肃省武威市石羊河实验站，中国农业大学教授带领学生组建民间课堂，但是许多农民对此抱有怀疑态度，整体接受程度不高。可见，小农户的规模化和现代化还有很长的路要走。

三、农牧业基础设施薄弱,科技实力不强

近年来农牧业基础设施发展迅速(表1-4),但因本身起点较低,基础薄弱,相比于我国经济发展水平,仍处于落后状态,难以满足现代化生产的需要。以水利配套设施为例,许多年久失修,抗灾能力较弱,难以克服我国广大中低产田本身较差的自然条件。2019年,我国农田灌溉水有效系数为0.559,低于发达国家0.8的平均水平,农牧业基础设施迫切需要提升。

表1-4 2010年、2019年我国农业基础设施发展情况

年份	农业机械总动力（万千瓦）	大中型拖拉机（万台）	耕地灌溉面积（万公顷）	水库（座）	水库容量（亿立方米）	节水灌溉面积（亿立方米）
2000	52 573.60	97.50	5 382.0	83 260	5 184	1 638.9
2019	102 758.30	443.90	6 867.9	98 112	8 983	3 705.9

注：数据来源《中国统计年鉴2020年》。

我国农牧业的发展离不开农牧业科技的贡献,农村居民人均可支配收入达13 432元,其中农业科技进步贡献率占57.5%(韩长赋,2018)。目前我国农业科研虽然有以袁隆平院士为代表的科学家做出领先世界的成果,但整体来说规模小、分布散、实力弱。国家对此做出了一定政策引导,如2012年中央一号文件《关于加快推进农业科技创新持续增强农产品供给保障能力的若干意见》强调了农业科技创新的重要性,但科技创新整体上还有很多不足。首先是农牧业科技创新资金的投入不足,农牧业科技园区数量不多,规模和档次难以做出高水平的成果,更不用说去国际层面竞争。其次是缺乏农牧业科技创新激励机制,农牧业科技自主创新能力不够强,许多研究人员为了尽快出结果,更愿意模仿和学习他人的研究,因此难以出现较大的突破；另外,科技成果转化率较低,许多成果处于世界领先的位置,但没有与实际相结合,仅仅停留在理论层面。在新技术推广方面,许多地方政府的推广模式较为单一,宣传力度不够,加之许多上了年纪的农民乃至基层干部的思想都十分老旧,对于新知识和新技术常持有保留态度,更愿意相信自身经验,新技术往往需要很长时间才能得到推广和认可,甚至有些地方给农民配套了灌溉设施却没有教会农民如何使用,新技术沦为摆设。在传统农牧业生产方式下,土地、劳动力、资本等要素的配置和利用效率都将处于较低的水平,从而形成高成本、低收益、低质量的恶性循环。如果不夯实科技创新这一坚实基础,农牧业现代化的进程将难以推动。

四、农村劳动力素质较低,城乡收入差距大

农民作为农业发展中的主体,其素质直接影响到农业现代化的进程,目前农村劳动力素质低下由多方面因素共同造成的。首先是城镇化的进程会引起农村人口流出,尤其是

青壮年劳动力外出务工，导致留乡务农以老年群体居多，农村人口老龄化问题突出，2017年，我国农村老年人口比重已经达到了13.22%，老年人体力等方面难以承受繁重的农务，低产乃至撂荒现象十分普遍。同时，人口老龄化也给农村养老服务体系带来了很大的挑战，对农村经济形成制约。解决这一问题的根本在于缩小城镇差异水平。

青壮年外出务工也造成了留守儿童问题。2018年，全国共有农村留守儿童697万余人，较2016年下降了22.7%，但仍处于较高的水平（胡梦雪，2018）。由于长期缺乏父母的监护和关爱，留守儿童更易出现成绩差和各种心理问题，影响其正常成长，也不利于培育高素质农村劳动力。而且由于农村文化教育资源相较于城市更为匮乏，我国农民受教育程度和科学文化素养普遍较低，在2016年全国第三次农业普查中发现，全国农业生产经营人员中文盲占到6.4%，大专及以上文化程度的仅有1.2%，主要是以小学和初中文化程度为主，给农业发展带来多方面的制约。短期来看，陈旧的思想会阻碍各种农业新科技、新政策的推广，经验至上而忽视专业知识容易给增产增收造成困难，难以提升生活质量水平；长期来看，会影响对后代的教育，影响农业现代化的建设。因此国家应当通过配套教育设施提升农民文化素养，同时通过职业培训提升农民职业务农水平。

除了农业基础设施建设跟不上农业现代化的步伐，我国农村基本公共资源服务相对城市来说也较为落后，城乡之间公共资源配置仍处于失衡的状态。过去10年，我国人均财富年均增长率为22%，而农村的财富积累速度年均增长率只有11%（李斌，2010），城乡贫富差距仍然很大。研究表明，城乡收入差距导致农民忽视农业生产，流动到非农业部门，对我国粮食生产的技术效率有显著的负向影响，因此应当通过多渠道缩小城乡收入差距，提升农民粮食种植积极性（王娟丽等，2020）。在我国明显的城乡二元发展结构下，农村生活条件也落后于城市，社区服务、医疗卫生条件、文化教育设施、体育健身场所、业余文化组织都远低于城市水平，就业机会、社会保障等方面也十分不平等，阻碍了城乡融合建设，对此，我国应当建立完善有效的体制机制进行保障，推动农村现代化的进程。

五、农村资源环境问题严峻，农牧业可持续发展受阻

改革开放以来，我国对农牧业高产目标的追求导致了粗放的资源利用和农牧业发展模式，掠夺式的资源开发和高水平的农药和化肥投入给农村资源环境造成了巨大的压力，虽然之前我国一直走边污染边治理的道路，但保护力度远赶不上破坏力度。据农业部门的调查，由于非法占地、破坏式开发，我国现有人均耕地总量连年下降，从0.106公顷下降到0.094公顷（李玲，2019），水土流失、土地沙漠化问题也十分严重；同时我国水资源东西和南北分布极度不平衡，局部区域通过地下水开采来满足大量的灌溉用水需求，造成严重的地下水漏斗，阻碍了长远的农牧业发展。

从生态人居环境来看，我国作为世界上最大的化肥生产和使用大国，化肥和农药的

利用率均低于40%，给土地和水体造成了不同程度的污染，导致土壤肥力下降。许多农村地区在工业化的进程当中，承接下从城市转移的高污染企业，毁林开山、违规建厂，排放的废弃物对生态环境造成了不可逆的影响，当年轰动一时的湖南镉污染大米事件正是受到工业污染的影响。畜禽养殖和生活垃圾产生的污染也不容忽视，许多地区在实施改厕、改圈、改厨等整治之前，散养家禽、人畜不分离，动物粪便和生活垃圾都没有得到及时有效的处理，加剧了农村水体土壤的破坏，还影响了农村村容村貌，导致村民居住水平难以得到提高，因此农村村庄治理也应当积极推进。

21世纪以来，可持续发展理念逐渐受到重视，无论是习近平总书记提出的"两山理论"，还是十八届五中全会提出的"创新、协调、绿色、开放、共享"发展理念，还是十九大提出的生态文明建设，都提醒我们应当重视农牧业资源和生态环境的保护，走可持续发展的道路。

六、国际形势复杂多变，农牧业市场面临挑战巨大

随着全球化进程的推进，尤其是中国加入世界贸易组织后，就不能忽视国际形势变化给农牧业发展带来的与日俱增的挑战。2020年年初，全球性新冠肺炎疫情大暴发，截至北京时间2020年8月，全球报告新冠肺炎确诊病例超2 100万例，报告死亡病例超75万例（人民日报，2020），对经济发展产生了很大的冲击，部分国家宣布停止或限制粮食和畜牧产品出口，很有可能导致各国抢购、物流不畅甚至粮价、肉价飙升，从而陷入新一轮的粮食危机。首先，虽然我国已基本解决本国粮食供给问题，但国际粮肉价高涨会导致进口部分农牧产品时要付出更高的成本，造成财富流失。其次，我国的主粮自给是在关税保护的条件下成立的，2019年美国白宫以中国已经是世界第二大经济体为由，要求中国降低商品进口关税从而向中国出口大量粮食，这自然会削弱我国对国内粮食市场的保护，对国内农业造成冲击。不可忽视的是，中国相较于大部分发达国家的农牧产品，安全质量方面存在差距，甚至会出现国内外价格倒挂的现象，如果不尽快降低我国小农经济成本、提升农牧产品质量以满足人们日益增长的对高品质农牧产品的需求，并对农牧业生产提供一定的补贴政策，我国农牧业必定会进一步受到国际农牧业市场的影响和冲击。同时，农牧业企业在海外的投资也时常面临着经济、政治等风险，规模难以扩张，政府应当给予支持，企业也应当尽快抓住契机让中国农牧业"走出去"。

第三节 我国农牧业发展机遇

作为人多地少的大国，农业发展在我国国民经济中的战略地位不言而喻，尤其是新中

国成立初期,我国农业人口占到了全国人口的大多数,农业发展也停留在传统模式上,因此需要把广大农民的利益放在首位,以农村和农业作为国民经济体制改革的突破口。

通过上述对我国改革开放以来农业发展历史阶段的梳理,可以看出农业问题的涵盖面越来越广,不仅需要考虑提升粮食产量,还需完善土地、税费、补贴等相关制度,还要推进农村配套基础设施和人居环境建设,提升农民生活水平,从而全方位提升农业发展和农村经济水平。农业发展一靠政策、二靠科学,虽然"一五"计划中的"左"倾错误损害了农民的切身权益,但从往后各项"三农"政策来看,党中央还是把农业发展放在较为基础性的重要位置。

四十余年来,中共中央针对不同的"三农"问题,通过一系列"三农"方面的战略政策来应对解决,引导农村农业发展,且集中通过颁布导向作用显著的"中央一号文件"来强调"三农"问题所处的"重中之重"的地位,始终立足现实,围绕农业现代化、促进农村持续增收和实现乡村振兴这三个中心任务来展开(孙竹雪,2019)。因此,本节将主要通过中央一号文件,结合相关重要文件,梳理改革开放以来中央针对"三农"问题所提出的农业、农民、农村方面的战略和政策,并在当前乡村振兴战略背景下分析"三农"政策的新部署和新形式。虽然历史在不断发展变化,以往的战略政策无法直接告诉我们未来发展的答案,但通过总结经验教训,可以得到普适的规律并加以改进,为我国农业发展乃至实现中国梦做出应有贡献。

一、农业政策

改革开放以来,我国农业生产从追求增产到市场经济改革,再到追求农业现代化发展,面临的挑战一直在变化。配套的农业生产经营形式、农产品流通制度和土地制度等方面都相应做出了调整以适应新的要求,推动改革不断深化。

(一)农村土地制度与农业经营制度演进

农村土地制度和农业经营制度对于农业发展均起到了重要作用,两者在时间上并不完全同步,侧重点也有所不同,前者突出产权配置和土地利用问题,后者更关注农业经营主体(郑淋议等,2019),但是二者间存在着密不可分的关系,农地产权分配决定了生产经营模式,后者又会反作用于前者(董志勇和李成明,2019)。

1978年之前,农村土地经历了农户所有和集体所有的两个阶段,分别对应农民的家庭、合作经营和统一经营两种经营制度。在无法满足基本生活需求的情况下,1978年,以安徽省凤阳县小岗村为代表的农民自发开创了家庭联产承包责任制,从下至上拉开了农村改革的序幕。中共中央对包产到户的态度也逐渐松动,直到1980年9月印发《关于进一步加强和完善农业生产责任制的几个问题》的通知,才首次肯定包产到户的社会主义经济性。随后1983年的中央一号文件从国家层面正式确立了家庭联产承包责任制,这一阶段农业经营制度以家庭为单位，产生了巨大的经济和社会效益。

进入20世纪80年代后，我国向市场化经济过渡，1984年提出了"土地使用权"的概念，并逐渐延长、稳定土地承包期，进而巩固了家庭联产承包责任制。1986年1月的中央一号文件中首次提出统分经营结合的双层经营体制，并在6月颁布的《中华人民共和国土地管理法》首次明确"农民承包经营权"的概念，实施了土地所有权和经营权的两权分离。随着改革不断深入，党中央多次对原有承包期进行规范，允许承包地的转包转让等行为，建立了农村土地流转制度，鼓励通过多种形式开展适度规模经营。一直到2013年，不断的放权赋予了承包农户比较完整的土地使用、转让和部分收益权能（田传浩，2018）。

进入21世纪以来，中国"三农"问题进入了新的阶段。党中央全面深化农村改革，连续发布了十五个涉农一号文件，不断细化农村土地和农业经营制度，包括2004年提出加快土地征用制度改革，2008年起提出实行严格的耕地保护制度。在2013年的中央一号文件和十八届三中全会文件中，都强调要坚持家庭经营的基础性地位，同时进行农业经营制度和方式的创新，鼓励承包经营权的流转并实施多种形式的适度规模经营。2014年首次提出要"坚持农村土地集体所有权，稳定农户承包权，放活土地经营权"，并在2016年的中央一号文件中，较为完整地提出了完善承包地"三权分置"的办法，给了农户更多土地方面的权能进行农业生产。党的十九大以来，进一步提出要积极培育家庭农场、农业产业化龙头企业等多元的新型农业经营主体，实现小农户和现代农业发展的有机衔接。未来这两大制度也会相互联系，共同发展，推动我国农业现代化和市场化经济的发展。

（二）农产品流通体制

改革开放以来，我国经济走向市场化经济体制，农民生产积极性有所提升，党中央根据实际情况，不断放活农产品市场。1982年中央一号文件虽然在农业经济上仍然坚持计划经济为主，但开始放宽对粮棉油等产品的统购统销制度，并在此后几年逐步减少统派统购的农产品种类和数量。1985年，在中央一号文件中取消了农产品统派统购制度，全国范围内实施合同定购和市场收购并行的双轨制，随后粮食收购价格也随行就市，粮食统销制度彻底废除。此后十余年是承上启下的过渡阶段，国家对流通体制出台了相关保障措施，农产品流通体系快速发展，一大批龙头企业成为农产品流通的重要主体（宋瑛，2014）。随着全面深化改革的推进，中央针对粮食过剩的情况转移了流通体制改革的重点领域，完善了粮食价格机制。同时，还不断通过惠农政策调整完善农产品流通市场，增加了线上线下包括期货、鲜活农产品市场在内的多种农产品流通市场，丰富了农业市场的主体，网络主体、国际农产品市场也融入其中，2006年，中央一号文件鼓励多主体投入农村发展现代流通业。在整个农产品流通市场的发展过程中，中央对物流、交通设施、冷链系统的建设也不断提出要求，在2007年和2010年中央一号文件中，也有鼓励社会资金投入流通业，并对相关企业提供税收补贴，流通方式的进步促进了市场的发展。

(三)农业科技政策

农业科技在促进农业生产现代化发展中起到了很大的作用,且随着资源环境的恶化、人口的增加,面临着更大的挑战。我国改革开放四十余年实施了不少农业科技政策,大致可以分为通过传播推广扩大技术供给的供给型政策,通过贸易措施开拓渠道稳定技术的需求型政策,以及通过税收、法规条例为技术创新提供良好环境的环境型政策(李容容等,2018)。改革开放初期,党中央重点强调农业科技的重要性,并在1982年开始实施国家科技攻关计划,在同年到1984年的连续三个中央一号文件中提到要提高农业生产基础条件,另一方面也提出建立从国家到地方的多方位农业科学技术推广网,在1985年正式开始农业科技体制改革。同期,政府也通过"星火计划""丰收计划"开展农业科技人才的培养,壮大研发队伍。进入20世纪90年代,国家先后提出了"科技兴农"和"科教兴农"战略,在进入21世纪后大力发展教育和科学事业。此后,随着可持续发展理念的兴起,农业科技进步和可持续发展战略相结合,开展"绿色革命",强调农业科技在农业可持续发展中起到的作用。21世纪后党中央颁布的一号文件,都有与农业科技相关的内容,但其重点也有差异,主要从农业科技创新体系建设、能力加强、资金投入、技术推广、参与主体的扩张等方面入手。这些政策的演进,体现了我国根据实际需求,总结经验形成的一套完整政策思路,也可以看出主要是以供给型政策为主。

(四)农业产业化支持政策

随着市场化的不断推进,小农户的经营难以跟上市场发展,农业产业化在20世纪90年代应运而生。山东省潍坊市作为率先组织实施农业产业化战略的地级市,带动了农民增收,在国内引起很大反响。鉴于此,1997年的十五大报告中明确要求积极发展农业产业化经营,从此各地开始因地制宜进行探索。进入21世纪,党中央多次强调要总结经验,推动农业产业化健康发展,同时表示要通过政策帮扶支持优秀龙头企业的发展,以带动地方致富。2001年国务院成立了由农业农村部牵头、8个部委参加的全国农业产业化联席会议,共同推进农业产业化发展,地方也开展相关工作落实政策(姜长云,2020)。2006年和2008年的中央一号文件都明确要提升农业产业化,并支持其参加农保以解决资金不足的问题。2012年国务院指出农业产业化是现代农业发展方向,2017年一号文件提出了对农业产业化规模种养的要求。党的十九大做出的乡村振兴战略部署以来,也为农业产业发展提供了契机,2019年一号文件强调要培育农业产业化龙头企业和联合体。总的来说,农业产业化支持政策顺应时代要求,得到了不断完善,而且在未来还可以有更大的转型突破。

二、农民政策

农民是农业的主要生产者,也是农村的建设者,为国家经济社会发展做出了重大贡献。国家对其生存发展和生活收入水平也十分重视，通过思想引领工作和相关政策的颁布切实维护农民各方面的权益。

（一）思想政治工作

改革开放初期，由于农民长期受到"左"倾思想的影响，偏离正轨，不能很好适应社会主义现代化建设的要求，因此需要进行正确的教育引导来提高其思想觉悟水平。面对经济体制的重大变化带来的农民的质疑，中央通过对党员和干部进行了"两不变""三兼顾"的宣传教育，使农民相信公有制和生产责任制是不变的；同时也对农民进行爱国主义教育和社会主义教育，并在1982年至1984年的中央一号文件中都反复强调思想政治工作和农民精神文明的重要性。此后，市场经济体制建设过程中出现了邪教和黑恶团体，对此，中央通过座谈会、出版读本、结合"98"抗洪等重大事件的方式开展思想教育工作，取得了较好的成效（张录全，2019）。进入21世纪以来，党中央把"三农"问题放到了全党工作的重中之重，同时也提升了农民思想政治工作的重要性，如在党的十六大后开展"三个代表"重要思想的学习活动，宣传"八荣八耻""科学发展观"等。随着宣传方式的增加及精神文明建设的深入，未来的思想政治工作将更为深化全面。

（二）提高农民组织化程度

改革开放后迅速发展的社会主义市场经济突出了小农户自身的发展弊端以及和大市场的对接矛盾，其中一个很重要的原因是农民组织化程度低。提升农民组织化水平对于维护其自身权益、稳定乡村秩序和增加收入都有着很大的作用。一般来说，农民组织化包括经济意义和政治意义两方面的组织化（魏丽莉，2013），通过政府的主导可以加速农民组织化的过程，因此中央通过文件和政策进行调节。在巩固家庭联产承包责任制时期，提供社会化服务的农民合作组织遭到了质疑，对此党中央在1984年的中央一号文件中肯定了其积极作用，在思想政治方面提高了农民组织化。之后农业产业化的推进带动了一批农业经济合作组织的发展，起到了降低生产成本、发挥规模效益的经济服务功能。党的十六大提出要"提高农民的组织化程度"，党的十七届三中全会也指出了"农业生产经营组织化程度很低"，说明伴随农业产业化的发展，提高农民组织化还有很长的路要走。

（三）农村税费改革

20世纪80年代起，农民增收受阻，但仍要背负生产经营的各种集资、摊派和税务所带来的沉重负担，甚至引发了治安问题。党中央对此十分重视，以为农民减负为目标，持续推动农村税费改革。1984年中央一号文件开始制止地方针对农民的不合理的摊派问题，并通过1993年的《中华人民共和国农业法》明确农民负担项目。1994年的分税制改革因为实际上增加了乡政府的财政压力，从而间接导致了农民承受更多的农业税，各地展开税费改革试点工作，遇到了包括县以下债务沉重、拖欠工资的不少难题。于是，国务院在2002

年重新确定改革试点范围,加大转移支付力度,进行资金分配,并在2003年总结经验,全面推进改革工作。2004年,时任总理温家宝提出在五年内逐年下调农业税率直到取消农业税,标志着改革进入了一个新的阶段。2005年,第十届全国人大常委会第十九次会议表决通过废止农业税,并在2006年全面取消农业税,这是中国农业发展史的一个重要里程碑。此后农业税改革进入成果巩固阶段,多个中央一号文件提出要加大农民补贴力度,扩大补贴种类,但日后缓解乡镇基层财政压力也应当作为税费改革新的重点。

(四)促进农民增收的政策

农民增收对于提高农民生活水平、缩小城乡差距以及维护社会稳定都起着重要作用,然而农民收入水平在改革开放以来增幅波动较大,十分不稳定。进入21世纪后,农民政策的重要目标是促进农民持续增收。从2000年起,每年的农村工作会议,以及2003年和2004年的中央一号文件,都表明了要以"多予、少取、放活"为方针,通过加大对农业农村的资金投入、调整农业农村经济结构及培养相关技能等方式推动农民增收,并配合农村税费改革给农民减负。从2005年起,农民收入增速有所提高,连续几年中央一号文件都提出要推进农民持续增收,围绕农业基础设施建设、农村公共服务来完善政策,并对农村劳动力市场、农产品市场和价格进行调控管理,着重增加农民家庭经营性收入和工资性收入。2012年经济发展开始进入"新常态",中央一号文件中关于促进农民增收的政策也有所变化,更多体现要通过促进农业科技进步、农业现代化建设和产业融合转型升级的手段来达到增收目的。这时期的政策主要是包括促进农民家庭经营性收入、工资性收入、财产性收入和转移性收入这四个方面,且不同年份侧重不同,比如在2013年之后对转移性收入重视程度有所降低,因为它在农民收入中的占比逐渐减小(王鹏程等,2018)。总之目前对于农民增收还没有构建有效的长效机制,未来应当通过科技教育激发农民增收的内生动力。

三、农村政策

农村作为农民生活生产的承载地,其发展程度直接关系到农民生活水平和农业现代化进程。改革开放以来,党中央通过不断完善农村基础设施建设、推动乡村治理、发展农村工业和乡镇企业等方面的政策来改变农村落后的面貌,统筹城乡发展。

(一)乡镇企业相关政策

我国乡镇企业起源于人民公社时期的"社队企业",政策主要是对其发展起到支持和规范作用。1979年左右,乡镇企业开始发展,在1984年中央一号文件中得到了肯定:"现有社队企业是农业经济的重要支柱",并于同年3月正式更名为乡镇企业,其后五年,乡镇企业在国家政策的支持下进入了发展黄金阶段,1984年中央一号文件规定农民可以个体或联户创办企业,随后两年中央一号文件也对县镇企业给予信贷和税收优惠,个体、私人企业都得到了很大的发展。1988年后，党中央针对乡镇企业"过热"的现象，对规模小、技术弱等不具备生存优势的乡镇企业进行治理整顿，对实力强劲的外向型企业进行扶持（王盛开和吴宇，2012）。1992年邓小平的南方谈话和随后国务院的一系列政策进一步推动乡镇企业规模和质量的提升。1997年，国家公布实施了《中华人民共和国乡镇企业法》对乡镇企业进行改制，加之国内外市场的变化，乡镇企业在一段时间内发展都较为缓慢。乡镇企业面临着国内外的双重挑战，也需不断进行兼并、重组和扩张，开展自我调整。

（二）农村基层治理体系

农村基层治理对社会稳定发展具有重大作用，改革开放以来，我国农村基层治理体系通过长期的探索和实践，得到不断恢复和完善。改革开放初期，中央对乡政府的职能进行了明确，1982年，村委会也被法律明确为基层群众自治组织，国家力量在基层得以实现。经过十余年的发展，地方不断探索村民自治制度，1998年，《村民委员会组织法》的颁布标志着基层自治制度的法律化（张慧瑶，2019），农村基层法制建设取得了一定成效。20世纪90年代的农村税费改革也对农村基层治理产生了影响，如1994年的分税制改革让乡镇政府出现财政缺口，在服务农民的路上渐行渐远，对此国家通过保障农民权益促进基层治理的稳定，促发展保民生的理念得到了一定落实。步入新时代后，基层治理的重要性得到了提升，多年的中央一号文件均提出要充分发挥农村基层党组织的政治作用，更多法律法规的参与也起到了更大的作用。党的十九大报告中，习近平总书记再次把法治保障置于社会治理体制的重要环节，对未来农村基层治理法律体系的建设指明方向。

（三）农村城镇化建设

改革开放以来，我国不断探索农村城镇化建设的道路，以期解决农村剩余劳动力问题，并促进城乡统筹发展。20世纪80年代，国家鼓励小城镇的发展，但由于当时城市发展程度也不高，加之城乡之间壁垒的存在，农村生产要素和劳动力难以进城，主要在农村产业间流动，为农村城镇化打下基础（侯微等，2014）。随后，农村土地制度改革和乡镇企业的发展让小城镇得以发展，面对大量迁移的农民，我国从1984年开启了户籍制度改革，突破了原有的依据商品粮的二元户口划分方式，后续进一步扩大农民城镇落户的范围，城乡分割的状态得到了改善。2000年，国务院出台了《关于促进小城镇健康发展的若干意见》，鼓励运用市场机制发展并提高小城镇经济建设水平，并对户籍制度进一步改革，消除对农民子女的歧视性政策，给予城乡居民同等发展机会。党的十六大以后，城乡统筹的道路更为坚定，未来关于农村城镇化的政策将更为完善和协调。

（四）农村公共事业体系

农村公共事业体系涵盖范围较为广泛，对于农业发展和农民生活条件改善都有着很大作用。从农村教育事业来看，中央政策在1985年和1986年形成了"县办高中、乡办初中、村办小学"的三级办学管理体制和义务教育管理体制,后来在2001年创新了农村义务教育分级体制,并在2003年决定将新增教育经费主要用于农村,之后对于农村和贫困地区教育加强帮扶政策,于2007年免除全国农村义务教育阶段的学杂费。这一系列的举措都极大促进了城乡教育的平等。从农村卫生事业来看,依托人民公社的农村合作医疗制度在改革开放初经历了从完善到滑坡的过程,1990年起连续多年国家颁布文件表示应当稳步推进合作医疗保健制度,并于2005年年底在全国678个县(市、区)建立了新型农村合作医疗制度(鄢洪涛,2008)。2007年,党的十七大提出要建设覆盖城乡的医疗服务保障体系,加强农村三级卫生服务网络。在农村社会保障制度方面,从农村养老保险和农村社会救济两方面入手,分别建立了农村社会养老保险制度和最低生活保障制度并不断规范,解决人口老龄化和贫困问题。

四、乡村振兴战略背景下的"三农"政策发展

回顾我国改革开放以来"三农"问题发展,可以发现其具有一定的阶段性特征,对于国家经济社会发展的重要性不言而喻,党中央针对"三农"问题的政策部署也不断深入。目前在新的历史时期,党中央在十九大提出七大战略,其中乡村振兴战略首次被提出,是对"三农"工作新阶段新规律和新任务的重大部署,反映了新时代农业农村发展的新要求。

(一)乡村振兴战略基本内容及内涵

乡村振兴战略是以习近平新时代中国特色社会主义思想为指导的对"三农"工作的新要求,抓住了当下中国经济社会发展的主要矛盾,以实现农业农村现代化为主要目标,坚持农业农村现代化优先发展和实现伟大民族复兴中国梦相统一。乡村振兴战略20字总要求是根据我国新"三农"问题来考虑的,其中产业兴旺是根本、生态宜居是基础、乡风文明是关键、治理有效是保障、生活富裕是目标,五个维度统一在总体要求中,以"满足人民日益增长的美好生活需要"(廖彩荣等,2017)。乡村振兴战略的内容是全方位、多层次的,涵盖了促进城乡融合、土地制度改革、现代农业三大体系建设、小农户和现代农业对接等多个方面,是"三农"工作的总抓手,核心是抓好"人、地、钱"三个关键。

(二)乡村振兴战略总要求下的"三农"政策选择

通过将乡村振兴战略的总要求和社会主义新农村建设的20字方针进行比较,可以更好地理解乡村振兴战略的调整与升级。在此,本书将总要求简化为产业、生态、文化、治理和民生五个维度来指导"三农"政策的选择和突破,从而为乡村振兴的实现提供支持与保障。

第一,产业维度:从"生产发展"到"产业兴旺"。农业作为我国国民经济的基础

和重要组成部分，其生产力发展在国家每个发展阶段都是重点。改革开放以来农业的主要矛盾从总量不足转为结构性矛盾，未来需要向着高质量的现代化和产业化方向迈进。2018年和2019年两年的中央一号文件与往年的不同之处也体现在强调农业多产融合的发展，而不是简单的对农业进行财政支持，更为符合"产业兴旺"的战略要求。那么未来在现有政策基础上，首先要继续发展农业，提高农产品质量；其次，应当特别注重围绕农业中心的农业产业体系的综合建设，包括对农产品的深度加工纵向延长产业链、与服务业横向融合发展休闲旅游农业等方式，形成农村三产联动。各地也要结合自身资源、环境、历史文化底蕴不断创新，走差异化发展道路，从而带动农村经济全面发展，为乡村振兴打下物质基础。

第二，生态维度：从"村容整洁"到"生态宜居"。我国农业现代化进程中，不可避免地造成了农业资源破坏、生态环境污染等问题。对于愈发严峻的生态问题，党中央在进入21世纪后，先后提出可持续发展理念和五大新发展理念，并在党的十八大首次把生态文明建设纳入五位一体总布局中，在党的十九大提出要实行最严格的生态环境保护制度，可见对生态环境的重视程度不断加大。乡村振兴战略后的中央一号文件，在生态建设方面也体现出把农村人居环境整治和生态治理相结合的思想，表明从农民权益出发来进行生态生活环境治理。未来农村生态政策也应当从多方面入手，首先引导地方对已有的被破坏的土壤和水资源进行修复；其次通过提高农业科技水平，减少有毒有害的农药化肥的使用，防治农业面源污染，保护农村生态环境。另一方面，应当推动村庄环境整治，完善垃圾、污水处理系统，提升整体村容村貌和居住的适宜程度，真正实现"生态宜居"。

第三，文化维度：提升"乡风文明"建设水平。乡风文明是一个乡村经过社会作用、时间沉淀、世代相传的思维观念、文化习俗、建筑风貌等的总和，既是一种软实力，也是一种硬实力（张建伟等，2020）。面对乡村文化式微，传承农村优秀传统文化、促进农村文明建设，使其跟上经济发展的步伐是新时代农村发展的必然要求。尽管乡村振兴战略在字面上仍保留了"乡风文明"的说法，但内涵却有所不同，应当以更高标准来推进（叶兴庆，2018）。2018年和2019年的中央一号文件都提出了要保护优秀农耕文化遗产和民间文化，并对一些婚丧恶俗陋习进行治理，体现了对农民精神文化层面的关注。未来政策也应当关注农民思想道德修养，促进农村公共教育体系的完善，从长远发展角度促进城乡平等。通过形成和睦淳朴的民风，为乡村振兴提供精神方面的支撑和长久的内在动力。

第四，治理维度：从"管理民主"到"治理有效"。农村治理是国家治理体系的重要组成部分。改革开放以来农村治理体系不断构建和发展，"管理民主"则强调了在当时时代背景下对农民权力的尊重，更侧重于村民自治；而"治理有效"的内涵更为丰富，更适用于人口结构、组织形式日趋多元的当代农村，更加注重治理效果。因此面对目前因大量农村人口进城带来的农村治理主体缺失、基层组织涣散、治理体系落后等问题，更应当坚持"三治融合"的治理路径（左停等，2019），党的十九大报告中也明确提出要健全自治、法治与德治结合的乡村治理体系。这一框架中，应当坚持基层自治，以其为基础制度安排；同时坚持法治原则，推进依法治国；并辅以德治的特色来降低治理成本，实现治理效率的提升。三者协调统一，以实现乡村的有效治理。

第五，民生维度：从"生活宽裕"到"生活富裕"。乡村振兴最终落点是提高农民生活和收入水平，因此可以说"生活富裕"是战略目标实现的重要表现。从改革开放初期，农民温饱问题还难以解决，到农民初步实现小康，党中央先是对农村提出了"生活宽裕"的愿景，在这一目标下主要是解决好农民就业问题，建立完善社会保障制度。然而目前国家通过多年的政策来提高农民收入水平，农民有越来越多的收入和越来越多元的就业模式，养老医疗方面的忧虑也得以解决，2018年，农村贫困人口发生率降到了3%以下（戴小文等，2020）。这种情况下更适合以"生活富裕"为目标，通过教育、职业培训等方式提升农民自身素质以追求更高层次的发展，并不断推进城乡义务教育一体化，统一城乡居民基本医疗保险和基本养老保险制度，缩小城乡差距，实现乡村振兴下的城乡融合发展。

通过对我国农业发展政策的梳理，可以看到我国农业的发展不但要解决生产问题，更要解决"三农"问题，全方位推动农业、农村发展，保障农民权益。我国"三农"政策涵盖面广，主要是根据社会形式的变化，以重大问题为导向而制定的，具有很强的针对性和时代特点。但是也应看到，每个阶段的政策是从上一阶段继承发展而来的，渐进性和创新性并存。在不同阶段，"三农"政策都不是与城市发展割裂的，因此需要做好城乡统筹工作，促进城乡融合。当前在乡村振兴战略的统筹下，要坚持优先农业农村发展，"三农"政策的制定也应当借鉴历史经验，适应现代农业新需求，推动农业农村现代化的进程。

第四节　我国农牧业未来发展方向

随着经济的进步，第二、第三产业在国民经济中的地位表现超过农业的势头，但是党的十九大提出了实施乡村振兴战略的重大部署，进一步强调"农业农村农民问题是关系国计民生的根本性问题"，一定要坚持农业农村优先发展，解决好现阶段"三农"问题、补齐"四化"中农业现代化的短板，对于调整国家经济结构，提升农民生活水平都有着重要意义。在实践中，首先应当做到从中央到地方，由上至下坚持党的统一领导，由政府牵头协调好"三农"工作制度，不断完善工作机制和方法，落实好中央下发的一系列改革惠农政策。改革开放以来，我国对于农业的政策制度从"以工养农"根本性地转化为"优先发展"，这不仅说明应当补全农业支持保护政策，加大国家对农业的投入，更强调在农业生产前、中、后期给予全面的支撑，保障国家粮食安全；"优先发展"还主要体现在给农村发展优先配备干部、优先配置要素、优先投入资金、优先建设公共服务这四个方面（马晓河，2019）。除政策方面外，财政也应当适度对农村基础设施建设、农业科研项目、农业扶贫工程和一些提升周边生态水平农业产业等重点领域给予支持，鼓励农业创新经营。但是在这一过程中要注意政府宏观调控的指向性与引导性，不要"雨露均沾"，更不能取代市场在资源配置中的决定性作用，而是应当让二者融合实现力量的最大化。

一、深化土地制度改革

土地是农业经济的重要生产要素，也是农民手中的重要资产，深化土地制度改革能更好配置土地资源，促进土地流转，稳定乡村社会以实现规模化生产，对解放农村生产力、促进农村经济发展乃至实现乡村振兴都起到了重要作用。2019年，党中央发布的一号文件进一步明确应当完善土地管理制度。改革开放四十余年，中国土地制度改革的核心主题始终是调试管制与市场的关系，当前也应当注意将管制与市场有机结合（李蕊，2020），平衡多方利益。从土地产权制度改革来看，在推进农村土地确权工作的基础上，承包地的"三权分置"允许土地经营权抵押、担保、入股，从一定程度上打破了城乡二元土地制度，让农村土地在一定程度上按照市场化的要求配置，有助于城乡融合发展以及资源双向流动，给予农民更多发展的选择性。土地流转也应通过政府引导，不断完善平台建设，规范流转过程，保护农民权益。同时以宅基地为主的集体建设用地的改革给了农民自愿选择退出闲置宅基地的权利，有利于盘活农村闲置资源，让更多形式的农村产业，如创意景区、农家乐等得以发展，从而增加农民收入。因此在坚持农村土地集体所有和保护耕地红线的前提下，要全面深化农村土地制度改革，各地政府要积极引导因地制宜的试点工作，借鉴经验并尊重民意，落实改革，全面实现乡村振兴战略。

二、深化供给侧结构性改革

2015年中国中央农村工作会议强调，要着力加强农业供给侧结构性改革，提高农业供给体系质量和效率，使农产品供给数量充足、品种和质量契合消费者需要，真正形成结构合理、保障有力的农产品有效供给。在供给端，农民要增收，农业要有效益，农村经济要发展；在需求端，对优质农产品日益增加的需求要得到满足。而目前，农业生产面临资源环境和生产成本控制的压力，市场优质绿色产品比例较小。

针对我国农业存在的供给侧结构性矛盾，党中央2017年一号文件提出要"以农业供给侧改革为主线，围绕农业增效、农民增收、农村增绿，加强科技创新引领，加大农村改革力度"。由于造成供给侧结构性矛盾的原因是多样的，因此改革也要抓住矛盾主要方面，明确主攻方向。

目前改革正在进行中，首先应当巩固好既有成果，在守住粮食安全这条底线的情况下，控制好玉米、水稻等主要农产品去库存的力度和进度。同时，面对广大人民对农产品要求的提高造成的消费结构的调整，农业结构也应发生相应变化，利用科技水平提升农产品质量，将发展方式从粗放且依赖资源的形式转变为科技带动的形式，让农业从高产农业向绿色农业和功能农业迈进，从根本上调整供需之间的矛盾。其次，为了抵抗国外低价农产品对我国农业市场的挤压，国家应当持续发布支农惠农政策，对农业生产提供一定补贴，加快推进农业社会化服务，为以小农户为经营主体的农业生产降低成本；同时也应推动农业适度规模经营，培育新型经营主体，并通过产业融合等方式建立农民长效增收机制，带动农民生产积极性。另一方面，可以通过科研育种等方式积极优化粮食品种，形成特色农产品，在和国际农产品的同质化竞争中脱颖而出。除此之外，供给侧结构性改革还应当和当前推行的城乡统筹发展、土地制度改革、经营体制改革以及科技创新等方面配合，把握农业适度规模经营和科技进步带来的新机遇，整体提升农业国际竞争力。

三、推动农产品市场化改革

我国经济正处于转型阶段，"四化"协同发展要求农业对土地、劳动力和资本等生产要素进行调整以达到最优配置，适应当前产业布局。自从1985年国家废除统购统销制度并确立双轨制以来，再到2001年入世，我国农产品市场化的进程不断加快，市场机制在资源配置中起到了决定性的作用。当前，面对复杂且充满挑战的国际局势和供给侧结构性矛盾，更应当深化农产品市场化改革，以提高市场配置资源的效率，优化资源布局；市场化的过程也能减少农业生产过程中政府部门的干预，避免出现农产品销售价格垄断的现象，降低农民经营成本，提高经营收入。未来各地政府应当结合当地农业特点和资源优势，鼓励社会资本和优秀人才走进农村、走进农业，农民也要根据市场多样的需求形成自身的农业品牌，或走大规模生产的道路，或走"小而精"的特色之路，或拓宽产业链条挖掘农产品市场附加值。社会资本也应当积极投入拓宽市场营销路径，搭建市场平台带动农民增收致富。生产要素从低效率部门向高效率部门转移是资源流动的原动力，农业回报率低，各要素自然不愿意进入农业市场（孙江超，2019）。因此推动市场化改革，能减少无效供给，且倒逼农业产业结构去调整和优化，农业受益和效率都有所提升，各要素自然会更为精准地分配，进一步提升农业水平，吸引优质资源，从而逐渐形成良性循环。在这一过程中，政府和农户一定要忍住阵痛，才能让农业领域从部分接受"特惠"的阶段走向全体取得"共赢"的阶段。

四、持续弘扬农牧业科技创新

我国虽然是传统的农业大国，但并不是农业强国，农业科技发展的步伐较为缓慢，无论是研发前的资金人才投入、研究水平的提升，还是研究成果的应用，都存在不足。由于科研工作难度大、成本回收慢，因此政府应当牵头组织，并建立长效的科研创新激励机制，在政策上予以支持，落实税收减免、高新技术优惠等方案并引导社会资本的投入。针对各地农业生产的实际困难，当地政府应当成立专门的工作小组，整合高校企业优秀人才和资源开展科学研究，推动产学研一体化发展。例如河北省曲周县在20世纪土地盐碱化问题严重，当地政府和中国农业大学结成合作关系，建立实验室共同改土治碱，攻克难关。另外，全国各地应在立足国情、保障国家粮食安全的基础上，明确自身农业发展短板，根据市场需求，着力突破农业生产限制因素，研发高产优良品种，着重发展具有较高应用价值的技术，切实做到提高农业生产率和经济效益，避免出现单纯靠论文彰显水平、靠数量堆砌成果的现象。在最后的技术应用和推广阶段，政府应当保持开放的心态积极进行革新，建立平台给农民共享新技术，并鼓励技术人员入股成果分红，让双方均能享受科技发展带来的收益；同时还要给农民进行多种方式的推广和宣讲，提升他们对于新技术的接受和信任程度，促进研究落地，提高科技创新对于农业经济发展的贡献度。从长远看，各地政府应当对当地大学生等专业人才的教育培养提供支持和帮助，鼓励他们返乡研究创业，同时对现有农民也加强知识技能的培训，全面提升农民素养。

五、培育新型农业经营主体

在我国以小农户经营为主的模式下，主要有两种规模化经营的实现路径，一是通过直接的土地流转让土地从碎片化的状态集中到少数经营者手中；二是通过不断完善社会化服务，在土地仍然分散的情况下提供规模化的基础设施服务。目前我国这两种方式都在推行，但是土地流转交易成本高，流程不规范，难以保障农民经营权等问题，使近年来土地流转增速大幅下降。截至2017年年底，我国土地流转面积5.12亿亩，占整个家庭承包耕地面积的37%，增长空间有限（叶敬忠等，2018）。我国人多地少、人地矛盾突出的国情，决定了我国可能更适合走完善农业社会化服务体系的道路，实现小农户与现代农业发展相衔接。这些提供农业社会服务的组织，在农业各个生产环节提供可购买的机械化服务，具有较强的可推广性。在未来，应当进一步规范该服务体系的发展，给农民提供相应保障，鼓励农民参与；同时通过互联网更好连接农户和服务组织，按需匹配服务；随着社会服务的升级，规模经营的发展，多种新型农业经营主体涌现了出来，种类较多，各具优势和特色，应当根据各地区土地流转情况、农民平均素质水平和意愿，选择合适的种类进行培育，以应对当前大量农村劳动力进入城市的问题。同时要处理好新型农业经营主体之间的关系，保障各经营主体均能享受到社会化服务带来的便利。

六、推进产业融合发展

当前，我国服务型经济飞速发展。传统农业除通过技术进步提高要素利用率以外，更应当与高新技术和第二、第三产业融合渗透，打破资源等方面的限制，降低生产交易成本，从而为农民实现长效的增收。从不同角度分析，我国目前农村产业融合的典型模型大概有三种：农业产业链延伸型、农业产业与其他产业交叉型、先进要素对农业产业渗透型（谭明交，2016）。第一种主要是以农业生产为核心，对其产品进行加工、精细化处理并寻求销路，再延伸产业链条和降低交易成本，并提升农产品附加值。但是当前大部分生产者简单包装处理农产品后并没有挖掘产品特色，也没有在后续销售中利用好互联网做好销售服务，只是表面的融合，在未来可以持续深入发展。第二种方式主要体现了多个产业发展之间的相互影响，比如农业产业和地方旅游业的交叉融合。比如，北大荒文化创意产业集团发挥"文化+产业优势"在做好疫情防控的前提下通过举办各种活动，同时提供北大荒的绿色食品作为奖品，用绿色食品助力旅游业复苏，提升北大荒品牌影响力，助力企业发展。"2018中国最美乡村"四川省成都市蒲江县明月村，通过特色茶山竹海农业带动旅游发展，同时作为特色元素和当地古窑文化创意产业进行交互，在整体提升当地经济水平的同时推动了整体风貌的改善，还吸引了一大批创客、新村民的入住，突破了传统农村的发展模式却保护了村庄传统文化。第三种方式则是要让先进技术深入到各个环节，特别是信息技术，如大数据、物联网等。前两种途径可以和第三种同步推进，让农业跟上信息发展时代，打造农业"新业态"。针对这三种方式，各地应当立足自身农业基础水平和地方优势资源来选择，并且配合好新型经营主体的培养、相关支持政策的完善，打造"一村一品""一县一业"的特色的产业格局，切实做到短期稳定农民收入、长期促进农村发展（曾福生等，2018）。

七、走可持续发展的生态文明型道路

鉴于我国农业粗放发展带来的资源和环境问题，实施农业结构转型、走可持续发展之路迫在眉睫。党的十八大提出的生态文明建设，可以丰富现代农业内涵，指明未来农业发展方向。首先，生态文明型农业一定是建立在适合当地原有自然资源禀赋的基础上的，绝不能以透支土壤肥力来换取短暂的增产，要保护已有的农业资源。因此对于中低产田，要通过土地整治、农田水利设施建设等工作进行改造，并且推广优良品种和种植方法。其次，生态文明型农业在利用各项资源和生产要素时，应通过技术引进提高其利用率，实现高效高产。生产时还应注意减少对于农药和化肥的依赖，杜绝面源污染的发生，如有生产废弃物也要通过一定技术手段做到无害化排放，或者通过多次循环利用提高能量转换率，实现节能减排（尹昌斌等，2015）；另外，生态文明型农业得到的产品应当是绿色、安全、无公害的，能满足人们对于农产品品质日益提高的要求。在这一过程当中，政府应当向农民宣传可持续发展理念和生态文明建设的必要性，应当不断进行农业可持续发展的制度创新，并完善相关法律法规。随着生产、生活、生态这"三生空间"的提出，还应当统筹推进村庄环境治理、农业发展和生态改善，真正促进农村的可持续发展。

八、建立品牌发展理念

品牌是企业对其提供的货物或服务所定的名称、术语、记号、象征、设计或其组合，主要供消费者识别之用。品牌所反映的品牌化事物的全部特征称为品牌的内涵。奥美董事长David Ogilvy对品牌的定义：品牌是一种错综复杂的象征，它是品牌属性、名称、包装、价格、历史、声誉、广告风格的无形组合。品牌同时也因消费者对其使用的印象，以及自身的经验有所界定。美国市场营销协会（AMA）对品牌的定义：品牌是一种名称、术语、标记、符号或设计，或是它们的组合运用，其目的是借以辨认某个销售者或某群销售者的产品或服务，并使之同竞争对手的产品和服务区别开来。中国农垦经济发展中心自2019年开始每年发布《中国农垦品牌目录》名单，2021年《中国农垦品牌目录》收录16个垦区，共84个品牌，努力打造以品牌价值为核心的中国农垦品牌，打造完善的农垦食品质量安全追溯体系，铸造出较高的品牌认知度与美誉度，塑造优质、安全、绿色的中国农垦品牌形象。梁中国认为，品牌是凝聚着企业所有要素的载体，是受众在各种相关信息综合性的影响作用下，对某种事或物形成的概念与印象。它包含着产品质量、附加值、历史以及消费者的判断。品牌建设已然成为参与农业产业竞争的重要战略。在品牌消费时代，赢得消费者的心远比生产本身重要，品牌形象远比产品和服务本身重要。李光斗认为，一个完整的品牌定义应从两个不同角度来阐释：从消费者角度来讲，品牌是消费者对一个企业或产品所有期望的总结；从企业角度来讲，品牌是企业向目标市场传递企业形象、文化、产品理念等有效要素，并和目标群体建立稳固关系的一种载体、一种产品品质的担保及履行职责的承诺。

九、发展智慧农业

智慧农业是以信息和知识为核心要素，通过将互联网、物联网、大数据、云计算、人工智能等现代信息技术与农业深度融合，实现农业信息感知、定量决策、智能控制、精准投入、个性化服务的全新的农业生产方式，是农业信息化发展从数字化到网络化再到智能化的高级阶段（赵春江，2019）。

（一）重点任务

1. 研发农业传感器

智慧农业的核心就是传感器技术，而制约传感器技术的核心是高端传感器部件，基于此，我国要大力加强智慧农业传感器的研发，研发出类似农业土壤重金属检测的传感器设备，为智慧农业的发展提供基础保障。

2. 智能化农机装备和农业机器人自主研发创新

加强研发新一代自主可控的智能农业装备技术和产品，包括智能重型拖拉机、农用大载荷无人机等智能农业农机装备，研发能调控精准饲喂的智能化设施装备。

3. 解决农业大数据源问题

建立效率高、成本低的信息获取系统，发展我国农业用专门卫星，同时协同利用我国其他专业卫星资源与国际卫星资源，为我国农业大数据提供必要支持。

4. 开展集成应用示范

综合运用多种智能化技术，在我国推进智慧农场、智慧牧场、智慧果园、智能化农产品加工工厂和智能化农产品物流的集成应用示范，从而促进智能化农业技术的进步。

5. 充分利用互联网

关注物联网的关键技术，充分利用物联网下的农业传感器与智能化的监控设备，对农业生产过程以及农作物生长环境数据进行控制，获取相关数据，从而对后续农作物的科学生产提供数据与理论支撑。

我国改革开放以来的"三农"政策制定都体现出了问题导向的思维。鉴于此，本节对我国农业发展问题进行了全面的梳理，试图找寻我国农业未来发展的方向。改革开放四十余年来的农村土地制度和家庭联产承包责任制中存在的问题是影响较为深远的，规模化发展和小农户经营模式之间的矛盾一直存在，也推动着中国农业发展转型。党的十九大报告提出要实现小农户和现代农业发展的有机衔接，未来政策应当会就其具体路径选择细化，这将影响未来农业现代化发展的方向，各农业主体应当积极适应时代政策进行转型而谋求长期发展。

第二章 农牧产业发展现状与趋势

从国内外农牧业发展现状进而引入对呼伦贝尔农垦集团的发展战略研究，通过大量前人已阐述的农牧业发展概况及理论的深入研究与综合分析，对农牧产业发展概论进一步归纳释义，结合国内外农牧业产业发展现状，指出我国现阶段农牧业发展存在的问题，并为下一步对呼伦贝尔农垦集团产业发展的战略研究提供相应的理论基础。

第一节 产业发展和布局的基本理论

产业布局理论（the Theory of Industrial Layout）是研究产业在地域空间上的分布与组合规律及其对社会经济影响的理论，是产业经济学研究的重要领域，它的发展对于制定产业布局及其调整政策具有重要的指导意义。产业布局理论主要研究影响产业布局的因素、产业布局与经济发展的关系、产业布局的基本原则、产业布局的基本原理、产业布局的一般规律、产业布局的指向性以及产业布局政策等。产业布局理论从产生到发展可分为古典区位理论、近代区位理论、现代区位理论（图2-1）。

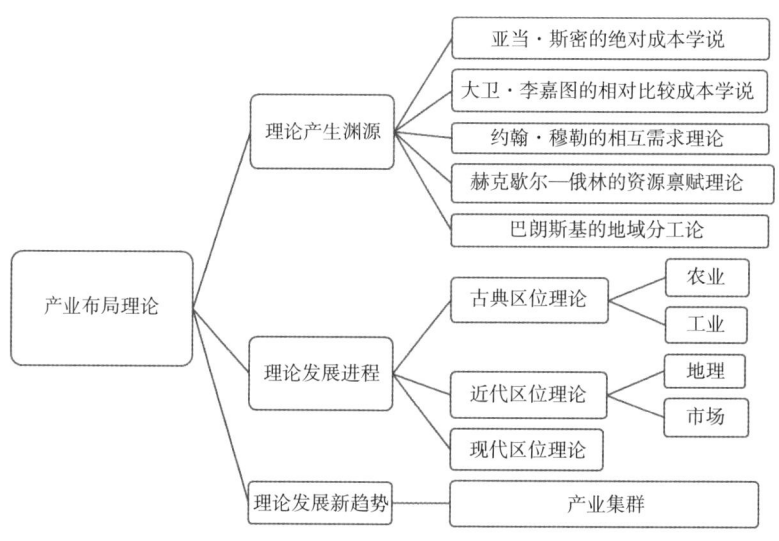

图2-1 产业布局的理论渊源与发展

第二章 农牧产业发展现状与趋势

一、古典区位理论

产业布局理论最早可追溯到19世纪初西方创立的区位理论。德国经济学家杜能在1826年出版的《孤立国同农业和国民经济的关系》一书中，从区域地租出发探索因地价不同而引起的农业分带现象，创立了农业区位论，为产业布局经济理论奠定了学科基础。杜能假设：有一个与外界无联系的孤立国，在孤立国内，只有一个中心城市（市场），环绕它的是一个广阔的、自然条件到处一样的可耕平原，由各地向中心城市只有一种运输方式（马车），农民是自行运送农产品的，各种农产品单位距离的运费到处一样；大平原上均匀分布着具有相同的技术素养的农民，他们适应任何新出现的经济条件，随时调整其生产方向（土地利用类型）没有任何经济技术上的困难。这样，不同地方对中心城市距离远近所带来的运费差，就决定着不同地方农产品纯收益（杜能称之为"经济地租"）的大小，纯收益成为市场距离的函数。一定地方生产的农产品，应当是获得纯收益最高的那种农产品。随市场距离增大，运费增高，该种农产品的纯收益下降，到达一定距离后它将让位于纯收益比它高的另一种农产品，也就是说一种土地利用类型被另一种类型所取代。按这种方式，形成以城市为中心，由内向外呈同心圆状的6个农业地带：第一圈称自由农业地带，生产易腐的蔬菜及鲜奶等食品；第二圈为林业带，为城市提供烧柴及木料；第三至第五圈都是以生产谷物为主，但集约化程度逐渐降低的农耕带；第六圈为粗放畜牧业带，最外侧为未耕的荒野（图2-2）。杜能农业区位论的意义不仅在于阐明市场距离对于农业生产集约程度和土地利用类型（农业类型）的影响，更重要的是首次确立了农业生产的区位存在着客观规律性和优势区位的相对性。杜能的农业区位理论给西方许多工业区位理论的研究者以深刻的启发，杜能也因第一个研究区位问题，被誉为产业布局学的鼻祖。但是杜能的理论忽视了农业生产的自然条件，也没有研究其他产业的布局，存在明显的局限性。

20世纪初，德国经济学家韦伯创立了工业布局理论，并在1909年《工业区位论》一书中详细地论述了工业区位理论。韦伯提出工业区位论的时代背景是在德国产业革命之后，近代工业有了较快发展，从而形成了大规模的地域人口移动，尤其是产业与人口向大城市集中的现象极为显著。在这种背景下，韦伯从经济区位的角度，选择了生产、流通、消费三大经济活动基本环节的工业生产活动作为研究对象，通过探索工业生产活动的区位原理，试图说明与解释人口的地域间大规模移动以及城市的人口与产业的集聚机制。他认为，影响工业布局的最主要因素是运输成本、劳动费和集聚力等三方面因素，企业家总是寻求最小费用的生产区位。如同农业区位论鼻祖杜能一样，韦伯是第一个系统地建立了工业区位理论体系的经济学者。他的区位论是经济区位论的重要基石之一，不仅是理论研究的经典著作，对现实工业布局也具有非常重要的指导意义。就其突出特点来说，主要有以下几方面：①首次将抽象和演绎的方法运用于工业区位研究中，建立了完善的工业区位理论体系，为之后的区位论学者提供了研究工业区位的方法论和理论基础。②韦伯区位论的最大特点或贡献之一是最小费用原则,即费用最小点就是最佳区位点。他之后的许多学者的理论仍然脱离不开这一经典法则的左右,仅仅是在他的理论基础上的修补而已。③韦伯的理论不仅限于工业布局,对其他产业布局也具有指导意义,特别是他的指向理论已超越了原本的工业区位范畴,而发展成为经济区位布局的一般理论。

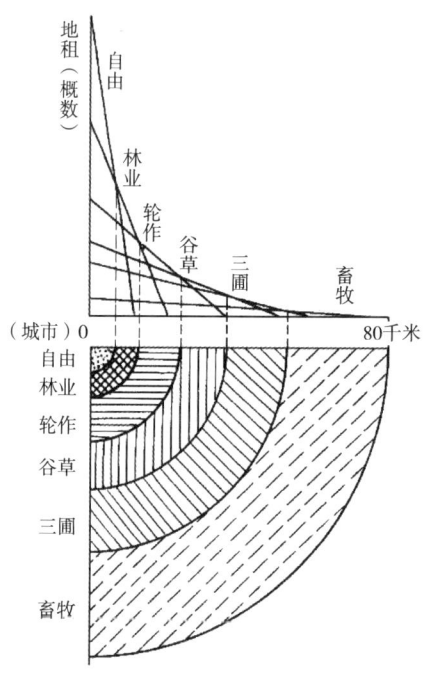

图2-2 杜能的农业圈层理论

二、近代区位理论

第二次世界大战之后,产业布局理论经历了一个漫长的发展过程,形成了各种不同的理论流派。

(一)成本学派理论

成本学派是最早的产业布局学派,其核心理论是以生产成本最低为准则来确定产业的最优区位。该学派的主要代表人物是韦伯、胡佛、赖利、艾萨德等。

德国经济学家韦伯(Alfred Weber)是把最低费用区位理论发展成为系统学说的集大成者,他认为,决定工业区位的因子有3个,即运输成本、劳动力成本和聚集,合理的工业区位应位于3个指向总费用最小的地方。韦伯之后,美国学者胡佛在1931年和1948年写就《区位理论与皮革制鞋工业》和《经济活动的区位》,指出总运费是一条增长逐渐放慢的曲线而不是直线,并提出运输成本由两部分构成:站场作业费与线路运输费。线路运输费是距离的函数,站场作业费则不一定。在此基础上他对韦伯的理论做了如下修改。

第一，若企业用一种原料生产一种产品，在一个市场出售，在原料与市场之间有直达运输，则企业布局在交通线的起点最佳。因为在中间设厂将增加站场费用。

第二，如果原料地和市场之间无法直达运输，原料又是地方失重原料，则港口或其他转运点是最小运输成本区位。

（二）市场学派理论

市场学派产生于垄断资本主义时代，这一学派的主要观点是成本最低并不是全意味着利润最大化，市场因素对产品价格影响越来越重要，产业布局必须充分考虑市场因素，尽量将企业布局在利润最大的区位。该学派的代表人物有廖什、谢费尔、帕兰德、罗斯特朗等。廖什于1940年出版的《区位经济学》一书中，认为产业布局会受到多种因素的影响，因此要找出各经济单位布局的相互关系，就要寻求整个区位系统的平衡。产业布局必须充分考虑市场因素，尽量把企业安排在利润最大的区位，同时还要考虑到市场划分与市场网络结构等方面的问题。瓦尔特·克里斯塔勒（Walter Christaller）创立了"中心地理论"，他认为高效的组织物质生产和流通的空间结构，必然是以城市这一大市场为中心，并由相应的多数市场构成相应的网络体系。

（三）成本—市场学派理论

成本—市场学派是在上述两个学派的基础上形成的，这一学派不仅综合研究了成本和市场对产业布局的影响，而且拓宽了区位理论的研究领域。古典区位理论讨论的是微观布局问题，即企业布局，市场学派尽管重点研究了市场区问题，但没有涉及区位，是一般均衡问题。成本—市场学派建立了一般均衡理论的分析模式，并且探讨了区域产业布局和整体产业布局的相关问题。主要代表人物有艾萨德、俄林、弗农等。弗农还提出了产品生命周期理论，认为各种工业产品都处在不同的生命循环阶段上，它们也和生物一样发展过程中必然要经历创新、发展、成熟、衰老4个阶段。因而，产业布局还受产品生命周期的影响。

（四）发展经济学派

该学派主要有3个代表性的理论。

一是增长极理论。该理论是法国经济学家佩鲁在《略论"增长极"的概念》中提出来的，其核心内容为：在一国经济增长过程中，由于某些主导部门或者有创新力的企业在特定区域或城市聚集，从而形成一种资本和技术高度集中、增长迅速并有显著经济效益的经济发展机制。由于其对邻近地区经济发展同时具有强大的辐射作用，因此被称为"增长极"。"增长极"理论对一国的产业布局具有重要的启示作用。值得注意的是，增长并非同时出现。在所有的地方，它以不同的强度首先出现于一些增长点或增长极上，通过不同的渠道向外扩散，并对整个经济产生不同的影响。此概念是该理论的核心。根据增长极理论，后起国家在进行产业布局时，首先可通过政府计划和重点吸引投资的形式，有选择地在特定地区和城市形成增长极,然后凭借市场机制的引导,使增长极的经济辐射作用得以充分发挥,并从其临近地区开始逐步带动增长极以外地区经济的共同发展。

二是点轴理论。点轴理论是在增长极理论的基础上发展起来的,是增长极理论的延伸,从经济发展的空间过程来看,产业特别是工业的发展先集中于少数几点,即增长极。随着时间的推移,这些点逐渐增多,点与点之间的联系也日益加强,这必然导致要建设各种形式的交通或通讯路线来保证这些点之间的联系,这些线路就形成了轴,从而使产业的发展形成以点带轴、以轴带面,最终促进整个区域的经济发展模式。点轴布局理论对中国产业布局有很大的参考意义。

三是地理性二元经济理论。该理论是由瑞典经济学家缪尔达尔提出的。他在1957年出版的《经济理论和不发达地区》一书中,认为经济发达地区会对其他落后地区的经济发展既可以起到很好的带头作用,也能够带来一些不利影响,发达地区由于要素报酬率较高,投资风险较低,因此吸引大量的劳动力、资金、技术等生产要素和重要物质资源等,由不发达地区流向发达地区,从而在一定时期内使发达地区与不发达地区的差距越来越大。落后发展的地区一方面要以这些发达地区为借鉴,充分发挥其带动作用,另一方面要制定相应的产业布局政策或其他相关的财政金融政策,鼓励本地区的快速发展。

三、现代区位理论

二十世纪八九十年代以来,人们对产业布局的问题越来越重视,和以前的研究相比,产业布局理论又有了一些新的发展。

(一)核心—边缘模型

1991年,美国经济学家保罗·克鲁格曼(Paul Krugman)发表了著名的《收益递增和经济地理》一文,之后又出版了学术著作《区域发展政策》一书,提出并系统阐述了基于迪克希特—斯蒂格利茨垄断竞争模型的核心—边缘模型,为新经济地理学的发展奠定了基础。

弗里德曼认为,任何一个国家均由核心区域和边缘区域组成。核心区域由中心城市或城市集群及其周边地区所组成,人口、资本、技术密集,经济增速快,主要包括:①国内都会区;②区域的中心城市;③亚区的中心;④地方服务中心。边缘区域是那些相对于核心区域来说,经济较为落后的区域,又可分为:过渡区域和资源前沿区域。过渡区域包括上过渡区域和下过渡区域。上过渡区域是联结两个或多个核心区域的开发走廊,虽然处在核心区域外围,但与核心区域之间建立了一定程度的经济联系,受核心区域的影响,经济发展呈上升趋势,该区域有形成新城市或次级中心的可能。下过渡区域是指社会经济特征处于停滞或衰落的向下发展状态的地区。资源前沿区域,又称资源边疆区,虽然地处边远但拥有丰富的资源,有经济发展的潜力,有新城镇形成的可能。

根据核心—边缘理论,在区域经济增长过程中,核心与边缘之间存在着不平等的发展关系。总体上，核心居于统治地位，边缘在发展上依赖于核心。但核心与边缘区的空间结构地位不是一成不变的。核心区与边缘区的边界会发生变化，区域的空间关系会不断调整，经济的区域空间结构不断变化，最终达到区域空间一体化。

显然，核心—边缘理论在试图解释一个区域如何由互不关联、孤立发展，变成彼此联系、发展不平衡，又由极不平衡发展变为相互关联的平衡发展的区域系统。

那么，核心区是如何形成的呢？核心—边缘模型，一个地区成为制造业中心，而另一个地区成为农业外围，主要取决于较大的规模经济、较低的运输成本以及制造业在支出中的较大份额，这三者的某种结合。

（二）产业集群理论

产业集群理论是20世纪80年代由美国学者迈克尔·波特创立。1990年迈克尔·波特出版《国家竞争优势》一书，提出了"产业集群"的概念，以及构筑国家竞争优势的"钻石体系"。波特对丹麦、德国、意大利、日本等10个重要贸易国进行研究后，认为国家竞争优势主要不是体现在比较优势上而是体现在产业集群上，产业集群是国家竞争优势的主要来源，而创新是企业也是国家保持竞争优势的核心体现，而产业集群正是实现创新的一种有效途径。产业集群的含义：在一个特定区域的一个特别领域，集聚着一组相互关联的公司、供应商、关联产业和专门化的制度和协会，通过这种区域集聚形成有效的市场竞争，构建出专业化生产要素优化集聚洼地，使企业共享区域公共设施、市场环境和外部经济，降低信息交流和物流成本，形成区域集聚效应、规模效应、外部效应和区域竞争力。"钻石体系"是一个双向强化的动力系统，由4个相互作用的关键要素构成，即生产要素、需求条件、企业的战略、结构与同业竞争，与相关支撑性产业组成一个完整的系统。这个体系是一个国家的产业或产业环节能否成功的关键。波特认为，产业的地理集群是因为竞争而导致，不仅能降低交易成本、提高效率，而且改进激励方式，创造出信息、专业化制度、名声等集体财富。更重要的是集群能够改善创新的条件，加速生产率的成长，也更有利于新企业的形成。虽然群内企业的惨烈竞争暂时降低了利润，但相对于其他地区的企业却建立起竞争优势。

产业集群在区域经济发展中发挥着重要的作用，相关产业的集群不仅可以完善整个产业链的功能，形成规模经济效应，还能够促进产业分工与专业化，实现资源的优化配置，因此，产业集群在规划实践中和实施产业布局具有重要的指导意义。

区域产业集群有两种类型。第一种类型：属于同一产业或性质相近的许多企业的集中，如纺织企业的集中。在一个地区内同类企业数目的增大，必然带来生产规模的扩大，生产总量的增加，分工协作的加强，辅助产业的发展，其结果不仅创造大规模的外部经济，而且提高企业的劳动生产率，降低生产费用和成本。第二种类型：属于不同产业，或不同性质的企业集中。这比各个企业孤立地分散设立在各个地区会带来更大的经济效益。

产业集群的优势表现在：

（1）扩大市场规模。企业和人口的集中，彼此形成市场，产生较大规模的市场经济，为工商企业增加了潜在市场，有利于它们扩大生产规模。在市场经济发达的地区，商业、金融、科技、信息机构条件更为优越，适合于企业进行生产经营活动。

（2）降低运输费用，降低产品成本。企业集中在一起，企业之间互为市场，彼此提供原材料、生产设备和产品。不仅生产协作方便，供销关系固定，而且距离缩短，运输费用降低，销售费用缩减，从而有利于降低产品成本和销售价格。

（3）促进基础设施、公用事业的建立、发展和充分利用。企业进行生产和经营，需要与之相适应的交通运输、邮政通讯、水电供应等各项设施。集中建设、使用和管理这些设施，比各个企业单独进行建设、使用和管理大大节约费用，而且这些公共设施又为企业和居民所共享，使它们得到充分的利用，产生更大的社会效益、经济效益和环境效益。

（4）企业的集中必然伴随熟练劳动力、技术人才和经营管理干部的集中。即使企业能够得到它们所需要的各类人员，同时各类人员也容易获得合适的工作岗位，发挥专长，从而创造出更多的社会财富。

（5）便于企业之间直接接触，达到彼此学习、相互交流、广泛协作、推广技术、开展竞争，从而刺激企业改进生产、开发产品、提高质量，创造出巨大的经济效益。

产业集群具有以下几个主要特征：

（1）空间邻近与聚集经济，主要是指有密切联系的企业在特定空间内高度聚集，产生广泛的规模经济与范围经济，集群内部企业既相互合作，又保持竞争，激烈的竞争也保持了集群的活力。

（2）学习创新与技术外溢，主要是指集群内技术外溢明显，创新活动向深度推进。

（3）自组织和自我强化，产业集群往往是自发产生的，一旦开始形成，自我强化过程会促进其加速成长，此又称为"路径依赖"。

（4）根据市场结构，产业集群可分为轮轴式产业集群、多核式产业集群、葡萄式产业集群与混合式产业集群4种类型。轮轴式产业集群指围绕一个特大型成品商而形成的产业集群，如日本的丰田汽车城。多核式产业集群指围绕少数几个大型成品商而形成的产业集群，如美国的底特律汽车城。葡萄式产业集群指由众多的中小企业聚集而构成的产业集群，如"马歇尔产业区""第三意大利"等。混合式产业集群指其他类型，如硅谷就属于典型的混合式产业集群。

四、创新驱动发展的相关理论分析

（一）约瑟夫·熊彼特意义的创新

约瑟夫·熊彼特在其著作《经济发展理论》中首次以动态的视角提出"创新"

（Innovation），认为创新是生产函数的变动、是对现有资源的重新组合，包括5种情况：①新产品或产品新特性；②新生产方式；③新市场；④新供应来源；⑤新组织方式。

（二）迈克尔·波特意义的创新驱动

波特意义的创新驱动（Innovation-Driven）是对应于要素驱动（Factor-Driven）、投资驱动（Investment-Driven）和财富驱动（Wealth-Driven）提出的，四者是经济发展的组成阶段。经济体必然或顺序或交叉并行地经历各个发展阶段，顺序发展意味着经济体的发展依次由要素、投资、创新或财富4个因素之一驱动，交叉并行意味着经济体的发展可能同时由4个因素中的2个以上驱动，且发展阶段之间没有明确的划分（冯兆滨，2012）。

（三）其他观点

除了约瑟夫·熊彼特意义的创新和迈克尔·波特意义的创新驱动，其他学者在创新驱动发展研究过程中也提出自己的观点与见解，但不难发现这些观点仍是以约瑟夫·熊彼特和迈克尔·波特的研究为基础。比如，有观点认为知识和信息的产生、分配和使用在创新驱动发展过程中尤为重要，且二者在人员、组织机构之间的流动是创新的关键所在。如OECD通过对其成员国的追踪分析中发现，知识和信息在经济发展中的作用愈发重要，二者为大部分国家贡献了GDP的一半。也有观点认为后发优势是推动后发国家快速发展的合理路径，但是创新带来的先发优势才能实现持续发展。如有的学者认为生产要素、产业结构和技术创新3个要素是经济发展的主要影响因素，其中，技术创新最为重要。但是由于技术创新的高昂成本，发展中国家可以利用其在技术发展水平、产业结构水平等方面与发达国家的差距，以高于发达国家的发展速度实现增长，形成后发优势，但随着差距的缩小，后发优势对经济发展的作用越发乏力。还有观点认为后发国家的自主创新可以通过二次创新和集成创新实现自主知识产权的技术创新，同时除了研发驱动的技术创新，还应关注商业模式创新等其他非研发驱动的创新（孔祥彬，2020）。

第二节 传统农牧业国内外发展现状

一、粮油业

（一）小麦产业

1. 小麦生产

中国是全球最大的小麦生产国，目前小麦种植面积在2 400万公顷，单产5 400千克/公顷，产量在1.3亿吨左右，基本能满足国内需求（图2-3、图2-4）。根据农业部2008年9月发布的《全国优势农产品区域布局规划（2008—2015年）》，东北地区也是五大小麦优势区之一，但由于该地区是春小麦，没有受到国家最低收购价的保护，没有品牌支撑和有效的推广销售网络，东北地区优质春小麦产品也难以实现"优价"。同时，与春小麦具有耕地竞争关系的粳稻和玉米由于有保护价和临储收购价政策的支持，种植效益明显高于小麦，导致东北地区小麦逐渐萎缩。

从2019年小麦产量区域分布看，产量超过2 000万吨的省份有2个：河南和山东；产量在1 000万~2 000万吨的省份有3个：江苏、安徽和河北；产量在100万~1 000万吨的省份有7个：新疆、四川、山西、陕西、湖北、内蒙古、甘肃；产量在100万吨以下的省份有17个，剩下的省份为基本没有种植小麦的省份。

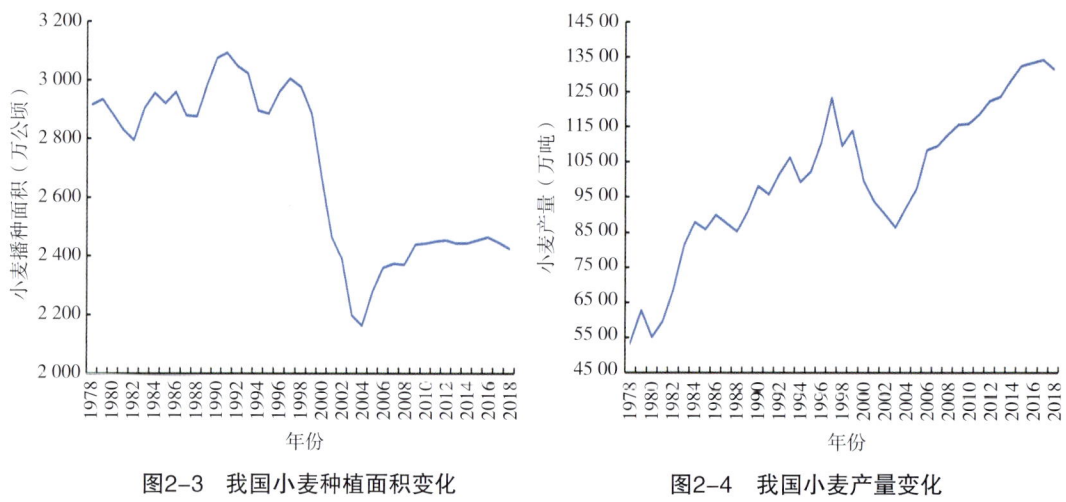

图2-3 我国小麦种植面积变化　　　　图2-4 我国小麦产量变化

我国小麦生产水平稳定提高，得益于国家小麦最低收购价政策的执行。粮食最低收购价政策始于2004年，国家规定稻谷的最低收购价格，当市场价低于最低价时，由国家指定的粮食企业以最低价进行收购，稳定市场价格。2006年，小麦也被纳入最低收购价范围。随后的几年中，稻谷和小麦的最低收购价一直没有改变，分别维持在2004年和2006年的水平。2008年小麦最低收购价格水平，白小麦（标准品，下同）每市斤（1市斤＝0.5千克，全书同）0.77元，红小麦、混合麦每市斤0.72元；执行区域为河北、江苏、安徽、山东、河南、湖北等6个小麦主产省，其他小麦产区是否实行最低收购价政策，由省级人民政府自主决定。在此期间，当小麦市场价格低于最低收购价格时，由中储粮总公司和有关省地方储备粮管理公司（或单位）按照最低收购价格，在上述小麦主产区挂牌收购农民交售的小麦。2008年之后，国家不断提高小麦最低收购价格，由1 400元/吨提高到2014年的2 360元/吨，提高了69%，但自2018年开始最低收购价格下降，2019年为2 240元/吨（图2-5）。

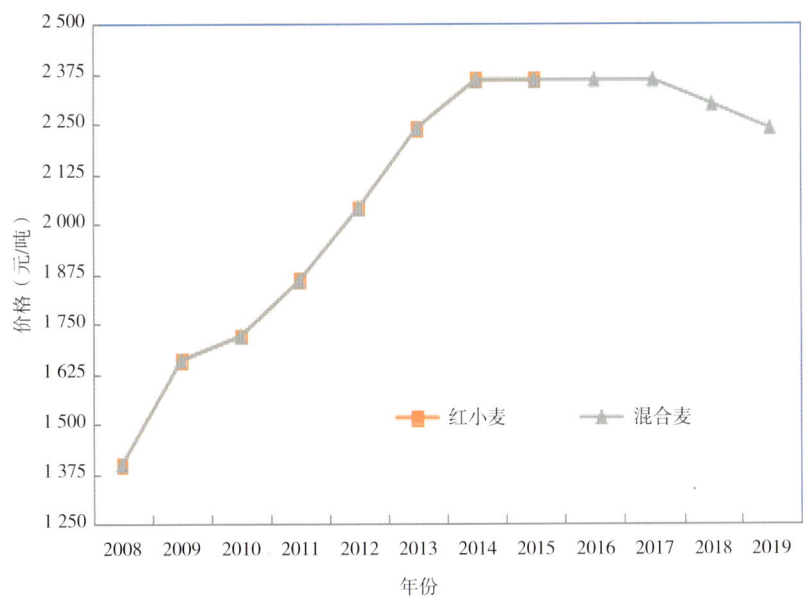

图2-5 小麦最低收购价

2. 小麦加工及流通

中国小麦的主产省份大多是小麦粉的加工省份，多数分布于中国北部地区，其中，河南、山东、安徽、河北等省份是中国小麦粉的主要生产省份。从加工产能区域分布来看，产能超2 000万吨的省份有2个，为河南和山东；超1 000万吨省份3个，为江苏、河北和安徽；超200万吨省份7个，为陕西、新疆、湖北、四川、广东、黑龙江和山西。该区域中河南、山东、江苏、河北、安徽五省小麦产量高，约占全国总产量的75%；小麦粉加工企业数量多，五省入统企业约占全国入统数量超50%。小麦粉生产能力所占比重大，五省年加工能力约占全国总产能的70%，五省小麦粉产量约占全国总产量的75%。

由于有出口我国香港、澳门等地以及制作糕点小麦粉等市场需求，南方的广东也是中国小麦粉主要生产省份之一。从面粉日加工能力来看，现阶段中国面粉行业的三大巨头是五得利面粉集团、益海嘉里面粉集团、中粮集团，其中：五得利面粉集团日加工量达到4.49万吨，益海嘉里面粉集团日加工量达1.7万吨，中粮集团日加工量达1.2万吨。目前三大巨头的加工量约占全国面粉总加工量的30%。

从加工企业的模式来看，随着大型企业在不同地区增开分厂，不断扩产，一些规模有限的制粉加工厂的市场空间越来越小，随着国内消费结构的升级，面粉加工企业正不断走向规模化及区域化，面粉市场以后也会逐渐转变为集团性的竞争。国内集团化的面粉加工企业有五得利集团、中粮集团、华龙集团、益海集团、江南面粉、北京古船、白象集团、金沙河面业、鲁王集团、大程集团、莲花面粉、发达集团、金苑面粉、南顺集团、任吉集团、皖王集团等，未来面粉加工行业的规模化、集团化程度将继续提高。

3. 未来小麦制粉行业发展方向

未来我国制粉企业将依赖面粉的特色、优质和专项性提高竞争力，后期专用粉市场潜力较大。综合家庭与餐饮的直接专用粉消费和食品工业的工厂专供面粉需求情况，2018年全国专用粉及工厂专供粉的总体需求量为1 805万吨，较上年增长0.69%。其中，强筋面粉消费因为方便面和速冻食品产量下降，消费量出现下滑，当年消费量为907万吨，较上年下降2.47%；中筋和低筋粉消费继续保持增长，中筋粉消费617万吨，较上年增长4.47%；弱筋粉消费281万吨，较上年增长3.27%。

未来专用粉品种会达到50种以上，产量在小麦粉总量比重中达到40%以上。国内消费者消费的个性化、多样化已逐渐成为主流，未来国内消费者对于高品质、高营养的面粉产品和主食产品的需求会越来越高。同时，随着我国面粉加工业的整合，生产集中度、经营集约化程度的提高和社会市场分工的要求，面粉加工将向分工愈加细化的方向发展。大型面粉加工企业应充分发挥其规模化优势，开展上下游联合协作，实现产业链融合发展，在保证品质的前提下降低成本，实现规模经济及企业转型升级。而中小型面粉加工业应立足于开发适合于地方特色或风味的面食制品专用粉，以面粉品质特色化为亮点，打造自身核心竞争力。

（二）油菜籽产业

1. 油菜籽生产

油菜籽是我国主要的油料品种，长江流域是世界最大的油菜籽生产带，油菜种植面积和产量占全国的85%以上，冬小麦也是长江流域重要的冬季农作物。除长江流域外，我国东北、西北地区也有部分春油菜种植，但相对种植面积和产量仅占全国总种植面积和产量的10%左右。无论是植物油还是蛋白粕，供给存在严重短缺，尽管如此，我国油菜种植面积和产量增幅还非常有限。目前，我国油菜种植面积在750万公顷左右，单产1 950千克/公顷，产量在1 450万吨左右（图2-6、图2-7），仅次于加拿大，是全球第二大油菜籽生产国。根据农业部2008年9月发布的《全国优势农产品区域布局规划（2008—2015年）》，北方地区的内蒙古也是油菜籽生产优势区之一。

油菜籽生产潜力大，但难以转化为现实生产能力。一方面，油菜种植的机械化水平明显低于冬小麦。另一方面，油菜种植效益明显低于冬小麦。国家对小麦保护价收购，并进行各种补贴，使农民种植油菜的积极性受到很大影响。同样，国家政策的影响作用也反映在作物的经济效益上。由于油菜籽的主要用途是压榨生产植物油，国内豆油、棕榈油、花生油等是其主要的竞争性植物油品种，其他还有葵花籽油、棉籽油等，以及其他小的植物油品种如核桃油、茶油、芝麻油、橄榄油等。目前国内直接进口植物油（豆油、棕榈油、菜籽油等）和进口油料（大豆、油菜籽、芝麻等）压榨生产的植物油约占植物油总供给的80%，对外依存度很高。

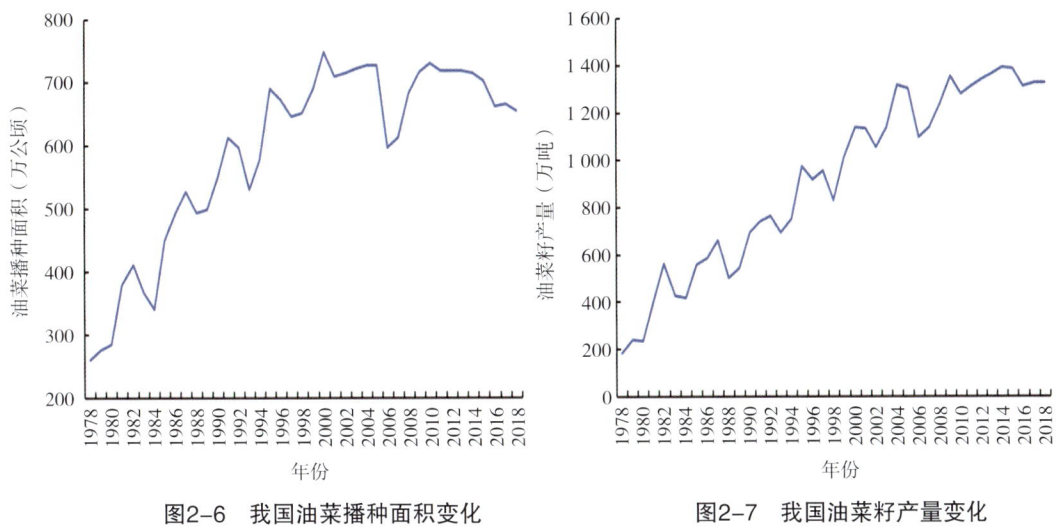

图2-6 我国油菜播种面积变化　　　图2-7 我国油菜籽产量变化

2. 油菜籽加工

我国油菜籽规模加工企业向华南、东南和华东沿海地区转移，主要以压榨进口油菜籽为主，而内陆油菜籽主产区的加工企业一般规模较小，以收购当地产区油菜籽为主。

受多种因素影响，国内长江流域油菜籽生产能力难以得到有效发挥，而进口油菜籽主要是转基因油菜籽，发挥呼伦贝尔地区的区域资源优势，以及紧邻蒙古国和俄罗斯的优势，打造优质菜籽油品牌，带动优质油菜的种植、加工等，具有一定发展优势。

油菜籽的加工产品主要有菜籽油、菜籽饼和菜籽粕。菜籽油主要用途是食用植物油和生物柴油，菜籽饼、粕主要是饲料蛋白和有机肥料。我国油菜籽加工企业主要分布区域：长江流域，湖北、安徽、江苏、湖南、江西、浙江、河南等；西南地区，四川、云南和贵州；西北地区，内蒙古、甘肃、青海、陕西、新疆；沿海非产区，广西、广东、福建、山东、辽宁。

目前，我国规模以上油菜籽加工企业有500多家，全年菜籽压榨能力可达5 000万吨，总的生产能力过剩。其中日压榨能力在100吨以上的企业300多家，日压榨菜籽能力在1 000吨以上的企业有40多家。目前菜籽加工企业布局已从油菜籽主产区扩展到沿海非产区。在产品消费格局没有发生明显变化的情况下，生产和销售格局发生巨大变化，企业经营和市场竞争变得越来越激烈。

2017年，原国家质检总局考核确定了18家符合条件的进口油菜籽加工企业，其中8家位于内蒙古、江苏和浙江油菜籽主产区，10家位于沿海非油菜籽主产区。18家企业分别是内蒙古合适佳，辽宁营口渤海，山东烟台益海，江苏张家港东海，泰州益海和盐城益海，南通来宝、一德和海油碧路，浙江舟山中海，福建银祥、集佳和中纺，广东东莞益海，湛江中纺，广西大海、枫叶和中粮。当前国内油菜籽贸易特点：①中小型贸易商众多，大型贸易商较少；②油厂直接从农户手中收购量较少，经贸易商转手的收购量较大；③油厂当地收购量较大，跨地区收购量较少。

3. 油菜籽进出口

作为油菜籽产量大国，1994年以前中国油菜籽以出口为主，但这一格局在1994年发生转变，当年油菜籽出口量仅有1.17万吨，比前一年下降了86%，而进口量却猛增至14.33万吨。油菜籽进口急剧增长与当时中国宏观政策变动以及国内市场需求有关。中国于1993年放开油料市场，国内长期积聚的油料消费需求获得释放，特别是1998年3月中国长江流域油菜遭遇冻害，油菜籽产量大幅下降，供给能力远低于市场需求，只能依靠进口弥补供需缺口，自此中国成为油菜籽的净进口国。2014年进口量达到508万吨（图2-8），创历史最高纪录，占当年国内总产量的34%。

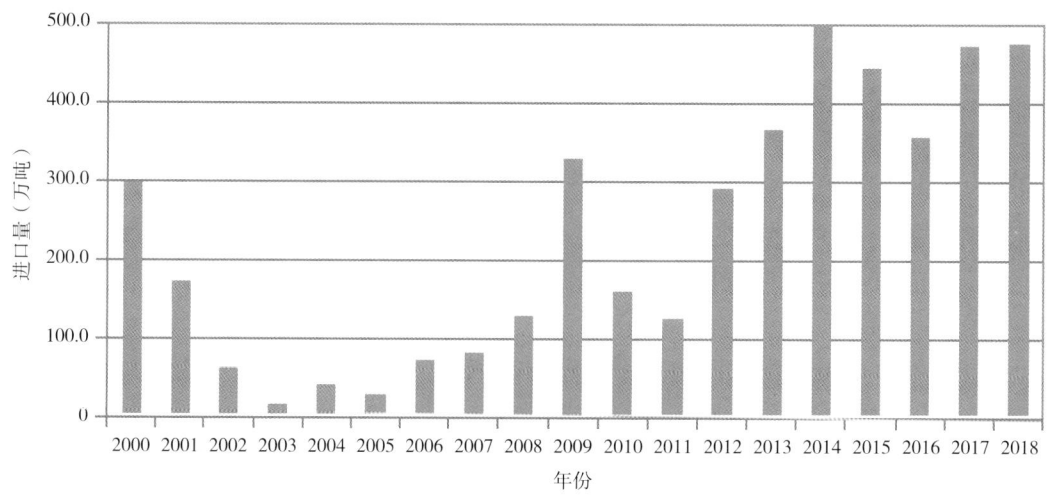

图2-8 中国油菜籽进口变化

加拿大、俄罗斯、蒙古国、澳大利亚是我国油菜籽进口的主要来源国，其中，进口自加拿大、澳大利亚的油菜籽主要在我国华南、西南和华东沿海地区的压榨厂进行加工［主要企业有中纺粮油（防城港）有限公司、东莞市富之源饲料蛋白开发有限公司、大海粮油工业（防城港）有限公司、厦门银祥油脂有限公司、防城港枫叶粮油工业有限公司、嘉里粮油（营口）有限公司、中粮东海粮油工业（张家港）有限公司、邦吉（上海）管理有限公司、中粮油脂（钦州）有限公司、福州集佳油脂有限公司、防城港澳加粮油工业有限公司等］，而进口自蒙古国、俄罗斯的油菜籽主要在二连浩特、满洲里的压榨企业进行加工（如二连市中升粮油加工有限公司、满洲里恒升粮油食品进出口有限公司等）。

4. 油菜籽加工方面面临的问题及挑战

（1）油菜籽深加工不足。近20年来，油菜籽加工技术总体水平有了提高，但仍属粗加工技术范畴，深加工水平还较落后。尤其是对油菜籽资源的综合利用开发不够，油菜籽加工企业大部分只有菜籽油和菜籽粕两个产品。一些高附加值、高油酸、高蛋白、多抗、广适性的油菜新品种、冷榨工艺以及菜籽饼粕综合利用等技术开发项目仅停留在实验阶段,不具备大规模的生产力。此外,油菜机械化耕作及产后烘干处理等技术的研发及推广应用也明显滞后。在油菜产业化发展方面,油菜籽加工企业与原料基地、产品加工、后续应用加工相互之间没有很好结合,尚未形成完整的产业链。

(2)油菜籽加工产能过剩且呈现分散化趋势。一直以来,许多地区的农民都习惯于把自家的油菜籽直接拿到乡村小作坊直接加工来换取生活用油,再加上近年浓香型菜籽油市场畅销,使得乡村小作坊遍地开花。油菜籽分散加工使本就收购油菜籽困难的大中型油菜籽加工企业雪上加霜,面临着"无料可加"的窘境。我国油菜籽加工产能已达3 600万吨以上,但我国油菜籽年产量仅1 400万吨左右,原料缺口巨大,产能闲置严重。

(3)近几年来,我国油脂加工工艺技术特别是在油脂生物技术方面的创新取得了一定的科技成果,但在成果转化方面的成效并不大,特别是油菜籽低温或适温制油技术、油菜籽饼粕蛋白资源以及油菜籽加工副产物的综合利用等关键技术的应用进展缓慢。

(三)马铃薯粉产业

1. 马铃薯生产

马铃薯是中国的第四大粮食作物,作为重要的大宗粮食作物,近年来,我国马铃薯产业发展快速。农业农村部数据显示,2002年我国马铃薯种植面积超过7 000万亩,平均亩产1.2吨,种植面积和产量均占世界的1/4左右。

2. 马铃薯进出口

马铃薯及其产品进出口贸易额方面,亚洲最高为3.1亿美元,其后依次为欧洲约1.5亿美元,北美洲约1.1亿美元,大洋洲567万美元,非洲156万美元以及南美洲17万美元。

中国在亚洲的马铃薯贸易伙伴,越南、中国香港、马来西亚和日本位居出口市场前四位(图2-9),出口额分别为9 718万美元、8 852万美元、3 627万美元和3 209万美元,与这4个国家(地区)的顺差也最高,出口产品96%以上为鲜薯。98%的冷冻薯条出口到日本,出口额达1 329万美元,占该国各类马铃薯产品出口总额的41%。出口日本制作或保藏的未冷冻马铃薯(薯片)899万吨,占该产品总出口的67%,占出口该国总金额的28%。

亚洲以外的马铃薯主要出口市场为俄罗斯,出口额为2 245万美元。进口则主要来自美国、荷兰和比利时,进口额分别为1亿美元、5 974万美元和4 356万美元,为逆差前三位。从美国和比利时进口的冷冻薯条分别占从其进口马铃薯产品总额的95%;从荷兰进口的冷冻薯条占从该国总进口的46%,进口马铃薯淀粉占49%。

从国内来看,山东、云南是主要的马铃薯及其产品出口省份。上海、广东是主要的马铃薯及其产品进口省份。

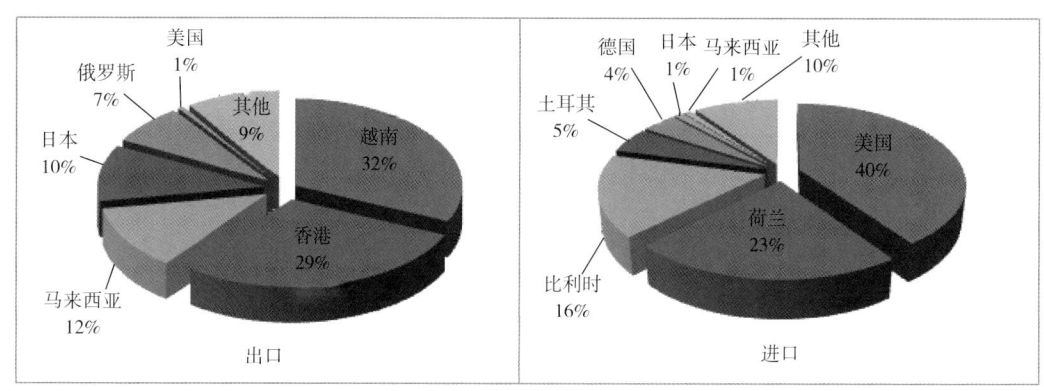

图2-9 中国马铃薯贸易伙伴及主要贸易产品

3. 马铃薯加工分布

马铃薯生产主要分布在甘肃、辽宁、山西和湖北。当前国内马铃薯全粉重点企业：有年金龙马铃薯全粉食品公司、希森马铃薯产业集团、新疆大罗素农业科技开发公司、内蒙古富广食品有限公司、黑龙江北大荒薯业集团。

4. 马铃薯加工方面面临的问题与挑战

第一产业中，基于订单农业的纵向合作模式发展不足，高效、专用、集约、规模的马铃薯种植体系尚未形成。我国马铃薯生产全程机械化水平还比较低。据2018年统计年报数据，马铃薯耕种收综合机械化率为42.61%。第二产业中，马铃薯加工企业普遍存在加工层次低、废弃物利用不足、产能季节性过剩、加工设备周期性闲置等问题，技术装备、生产工艺、管理理念与国际先进水平存在一定差距。第三产业中，物流成本、冷链物流发展状况、金融支持力度、汇率变动和贸易控制措施对马铃薯加工业的发展具有重要影响。

二、乳业

（一）奶牛养殖业

从奶牛养殖业角度来看，中国已成为仅次于欧盟、印度和美国的第四大乳业生产地区。目前，中国奶牛存栏量较稳定（图2-10）。目前，牛奶产量同样呈现总体上涨，增速放缓的态势。三鹿牌"婴幼儿奶粉事件"是中国乳业发展的重要分界点，2008年之后，中国乳业发展进入平台期（图2-11）。

从地域角度考虑，我国原料奶产量的主要产地为东北和华北地区，我国牛奶产量最多的地区为内蒙古自治区、黑龙江省和河北省（图2-12），2019年的牛奶产量分别为577.2万吨（占全国的18.03%）、465.2万吨（占全国的14.53%）和428.7万吨（占全国的13.39%），三省合计占全国牛奶总产量的45.95%。由于受2008年三聚氰胺事件影响和奶业结构调整以及饲料价格上涨压力导致上述3个省份奶牛业发展明显受阻，特别是内蒙古自治区牛奶产量明显下降。

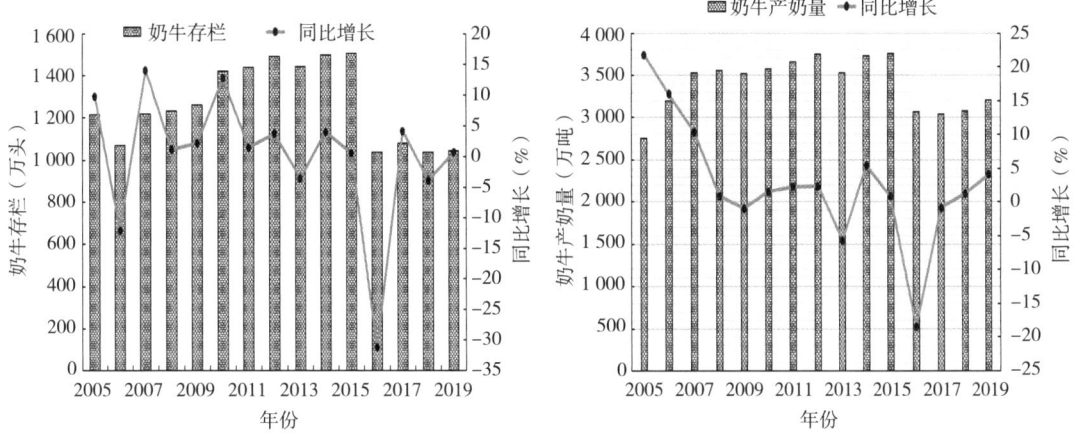

图2-10　2005—2019年中国奶牛（全群）存栏数　　图2-11　2005—2019年中国奶牛（泌乳牛）产奶量

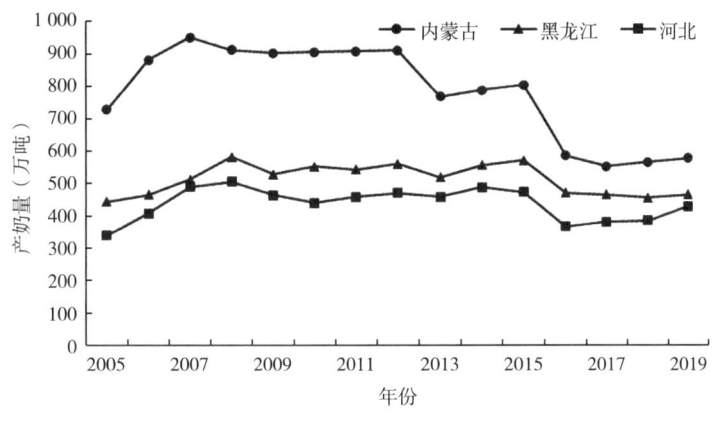

图2-12　中国主要省份牛乳年产量

（二）乳制品加工业

从乳制品加工业角度来看，中国液态奶和干乳制品的产量总体呈上涨态势，三鹿牌"婴幼儿奶粉事件"后，干乳制品产量呈波动下降态势，液态奶产量呈缓慢上升态势，液态奶发展态势优于干乳制品，但涨幅放缓（图2-13、图2-14）（双全等，2018）。

随着人们收入水平和生活水准提高，饮食生活变得多样化，对于奶品质的要求，城镇和农村的乳与乳制品消费量明显增加。各种乳制品的人均消费量见图2-15（李胜利等，2017）。比如，2001年的人均乳制品生产消费量为16.8千克（牛奶、奶粉、酸奶），到2015年达到37.9千克，14年间增加2.26倍。从人们消费结构看，主要以液态奶的消费为主，占65%~70%。还有酸奶的消费量明显增加，平均年增长率超过20%，这说明人们对发酵乳制品的营养及保健作用开始有了认知。

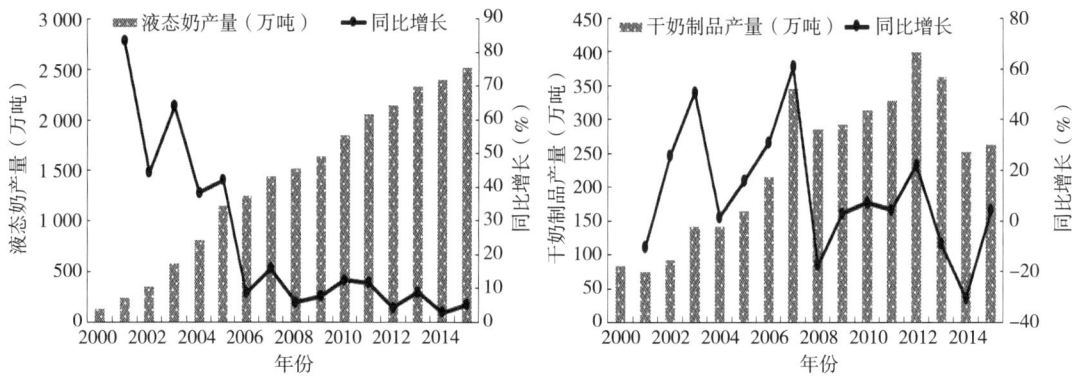

图2-13 2000—2015年中国液态奶产量　　图2-14 2000—2015年中国干乳制品产量

（数据来源：国家统计局）

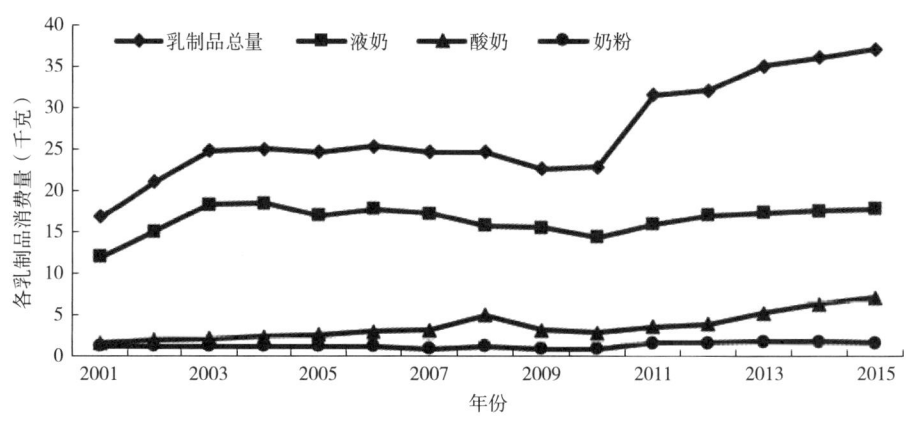

图2-15 各种乳制品全国人均消费量

（三）发展阶段

在国家政府倡导的营养普及政策以及经济发展所带来的饮食生活多元化的发展需求下，我国特别是大城市居民的乳制品消费量有了明显提高，国内乳业有了飞跃式发展。

1. 初期阶段（1949—1978年）

在我国北部和西部居住的少数民族地区游牧民族大约从5 000年前就开始有养牛、挤奶、饮用和加工利用乳制品的习惯，且这种自给自足型的养殖业持续到19纪末。据统计，1949年我国奶牛头数仅为12万头，原奶产量为21万吨。在计划经济时代，奶牛业主要集中在大中城市近郊，生产规模小、技术落后、产量也很少，在新中国成立30年后的1978年，全国奶牛头数发展到48万头，产奶量为97万吨，年增长率仅为5%。

2. 稳定增长期（1979—1992年）

随着1978年改革开放的步伐，畜牧业在农业总产值中所占的比重大幅度提高，比如

1978年的畜牧业产值占农业总产值的14.9%，到1991年时已达到25.2%。这一时期，奶牛饲养头数从48万头增加到278.6万头（14年增长5.8倍），牛奶产量从97.1万吨增长到603.1万吨。从1979年开始允许私人饲养奶牛和销售牛奶，但当时的乳制品种类主要以乳粉为主，约占乳制品总量的80%。

3. 发展调整期（1993—1999年）

随着中国经济的发展，社会的消费结构开始发生变化，奶粉不再能满足消费者的需求，乳制品种类开始变化，从奶粉逐步转变为冷饮，从冷饮又逐步转变成液体乳。从1994年6月到1999年5月，在日本国际协力事业团（Japan International Cooperation Agency, JICA）的资助下，在内蒙古农业大学实施了中日政府合作的"内蒙古乳制品加工技术向上计划"项目，这在内蒙古自治区乃至在全国对市售乳、酸乳和冰淇淋等制造技术的转化与提升起到了很重要的作用。

4. 高速发展期（2000—2008年）

2000年以后，中国的乳业进入持续增长期。在2000—2008年这9年间，奶牛饲养头数、产奶量每年增长显著，比如奶牛饲养头数从490万头增长到1 387万头，原奶生产量从830万吨增长到3 520万吨，年平均增长速度都超过了20%。在农村养殖1~4头奶牛的零散农户也明显增加，为中国乳业产奶量的提高发挥了重要作用。

5. 乳制品品质调整期（2009—2019年）

三聚氰胺事件后，国家为了提高奶牛养殖户的积极性和恢复乳品企业的信誉，推行规模化养殖，对全国的乳品企业采取再审查、再认可制度，并出台各类乳制品及检测新标准，加强乳制品品质管理，还导入第三方风险监测制度和诚信管理体系，来提高乳制品的质量。

6. 发展机遇期（2020至今）

受疫情影响，奶牛养殖饲草料、运输、人工和防疫物资等成本均上涨。随着国内疫情防控进入常态化，居民对乳制品消费需求逐步回升，国家一系列扶持政策实施，加上各大乳品企业加快全产业链布局，纷纷向上游优质奶源发力，带动生鲜乳收购价格小幅上涨，生鲜乳生产形势整体趋好，上游规模养殖经营盈利明显。

（四）国际乳业发展与贸易

全球牛奶生产平稳增长，发展中的大国增产明显。近10年来，全球牛奶产量稳步增长（表2-1）。根据联合国粮农组织（FAO）公布的数据，全球2010年牛奶产量为6.01亿吨，2019年总产量为7.16亿吨，10年来年均增长1.6%（图2-16）。

发展中国家牛奶生产增长幅度较大，发达国家增长速度放缓，有些发达国家甚至出现了负增长。在发展中国家中，中国、印度和巴西的牛奶生产增幅最大，成为拉动全球牛奶生产增长的"三架马车"。中国牛奶产量从1998年的1 052万吨增长到2020年的3 440万吨,年均增速为10.3%;印度牛奶产量从1998年的7 410万吨增长到2020年的1.95亿吨,年均增速为7.4%;巴西牛奶产量从1998年的1 941万吨增长到2019年的3 589万吨,年均增速为4.04%。这从侧面反映出,发展中国家的牛奶产量与经济增长有着密不可分的关系。

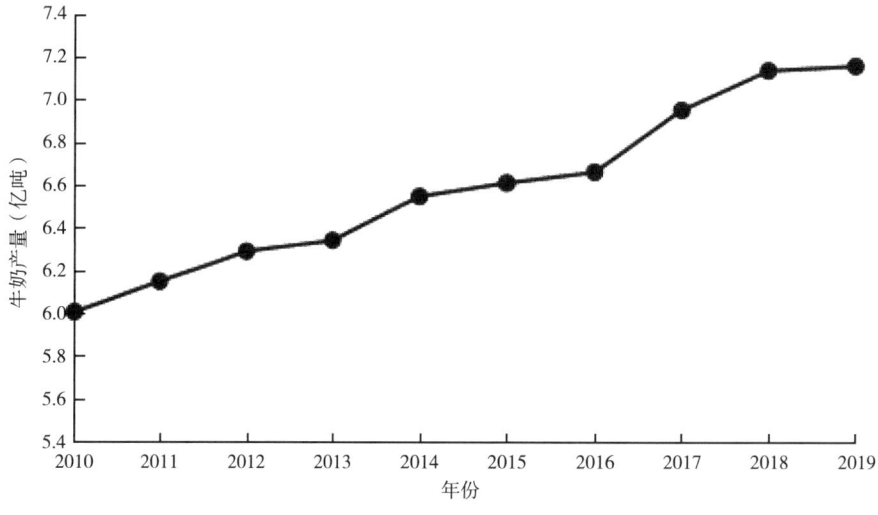

图2-16 2010—2019年全球牛奶产量(数据来源:FAO)

牛奶产量增长方面发达国家表现各异。在过去10多年间,日本、韩国和澳大利亚的牛奶产量出现了负增长;欧盟、美国、巴西、新西兰和加拿大的牛奶产量增长缓慢。但是,向中国出口乳品的主要国家牛奶产量保持了较快的增长。俄罗斯牛奶产量也出现了负增长。

表2-1 世界主要国家的牛奶产量　　　　　　　　　　(单位:万吨)

年份	巴西	中国	俄罗斯	日本	韩国	澳大利亚	新西兰	加拿大	美国	欧盟
1998	1 927	696	3 295	857	203	944	1 138	820	7 133	14 924
1999	1 966	751	3 200	846	224	1 018	1 088	816	7 375	14 944
2000	2 038	863	3 196	850	225	1 085	1 224	816	7 593	14 944
2001	2 115	1 060	3 260	830	234	1 055	1 312	811	7 499	14 873
2002	2 231	1 336	3 321	839	254	1 127	1 387	796	7 714	14 901
2003	2 294	1 782	3 309	840	237	1 033	1 435	773	7 727	14 929
2004	2 420	2 293	3 190	833	226	1 008	1 503	791	7 749	14 699
2005	2 538	2 784	3 089	829	223	1 013	1 464	781	8 025	14 786
2006	2 619	3 226	3 119	814	218	1 009	1 517	804	8 245	14 702

（续表）

年份	巴西	中国	俄罗斯	日本	韩国	澳大利亚	新西兰	加拿大	美国	欧盟
2007	2 614	3 557	3 191	801	219	985	1 562	815	8 421	14 682
2008	2 844	3 587	3 211	798	220	922	1 522	814	8 617	14 839
2009	2 909	3 551	3 233	791	222	939	1 648	821	8 582	14 720
2010	3 072	3 609	3 159	772	207	902	1 701	767	8 749	14 776
2011	3 210	3 693	3 139	747	189	910	1 734	776	8 902	15 009
2012	3 230	3 778	3 150	763	211	948	1 913	796	9 101	15 055
2013	3 426	3 567	3 029	751	209	952	1 947	781	9 128	15 225
2014	3 512	3 761	3 051	733	221	954	2 132	781	9 346	15 833
2015	3 461	3 217	3 052	738	217	949	2 194	816	9 462	16 152
2016	3 368	3 102	2 953	739	207	1 002	2 167	844	9 637	16 237
2017	3 431	3 077	2 992	728	206	933	2 137	897	9 776	16 408
2018	3 493	3 117	3 034	729	182	929	2 139	922	9 869	16 663
2019	3 589	3 244	3 109	731	181	686	2 187	921	9 906	16 806
增长率(%)	86.25	366.09	-5.64	-14.70	-10.84	-27.33	92.18	12.32	38.88	12.61

数据来源：1998—2007年所有数据均来自FAO，中国、澳大利亚、新西兰、加拿大、美国、欧盟2008年数据来自上述各国统计局公布数据于同口径2007年比值再乘以2007年FAO产量数据，其他国家数据同样根据2007年FAO基准数据乘以增长率，其增长率数据来自卜登攀在3rd China Dairy Cattle Husbandry Forum，Shanghai，China，April 16-18，2008的PPT讲演稿：《世界奶业形势及其影响奶牛饲养因素》。

2001—2007年，世界人均奶类占有量持续增长，从2001年的98千克增加到151千克。我国人均奶类占有量增长迅速，从2001年的7.3千克增加到2007年的27.57千克。但我国人均奶类占有量不到世界人均占有量的1/5，与奶业发达国家水平相差悬殊，显示出我国奶类产品的消费量水平仍有巨大的增长空间，如果按照年千克人的平均消费水平来算，我国奶类市场将有5倍以上的增长空间（边桂云等，2014）。2008年，我国年人均黄油消费量为0.1千克、年人均奶酪消费量为0.2千克，年人均液态奶消费量为8.6千克，年人均脱脂奶消费量为0.1千克。这不仅与发达国家存在很大差距（同期日本的年人均黄油消费量为0.7千克、年人均奶酪消费量为2.1千克，年人均液态奶消费量为35.4千克，年人均脱脂奶消费量为1.6千克），也与不少发展中国家（如印度等）的年人均乳制品消费量存在差距（刘玉满等，2019）。

表2-2　2001—2007年世界与中国人均奶类占有量　　　　　　（单位：千克/人）

项目	2007年	2006年	2005年	2004年	2003年	2002年	2001年
世界人均奶类占有量	151	145	130	123	115	100	98
印度人均奶类占有量	191	183	177	140	134	115	100
美国人均奶类占有量	116	110	98	93	85	78	72
中国人均奶类占有量	27.57	25.19	21.97	18.22	14.30	10.90	7.30

从乳制品贸易角度来看，中国是乳制品净进口国，三鹿牌"婴幼儿奶粉事件"后，贸易逆差逐年加大，液态奶进出口贸易态势优于干乳制品。中国乳制品进口来源地是新西兰、美国、欧盟和澳大利亚，主要以进口干乳制品为主，液态奶进口基数少，但是涨幅速度相对较快，具体类别以进口奶粉、乳清和鲜奶为主，奶油、奶酪和炼乳的进口量基数小，但增长速度相对较快。2015年，由于中国乳制品市场处于去库存时期，故进口量出现急剧减少态势。中国乳制品主要出口马来西亚等亚洲国家，干乳制品和液态奶的出口量均呈现基数小且出口量总体下降的态势，具体类别以出口奶粉和鲜奶为主（图2-17）。

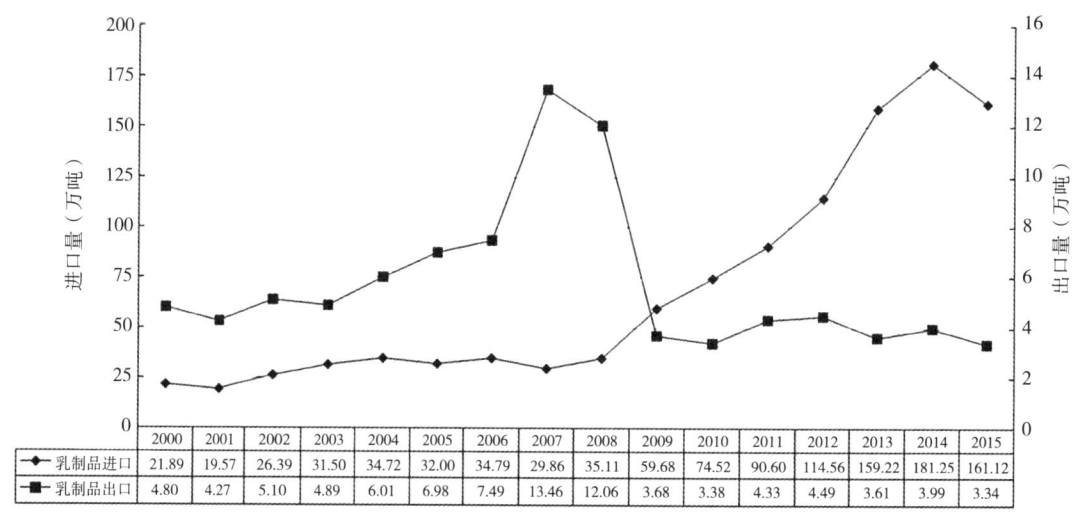

图2-17　2000—2015年中国乳制品进出口贸易情况（不包括婴幼儿奶粉）

（数据来源：中国海关）

三、饲草业

近30年来，我国居民膳食结构发生了巨大变化，其显著特征是粮食等主食消耗量减少，肉奶蛋等动物性食品消耗量增加（杨霞，2007）。我国年人均粮食消费量由227千克减至119千克，减少了47%；而动物源性食品年人均消费量由18千克增至47千克，增加了161%。居民食用粮消耗量占我国粮食总产量的比例也逐年降低。与此同时，猪肉、牛羊肉、禽蛋和奶类等动物性食品的人均消费量显著增加（封志明和史登峰，2006；谢晓村，1989）。这一变化的结果使饲用粮消耗逐年增加，已达到粮食总产量的近40%。事实上，我国的粮食安全问题在很大程度上已演变成饲料安全问题。然而，我国的农业结构和生产方式并未做出相应调整，依然强化口粮生产，而忽视了饲料粮的供应问题。大量的粮食用作饲料造成了作物生物产量的巨大浪费。

随着我国人民的生活水平显著提高，国民的膳食结构也发生了重大变化，对肉乳产品的需求量越来越大，但是与发达国家相比还存在着很大的差距（任继周，2013；曹志宏等，2012）。比如，2019年我国人均奶类消费量32.66千克，远未达到《中国居民膳食指南》推荐的每天300克标准，世界人均牛奶消费量约90千克，我国只有世界平均水平的1/3左右；2019年，我国人均肉类的消费量为57.6千克。我国人均肉类消费量虽高于世界平均水平，但低于欧美地区，国内牛羊肉产量均无法满足市场需求。尤其是牛肉方面，受饲养周期长、生产成本高、发展方式落后等因素影响，长期以来依靠进口来填补需求缺口（孟繁盈等，2010）。造成我国牛羊肉生产量低的一个主要原因是饲草业滞后，饲草料缺口大。优质廉价牧草尤其是豆科牧草在解决蛋白质饲料短缺中具有巨大的潜力。因此，草牧业是伴随着人们不断增长的物质需求和膳食结构改变而崛起的，它顺应了生产力和生产关系的变革形势，据分析这种发展势头至少可以保持20～30年时间。

目前我国畜牧业产业结构属于耗粮型畜牧业，用于饲料的粮食消耗已达粮食总产量的30%以上，从发展趋势来看，我国饲料粮供应将出现一定的缺口。草牧业是农业供给侧结构性改革的重要内容，随着居民食物结构的变化，人们对动物性食品需求增加，农业主导产品由粮食变为肉蛋奶果蔬，但生产供给无论在质量还是数量上均无法满足消费需求。因此加快发展草牧业，推动草畜配套和产业化，满足人们对优质、绿色、安全畜产品的需求，对推动我国农业供给侧结构性改革具有重要意义。

我国拥有各类天然草地面积约占国土面积41.7%，是耕地面积的3.2倍，是林地面积的2.5倍，是耕地与林地面积之和的1.4倍，年生产干草约2.9亿吨。近些年，我国的人工种草业也快速发展，目前全国保留种草面积约2 000万公顷，其中，人工种草面积约1 300万公顷，其他还包括改良种草和飞播种草。尽管如此，由于对草原畜牧业投入不足，生产经营规模小，生产力水平低，草畜产品的商品化程度低，草原畜牧业对全国畜牧业总产值的贡献率较低，例如，我国六大牧区（西藏、内蒙古、新疆、青海、四川、甘肃）草地面积占全国草地总面积的74.5%，但其畜牧业产值仅占全国畜牧业产值的15%左右，占全国农业总产值的比例不到5%。

与国际发达国家相比，我国草牧业发展水平还有很大差距。世界上草地畜牧业发达的国家，如荷兰、新西兰、澳大利亚、美国等，其人工草地在总草地面积中占有很大的比重。欧洲的人工草地占全部草地面积的50%以上，牧草占全部饲料生产的49%；新西兰人工草地946万公顷，约占全部草地面积的70%，饲养家畜几乎全部依靠牧草，是低成本、高效益的种草养畜典范；美国的可利用草原面积为28.5亿亩，其中人工草地面积3.6亿亩，与小麦的种植面积（3.2亿亩）相当。美国、澳大利亚等畜牧业发达国家的草产品大量用于出口，美国已成为我国苜蓿干草最大的供应方。相比而言，我国人工草地面积仅为天然草原面积的不足5%。

四、肉业

牛羊肉的蛋白质含量高，脂肪和胆固醇含量低，且富含许多人体所必需的氨基酸及其他重要的矿物质和微量元素，易被人体吸收，历来在我国的膳食结构中具有重要地位。近年来，随着我国动物性产品消费比重的快速增加，饲料用粮成为我国粮食安全的主要压力。牛羊肉产业是节粮型畜牧业，发展牛羊肉产业有利于减缓我国的人畜争粮局面，在维护我国食物安全中具有重要的战略作用。

20世纪80年代，通过一系列的体制改革，我国取消了牛与羊的计划派养、统一定价及流通限制，牛羊肉产业化才正式起步。1995—2013年，我国牛羊肉产量的总增长率达到了141%，明显高于肉类总增长率。牛羊肉生产主要可分为3个发展阶段：1980—1990年，为牛羊肉生产从副业向专业化养殖转变的初期，养殖数量迅速增加；1991—2006年，为牛羊肉生产快速发展时期，增速远远超过世界平均水平；2007年至今，为牛羊肉生产的调整发展阶段，增长率放缓，逐步由数量增长转向质量增长（任继周等，2019；丁丽娜和肖海峰，2013）。从生产模式看，我国牛羊肉还是以小规模农户生产为主，但新的模式不断出现，处于生产的转型升级阶段（吕品，2012）。

目前我国牛羊肉还呈现户外消费比重大、城乡差异大、正向全民消费转变的特点，随着经济发展、城市化进程与消费观念转变等因素的推进，可以预见未来我国牛羊肉消费水平还将有较大的增长空间。按照年均增长率为7%的标准递推我国2020年、2025年和2030年的人均国内生产总值，对照亚洲经济较发达的日本、韩国、新加坡3个国家，以及中国台湾、中国香港2个地区的经济发展阶段，以这一人均GDP水平时的人均牛羊肉消费量与增长率为参照，在考虑到有走私牛羊肉的前提下，预计到2020年、2025年和2030年，我国的年牛羊肉消费总量将分别达到1 533万吨、1 838万吨和1 987万吨。美国、印度、澳大利亚、巴西、加拿大、新西兰、乌拉圭、阿根廷8个国家是世界主要的牛羊肉出口国，预计2020年和2030年这8个国家的牛羊肉出口量可增加到780万吨和990万吨，但考虑到进口方的竞争因素，世界牛羊肉对中国的供给能力难以超过国内需求量的20%。中长期内我国将面临牛羊肉巨大的供需缺口，且无法依靠国际市场满足（李娜等，2016）。

第三节　农机服务业发展现状与趋势

农业机械服务行业，简称农机服务业，是为农业生产提供机械化服务业务的总称。从狭义上讲，农机服务业仅包括农机经营性服务业，或者说农机社会化服务业。

我国农业机械化作业服务组织形式主要包括农机股份合作组织、农机大户、农机协会和中介服务组织。我国的农机社会化服务始于20世纪90年代的跨区机收小麦，这一时期农业劳动力转移有较为明显的季节性和不彻底性，在一定程度上阻碍了农机作业服务的全面发展。随着土地流转速度的加快和流转规模的扩大，从2007年开始，农机作业服务逐步向组织化、规模化发展方向转变。经过多年发展，农机作业服务市场已经较为成熟，并逐渐进入结构调整与优化的发展阶段。

一、农机服务业发展现状分析

（一）农机服务业需求潜能较大

随着我国市场经济的快速发展，城镇化进程不断加快，农村劳动力逐渐向城镇转移，农业面临"用工难""用工贵"问题日渐突出，农业经营主体在农业生产活动中越来越依赖农机装备，又考虑到购买农机作业服务的市场价格相比外出务工的成本更为便宜而对农机作业的需求进一步加大。

加快土地流转，需要农机服务组织积极发挥杠杆作用。为发挥新型农业经营主体在现代农业建设中的引领作用，我国提出要加快发展多种形式的适度规模经营。2018年农业的新型经营主体共1 226.7万家，其中，家庭农场87.7万家、农民合作社193万家、产业化经营组织41.7万家、社会化服务组织115万家。城镇化水平从2010年的49.95%提高到2018年的59.58%。大量农村劳动力外出务工，导致第一产业就业人员比重从2000年的50%下降到2018年的26.1%，农业户所占比重下降。另外，老龄化现象凸显。在土地流转下，要实现集中型规模经营，解决"谁来种地"这一问题，和"如何种好地"难题，必须得发展农机服务。

农机服务业是现代农业建设的发展趋势和必然要求，通过发展农机服务业，建立健全专业化分工、标准化生产、集约化经营、市场化运作的现代农业产业体系和经营体系，能够提高农业附加值和竞争力，各类农业经营主体对其需求量会逐渐加大。

（二）农机服务组织形式多样化

1. 农机大户型组织模式

农机专业大户的出现成为我国农业生产社会化服务的起点，为今后农机服务组织的建设奠定了重要基础。农机大户主要指一人或多人在共有大中型农业机械的前提下，农户具备一定操作技术和经营管理水平，根据相关条约为其他农户提供服务的组织形式。

2. 农机协会型组织模式

农机协会在农机户和农机部门的牵头下，通过制定有关制度进行自我管理和自我约束，实行统一的农业机械使用、统一的服务标准和统一的人员培训管理，是一种较为规范化的服务组织模式，在农业机械化推进过程中发挥了重要的组织协调作用。在政府政策和资金的扶持下，农机协会通过将分散的农机户和部门结合，能够有效地整合农业生产资源，开展更为专业化和规模化的服务，降低作业成本的同时，充分提高了农业生产的效益和质量。

3. 公司服务型组织模式

随着农村经济发展，在部分农机大户和经济实力雄厚人员的带领下，农民自愿加入组织，通过资金、装备和管理技术等方式参与入股，并充分吸纳社会资本的投入，建立股份机制形成农机服务公司。在此基础上，制定相关公司章程和管理规范，雇佣专业人才参与实际作业和组织管理，实行企业制的管理制度，为农户提供各类农机服务（潘高矞，2019）。

（三）农机服务业体系建设急需完善

1. 主体规范化程度不高

农机服务主体内部管理不规范问题比较突出。以农机专业合作社为例，虽然每个合作社都制定了章程，设立了理事会、监事会、社员（代表）大会等必要机构，但有些还流于形式，很少组织活动，有的还停留于"能人"决策上。此外，农机服务主体管理人才、技术人才等缺乏问题也较为突出，而其自身条件也难以吸引高素质的专业人才，导致经营管理水平相对较低，搏击市场的能力比较有限，难以适应市场经济发展需要，有的只关注"农田作业"，而对主体如何经营管理及发展壮大较少过问。

2. 农机社会化服务领域还不够宽

目前，农机服务主体提供的农机社会化服务主要是对农作物进行机械化耕、种、收作业，但在产前、产后环节涉足的还不多、不深，农机社会化服务产业链完整度还不高，特别是缺乏产前、产中、产后等环节资源高度整合和对接，产加销一体化的大型农机服务主体，导致农机服务产业化水平不高。此外，在各类高性能农业机械装备大幅增长的背景下，农机维修服务组织建设滞后，农机维修服务能力不足的问题愈发凸显，很大程度上影响了农机作业效率和水平。

3. 新农机具的技术推广需要人力、物力及财力的共同配合来完成

新农机具的品种型式多样，选择更适合当地生产需求，易于用户接受的机型，就需要购买样机，租赁土地进行田间试验，通过作业效果来进行示范推广，这就需要大量资金作

为支撑。由于缺乏资金支持，推广人员短缺，目前农机推广工作还是采用技术人员走村串户的走访模式。受交通、天气等外界因素影响，导致涉及区域不够广泛，偏远而急需农机的地区很难涉足，推广效果有限，缺乏持续性和连贯性。

4. 专业水平低，服务质量堪忧

我国农机管理人员服务水平较低，掌握农机管理知识的新进人员与其所具备的知识水平都较为有限，而在职时间较久的农机管理人员并没能完全掌握新的知识与技术，这是基层农机管理机构中存在着的较为严重的情况。针对这种情况需要及时并且加强对基层农机管理机构人员的培训工作，推广新技术的实践和服务。

二、农机服务业发展趋势

（一）互联网+农机信息化服务融合

要提高"互联网+"农机的信息化服务水平，需进一步加强跟踪信息化技术在农机服务领域中的研究和最新进展，及时报道研究成果和应用效果，并对研究成果进行应用推广。在充分利用全国农机化生产信息服务平台"农机直通车"的基础上，有针对性地根据农垦农机服务情况，充分发挥互联网作用。推广建设功能完善、使用可靠、运行稳定的农机信息管理服务平台。同时通过手机、电脑等多个终端加强推广和应用，开发农机信息化服务App。通过将生产、政策、供需、服务等多方面信息有机融合，以信息化提高农机服务管理工作效率。

（二）智能化农机服务大数据平台的打造

实现农业装备智能化应用的首要前提是通过互联网、云计算等技术打造大数据平台，实现与农机装备的远程交流和共享，将农业地理、作业环境、农机参数等信息进行统一管理。

第一，围绕基于物联网技术与云计算技术的智慧型现代农业感知监控与展示的规范要求，开展智慧农业示范应用。建设管理控制中心，实现总体监控、项目展示、办公服务、试验检测和科研开发等一体化管理。第二，加强建设省、市、县各级智慧农机平台，加大力度建设数字农机、智慧农机示范基地，实现智慧养殖、智慧园艺、智慧大田等智能化生产。重点搭载智慧农机操控、农机科技研发与农机信息化服务等应用平台，促进智能农机、智慧农机、云农场建设相互融合发展。另外，注重农机人才培育培养工作，加大政策扶持力度，培养一批农机实用型人才。安排专项资金，引进专业技术人员。加强新型农业工程人才培养，通过校企共享与合作建设农机实用人才培训基地。培养一批新型的既精通互联网技术，又懂农业的一线农机服务人才队伍（汪冰清，2020）。

三、农机服务业发展机遇

（一）政策利好助力农机服务发展

国家继续推动惠农政策，加大对农业和农机化的政策支持，密集发布中央一号文件、报废更新补贴实施意见、东北黑土地保护性耕作计划、2020年农业生产发展项目等一系列惠农政策和举措，提振农机化发展的信心，有力支撑农机市场的发展。农业部办公厅、财政部办公厅关于印发《2014年农业机械购置补贴实施指导意见》的通知，农机购置补贴资金稳定在180亿元左右，继续拉动需求。为加快我国农机发展步伐，缩小与发达国家农机水平差距，我国先后出台了《农机装备发展行动方案（2016—2025）》《全国农业现代化规划（2016—2020年）》《"十三五"国家信息化规划》等多部文件（表2-3），为农机信息化、农机大数据、农机智能化、智慧农机等提供了指导，有效地促进农业机械化与信息化相互渗透融合，推动农机信息化服务的发展进程，提高劳动生产力。

表2-3 国家层面农机装备相关政策汇总

时间	政策	主要内容
1983	1983年中央一号文件	农民个人或联户购置农副产品加工机具、小型拖拉机和小型机动船，应当允许
1985	《关于加强农机化管理工作的意见》	积极支持各种专业户和合作经济组织自主经营各种农业机械
2003	《联合收割机跨区作业管理办法》	通过鼓励、扶持农机作业服务组织，推动了跨区作业服务的加速发展
2004	《关于促进农民增加收入若干政策的意见》	将农机购置补贴纳入基础性支农惠农政策范围
2004	《中华人民共和国农业机械化促进法》	从事农业机械生产作业服务的收入，按照国家规定给予税收优惠
2009	2009年中央一号文件	对农机大户、种粮大户和农机服务组织购置大中型农机具，给予信贷支持
2016	《农机装备发展行动方案（2016—2025）》	到2020年，农机装备品类基本齐全，通过产品创新、公共服务平台建设等专项，实现农机装备制造能力提升和促进现代农业发展的战略目标
2016	《全国农业现代化规划（2016—2020年）》	新型经营主体培育工程。创建示范家庭农场、农民合作社示范社、产业化示范基地、社会化服务示范组织
2017	《2017年农机化促进农业绿色发展工作方案》	技术规范引领、项目示范带动和培训推广促进为抓手推进农机化技术与装备有效应用，促进农业绿色发展

（续表）

时间	政策	主要内容
2018	《2018—2020年农机购置补贴实施指导意见》	促进农业绿色发展，促进农机工业转型升级，促进农机社会化服务
2018	《关于加快推进农业机械化和农机装备产业转型升级的指导意见》	到2025年，农机装备品类基本齐全，产品和技术供给基本满足需求，农机装备产业迈入高质量发展阶段
2019	2019年中央一号文件	支持薄弱环节适用农机研发，促进农机装备产业转型升级，加快推进农业机械化，要加大培育农业产业化龙头企业和联合体，建设一批现代农业产业园、同时推进农村产业融合发展示范园和农业产业强镇建设

（二）降低农业生产成本

外出务工机会逐渐增多、人工成本不断高涨，越来越多的农业经营主体产生了利用农业机械替代农业劳动力的强烈需求。而农机作业服务的市场化经营形式通过将农业机械较为昂贵的一次性投入分摊给多个服务需求主体，降低单个农业经营主体对农业机械的使用成本，从而降低单个农业经营主体的农业生产成本。

（三）加速农业机械化进程

如何使农业机械应用更加经济与合理，一直是农业机械化进程中较为重要的现实问题。农机作业服务在实践中的快速发展很好地回答了这一问题。第一，从整合利用资源的角度理解，农机作业服务的出现，通过共同利用农业机械，在一定程度上避免了分散农业经营主体都购买农业机械的重复投资现象，有利于节省大量不必要的浪费投资，从而提高市场上农业机械的资源配置效率。而且，随着农机作业服务市场交易范围的不断扩大，农机作业服务的规模经济效应还将进一步发挥，作业成本也将随之进一步下降。第二，由于农机作业服务改变了农业经营主体、农业机械及劳动对象之间的结合方式，使得农业机械作业不仅突破了种植规模，甚至还突破了地域界线，这对于农业机械化的全面发展有着积极的促进作用（许锦英，1998）。第三，农机作业服务有利于拓展农业现代化实现路径的选择空间。农机作业服务除了是农业生产过程中的一种中间投入要素外，更重要的意义还在于，它代表着一种新的农业生产方式，体现了农业经营主体进行农业生产活动的方式。它表明农业经营主体不仅在农业生产过程中使用农业机械，而且还表明他们是从市场上购买农机作业服务，而非自己购买农业机械。

在不改变家庭联产承包责任制的基础上，农机服务业通过降低农业机械的使用成本，刺激了大量农业经营主体选择购买农机作业服务来完成农业生产活动，从而有助于提升小规模家庭经营的农业生产效率。而且，农机作业服务的发展，有利于释放农业劳动力，进而推动农业经营主体分化，引领农业的适度规模化和现代化发展。可见，农机作业服务等农业生产性服务在农业生产实践中的广泛运用，不断丰富与拓展了农业现代化实现路径的选择空间，在支撑中国农业发展方式转变等方面具有重要现实意义（董欢，2016）。

第四节　现代物流业发展现状与趋势

一、我国物流发展成就与阶段性特征

（一）发展历程

新中国成立以来，我国物流业发展大致经历了4个历史时期。

1. 酝酿萌芽期

从新中国成立到改革开放前。在计划经济体制下，国家对生产资料和主要消费品的生产、分配等实行计划管理，计划部门管指标、物资部门管调拨、交通部门管运送（丁俊发，2018）。

2. 起步发展期

从改革开放到20世纪90年代。1978年，国家有关部门赴国外考察学习后将"物流"概念引入国内，引起社会各方关注。有关部门借鉴发达国家成功经验，积极推动国内物流业发展，开启了我国物流业理论探索与产业实践的新征程，物流企业也更加多元。货物运输量从1978年的32亿吨增长至1999年的129亿吨，增长了3倍左右（赵娴，2019）。

3. 快速成长期

从2000年到党的十八大前。我国加入世界贸易组织，进出口贸易大幅增长，带动物流业快速发展。政府部门对物流重要性的认识不断提升，密集制定出台大量政策举措，成立"现代物流工作部际联席会议"，我国物流业发展开启"新纪元"。特别是2009年，国务院发布《物流业调整和振兴规划》，这是物流业第一个国家级规划，随后配套出台了一系列专业物流发展规划和政策，为物流业快速发展营造了良好环境（王文举，2017）。

4. 提质增效期

党的十八大至今。2014年，国务院发布《物流业发展中长期规划（2014—2020年）》，系统提出物流业的发展重点、主要任务和重点工程，明确了一段时期内物流业的发展方向和目标。党的十九大提出加强"物流等基础设施网络建设"，进一步明确了物流

的基础性和准公益性地位，为新时代物流业发展指明了方向。国务院常务会议审议通过《国家物流枢纽布局和建设规划》，在127个城市布局建设212个国家物流枢纽，打造"通道+枢纽+网络"的物流运行体系（矢野裕儿，2014）。2019年两会前夕，国务院24个部门和单位联合出台《关于推动物流高质量发展促进形成强大国内市场的意见》，明确将物流高质量发展作为当前和今后一段时期物流工作的总目标（中国仓储与配送协会，2020）。

（二）主要特征

新中国成立至今，我国物流业取得了举世瞩目的发展成就，基础设施条件显著改善，物流服务水平大幅提升，行业发展环境不断优化，全社会货运量由1949年的1.6亿吨增长到2018年的515亿吨，社会物流总额达到283万亿元，快递业务量突破500亿件，稳居世界第一，实现了跨越式发展，走出了一条中国特色的物流发展道路。其基本特征如下。

1. 行业统计、标准制定等物流基础性工作日臻完善

全国多所高等院校开设物流相关专业，在职培训同步推进，人才培养体系不断完善（邱志鹏，2020）。社会物流统计制度不断完善，定期发布社会物流总额、物流总费用、物流业总收入等数据，以及物流业景气指数、仓储指数、快递物流指数等（顾晶晶，2020）。全国物流标准化技术委员会成立，基本构建起涵盖国家标准、行业标准、团体标准等物流标准体系。物流行业信用体系建设有序推进，运输物流行业严重违法失信市场主体及其有关人员联合惩戒机制顺利实施（任玲，2020）。

2. 公平有序、规范透明的物流业发展营商环境逐步形成

持续深化"放管服"改革，取消高速公路省界收费站点、实施大件运输并联许可审批、公路货运联合执法、货运车辆异地审验等（张博，2020）。深入推进物流领域减税降费，全面推广高速公路差异化收费，实施鲜活农产品运输"绿色通道"，取消或降低一批铁路、港口收费项目或标准。实施全国通关一体化，压缩货物通关时间。行业协会物流企业营商环境调查报告显示，企业对政府采取的政策措施以及物流发展环境改善成效总体比较肯定，对行业未来发展预期向好、充满信心（张季平，2017）。

二、我国物流发展状况

经过30多年发展，物流业已经成为国民经济的支柱产业和重要的现代服务业（单麒凝，2020）。2013年，中国物流市场规模首次超过美国，成为全球第一。2019年，全国社会物流总额298.0万亿元，按可比价格计算，同比增长5.9%，增速比上年同期回落0.5个百分点，其中一季度增长6.4%，上半年增长6.1%，前三季度增长5.7%，全年社会物流总额呈缓中趋稳，四季度小幅回升（图2-18）。

图2-18　2008—2020年10月中国社会物流总额及增长情况

（资料来源：中国物流与采购联合会）

从社会物流总额结构看，2019年全年中国工业品物流总额269.6万亿元，按可比价格计算，同比增长5.7%，占社会物流总额的90.5%；进口货物物流总额14.3万亿元，增长4.7%，占社会物流总额的4.8%；农产品物流总额4.2万亿元，增长3.1%，占社会物流总额的1.4%；单位与居民物品物流总额8.4万亿元，占社会物流总额的2.8%；再生资源物流总额1.4万亿元，占社会物流总额的0.5%（图2-19）。

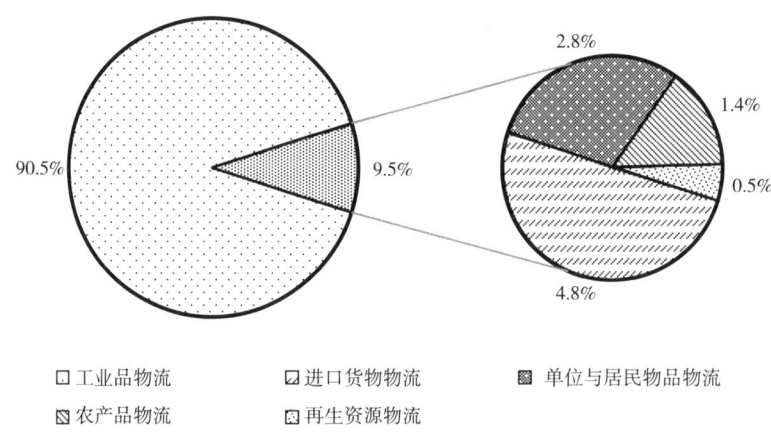

图2-19　2019年中国社会物流结构（金额占比）

（数据来源：中国物流与采购联合会）

社会物流总费用占全国GDP比重逐步下降，运输服务占比超过50%。中国社会物流总额的不断提高标志着中国物流需求的不断扩大，在此基础上，中国的物流行业得到壮大，但是在国家去产能、调结构，提高经济运行效率下，我国物流行业的"降本增效"势在必行，同时在政府与企业的合力之下，我国全社会物流费用增长速度整体趋缓，占GDP

的比重不断下降。2019年中国社会物流总费用14.6万亿元,同比增长7.3%,占GDP比重为14.7%,比2018年回落0.1个百分点。2020年前三季度,社会物流总费用为10.4万亿元,社会物流总费用占GDP比重14.4%,比2019年同期下降0.3个百分点。在减税降费政策、便利通行、营商环境改善等多方因素影响下,物流运行成本有所回落(图2-20)。

图2-20 2013—2020年10月中国物流总费用变化情况

(数据来源:中国物流与采购联合会)

从社会物流费用结构来看,2019年物流运输费用7.7万亿元,同比增长7.2%,占社会物流总费用的52.74%;保管费用5.0万亿元,增长7.4%,占社会物流总费用的34.25%;管理费用1.9万亿元,增长7.0%,占社会物流总费用的13.01%。虽然运输费用占比超过50%,但从增长速度来看,运输费用增长慢于保管费用,随着物流信息和自动化的加深,单纯进行运输业务已经不能完全满足物流企业的发展需求。

从物流行业的区域布局战略来看,根据《物流业发展中长期规划(2014—2020年)》,国家政策层面对区域物流发展提出进一步的具体要求,推进落实国家区域发展整体战略和产业布局调整优化的要求(表2-4)。

表2-4 我国物流行业区域布局战略

区域	主要省市	物流发展战略
东部	广东、福建、浙江、江苏、山东、上海、北京、天津、河北	要适应居民消费加快升级、制造业转型、内外贸一体化的趋势,按照推动京津冀协同发展、环渤海区域合作和发展等要求,加快商贸物流业一体化进程
中部	湖北、湖南、河南、安徽、江西、山西	发展承东启西、贯通南北的区位优势,加强与沿海、沿边地区合作,加快陆港航空口岸建设
西部	西藏、新疆、青海、甘肃、宁夏、云南、贵州、四川、重庆、广西、内蒙古	结合推进丝绸之路经济带建设,打造物流通道,改善区域物流条件

（续表）

区域	主要省市	物流发展战略
东北部	黑龙江、吉林、辽宁	加快构建东北亚沿边物流带，形成面向俄罗斯、链接东北亚及欧洲的物流大通道

资料来源：前瞻产业研究院整理。

从国家级示范物流园区的入选情况来看，截至2020年11月，中国物流与采购联合会根据国家发改委要求，已发布两批示范物流园区名单，共56家物流园区入选。其中华东地区物流园区入选最多，达到22个，占比39%，其次是华中地区和西南地区各有8个物流园区入选。主要是基于区域工业产业规模和物流服务需求，各省区市的示范物流园区数量分布呈现出明显的区域分布不均（表2-5）。

表2-5 中国示范物流园区分布情况 （单位：个）

区域	包含省份	示范物流园区数量
华东	山东、安徽、江苏、上海、浙江、江西、福建	22
华北	内蒙古、北京、天津、河北、山西	6
华中	湖南、湖北、河南	8
华南	广西、广东、海南	6
西南	西藏、四川、重庆、贵州、云南	8
西北	新疆、青海、甘肃、宁夏、陕西	3
东北	黑龙江、吉林、辽宁	3

资料来源：中国物流与采购联合会。

国企巨头地位整体稳固。物流渗透在社会生产和居民生活的各个方面，整个经济社会的运行离不开商品的流通，物流行业的发展带来了行业内相关企业的壮大，一批巨头企业通过整合与深化服务，在行业内占据了领先地位。根据物流企业评选结果，中国远洋海运、厦门象屿、顺丰、中国外运稳稳占据2018年、2019年中国物流企业百强排名的前五位，其中中国远洋海运和厦门象屿分别稳居第一、第二的位置，两者凭借强大的综合物流服务能力，牢牢占据行业领先地位（表2-6）。

表2-6 2019年中国物流企业TOP 10 （单位：万元）

2019年排名	企业	物流业务收入	2018年排名
1	中国远洋海运集团有限公司	22 121 401	1
2	厦门象屿股份有限公司	14 040 454	2

（续表）

2019年排名	企业	物流业务收入	2018年排名
3	顺丰控股股份有限公司	8 967 688	5
4	中国外运股份有限公司	7 731 184	4
5	京东物流集团	3 917 670	10
6	中国物资储运集团有限公司	3 887 225	11
7	中铁物资集团有限公司	3 019 406	8
8	圆通速递股份有限公司	2 746 515	未入榜
9	上汽安吉物流股份有限公司	2 508 257	13
10	德邦物流股份有限公司	2 302 532	14

资料来源：中国物流与采购联合会。

民营企业发展较快，挑战传统国企地位。随着民营物流企业的快速发展，中物联于2020年6月首次提出了民营物流企业50强排名。2019年民营物流前十强企业在整体物流企业排名中，名次较2018年都有不同程度的提升，其中顺丰、京东、圆通、德邦4家企业均位列2019年中国物流企业10强榜中。总体来看，在互联网带来电子商务的快速发展之下，我国电商快递行业迅速发展催生出了新的民营物流巨头，正在挑战传统国企物流企业的地位（表2-7）。

表2-7　2019年中国民营物流企业TOP 10　　　　（单位：万元）

2019年中国民营物流企业排名	企业名称	物流业务收入（万元）	2019年中国物流企业排名（2018年排名）
1	顺丰控股股份有限公司	8 967 688	3（5）
2	京东物流集团	3 917 670	5（10）
3	圆通速递股份有限公司	2 746 515	8（未上榜）
4	德邦物流股份有限公司	2 302 532	10（14）
5	锦程国际物流集团股份有限公司	1 519 586	11（16）
6	江苏苏宁物流有限公司	135 190	12（35）
7	泉州安通物流有限公司	1 005 754	19（31）
8	上海中谷物流股份有限公司	807 786	22（38）
9	准时达国际供应链管理有限公司	761 967	23（34）
10	山西快成物流科技有限公司	680 897	24（未上榜）

资料来源：中国物流与采购联合会。

三、我国物流业相关政策与规划

我国物流发展相关政策见表2-8。

表2-8 我国物流发展相关政策汇总

时间	政策文件
2013年3月	国务院关于推进物联网有序健康发展的指导意见
2013年6月	国务院办公厅印发《深化流通体制改革加快流通产业发展重点工作部门分工方案》
2013年7月	国务院办公厅关于金融支持经济结构调整和转型升级的指导意见
2014年3月	国务院总理李克强在十二届全国人大二次会议上的政府工作报告
2014年8月	国务院关于加快发展生产性服务业促进产业结构调整升级的指导意见
2015年2月	国务院关于加快发展服务贸易的若干意见
2015年7月	国务院办公厅关于同意在上海等9个城市开展国内贸易流通体制改革发展综合试点的复函
2016年1月	国务院办公厅关于推进农村一二三产业融合发展的指导意见
2016年2月	国务院关于同意开展服务贸易创新发展试点的批复
2016年3月	国务院关于深化泛珠三角区域合作的指导意见
2016年4月	国务院办公厅关于深入实施"互联网+流通"行动计划
2016年9月	国务院办公厅关于转发国家发展改革委物流业降本增效专项行动方案
2017年8月	国务院办公厅关于进一步推进物流降本增效促进实体经济发展的意见
2018年1月	国务院办公厅印发《关于推进电子商务与快递物流协同发展的意见》
2019年5月	关于加快道路货运行业转型升级促进高质量发展意见
2019年8月	国务院关于印发6个新设自由贸易试验区总体方案的通知
2019年10月	国务院关于积极推进"互联网+"行动的指导意见
2020年2月	国务院关于抓好"三农"领域重点工作确保如期实现全面小康的意见
2020年8月	国务院办公厅关于进一步做好稳外贸稳外资工作的意见
2020年9月	国务院关于深化北京市新一轮服务业，扩大开放综合试点建设国家服务业扩大开放综合示范区工作方案的批复
2020年11月	国务院办公厅关于印发新能源汽车产业发展规划（2021—2035年）的通知
2020年12月	国务院办公厅转发国家发展改革委等部门关于加快推进快递包装绿色转型意见的通知

四、现代技术物流种类

(一) 智慧物流

"智慧物流" Intelligent Logistics System (ILS) 首次由IBM (国际商业机器公司) 提出。2009年12月中国物流技术协会信息中心、华夏物联网、《物流技术与应用》编辑部联合提出智慧物流的概念。物流是在空间、时间变化中的商品等物质资料的动态状态。智慧物流是指通过智能软硬件、物联网、大数据等智慧化技术手段,实现物流各环节精细化、动态化、可视化管理,提高物流系统智能化分析决策和自动化操作执行能力,提升物流运作效率的现代化物流模式 (熊青青, 2020)。

(二) 冷链物流

冷链物流 (Cold Chain Logistics) 一般指冷藏冷冻类食品在生产、贮藏运输、销售,到消费前的各个环节中始终处于规定的低温环境下,以保证食品质量,减少食品损耗的一项系统工程 (芦亚丰, 2012)。农产品物流是物流业的一个分支,指的是为了满足消费者需求而进行的农产品物质实体及相关信息从生产者到消费者之间的物理性流动。它是以农业产出物为对象,通过农产品产后加工、包装、储存、运输和配送等物流环节,做到农产品保值增值,最终送到消费者手中的活动 (施先亮, 2015)。消费者对购买的农产品新鲜程度十分重视,因此,农产品的物流运输方式变得至关重要。农产品运输要求高,冷链物流成为主要方式。但目前,国内农产品运输在物流市场中占比并不大,利用冷链物流体系进行配送的更是少。

(三) 商贸物流

商贸物流是商贸活动中进行的物流过程,是整合运输、仓储、配送、信息服务等产业的复合型服务业,是连接生产和消费的供应链中间环节 (海南省商务厅, 2020)。

2019年,社会物流需求规模增长适度,结构进一步优化,电商物流保持高速增长。全国实物网上零售额3.1万亿元,同比增长29.8%,占社会消费品零售总额的比重为17.4%,比上年同期提高3.6个百分点。在实物商品网上零售额中,吃、穿和用类商品分别增长42.3%、24.1%和30.7%。冷链商贸物流是现代物流发展的短板,推动冷链物流发展,有利于促进生产和加工等领域扩大再生产,优化产业结构,形成相关产业联动链条。

2019年,冷冻冷藏类商品消费保持旺盛需求,全国生产乳制品1 328万吨,同比增长8.1%,冷冻水产品321万吨,冷冻饮品154万吨,鲜、冷藏肉产量1 585万吨,同比增长7.8%。中国物流信息中心调查的重点物流企业冷链物流业务量同比增长超过20%。

(四) 自由贸易试验区

自由贸易试验区 (Pilot Free Trade Zone),是我国设立的自由贸易园区,是指在主权国家或者地区的关境以外，划出特定的区域，准许外国商品豁免关税自由进出。目前，我国31个省级行政区中已有21个被批准建立自由贸易实验区。2011年，我国初步确立了在青岛、天津、上海和深圳等地建立自由贸易区的规划与设想（孟广文，2011）。2013年9月29日，上海自由贸易区最先挂牌成立，成为中国第一个自由贸易试验区（中国新闻网，2013）。在2015年、2017年、2018年、2019年、2020年相继公布了自贸新片区。

第五节　旅游业发展现状与趋势

一、旅游业发展现状分析

根据中国文旅部统计数据显示，2010—2019年，我国旅游业总规模实现稳步增长（图2-21），旅游产业正在成为经济增长的重要引擎；2010年旅游总收入为1.57万亿元，2019年国内旅游总收入为6.63万亿元，创历史新峰，年均复合增长率达到了17.36%，较2018年同比增长11.06%（图2-22）。

旅游业是国民经济的重要组成部分，对一个国家或地区经济增长有着重要的贡献作用，旅游业综合贡献占GDP总量大小则是社会经济发展与产业结构观察的重要指标。2019年，中国旅游业对GDP的综合贡献为10.94万亿元，占GDP总量11.05%，达到2014年以来的历史新高。从2014年的10.39%到2019年的11.05%，中国旅游业综合贡献占GDP总量稳中有升（图2-23）。一方面反映出中国旅游业和国民经济发展的并进，另一方面也体现了旅游业为内需拉动经济提供动力。

根据中国文旅部发布的国庆节假期的旅游市场数据，2013—2019年，国庆假期国内旅游收入逐年增长，但增速整体呈现波动下降趋势，2019年旅游收入突破6 000亿元，达到6 497.1亿元，同比增长8.45%（图2-24）。2020年全国共接待国内游客6.37亿人次，按可比口径同比恢复79.0%；实现国内旅游收入4 665.6亿元，按可比口径同比恢复69.9%。

从各地国庆假期接待游客数量来看，2020年，河南省接待游客数位列全国第一（表2-9），全省共接待游客7 234.98万人次，与2019年同期增长了9.09%；江西接待游客6 809.75万人次，全国游客数量排名第二；山西接待游客5 246.89万人次，全国排名第三。此外，值得一提的是，作为疫情受损最严重的湖北旅游业恢复较快，2020年国庆假期，湖北省共接待游客5 228.59万人次，实现旅游综合收入348.29亿元，分别恢复到上一年国庆假期的82.74%和72.26%。从各省旅游收入来看，2020年国庆假期期间，江苏、江西及贵州三省旅游收入排名全国前三，分别实现旅游收入512.55亿元、398.81亿元以及367.21亿元。

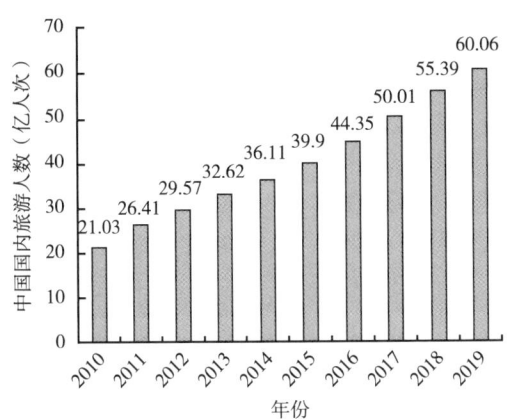

图2-21 2010—2019年中国国内旅游人数

（数据来源：中国文旅部）

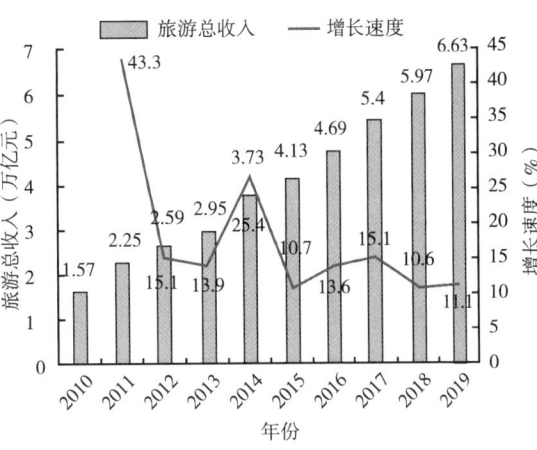

图2-22 2010—2019年中国旅游收入及增长速度

图2-23 2014—2019年中国旅游业综合贡献

（数据来源：中国文旅部）

图2-24 2013—2020年中国国庆假期国内旅游收入及占GDP比重增长情况及增长情况

表2-9 2020年国庆假期全国各省接待游客及收入前10名

排名	省份	接待游客数量（万人次）	旅游收入（亿元）
1	河南	7 334.98	360.71
2	江西	6 809.75	398.81
3	山西	5 246.89	316.38
4	湖北	5 228.59	348.29
5	贵州	5 190.69	367.21
6	广东	4 998.00	356.70

(续表)

排名	省份	接待游客数量（万人次）	旅游收入（亿元）
7	江苏	4 663.07	512.55
8	陕西	4 224.38	254.06
9	福建	3 928.45	340.88
10	广西	3 255.84	224.9

数据来源：中国文旅部。

二、旅游产业发展模式探索

（一）文旅融合

文旅融合产生的影响在于文化产业和旅游产业在产业发展的基础条件共享，在于挖掘文化产业的内涵，赋予文化产品旅游元素，实现文化产业资源和文化设施旅游化。简言之，就是赋予文化产品旅游属性，加强对文化的传播途径，加大其旅游及商业价值。

（二）城乡文旅融合

驻场式文旅演出产品在我国发展较好，可将其分为3种类型，即山水实景演出型、民族风情展示型、文化遗产演绎型。山水实景演出型大多密集在浙江、河南、陕西等区域，其主要特色是高科技、高成本、回报快、生产难度大、真山真水真人实景演艺风险较高等，例如在国际上有名的大型实景歌剧《阿依达》、西安华清池的《长恨歌》成为中国最美山水天人合一的演出。民族风情展示型大多密集在西南、西北地区，如云南、贵州等。其特点是成本小、性价比高、风险小、回报快、生产难度小。例如展示红土原汁民族原态的《云南映像》就是代表之一。文化遗产型的特色是它依托积淀丰厚的物质与非物质文化遗产、可重复并异地巡演，如杭州大型歌舞演出《宋城千古情》。杭州宋城主题公园只是一个历史的"仿制品"，真正将其注入灵魂的是《宋城千古情》。

（三）文旅农产业融合

1. 莫干山民宿休闲旅游

位于浙江省德清县的莫干山镇，距上海大约两个小时车程，翠竹山坞间，民宿产业星罗棋布。来自官方的数据显示，2015年，莫干山镇的精品民宿有近百家，实现直接营业收入3.5亿元。2004年，南非商人高天成（Grant Horsfield）在游玩时发现，莫干山乡间的宁静非常适合都市人休闲度假，但档次偏低的农家乐无法满足这样的需求。高天成觉得这是一个商机，便在一个村里租下六间破败不堪的老房子，通过精心设计，改造成"洋家乐"。

2. 袁家村农家乐特色旅游

山西省礼泉县袁家村持续发展的精髓是不断创新产业形态。在村干部的带动下，袁家村先是建起农民个体经营的"农家乐"，后来又建了特色小吃街，引来特色餐饮、旅游商品等资源，提升了乡村旅游层次。以市场为导向，以村民为主体协调发展，以独具特色的关中"农家乐"特色旅游打开了一片发展的新天地，整体发展约有1亿元的投资，其中村集体和村民投入就有六七千万元，良好前景让外出打工的袁家村人纷纷回村。

3. 芭蕉村综合农业休闲乐园

2012年以前海南省白沙黎族自治县芭蕉村还是一个远近闻名的"贫困村"。全村120户，几乎都住老旧瓦房和茅草房，环境卫生脏乱差，农民收入低于全镇平均水平。"全村119户人，以前竟然有40多个单身汉，'光棍村'的说法曾让村民和村干部都倍感头疼，不是醉醺醺地打牌，就是冲突不断，外人连村子都不敢进。"曾在芭蕉村任村民小组长的南班村党支部书记高勇坦言，村民发展动力缺失、没有上进心，以低效产业为主的芭蕉村，迟迟没有富起来的迹象。2012年，白沙黎族自治县将芭蕉村纳入"美丽乡村"打造计划之列，让家家户户都住上了143平方米的二层楼房。纵横有序的林荫村道取代了泥泞土路，告别了每到雨季村里都是泥泞遍地、污水横流的日子。美了村庄环境，也美了村民的心。随着美丽乡村建设的启动，村民们开始主动外出打工，村民的精神面貌变了，接触的人多了，40多位新媳妇一个接一个地娶回来，于是"光棍村"成为历史。芭蕉村村民们借着邦溪镇整体开发的机遇，纷纷做起了民宿，还成立了芭蕉村休闲观光农业合作社，发动全体村民入股，吃上了旅游饭。经过4年多的打造，2015年10月中旬，农业部揭晓2015年"中国最美休闲乡村"榜单，芭蕉村以"特色民俗村"跻身其中，成为海南省西部年度唯一入选者。

第三章 产业发展理论概述

产业布局是指在一国或一地区范围内形成产业的各部门、各要素、各链环的空间分布和地域组合的经济现象，是国民经济各部门发展运动规律的具体表现，其合理与否影响到该国或地区经济优势的发挥水平进而影响经济的发展速度。产业布局是动态变化的，表现为各种资源、各生产要素甚至各产业和各企业为选择最佳区位而形成的在空间地域上的流动、转移或重新组合的配置与再配置过程。合理优化的产业布局不仅限于满足静态和近期的发展需求，更是要面向中远期，要以动态的思想指导产业布局，要为区域经济职能的不断升级演变留出一定的发展空间。

第一节 产业发展和布局的影响因素

从宏观层次讲，产业发展与布局受客观因素的制约，有着其特有的规律，主要影响因素可分为人文因素与自然因素两个方面。

一、自然资源因素

自然资源因素是影响区域开发与经济发展的重要因素，但随着技术的进步与交通条件的改善，地理位置与自然资源因素对产业布局的影响逐步减小。

（一）对第一产业布局的重要影响

地理位置是形成自然条件的决定性因素，对农业生产影响大的自然条件主要有气候、水资源、地形、土壤等方面，关系到农作物的种类、复种程度、单产水平、农时等。太阳光热是农业生产的最基本因素，植物体中90%以上的干物质是通过光合作用获得的，只有少量来自根部吸收的养分。除热量条件外，作物生长还需要有充足的水分，过干或过湿均不利于农作物的生长，年降水量低于250毫米的干旱地区，一般不适宜发展雨养农业。从这个角度讲，农业适宜生产区一般位于热量条件与水分条件均较好的热带与温带地区。

我国大部分地区位于季风气候区，雨热同期，有利于农作物生长。南北东西跨经纬度较多,形成多个气候区;地形复杂多样,在水平方向与垂直方向均有利于发展农业的多样性。

《中国综合农业区划》将全国划分为10个一级农业区和38个二级农业区,其中第十区为海洋水产区,一般将海洋水产区外的其他九个综合农业区称为九大综合农业区,分别是东北区、内蒙古及长城沿线区、黄淮海区、黄土高原区、长江中下游区、西南区、华南区、甘新区、青藏区。

(二)对第二、第三产业布局的直接影响

对第二、第三产业来讲,地理位置包括自然地理位置、政治地理位置与经济地理位置等多种内涵。政治地理位置主要是其在军事与政治上的特殊地位及在行政体系中的作用等,需要考虑与周边政治体的时空距离,这在政治紧张时期尤为重要。经济地理位置主要是指该地在整个区域经济系统、交通系统等中的地位与作用。对第二、第三产业来讲,和平时期经济地理位置是最为重要的。例如,对第二产业来讲,在地理位置方面发展与布局需要重点考虑:与主要原料区和主要消费区的距离与联系;与区域经济、政治中心的距离与联系;与其他竞争者的距离与相互关系;交通便利性等。

二、社会经济因素

影响产业发展与布局的社会经济因素较多,主要包括历史基础、市场条件、政府政策干预等。

(一)历史基础

长期以来,一个地区往往根据其区位、资源、交通等特点,在社会氛围、文化、思维的影响下形成了一定的产业发展布局,这些产业根植于本地,在过去一定时期乃至现代都有较强的生命力,但也有部分产业呈现出设施落后、结构不合理,或布局凌乱等现象,未能跟上时代步伐,如果在此基础上发展,则可能会产生不良影响,但如果存良去莠,充分利用原有的产业基础优势,则会继往开来。例如中国八大古都,北京、南京、杭州、郑州、开封、洛阳、安阳和西安,每一座城市都积累了丰厚的历史时期文化,保存着大量的文物古迹,具有重要的历史价值、文化价值、艺术价值与学术价值。而且,这些古都,自古至今均为政治、经济、生活的聚集地,贸易频繁,经济发达,交通设施完善。在此基础上挖掘古都文化,开发旅游产品,成功性无疑要明显高于其他区域。

(二)市场条件

随着商品经济的发展,市场逐渐成为影响产业布局的一个越来越重要的条件。首先,市场需求影响产业布局,无论是地区、地点布局,还是厂址的选择,都必须以一定范围市场区对产品的需求量为前提。其次,市场的需求量和需求结构影响产业布局的部门规模和结构,是形成主导产业、辅助产业,以及地方特色产业的产业地域综合体的指南。最后,市场竞争可以促进生产的专业化协作和产业的合理聚集,使产业布局指向更有利于商品流通的合理区位。

(三)政府宏观调控

无论是市场经济还是计划经济,政府均在产业布局中扮演着重要的角色,其往往通过制定一系列产业政策来影响产业布局。产业政策从性质上一般可分为两类,一是促进型,即政府对认为应该重点或优先发展的部门、产业或地区实行自上而下的优惠政策,多为某种激励、税收减免或补贴形式;二是限制型,指政府对限制的产业或部门实行政策抑制的行为。

三、人口因素

人,作为社会经济生活的主体,既是生产者,又是消费者,人口数量和人口结构是影响一个国家或地区社会经济发展的重要因素。

从产业与经济发展的角度讲,人口过多或人口过少均不是发展的最佳状态。从人口规模—产业发展间的关系来讲,在人口充足的地区,适宜发展劳动密集型产业,而在人口稀少的地区,适合发展有效利用自然条件、自然资源的优势产业。在时间动态上,根据"配第—克拉克定律",随着社会生产力的发展,劳动力首先由第一产业向第二产业转移,当社会生产力进一步提高时,劳动力便向第三产业转移。在三次产业中,第一产业的劳动力将减少,第二、第三产业的劳动力将增加。

人口结构可分为人口年龄结构、人口城乡结构、人口文化结构、人口民族结构等。人口年龄结构是指一定时点、一定区域内的不同年龄人口的构成与比例关系,一区域的人口年龄结构可分为年轻型、成年型与老年型。如果一个国家或地区劳动适龄人口占总人口的比重较大,抚养率低,为经济发展创造了有利的人口条件,整个经济变化形成高储蓄、高投资、高增长的局面,这个时期称为"人口红利窗口期"。这时,劳动力资源丰富,成本低。但是随着经济与人口的发展,劳动力会逐渐由过剩状态转变为短缺状态,这个转折点称为"刘易斯拐点",人口红利逐渐消失,劳动密集型产业也会逐步遭到淘汰。中国现阶段可能正处于人口红利消失的刘易斯拐点附近,人口老龄化、未富先老现象突出。人口教育结构是指一定时点、一定区域内的人口受教育程度的状况,集中反映人口的整体素质与技术水平。高素质的人口群体是产业与经济发展的重要保障,教育水平低下往往会导致劳动生产率低、技术创新动力不足,进而带来产业结构升级停滞等问题。

四、科学技术因素

科学技术是构成社会生产力的主要部分,产业布局的发展与变化,都是生产力与生产关系共同作用的结果，其中，以科学技术为核心代表的生产力在其中起着更重要、更主动的作用。科学技术进步扩大加深了人类利用和改造自然的广度与深度，使得过去一些难以利用资源陆续被引进生产过程中，出现越来越多的新能源、新材料，劳动对象、劳动工具和生产方法等生产要素也不断革新，新兴的产业部门如信息、核能、宇航等得到不断发展，促进了地区生产专业化和劳动地域分工，影响了国家或地区产业经济结构的组成和发展。

就农业而言，影响农业生产与布局的科学技术条件主要包括农业工艺技术、农机装备等方面，农业工艺技术中对农业布局影响较大的是品种改良，农机装备的改进能大大拓展生产空间，提高农业生产率。科学技术进步对农业生产与布局的影响主要表现在农业由"石油化学型"向"生态型"发展。第二次世界大战后，农业生产逐步走向以矿产能源尤其是石油能源为基础的"能量集约型"农业，或称为"石油农业"，走向以普遍使用化肥、农药为特征的"化学型"农业，具有资源消耗、环境破坏的特征。当前，世界正在探索"生态型农业"，即以生态学基础原理为指导，根据生态系统自身的物质循环与能量循环规律建立起来的一个综合性生产系统，当前正处于初期阶段。

第二节　区域产业布局效果评价方法

区域经济布局效果是指在区域布局过程中，由于生产要素的地域分布与组成的变化所产生的区域经济空间集中程度的变化。区域经济布局效果评价是区域布局的重要内容之一，一般分为预评价与后评价两种方式。预评价是指在区域布局决策阶段，对区域布局方案进行技术经济效益、社会效益和生态环境效益的评价论证，并进行各种效益预测，为决策者提供决策依据，提高决策的科学性。后评价是指在区域布局方案实施后，再进行经济效益、社会效益和生态环境效益的评价论证，以检验区域布局方案在科学技术上的可行性和经济上的合理性，从中总结经验教训，以便采取切实可行的措施，进行区域的再开发，或调整区域布局方案，实现区域经济发展目标。本文主要针对后评价方法展开论述。衡量产业布局效果的评价指标主要有：集中指数、地理联系率、集中度、分散度、静态不平衡差、洛伦兹曲线、变幅、标准偏差、基尼系数等。

一、集中度评估

（一）集中指数

集中指数是表明某种经济活动在区域内集中程度的指标，其计算公式为：

$$C = \left(1 - \frac{H}{T}\right) \times 100$$

$$H = t_1 + t_2 + \cdots + t_n$$

式中，C 为集中指数，T 为全国或全区总人口或总面积，H 为占全国或全区经济总量半数的地区人口或面积。集中指数在0~100。

H 值较大时，C 值较小，表示该项经济活动的地域集中程度较低，区域分布较为均衡；H 值较小时，C 值较大，表示该项经济活动集中程度较高，地区差异比较明显。一般来说，$C \leqslant 50$ 为相当分散，$50 < C \leqslant 70$ 为分布比较均衡，$70 < C \leqslant 90$ 为相当集中，$C > 90$ 为高度集中。

利用这一指数来揭示区域产业布局的集中程度，可分别计算产业布局政策实施前后的集中指数，如果集中指数增加，则表明集中度降低，反之，则说明集中度升高。

（二）地理联系率

地理联系率的计算公式为：

$$G = 100 - 1/2 \sum_{i=1}^{n} |S_i - S_i|$$

式中，G 表示地理联系率，S_i 为区域第一要素（如总产出）占全国或全区的比重，P_i 为区域第二要素（如人口）占全国或全区的比重。当 S 与 P 在地理分布上较为一致时，G 较大，表明两要素的地理联系率较高。反之，当 S 与 P 的地理分布差异较大时，G 值较小，表明两要素地理联系不太密切。地理联系率可在一定程度上反映人口与工农业总产值、国民收入与人口、人均国民收入与人口、工业就业人数与工业产值、农业就业人数与农业产值等经济要素间的地理联系情况。

（三）行业集中度

行业集中度（Concentration Ratio）又称行业集中率或市场集中度（Market Concentration Rate），是指某行业的相关市场内前N家最大的企业所占市场份额（产值、产量、销售额、销售量、职工人数、资产总额等）的总和，是对整个行业的市场结构集中程度的测量指标，用来衡量企业的数目和相对规模的差异，是市场势力的重要量化指标。行业集中度是决定市场结构最基本、最重要的因素，集中体现了市场的竞争和垄断程度，经常使用的集中度计量指标有：行业集中率（CRn指数）、赫尔芬达尔—赫希曼指数（Herfindahl-Hirschman Index，HHI）等。CRn与HHI两个指标被经常运用在反垄断经济分析之中。

行业集中率（CRn）是指该行业的相关市场内前N家最大的企业所占市场份额的总和。例如，CR4是指4个最大的企业占有该相关市场份额。同样，5个企业集中率

（CR5）、8个企业集中率（CR8）均可以计算出来。但是，集中率的缺点是它没有指出这个行业相关市场中正在运营和竞争的企业的总数。例如，具有同样高达75%的CR4在两个行业份额却可能是不相同的，因为一个行业可能仅有几个企业而另一个行业则可能有许多企业。CRn指数是以产业中最大的n个企业所占市场份额的累计数占整个产业市场的比例来表示。一般认为，即如果行业集中度CR4或CR8<40，则该行业为竞争型；而如果30≤CR4或40≤CR8，则该行业为寡占型。

HHI指数即赫芬达尔—赫希曼指数，是指基于该行业中企业的总数和规模分布，即将相关市场上的所有企业的市场份额的平方后再相加的总和。赫希曼指数具有数学上绝对法和相对法的优点使它成为较理想的市场集中度计量指标，它可以衡量企业的市场份额对市场集中度产生的影响，成为政府审查企业并购的一个重要行政性标准。其公式为：

$$HHI = \sum_{i=1}^{n}(X_i/X)^2 = \sum_{i=1}^{n}S_i^2$$

式中：X表示市场的总规模，X_i表示企业的规模，$S_i = X_i/X$表示第i个企业的市场占有率，n表示产业内的企业数。HHI值越大，表明市场集中度越高。当市场处于完全垄断时，HHI = 1；当市场上有许多企业，且规模都相同时，HHI = 1/n，n趋向无穷大，HHI就趋向0。

二、均衡度评估

经济的空间集中度与经济的空间均衡度呈正相关。一个国家或地区内不同区域之间经济发展是不平衡的，地区之间产出的差距很大，则说明该国家或地区的经济空间集中度高，反之则较低。

（一）静态不平衡差

衡量区域经济布局的均衡度，可以用静态不平衡差指数，其计算公式为：

$$C = (1-L/M) \times 100$$

式中：C表示两个区域之间的静态不平衡差指数，L表示经济实力较弱的地区的经济指标，M表示经济实力较强的地区的响应经济指标。静态不平衡差越大，说明均衡程度越低，反之，均衡程度高。此指标仅能用于两个地区间的对比，不能从整体上反映区域内经济分布的均衡度。

（二）洛伦兹曲线与基尼系数

为了研究国民收入在国民之间的分配问题，美国统计学家洛伦兹1907年提出了洛伦兹曲线（Lorenz curve），也称为"劳伦兹曲线"。是指一个国家或地区内，以"最贫穷的人口计算起一直到最富有人口"的人口百分比对应各个人口百分比的收入百分比的点组成的曲线。

洛伦兹曲线用以比较和分析一个国家在不同时代或者不同国家在同一时代的财富不平等，该曲线作为一个总结收入和财富分配信息的便利的图形方法得到广泛应用。通过洛伦兹曲线，可以直观地看到一个国家收入分配平等或不平等的状况。

首先将全社会的人按照收入升序排序，然后计算累计前X%的人的收入占社会总收入的百分比，这个数值就是对应X的Y，洛伦兹曲线就是这一函数的图像。

假设收入最低的前1%的人其收入占比为1%，前2%的人收入占比为2%……，前99%的人收入占比为99%，那么洛伦兹曲线就与收入分配绝对平等直线重合，此时全社会所有人的收入都是一样的。再如：假设收入最低的前99%的人其收入占比为50%，那就意味着剩下1%的人拿走了全社会50%的收入，此时洛伦兹曲线严重偏离收入分配绝对平等直线。显然，社会收入越平均，洛伦兹曲线越接近收入分配绝对平等直线。

基尼系数是基于洛伦兹曲线提出的计算分配平等程度的指标。设实际收入分配曲线和收入分配绝对平等曲线之间的面积为A，实际收入分配曲线右下方的面积为B。并以A除以$(A+B)$的商表示不平等程度。这个数值被称为基尼系数。在全部居民收入中，用于进行不平均分配的那部分收入所占的比例。基尼系数最大为"1"，最小等于"0"。因此，基尼系数的实际数值只能介于0~1，基尼系数越小收入分配越平均，基尼系数越大收入分配越不平均。国际上通常把0.4作为贫富差距的警戒线，大于这一数值容易出现社会动荡。

在区域经济方面，如果区域经济分布完全均衡，则洛伦兹曲线与对角线重合，称为"均对均衡曲线"，反之，如果区域经济分布绝对不平衡，即一个地区拥有了全区域的经济总量，则该曲线将构成正方形的底边和右边，称为"绝对不均衡曲线"，一般来说，洛伦兹曲线为介于上述两条曲线之间的向下弯曲的曲线，向下弯曲越大，区域不平衡程度就越高，反之亦然（图3-1）。

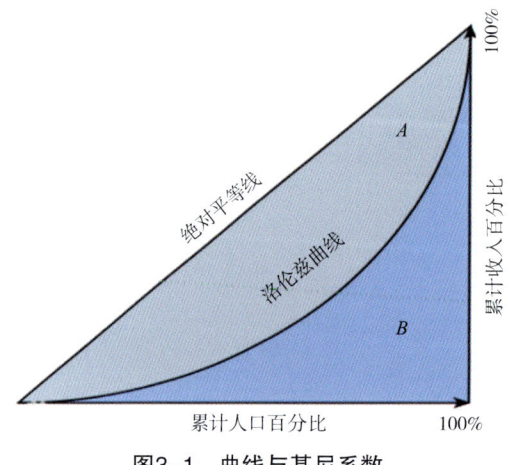

图3-1　曲线与基尼系数

（三）标准差

标准差是较全面反映区域绝对差异的指标，标准差定义是总体各单位标准值与其平均数离差平方的算术平均数的平方根。它反映组内个体间的离散程度。一个较大的标准差，代表大部分数值和其平均值之间差异较大；一个较小的标准差，代表这些数值较接近平均值。

其计算公式为：

$$\sigma = \sqrt{\frac{\sum_{i=1}^{n}(x_i - \overline{x})^2}{n}}$$

式中：σ 表示标准差，x_i 为 i 地区的经济指标，$\overline{x}$ 表示各地区相应经济指标的平均值，n 表示地区数量。

第四章 产业发展的基础与态势

以"建立充满生机活力的现代企业集团"为发展目标，呼伦贝尔农垦集团（以下简称集团）坚持社会主义市场经济改革方向，切实推进垦区集团化、农牧场企业化的主线改革，在决战决胜全面建成小康社会、实现全面振兴发展方面取得了系列成绩。作为传统的国家农垦企业，呼伦贝尔农垦具有天然的比较优势，资源环境禀赋优越、农垦及区域文化底蕴深厚、集团规模集约化生产优势突出、农业产业化体系建设初具轮廓等。当然，在发展过程中也存在问题，比如，大而不强，盈利能力较弱，经济发展不稳定，易受市场与自然影响，产业体系尚待完善，过度倚重种植业，现代基础设施条件落后，品牌竞争力弱，难以实现优质优价，现代企业管理体系存在若干短板。

第一节 发展历程

呼伦贝尔地区的农垦事业开发建设始于1954年。为将呼伦贝尔建设成为面向全国的种畜基地，加快培育优良种畜（包括为军队培育提供军马），国家提供大量资金用于种畜基地建设，并收购大批回国苏侨饲养的牛、马进行改良，培育出了著名的三河牛、三河马。1955年正式成立呼伦贝尔盟农牧场管理局。1960年，为解决内蒙古[①]东部地区粮食自给问题，经党中央、国务院批准同意，原国家农垦部王震部长从内地和黑龙江农垦抽调大批转复官兵到呼伦贝尔开荒建场。

1969年，呼伦贝尔盟国营农牧场管理局归属黑龙江省国营农场管理局管理，改称为黑龙江省国营农场管理局呼伦贝尔分局。1976年，分局改成立为呼伦贝尔农牧场管理局。1979年，呼伦贝尔农牧场管理局随呼盟划归内蒙古自治区。1980年改称为海拉尔农牧场管理局。

1966年，内蒙古自治区组建大杨树建场指挥部，归属呼伦贝尔盟国营牧场管理局管辖。1969年大杨树建场指挥部随呼伦贝尔盟划归黑龙江省，归大兴安岭特区领导，1973年

---

① 内蒙古自治区简称内蒙古，全书同。

组建黑龙江国营农场管理局大杨树分局。1976年2月，改成立为黑龙江省国营农场总局大兴安岭农场管理局。1979年6月，呼伦贝尔盟重新归属内蒙古自治区，黑龙江省国营农场总局大兴安岭农场管理局更名为内蒙古自治区大杨树农场管理局。

两局的基本建设投资和部分生产资料由农业部直供并保留至今。

2000年，内蒙古自治区党委以〔2000〕18号文件确定海拉尔农牧场管理局和大兴安岭农场管理局为自治区直属国有重要骨干企业。2002年，两局由自治区下放为呼伦贝尔市直属企业。

2012年初，为做强做大呼伦贝尔地区农垦事业，示范带动引领全市现代农业和农牧业产业化进程，呼伦贝尔市委、市政府决定，在海拉尔、大兴安岭农垦集团基础上组建呼伦贝尔农垦集团，并整合全市农牧业资源，以期打造呼伦贝尔农牧业产业化航母，成为全市经济发展新的增长极。2012年9月，呼伦贝尔农垦集团正式挂牌成立，成为一家以农牧业为基础，集工、商、贸等多元产业发展为一体的现代企业集团。

第二节　发展态势

一、优势分析

历经65年的开发建设，呼伦贝尔农垦集团建设了一批现代化程度较高的国有农场和农畜产品生产基地，培育出了著名的三河牛、三河马，在安置就业、维护地区稳定、民族团结、示范带动现代农牧业发展和繁荣地方经济等方面做出了重要贡献。累计生产粮食3 750万吨、肉90万吨、奶670万吨，成为"中国粮食、中国饭碗"的坚实农垦力量。

作为传统的国家农垦企业，呼伦贝尔农垦集团具有天然的比较优势。

（一）资源环境

水资源丰富，水质优良。垦区流经的河流主要有嫩江、额尔古纳河、甘河、诺敏河、那都里河、古里河、多布库尔河、奎勒河等多条大河，河流断面水质多为Ⅰ类与Ⅱ类标准。垦区湿地面积大，种类齐全。垦区具有丰富的水资源，全市人均占有水资源量为1.1万立方米，是我国人均的5倍。良好的自然条件使垦区的物产极为丰富。

土地资源丰富，土壤肥沃。垦区拥有耕地600万亩，占全市耕地的1/3；拥有天然草场800万亩，占全市草地的10%；拥有林地40万亩，占全市林地的0.27%；拥有水面13万亩，占全市水域的3%。垦区土壤类型以棕色针叶林土、暗棕壤、灰色森林土、黑土、黑钙土、栗钙土、暗色草甸土等为主，土质肥沃，自然肥力高。

垦区空气优良，素有"天然氧吧"美誉。据有关数据统计，呼伦贝尔市全年空气质量位居自治区第一，全年良好天气达365天，是全国空气洁净10大城市之一。垦区的全年空气质量指数（AQI）均低于50。呼伦贝尔空气中富含的负氧离子，素有"天然氧吧"之称，其境内森林覆盖率52.57%，森林活立木蓄积量占内蒙古的76.5%，占中国的6.85%。呼伦贝尔环保部门测试数据显示，呼伦贝尔空气中负氧离子含量达每立方厘米7 000~9 000个，是世界卫生组织规定标准的6倍。

（二）文化底蕴

呼伦贝尔农垦集团悠久的发展历史和独特的地理区位造就了农垦文化、军旅文化、知青文化、民族文化、民俗文化等多元文化。集团传承了军垦的优良传统，形成"艰苦奋斗、勇于开拓"的农垦精神和信念坚定、忠诚担当、创新奉献、进取开放的企业文化，始终不忘成边屯垦的初心和使命，为集团可持续发展提供了深厚的文化底蕴。

呼伦贝尔农垦集团辖区民族众多、民族文化丰富。垦区内共有42个民族，其中汉族、蒙古族、回族占集团总人口的比重较大，此外还包含满族、朝鲜族、达斡尔族、俄罗斯族、鄂温克族、鄂伦春族等。众多的民族习俗闻名全国，饮食文化丰富多彩，建筑风格独具特色。

（三）规模集约化

呼伦贝尔农垦集团是世界上集约化程度较高、面积最大的单体农场，耕地面积600万亩。截至2018年，80%以上的耕地实行集中统一耕种，实现了规模化经营。农垦拥有高标准土地64.5万亩，种植近80万亩10余种特色经济作物和中草药作物，节水灌溉农田突破百万亩，绿色农田监测面积达484.6万亩。产品获得27种绿色和有机食品证书，农产品质量追溯面积达124万亩，标准化规模养殖逐步完善。

呼伦贝尔农垦集团推广农业核心关键技术的突破和成果转化，实施绿色植保、精量播种、精准用药、精准施肥、保护性耕作和水肥药一体化等先进技术。集团加大现代化储粮仓、烘干塔等基础设施建设，更新农机装备，粮食综合处理能力进一步增强。

呼伦贝尔农垦集团拥有世界最先进大型农机设备，截至2018年，农牧业机械设备达到51.7万台（套），田间农业综合机械化水平达95%以上，科技进步贡献率达60%以上。集团组织管理能力较强，农牧业基础设施良好。农作物化肥利用率和农药利用率，以及农牧业资源利用率、劳动生产率和土地生产率均达到较高水平。

（四）产业化体系

呼伦贝尔农垦集团探索利用混合所有制方式加快马铃薯产业发展，组建了呼伦贝尔农垦薯业集团。与首农集团、天津二商集团、京东集团、海天集团等大企业加强合作，推动大兴安岭垦区打造道地药材"北药之都"，举办中国油菜新业态发展高峰论坛暨中国芥花油之都呼伦贝尔授牌仪式，扩大了农垦产品和品牌的影响力。集团商贸流通和旅游等非农经济也进入加快发展阶段。农用物资销售业务稳步增长，大宗贸易成为新的经济增长点。粮油销售稳步发展，"互联网+"等新型营销手段不断应用。

二、劣势分析

（一）大而不强

呼伦贝尔农垦集团整体呈现"大而不强，盈利能力较弱"的特征。2016—2019年，集团整体亏损明显，2016年净利润甚至为-80 983万元，2018年净利润转正，但也仅为2 790万元，2019年净利润又转至-23 688万元（表4-1）。

表4-1　2016—2019年呼伦贝尔农垦集团利润情况　　　　　　　　（万元）

年度	资产总额	所有者权益	营业收入	利润总额	净利润
2016	1 203 535	223 385	407 280	-80 684	-80 983
2017	1 211 386	183 572	322 949	-36 257	-36 593
2018	1 181 869	174 426	422 705	3 273	2 790
2019	980 758	77 268	448 006	-23 181	-23 688

（二）经济不稳定

呼伦贝尔农垦集团处在我国北方农牧交错带范围内，具有北方农牧交错带的一般特征：气候干旱，自然环境脆弱，而集团的水利基础设施薄弱，基本为旱作农业，农牧业抵御自然灾害特别是抗旱能力很弱，个别年份和旗县冰雹、洪涝、霜冻等灾害时有发生，遇到较大自然灾害造成大面积减产，农业生产随气候的波动性较大。

近年来我国农业生产的成本明显上升，这一趋势仍将持续较长的时间。在劳动力、物质投入与土地三大成本明显上涨的推动下，主要农产品的单位面积生产成本明显提升，"十三五"期间，稻谷、小麦与玉米三大粮食作物的生产成本相较"十二五"平均增长了3个百分点以上。在上述因素影响下，呼伦贝尔农垦集团的总产值波动性明显。2014年之前集团的总产值增加趋势明显，之后呈现递减趋势。2014年集团生产总值达到153亿元，2018年下降至101亿元，减少1/3（图4-1）。

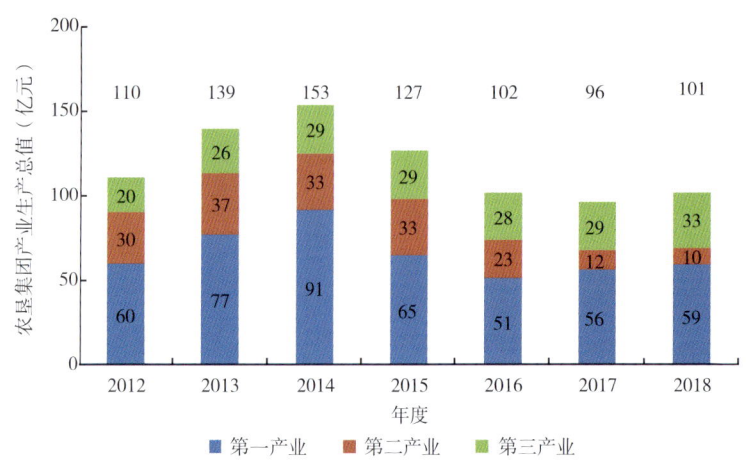

图4-1 2012—2018年呼伦贝尔农垦集团生产总值

(三)体系尚待完善

一是呼伦贝尔农垦集团种植业结构不合理,多为小麦、大麦与油菜籽作物,牧草、马铃薯、杂粮杂豆等作物占比不高,粮经饲三元结构尚未建立。二是种养结构不合理,种与养各自独立,种养不协调,种养循环链条没有形成,以养定种、种养结合的机制没有建立。三是农畜产品多为初级产品,加工产业链条短,一二三产业融合程度低、层次浅,融合链条短,附加值不高(图4-2、图4-3)。

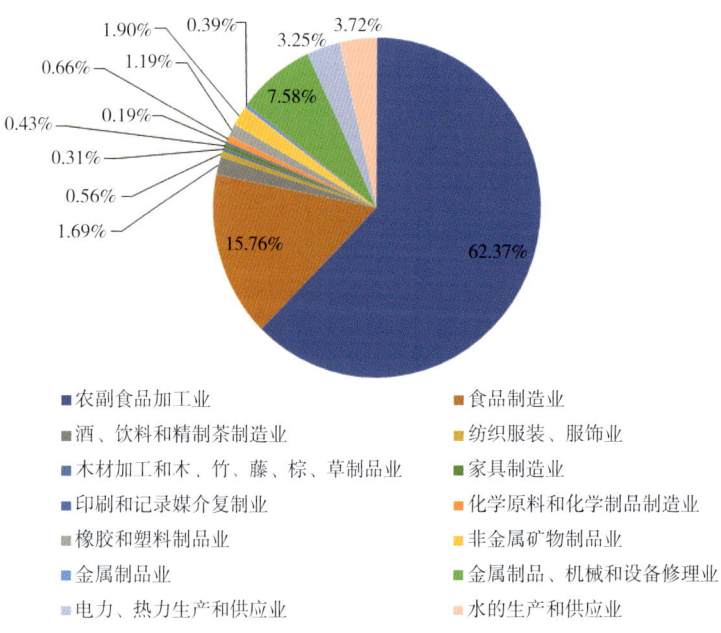

图4-2 呼伦贝尔农垦集团2018年经济结构

第四章 产业发展的基础与态势

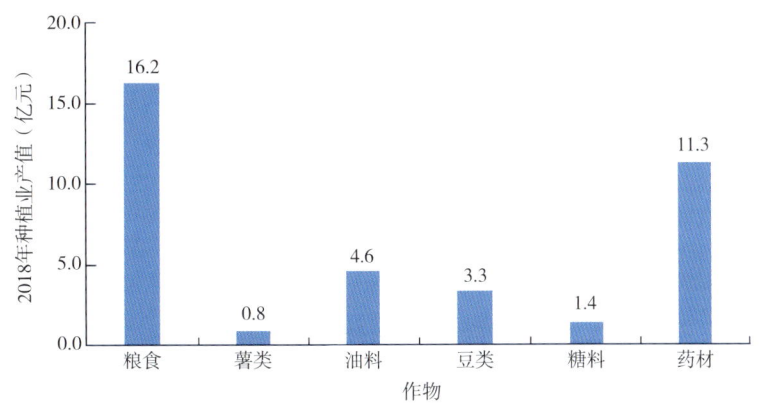

图4-3 2018年呼伦贝尔农垦集团种植业产值情况

（四）基础设施落后

呼伦贝尔农垦集团是内蒙古乃至我国粮油生产的重要基地，但粮油仓储等现代农业基础设施保障体系相对落后。集团粮仓基础设施条件落后，目前共有22个仓储点，50%库点的仓储能力满足不了生产需求。岭东的那吉屯农牧场公司，粮油生产总量为8.95万吨，仓容仅有0.57万吨，不到粮油产量的7%。62%的仓库为简易棚仓，封闭性不好。在大河湾农牧场公司、巴彦农牧场分公司，粮库仓房几乎全部为简易的棚仓；粮仓配套烘干设备老化且数量缺少。粮仓机械化工作程度低。90%的仓储库点不具备散装、散卸、散存、散运（"四散化"）操作系统、机械通风系统、计算机粮情测控系统、环流熏蒸系统等机械化功能。粮库服务功能发展滞后。247个生产分队的售粮方式各自仍以地头销售为主；作为临时储存的农场粮库布局分散，功能单一，更是缺少粮食质检体系和信息化等现代管理技术，很难发挥出粮食收储、库存吞吐、加工转化、物流配送等集聚效应。

（五）品牌竞争力弱

呼伦贝尔农垦集团目前拥有"苍茫谣""北一季""三河牛""夏日""畅沁""8号农场""甘河源""上库力""哈伦哈贝"和"扎兰河"等10个自主商标，没有形成体系。产品多为初级农产品，精深加工产品少，且科技含量低，产业链条短，附加值不高，难以形成组团出击、集中打响品牌的合力，市场竞争力弱化。目前，集团仅有内蒙古自治区著名品牌"苍茫谣"，尚未有全国层面的知名品牌，其产品难以与知名品牌进行竞争，实现优质优价。

（六）管理体系短板

呼伦贝尔农垦集团改革各项工作取得积极进展，但也存在改革进展不平衡现象，现代企业运营能力仍待完善，改革短板亟须补齐。具体体现在：一是"大垦区，小总部"。总部战略决策中心、资源配置中心、人才培养中心、制度输出中心作用缺失，造成对下属企业的运营监控和业绩管理缺失，存在经营风险。二是计划经济痕迹明显。农垦作为"计划经济体制的最后堡垒"，人治化操作现象突出。三是"两个脱节"现象严重。集团整体与市场脱节，各部门、企业之间联系脱节，联系不紧密，未形成完整的产业链条。

三、机遇分析

（一）国家相关政策利好

中央农村工作会议和2019年的中央一号文件将坚持农业农村优先发展作为"三农"工作的总方针。要求集中力量完成打赢脱贫攻坚战和补上全面小康"三农"领域突出短板两大重点任务，持续抓好农业稳产保供和农民增收，推进农业高质量发展，保持农村社会和谐稳定，提升农民群众获得感、幸福感、安全感，确保脱贫攻坚战圆满收官，确保农村同步全面建成小康社会。

近年来，党中央、国务院进行统一的决策部署，推进垦区集团化、农场企业化改革。依靠创新驱动，加快转变发展方式，推进资源资产整合、产业优化升级，建设现代农业的大基地、大企业、大产业，全面增强农垦内生动力、发展活力、整体实力，切实发挥农垦在现代农业建设中的骨干引领作用，为协同推进新型工业化、信息化、城镇化、农业现代化提供有力支撑。此次国家层面的体制改革为集团的快速发展提供了内在动力（表4-2）。

总体上，国务院、农业农村部、国家粮食与储备局等单位围绕粮食产业高质量发展、一二三产业融合、乳业振兴等方面陆续颁布了相关政策，为集团未来发展指引了方向，同时也提供了发展机遇。

表4-2 近年来国家发布的相关政策

发布单位	时间	政策名称	主要引导方向和重点内容	项目指引
国务院	2015	关于进一步推进农垦改革发展的意见	加大对土地资源富集和比较优势突出垦区的支持力度，将黑龙江和内蒙古等垦区建设成为国家大型商品粮和优质奶源基地	大型商品粮基地；优质奶源基地
农业部	2016	促进草牧业发展指导意见的通知	依托草牧业全产业链运作，推进草畜配套和产业化，实现好草好肉、产好奶，满足消费者对更绿色、更丰富、更优质、更安全的草畜产品的需求	全产业链发展
农业部	2017	农业部印发农垦经济和社会发展十三五规划	提升农产品生产能力、提高科技发展水平、促进一二三产业融合发展、推进可持续发展、加强对外交流合作、提高民生保障水平、构建发展新体制七大方面	农垦科技发展和一二三产业融合、对外交流合作等

（续表）

发布单位	时间	政策名称	主要引导方向和重点内容	项目指引
国务院	2019	中央一号文件	调整优化农业结构。大力发展紧缺和绿色优质农产品生产，推进农业由增产导向转向提质导向。实施奶业振兴行动，加强优质奶源基地建设。合理调整粮经饲结构，发展青贮玉米、苜蓿等优质饲草料生产	调整农业结构；奶业振兴；优质饲草生产
国务院	2020	中央一号文件	抓好"三农"领域重点工作，对于确保如期实现全面建成小康社会意义十分重大	稳定粮食生产

（二）城乡居民膳食结构升级的需求拉力

目前我国正处于快速城镇化与快速经济发展时期，农村居民转为城市居民，直接的粮食需求下降，但是对肉蛋奶等高质量食品的需求更大（图4-4、图4-5）。同时，由于经济发展引起的膳食消费结构升级，消费者将更加注重营养、健康与安全，也引致肉蛋奶等高质量食品消费量的快速增长。预计2030年左右，我国居民的膳食消费水平将达到稳定状态，届时，我国居民人均口粮消费量将维持在100千克左右水平，肉类消费量维持在70千克左右水平，同时水果与蔬菜等产品消费量会持续增加。消费结构的升级转变对农产品生产的引导作用更加明显。

图4-4　1980年以来我国食物消费结构的变化

目前我国优质奶类和肉类品供给不足。2018年，我国牛肉、羊肉和牛奶产量分别为644万吨、475万吨和3 075万吨，均位居世界前五，但从人均消费量来看，牛羊肉只有世界平均水平的一半，奶类只有1/3，牛羊肉和牛奶产业发展潜力巨大。人民对美好生活追求的不断提升与优质奶类和肉类供给不足的矛盾，为集团优质农畜产业的发展带来机遇。

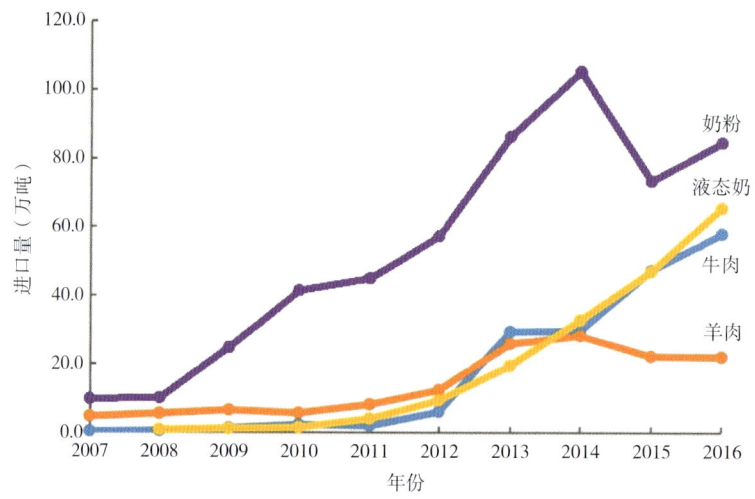

图4-5 近年来我国畜牧产品的进口量

(三) 党和政府高度重视

习近平总书记一直关心全国农牧业、农垦企业的改革与发展,多次实地考察并作出指示。2016年5月,习近平考察我国东北地区时指出,"要深化国有农垦体制改革,建设现代农业大基地、大企业、大产业"。2018年9月,习近平总书记在考察东北、内蒙古时指出,农垦改革要坚持国有农场的发展方向,要通过改革进一步调动农场工人的积极性、维护好他们的权益、提高他们的素质,要不断提高农业生产的组织化、机械化水平。2019年7月,习近平总书记考察内蒙古自治区指出,要深刻认识内蒙古是我国北方重要生态安全屏障,是祖国北疆安全稳定屏障,是我国重要的农畜产品生产基地和粮食主产省区,是我国向北开放的重要桥头堡,在党和国家事业发展全局中具有重要地位。呼伦贝尔农垦集团作为农垦一员,其改革与全面发展得到各级领导的高度重视,为集团的可持续转型发展奠定了坚实基础。

(四) 国内外契机

1. "一带一路"中蒙俄经济走廊契机

"一带一路"建设是我国经济社会发展机遇,呼伦贝尔属于古代陆上丝绸之路北线,一直肩负着我国向北开放桥梁和窗口的使命,是中俄大通道的枢纽,欧亚物流的节点,现已整体纳入《中国东北地区面向东北亚合作规划纲要》和《黑龙江和内蒙古东北部地区沿边开发开放规划》。国家八部委批复实施《呼伦贝尔中俄蒙合作先导区规划》,规划指出,依托边境口岸打造跨境农畜产品自贸区和中俄蒙[①]合作先导区,享受国家开发开放实验区基础设施建设、投资补助、减免等优惠政策,边境贸易和国际农牧业合作将极大促进

---

① 俄蒙或蒙俄是指俄罗斯和蒙古国,下同。

集团优势特色农畜产品对外销售和品牌创建，为集团农牧业发展注入生机和活力。

2. 国家草牧业科技示范区等重大项目建设的契机

为落实汪洋副总理视察呼伦贝尔时对发展生态草牧业的指示精神，财政部、农业农村部和中国科学院共同在呼伦贝尔建设草牧业科技示范区，呼伦贝尔农垦集团获批成立生态草牧业内蒙古自治区工程研究中心，围绕草牧业科技短板、天然草场生态保护与生产力提升和农牧民增收等核心瓶颈问题，开展草产业、畜产业和高值农牧业融合科技示范。呼伦贝尔草原是我国最好的草原，在国内外享有很高的知名度和美誉度，依托良好的草业资源和生态优势，草牧业科技示范区建设将助推集团生态草牧业发展。

第五章 发展目标与策略

第一节 指导思想与原则

一、指导思想

高举中国特色社会主义伟大旗帜，深入贯彻党的十九大和十九届二中、三中、四中、五中全会精神，坚持以马克思列宁主义、毛泽东思想、邓小平理论、"三个代表"重要思想、科学发展观、习近平新时代中国特色社会主义思想为指导，全面落实习近平总书记对内蒙古重要讲话、重要指示批示精神，完整、准确、全面理解和贯彻新发展理念，按照中央、内蒙古自治区和呼伦贝尔市委市政府的部署，坚定不移走以生态优先、绿色发展为导向的高质量发展新路子，统筹发展和安全，以"生态优先、固农兴牧、改革创新、富民强垦"为企业发展方向，进一步推进垦区集团化、农牧场企业化改革，树立新发展理念，不断探索体制机制创新；以"固农兴牧、三产融合、打造品牌、优化供给"为产业发展方向，大力推进"生态产业化、产业生态化"，将生态优势转化为产品优势和经济优势；以"农牧文旅结合，一二三产融合"为载体，转变思想观念，强化创新引领，培育发展新动能；以"由农转牧，农牧结合，农旅融合，以牧为主"为突破口，强基础、补短板、抓重点，积极构建现代产业体系、生产体系和经营体系，做大主导产业，做精特色产业，做强新兴服务业；以实现"双十""双百"和"双创"为目标，促进呼伦贝尔农垦集团稳定、健康、可持续发展，服务建设国家生态文明示范区，打造生态农畜林产品生产基地，打造国际化高端旅游目的地、服务建设呼伦贝尔中俄蒙合作先导区，为新时代新征程建设美丽富饶、和谐安宁呼伦贝尔做出新贡献。

二、基本原则

（一）生态优先，绿色发展

践行"绿水青山就是金山银山"的理念，坚持绿色、生态、循环的农牧业发展道路，既要保护好呼伦贝尔美丽的森林、草场、河湖，又要生产出"名、优、精、特、专"健康食品，建设内蒙古绿色有机食品生产加工输出基地，探索出一条产出高效、产品安全、资源节约、环境友好的绿色可持续发展道路。

（二）结构调整，优质发展

深入推进农牧业供给侧结构性改革，以"由农转牧，农牧结合，农旅融合，以牧为主"为突破口，转变发展方式、优化产业布局、调整产品结构，建立适应市场需求的农牧业产业体系、生产体系和经营体系，从整体上提高农牧业供给体系的质量和效益。按照"稳粮、优经、扩饲"的原则，实施"藏粮于草"战略，大力发展生态草牧业，构建"粮经饲"协调发展的三元种植结构，推动集团现代农牧业优质发展。

（三）科技支撑，创新发展

整合各类科技创新资源，与科研院所开展广泛战略合作，构建创新平台和人才平台，加快品种创新、繁育和推广步伐，加强农畜林产品加工和精深加工技术、关键技术研发的支持力度，助力农牧业技术和创新成果的转移转化，推动集团产业的创新发展。

（四）产业融合，联动发展

围绕"完善产业链，提高价值链，增强服务链"三链联动，推动农垦种植、养殖、加工、销售基地和园区建设，大力发展绿色、健康、高端食品加工业和农畜林产品精深加工业，建立以高附加值导向的食品加工体系，推动一二三产业融合，实现"育—种—养—储—加—销"全产业链联动发展。

（五）统筹资源，合作发展

统筹呼伦贝尔农垦集团内部资源，整合呼伦贝尔市和其他各种资源，推进以产权连接为主、利益共享、风险共担的联结机制，按照"龙头企业+基地""龙头企业+国内外企业""龙头企业+外资"等多种模式，积极主动融入"一带一路"中蒙俄经济带建设，支持集团内龙头企业与国内外企业的合作与交流。通过"合起来""引进来"和"走出去"，推动资源整合，做大做强集团产业，引领区域协同发展。

（六）打造品牌，高端发展

加强呼伦贝尔农垦集团品牌创建、整合、运营和维护，打造一批具有地域特色和市场竞争力的放心食品品牌，建立可持续的农垦品牌运营机制，强化知识产权保护，积极开展农产品认证和品牌商标注册工作，加大品牌管理和执法力度，推动集团农畜产品进入高端市场。

第二节 发展定位与目标

一、发展定位

经过不断努力，将呼伦贝尔农垦集团建设成为保障粮食与食品安全的国家队、中国特色新型农业现代化的示范区、"一带一路"外向型农业经济合作的排头兵、安边固疆的稳定器、内蒙古现代农牧产业化的龙头企业和产业化航母。

（一）保障粮食与食品安全的国家队

充分发挥呼伦贝尔农垦集团组织化、集约化和规模化优势，以市场需求为导向，优化产业体系与产品结构，加快标准化基地建设，培育和建设现代农业的大企业、大产业，不断提高农牧产品质量和产量，建设成为国家重要的粮食保障及食品安全示范基地，为国家粮食和食品安全做出重要贡献。

（二）中国特色新型农业现代化的示范区

立足"呼伦贝尔—锡林郭勒草原畜牧业产业带"和"大兴安岭沿麓农业产业带"的特殊区位，以推动生态草牧业和优质粮油产业高质量发展为目标，以生产需求为导向，坚持产学研结合，完善现代科学技术的支撑体系，以"三河牛""呼伦贝尔羊""双低油菜""优质小麦"等区域特色农产品为抓手，联合国内知名科研院所开展重大技术攻关和推广，建设生态草牧业现代化示范区、科技兴粮示范区，成为具有中国特色的新型农业现代化示范区。

（三）"一带一路"外向型农业经济合作的排头兵

利用呼伦贝尔和满洲里国际空港和满洲里铁路口岸资源，发挥集团化、产业化、组织化优势，统筹利用国际、国内两个市场和两个资源，创新多种合作模式，开展农牧业关键技术的联合研发及孵化，积极参与"一带一路"中蒙俄经济走廊建设，发挥呼伦贝尔农垦集团在农业对外合作中的引领作用，为实现双边、多边的互赢、互惠、互利做出贡献。

（四）安边固疆的稳定器

呼伦贝尔农垦集团自创建之初就承担着建设边疆、保卫国土、民族团结、维护统一的独特作用。根据集团是中国唯一的中俄蒙三国交界地区的区位特点，充分发挥集团的体制优势、组织优势和队伍优势，在繁荣边疆经济、维护边境安全和对外贸易经济安全、促进民族团结以及反恐、禁毒、阻止外来动物疫病和外来物种入侵等方面做出更大贡献。

（五）内蒙古现代农牧产业化的龙头企业

依托良好的资源禀赋、优越的产地环境和天然生态的特色产品，发挥呼伦贝尔农垦集团龙头企业的引领作用和产业化优势，促进农牧业生产规模化、专业化、标准化，经营集约化、商品化、品牌化，加快集团农牧业现代化的进程，切实发挥集团在内蒙古农牧业发展中的示范带动作用，将集团打造成为内蒙古农牧业的龙头企业和产业化航母。

二、发展目标

（一）总体目标

到2025年，呼伦贝尔农垦集团初步建成现代农牧业产业体系、生产体系、经营体系；现代农牧业产业结构更趋合理，发展方式不断优化；农林畜综合生产能力不断提升，经济发展健康稳定增长，职工收入实现稳步提升；农牧产品质量安全水平显著提升，"名优特精"农林畜产品比重显著增加，呼伦贝尔农垦品牌体系全面形成；农牧业装备水平明显提高，科技支撑能力显著增强，绿色发展取得重要突破；力争"十四五"期末实现固定资产投资年增长10%和利润年均增长率10%（双十），总产值和营业收入过百亿元（双百），创国际一流品牌，"呼伦贝尔农垦"成为全国驰名商标，品牌价值达到200亿元，创全国农牧业产业化龙头企业，集团进入全国农业企业100强（"双创"）的战略目标，将集团建设成为保障粮食与食品安全的国家队、中国特色新型农业现代化的示范区、"一带一路"外向型农业经济合作的排头兵、安边固疆的稳定器、内蒙古现代农牧产业化的龙头企业。

到2035年，全面实现农牧业现代化，确立形成农牧业可持续发展新格局，农畜产品供给保障有力、资源利用高效、生态环境良好、垦区经济繁荣发展、职工生活幸福；到2035年，建设现代农牧业数字化示范区，打造智慧农垦，率先步入农牧业智能化时代；到2035年，建设现代农牧业科技示范区，建成高水平的科技创新国家强企；到2035年，建设农业对外开放合作示范区，拓展多元化进口渠道，打造跨国农牧业企业集团；到2035年，建设国家级现代农牧业产业园，示范带动农牧业高质量发展，打造城乡深度融合展示平台；到2035年，建设农产品仓储物流现代化交易中心，打造绿色中央厨房，建设服务蒙东北[①]国家食物—战略物资应急储备中心。

（二）具体目标

1. 经济发展不断壮大

经营水平大幅增强，现代产业体系基本形成，经济实现健康稳定增长，到2025年，呼伦贝尔农垦集团生产总值达到32亿元，总产值超过130亿元，年均增长14.5%；生产规模不断扩大，生产能力进一步提高，到2025年，粮油产量稳定在90万吨，肉类产量突破4.5万吨，乳类产量实现60万吨，集团利润总额达到9 200万元，年均增长率10%；围绕十大产业，争取政策性资金，确保十大工程重点建设项目实施落地，到2025年，固定资产投资年增长10%。

2. 产业结构更趋合理

现代农牧业产业体系、生产体系、经营体系不断完善。产业发展向中高端迈进，三次

[①] 蒙东北指内蒙古东北地区，全书同。

产业结构不断优化，发展协调性不断增强，核心竞争力产业稳步增长，第二产业和第三产业比重明显上升，到2025年三次产业结构由目前的86∶8∶6优化为71∶20∶9（表5-1）。

3. 农牧业可持续生产能力提高

粮油总产量保持稳定，肉乳类产品产量明显提高，饲草饲料总产量有所突破，农牧业基础设施条件明显改善，农牧业精深加工产业快速发展，以高附加值为导向的食品加工体系基本形成，形成具有区域特色优势、上下游配套的农畜牧产业集群，"乳、肉、粮、油、薯、特"农畜林产品精深加工比例逐渐增加。重视现代种业提升工程，加强科企合作，开展关键农畜产品种源和育种项目，建设特色粮油和畜牧种质资源库。

4. 创新发展格局逐步形成

到2025年，呼伦贝尔农垦集团科技支撑能力显著增强，信息化水平显著提升，科技进步贡献率明显提高，农牧业综合机械化水平进一步增强，农畜产品质量安全检测覆盖率逐步扩大，"呼伦贝尔农垦"品牌体系初步建成，逐步成为全国具有较大影响力、高市场占有率、强市场竞争力和高消费者认可度的国内一流农业品牌。

5. 绿色发展稳步推进

生态农牧业、循环农牧业生产格局逐步形成，生态环境不断改善。资源节约、环境友好、生态保育的现代农牧业体系进一步发展。到2025年，草原综合植被盖度、农作物化肥利用率、农作物农药利用率、秸秆综合利用率、主要污染物减排等指标均向好明显。

6. 农垦职工经济收入逐年提高

到2025年，职工人均年收入达到8.5万元，年均增长6.9%，力争实现年均收入10万元的奋斗目标。

表5-1 呼伦贝尔农垦集团"十四五"发展主要指标

类型	指标	单位	2020年预期指标	2025年			年均增长率			属性
				低	中	高	低	中	高	
经济发展	生产总值	亿元	23	28	32	35	4.0	6.8	8.8	预期性
	总产值	亿元	68	125	134	142	12.9	14.5	15.9	预期性
	营业收入	亿元	42	60	100	120	7.4	18.9	23.4	预期性
	利润总额	万元	5 692	7 800	9 200	10 000	6.5	10.0	11.9	预期性
	固定资产投资	亿元	5.58	8.00	9.00	10.00	7.5	10.0	12.4	预期性

（续表）

类型	指标	单位	2020年预期指标	2025年			年均增长率			属性
				低	中	高	低	中	高	
产业发展	三次产业结构	%	86∶8∶6	82∶11∶7	71∶20∶9	68∶22∶10	—	—	—	预期性
	粮油/经济作物/饲草面积比例	%	83∶13∶4	70∶22∶8	68∶15∶17	58∶22∶20	—	—	—	预期性
	粮油总产量	万吨	100	85	90	100	-3.2	-1.0	0.0	预期性
	粮油加工转化率	%	8.5	30	38	45	28.7	34.9	39.6	预期性
	肉类总产量	万吨	1.6	3.5	4.7	6	16.9	24.0	30.3	预期性
	肉类加工转化率	%	12	28	33	40	18.5	22.4	27.2	预期性
	乳类总产量	万吨	11	55	60	65	38.0	40.4	42.7	预期性
	乳类加工转化率	%	10	20	30	40	14.9	24.6	32.0	预期性
	饲草饲料总产量	万吨	68	200	211	220	24.1	25.4	26.5	预期性
	饲草饲料加工转化率	%	34	52	65	70	8.9	13.8	15.5	预期性
	高标准农田建设	万亩	82	100	120	130	4.0	7.9	9.7	预期性
	有效灌溉面积	万亩	78	90	100	120	2.9	5.1	9.0	预期性
创新发展	科技进步贡献率	%	72	75	78	80	0.8	1.6	2.1	预期性
	农牧业综合机械化水平	%	94	95	96	97	0.2	0.4	0.6	预期性
	农畜产品质量安全检测覆盖率	%	97	98	99	99	0.2	0.4	0.4	约束性
	有较高知名度和竞争力的企业商标数量	个	8	10	12	15	4.6	8.4	13.4	预期性

（续表）

类型	指标	单位	2020年预期指标	2025年			年均增长率			属性
				低	中	高	低	中	高	
绿色发展	草原综合植被盖度	%	75	76	78	82	0.3	0.8	1.8	约束性
	农作物化肥利用率	%	40	41	42	43	0.5	1.0	1.5	预期性
	农作物农药利用率	%	41	42	45	47	0.5	1.9	2.8	预期性
	秸秆综合利用率	%	81	85	88	92	1.0	1.7	2.6	预期性
	环境质量达标情况	—	达标	达标	达标	达标	—	—	—	约束性
民生发展	职工年均收入	万元	6.1	7	8.5	10	2.8	6.9	10.4	预期性

第三节 产业空间布局

以呼伦贝尔农垦集团24个农牧场公司（分公司）和265个生产连（队）为基本单元，遵循因地制宜、分类指导的原则，优化区域空间布局，在核心区内构建"一带两翼六板块"的发展布局，辐射带动形成拓展区内"一核两廊多园区"的发展布局。坚持生态产业化、产业生态化，以建设优质农畜林产品基地为目标，结合集团自然资源优势、地理区位和生产现状，优化整合产业布局，不断发展壮大基地规模，推动区域协调发展，着力打造13个农牧业优势特色产业带。

一、优化区域空间布局

基于呼伦贝尔农垦集团的资源优势与战略部署，遵循因地制宜、分类指导的原则，优化产业布局和功能分区，以集团24个农牧场公司（分公司）和265个生产连（队）为核心区，构建"一带两翼六板块"发展格局，以核心区辐射带动，形成"一核两廊多园区"空间新格局。其中，"一带两翼六板块"为集团示范核心区，"一核两廊多园区"为集团辐射拓展区（图5-1）。

第五章 发展目标与策略

图5-1 呼伦贝尔农垦集团核心区内"一带二翼六板块"布局示意图

（一）一带两翼六板块

根据资源优势与生态特点，结合国家和内蒙古自治区主体功能区划，在切实保护"大兴安岭森林生态功能区"和"呼伦贝尔草原草甸生态功能区"，维护其防风固沙和水源涵养的生态功能基础上，形成"一带两翼六板块"的总体布局，实现"生产空间集约高效、生活空间宜居适度、生态空间山清水秀"的高质量发展空间格局。

一带：

大兴安岭特色农林畜产业带。本区域纵贯呼伦贝尔中部的大兴安岭山地、岭东林草交错带和岭西农林牧交错带，包括牙克石农牧场公司、免渡河农牧场公司和莫拐农牧场公司。区域内森林覆盖率高，林区海拔700～1 700米。岭东林草交错地带以林牧为主，草地位于林地边缘。本区要因地制宜大力发展特色种养殖，有序发展玉米、大豆等特色产品种植，开拓生产绿色有机粮油产品，推进绿色有机农畜产品深加工、储运、保鲜等关键技术研发与应用，形成大兴安岭特色农林畜产业带。

两翼：

岭西草原生态畜牧业发展翼。本区位于岭西呼伦贝尔高平原地区，海拔550～1 000米，包括苏沁、三河、上库力、拉布大林、哈达图、陶海、特泥河、谢尔塔拉、牙克石、免渡河、莫拐、绰尔河等12个农牧场公司。本区域多优质天然草场，面积大、质量好、分布集中。本区域要加强天然草原保护，同时建设人工饲草料基地，实施良种繁育、标准化规模养殖基地建设、乳肉产业集群培育、质量安全监管与疫病防控、废弃物资源化利用、农牧业休闲旅游等工程，构建现代草原生态畜牧业生产体系、经营体系、产业体系，建设成为国家级生态草牧业示范区和绿色有机畜产品生产输出基地。

岭东集约高效农牧业发展翼。本区位于大兴安岭东南地区，海拔200～500米，多为低山丘陵与河谷平原，包括扎兰屯、大河湾、那吉屯、格尼河、巴彦、欧肯河、甘河、东方红、宜里、扎兰河、诺敏河、古里等12个农牧场公司（分公司）。本区域耕地面积大，现代农牧业发展基础好，适宜发展规模化、标准化高效农牧业。按照"规模化、标准化、产业化、机械化、循环化"要求，推动优质粮油、现代畜牧、人工饲草、绿色蔬菜、健康渔业、现代农牧业旅游、农牧业电商等多元产业业态发展。集约高效发展，实现产业提质增效、提档升级，建设成为现代农牧业的示范区。

六板块：

根据呼伦贝尔农垦集团特点，在一带两区的基础上，进一步划分为6个板块。

（1）旱作生态农业发展板块。本板块主要包括苏沁、三河、上库力、拉布大林、哈达图等5个农牧场公司。本区域拥有耕地面积241万亩，占整个集团耕地总面积的40%以上。种植业是该区的基础产业之一，具有小麦、大麦、油菜等多种农作物的悠久种植历史，具有发展生态农业的良好基础。但该区域水资源短缺，湿地面积少，年降水量不足400毫米，且近年来呈下降趋势。本区域要利用区位优势，针对自身短板，开展农田水利设施建设，引入旱作农业节水灌溉新技术，配合一系列抗旱耕作措施，加快发展旱作生态农业，建成额尔古纳旱作生态农业发展示范基地。

（2）城郊多功能农牧业发展板块。本板块包括陶海、谢尔塔拉、特泥河等3个农牧场公司。位于呼伦贝尔市城郊，地域优势明显，交通十分便利。本区域位于呼伦贝尔大草原腹地，拥有天然草地面积80多万亩，耕地面积接近50万亩，是呼伦贝尔重要的粮食基地。同时也是闻名的三河牛的故乡与重要的奶源基地。本区域要立足本地资源优势和区位优势，依托周边城镇，加大生态农牧业发展，形成城郊多功能农牧业发展基地。

（3）牙克石特色农林业发展板块。本板块包括牙克石、莫拐和免渡河等3个农牧场公司。现代农牧业发展基础好，发展特色农业潜力很大。本区域耕地面积接近100万亩，特色种植业已经有了初步的发展。特色中草药已逐步建立了以种植水飞蓟为主，以种植黄芪、芍药等药材为辅的药材基地，目前总种植面积已达20万亩；黑木耳和菌类（蘑菇）种植已形成规模；生猪、肉鹅和笨鸡等特色养殖数量逐年增长，蓝莓种苗繁育基地和温室大棚等蔬菜基地正在大力建设。

（4）岭南特色有机农产品发展板块。本板块包括扎兰屯、大河湾、绰尔河、那吉屯、格尼河等5个农牧场公司。本区域耕地总面积80多万亩，同时位于林牧交错带，具有建立绿色产品加工基地所必备的良好环境和持续的资源供给条件。本区域适宜利用林牧交错地带耕地，大力发展绿色有机蔬菜和有机水稻、小杂粮、杂豆等有机食品。

（5）岭北农林结合发展板块。本板块包括扎兰河、宜里、诺敏河、东方红、巴彦、欧肯河、甘河和古里等8个农牧场公司（分公司）。本区域耕地总面积125万亩，占整个集团耕地总面积的20%以上，土壤肥沃，有机质含量高，农业种植条件好。此外，大兴安岭素有"绿色宝库"之称，有全国少见的无污染天然净土，林内黑木耳、蘑菇及野生浆果等林下资源丰富，具有国家级绿色食品原料标准化基地。本区域适合大力发展农业和林业山特产品精深加工业，融合农林发展，努力把农林产品精深加工做成支柱产业，着力打造大兴安岭农林结合发展基地。

（6）种牛种羊繁殖示范板块。以呼伦贝尔本地特色牛羊为基础，引入国外优良种牛羊，结合呼伦贝尔的气候特点、区域特点，精品化提升打造三河牛核心育种群和呼伦贝尔羊繁育基地，在呼伦贝尔羊种羊场、巴彦农牧场分公司种羊园、莫拐农牧场公司种羊场和谢尔塔拉农牧场公司进行种牛羊的培育、示范、推广、利用。

（二）一核两廊多园区

依托产业发展方向与布局，构建"一核两廊多园区"的功能布局。"一核"指呼伦贝尔农垦集团集聚发展增长极；"两廊"指中蒙俄国际物流通道与蒙东北物流通道；"多园区"指现代农牧业产业园、农牧业科技示范园、农畜产品仓储物流园和生态循环农牧业示范园等系列综合产业园和示范区（图5-2、图5-3）。

一核：

以呼伦贝尔农垦集团驻地海拉尔区为发展极核，集聚区域、人才、经济等要素，打造农牧业生产加工主基地，发展科技研发、种牛羊繁育、金融、营销、装备等农牧业生产服务业和休闲、旅游等生活服务业，辐射引领集团多元产业发展，带动垦地协调发展。将本区域打造成为国内一流的农牧业科创研发集聚中心、生产服务基地、垦地融合发展示范区。

两廊：

充分利用国内国外两个市场、两种资源，主动融入国家物流大通道布局，依托"一带一路"中蒙俄通道，推动粮食跨境物流的衔接与合作发展；借势"国家南北物流廊道"，积极参与北粮南运的蒙东北粮食物流通道。

（1）参与中蒙俄国际物流通道建设。依托满洲里区位优势和呼伦贝尔粮食流通量大的特点，强化呼伦贝尔农垦集团在中蒙俄国际物流通道的核心节点功能。以海拉尔、扎兰屯为核心，联动牙克石、那吉屯、尼尔基、甘河、大杨树、拉布大林、巴彦库仁等其他节点，重点推进一批现代化粮食仓储物流综合项目，并配套完善互联互通基础设施，建设物流合作平台，深化与俄蒙毗邻地区经贸、投资等多元合作，发展粮食大宗商品进出口贸易与保税加工，参与俄蒙、辐射东北亚的国际物流通道的建设。

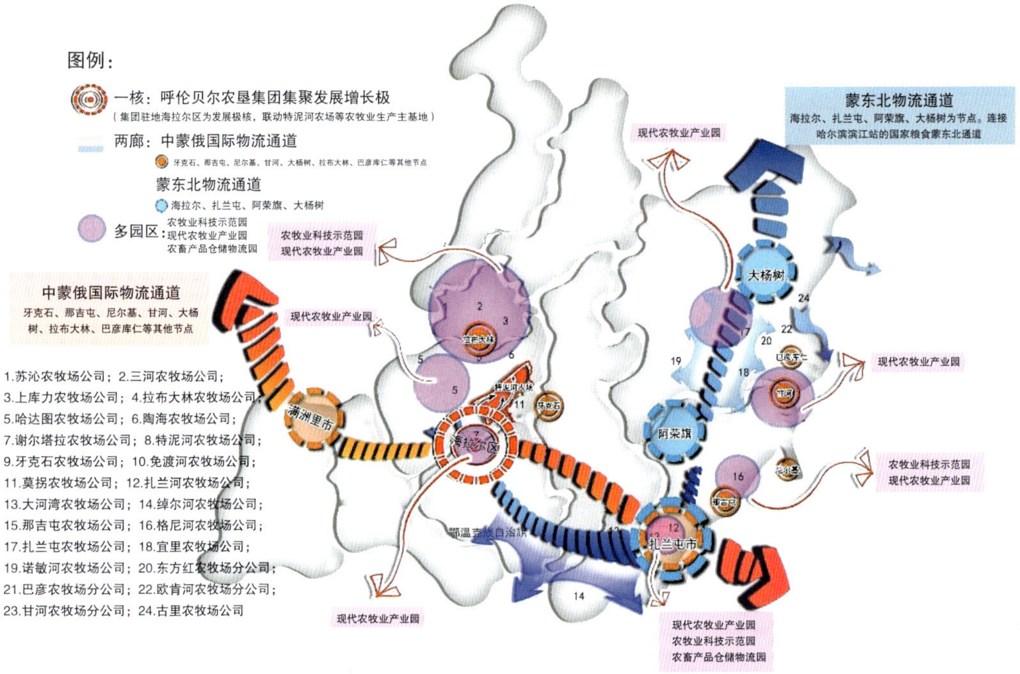

图5-2　呼伦贝尔农垦集团拓展区内"一核两廊多园区"布局示意图

（2）参与蒙东北物流通道建设。根据垦区"口"字形铁路网布局，延伸拓展海拉尔、扎兰屯、阿荣旗、大杨树等作为国家北粮南运重要通道京哈线的分支，构建以海拉尔、扎兰屯、阿荣旗、大杨树为节点，连接黑龙江滨江站的国家粮食蒙东北通道。实施陆海联运，推动粮食仓储物流、网络体系布局、运输组织优化、物流公共信息平台等建设，加强与大连北良港、锦州港等港口连接。

多园区：

推动建设资源要素集聚的粮油、乳、肉生产基地与加工产业园区。构建"全产业链"发展模式，推动一二三产空间叠合发展，建设种植基地→农产品加工制作→仓储智能管理→市场营销体系，在农产品生产优势区域发展加工和物流园区，配套相应的科研、培训、信息等平台，促进"种植+养殖+加工业""农业+服务业"融合，形成现代农牧业产业园、农牧业科技示范园、农畜产品仓储物流园和生态循环农牧业示范园等系列综合产业园和示范区。

积极争取国家、内蒙古自治区、呼伦贝尔市政策，整合资金集中建设各类园区，为集团生产、加工、物流、服务融合发展提供载体，在额尔古纳、阿荣旗、扎兰屯、海拉尔等区域建设3～5个现代农牧业产业园，在海拉尔、额尔古纳、扎兰屯等建设3个农牧业科技示范园；在海拉尔、额尔古纳、扎兰屯建设3个生态循环农业示范园；在海拉尔、牙克石、大杨树、扎兰屯建设4个农畜产品仓储物流园。

第五章 发展目标与策略

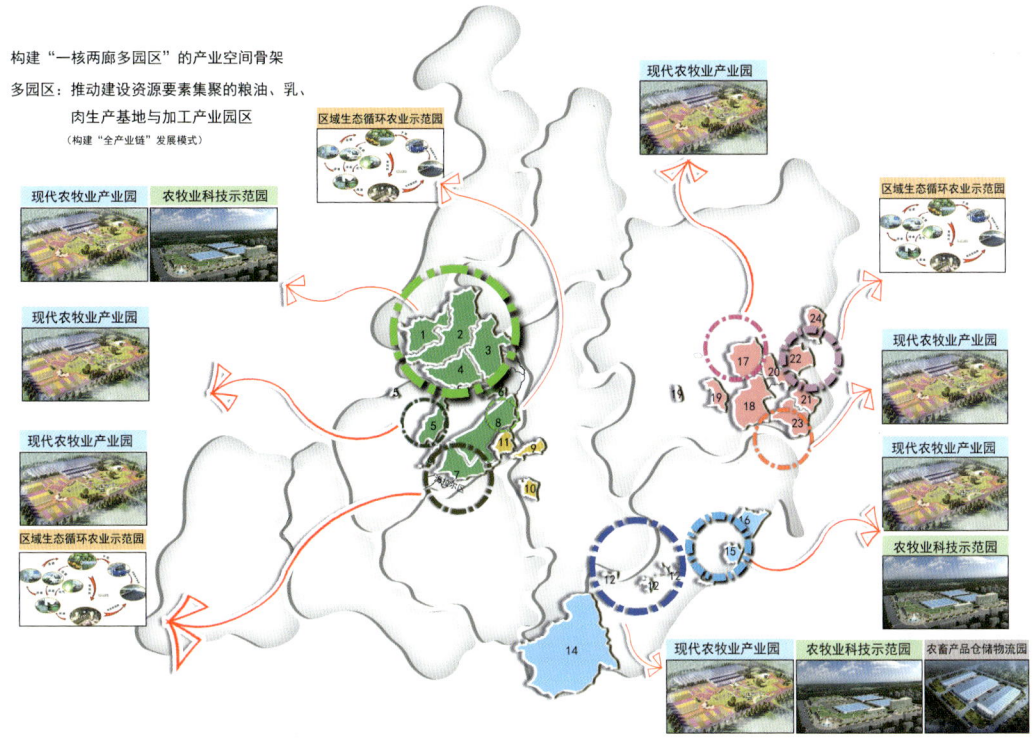

1.苏沁农牧场公司；2.三河农牧场公司；3.上库力农牧场公司；4.拉布大林农牧场公司；5.哈达图农牧场公司；6.陶海农牧场公司；7.谢尔塔拉农牧场公司；8.特泥河农牧场公司；9.牙克石农牧场公司；10.免渡河农牧场公司；11.莫拐农牧场公司；12.扎兰河农牧场公司；13.大河湾农牧场公司；14.绰尔河农牧场公司；15.那吉屯农牧场公司；16.格尼河农牧场公司；17.扎兰屯农牧场公司；18.宜里农牧场公司；19.诺敏河农牧场公司；20.东方红农牧场分公司；21.巴彦农牧场分公司；22.欧肯农牧场分公司；23.甘河农牧场分公司；24.古里农牧场公司

图5-3 呼伦贝尔农垦集团产业布局拓展区：一核两廊多园区示意图

专栏1：国家现代农业产业园创建

根据中央农村工作会议、《中共中央国务院关于深入推进农业供给侧结构性改革加快培育农业农村发展新动能的若干意见》（中发〔2017〕1号）和《2017年政府工作报告》部署与要求，2017年，农业部、财政部开展国家现代农业产业园创建工作。

2019年，农业农村部、财政部组织评价认定，公布了第二批国家现代农业产业园名单，包括45个国家级现代农业产业园，7个省级现代农业产业园。

中央财政通过奖补方式，对批准创建和通过评价认定的国家现代农业产业园，按不同情形予以适当支持。对2018年及之后批准创建的国家现代农业产业园，中央财政奖补资金分两次安排，第一次在批准创建时安排部分资金，第二次在通过评价认定后安排剩余资金。

二、建设优势特色产业带

坚持生态产业化、产业生态化，以"固农兴牧、三产融合、打造品牌、优化供给"为产业发展方向，结合呼伦贝尔农垦集团自然资源优势地理区位和生产现状，优化整合产业布局，不断发展壮大基地规模，发挥龙头企业的引领示范作用，带动区域协调发展，打造农牧业优势特色产业带，建立绿色有机农畜林产品生产基地。按照呼伦贝尔市关于进一步优化农牧业区域布局的实施方案，结合集团实际，着力打造油菜、小麦、马铃薯、水稻、甜菜、玉米、大豆、中草药、奶牛、肉羊、肉牛、生猪、马等13个农牧业优势特色产业带和产业集群（图5-4、图5-5、图5-6）。

（一）油菜产业带

重点在上库力、拉布大林、三河、哈达图、苏沁、特泥河、莫拐、牙克石、陶海、免渡河、谢尔塔拉等油菜优势区，推广双低油菜种植，推进品种更新，同时根据小麦、马铃薯、油菜轮作需要，适度调整油菜种植面积。

（二）小麦产业带

重点在上库力、拉布大林、三河、哈达图、特泥河、苏沁、牙克石、莫拐、谢尔塔拉、免渡河、陶海、绰尔河、欧肯河等小麦优势区，重点发展优质小麦，推进品种更新和提纯复壮，提升产地加工能力和品牌影响力。

（三）马铃薯产业带

重点在谢尔塔拉、免渡河、莫拐、牙克石、特泥河、哈达图等马铃薯优势区，推广优质高产抗病专用品种，提高脱毒种薯应用率，推广大垄高台、滴灌栽培、全程机械化作业等配套技术模式。

（四）水稻产业带

重点在那吉屯、扎兰屯、大河湾等水稻优势区，优化水稻品种结构，稳定种植面积，严禁发展井灌稻，推广智能浸种催芽、工厂化育秧、精准定量栽培、全程机械化，配套增施有机肥，测土配方施肥等绿色生产及病虫害防控技术。

（五）甜菜产业带

主要在苏沁、拉布大林、上库力、三河、谢尔塔拉、哈达图等，大力发展甜菜种植。

（六）玉米产业带

重点在那吉屯、甘河、大河湾、巴彦、格尼河、扎兰屯、宜里、东方红、欧肯河等推进玉米向优势区域集中，推广优质高产专用品种和抗病、抗旱、宜机收品种，配套农机农艺措施，加强耕地质量建设，扩大标准化生产面积。

（七）大豆产业带

重点在甘河、扎兰河、巴彦、宜里、欧肯河、东方红、格尼河、古里、诺敏河、绰尔河、那吉屯、大河湾等大豆优势区开展种植，逐步提高单产水平和产品品质，建立以粮豆

第五章　发展目标与策略

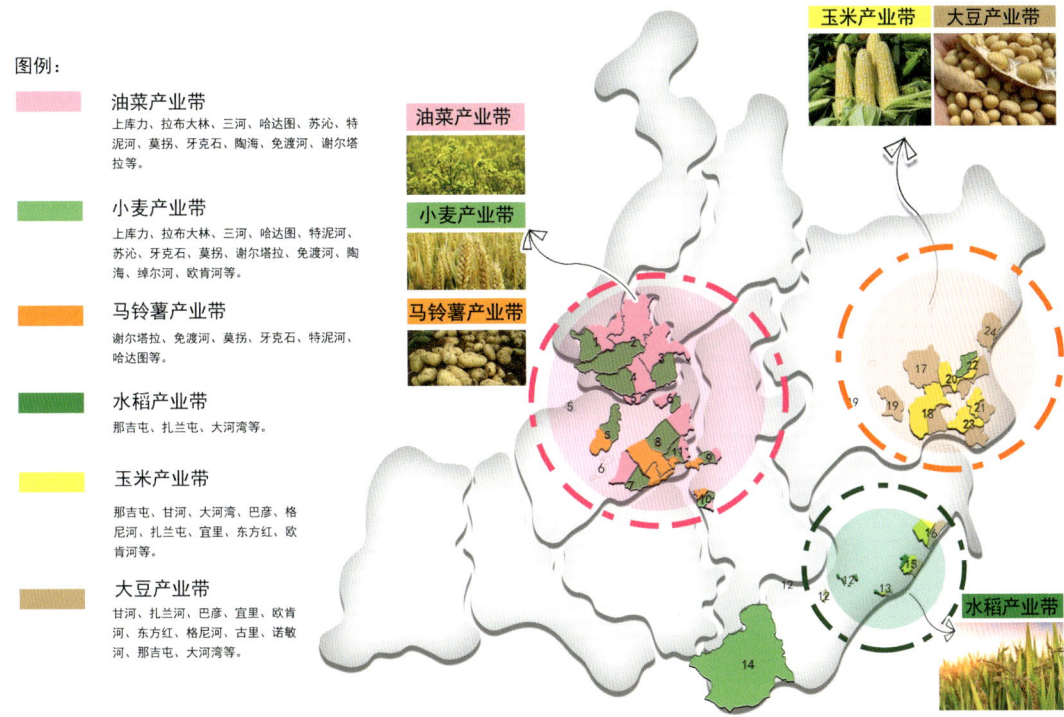

图5-4　呼伦贝尔农垦集团13个优势特色产业带布局示意图——种植业（一）

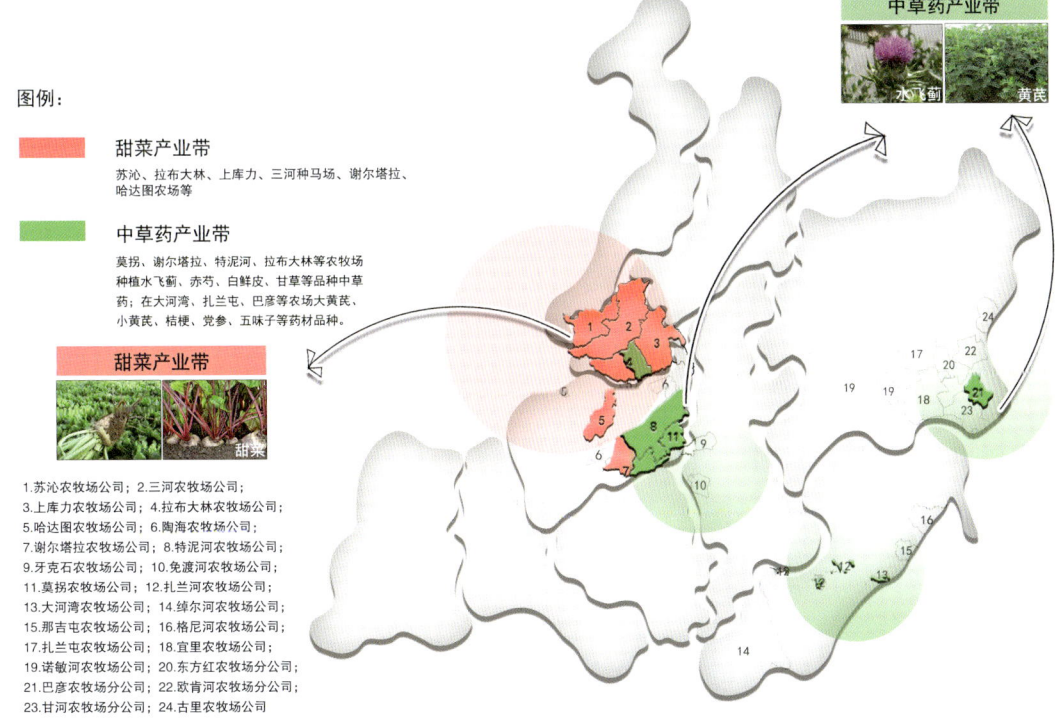

图5-5　呼伦贝尔农垦集团13个优势特色产业带布局示意图——种植业（二）

· 101 ·

轮作模式为主的绿色种植制度,增加优质高蛋白、功能性大豆供给。

(八)中草药产业带

重点在莫拐、谢尔塔拉、特泥河、拉布大林、哈达图等种植水飞蓟、赤芍、白鲜皮、甘草等品种中草药;在大河湾、扎兰屯、巴彦等种植大黄芪、小黄芪、桔梗、党参、五味子等药材品种,重点培育呼伦贝尔道地药材,逐步建成内蒙古东部地区中草药生产加工和输出基地,形成中草药生产体系、经营体系和产业体系。

(九)奶牛产业带

重点在苏沁、三河、特泥河、谢尔塔拉、拉布大林、上库力、哈达图、陶海、莫拐、牙克石、大河湾、那吉屯等奶牛养殖重点区域,以荷斯坦奶牛为主导品种,兼顾乳肉兼用品种三河牛,主推选种选配、全混合日粮(TMR)饲养、生产性能测定(DHI)、全株玉米青贮适用技术和粪污资源化利用等技术。在奶牛养殖场全部完成标准化生产,扩大谢尔塔拉农牧场三河牛繁育中心核心母牛群,增强自主培育优秀三河牛种公牛的能力。

(十)肉羊产业带

主要包括哈达图、三河、苏沁、拉布大林、那吉屯、上库力、格尼河、谢尔塔拉、特泥河、甘河、陶海、古里、大河湾、免渡河等。牧区以呼伦贝尔羊为主导品种,着力推进牧区提纯复壮、农区杂交利用,做强肉羊产业,不断完善可追溯体系建设,扩大耳标羊数量,做大做强呼伦贝尔草原羊区域公用品牌。

(十一)肉牛产业带

重点在苏沁、三河、特泥河、谢尔塔拉、拉布大林、上库力、哈达图、绰尔河、牙克石、陶海、扎兰屯、古里、那吉屯等,在岭西地区大力推广并不断扩大偏肉型三河牛的种群规模,发展标准化规模养殖,形成岭西繁育、岭东育肥的发展格局。在标准化方面主推人工授精、犊牛和育肥牛饲养管理、杂交肉牛生产、苜蓿青贮加工利用、粪污处理利用、牛舍建设与环境控制等技术。

(十二)生猪产业带

重点在那吉屯、大河湾、牙克石、格尼河等生猪优势区,以长白、大白、杜洛克为主导品种,主推繁殖母猪高产综合配套、设施化养猪、生态健康高效养猪等技术,推进生猪规模养殖场标准化建设。

(十三)马产业带

重点在三河、上库力、扎兰屯等大力开展三河马良种繁育。

第五章　发展目标与策略

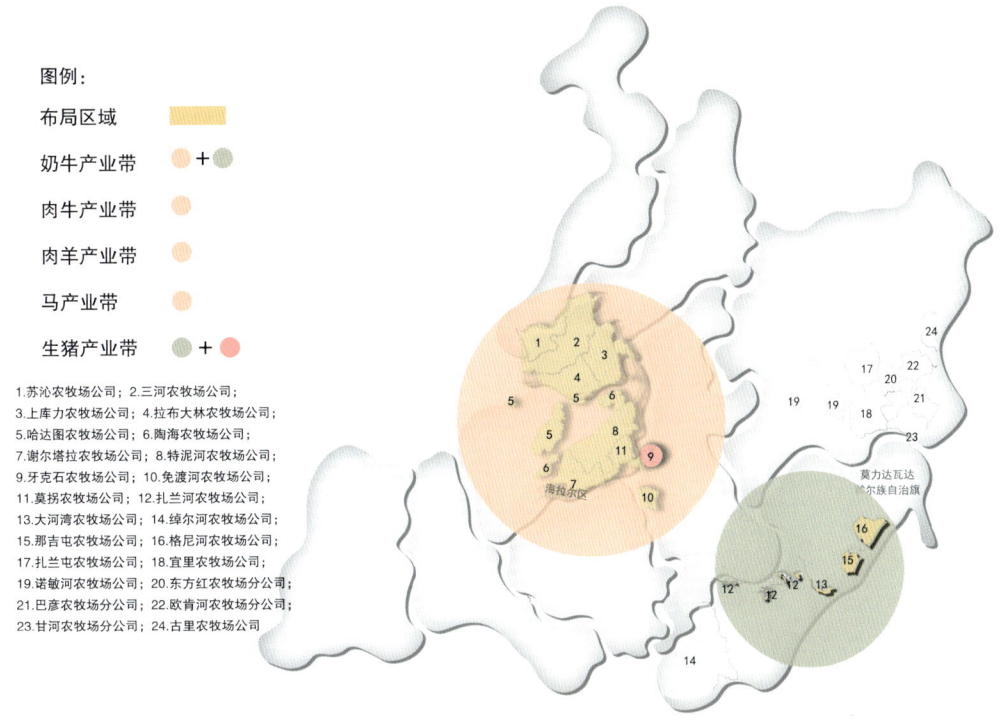

图5-6　呼伦贝尔农垦集团13个优势特色产业带布局示意图——养殖业

第四节　发展策略

按照指导思想、发展定位和目标要求，呼伦贝尔农垦集团农牧产业高质量发展策略为"1235696"：围绕1条主线，统筹规划2类空间布局，提升产业发展3个层次，打造5大平台支撑产业，突出抓好6大重点工作，重点推动建设9大工程项目，切实做好6大保障工作。

一、1条主线

以"生态优先、固农兴牧、改革创新、富民强垦"为企业发展方向，以"固农兴牧、三产融合、打造品牌、优化供给"为产业发展方向，以"农牧林旅结合，一二三产融合"为载体，以"由农转牧，农牧结合，农旅融合，以牧为主"为突破口，形成一条呼伦贝尔农垦集团高质量发展的主线。坚持生态优先，绿色发展的发展理念，按照国务院确定的"集团化、股份化、产业化"农垦改革方向，完善市场化经营机制，强化创新驱动，优化产业结构，促进一二三产业融合发展，增强农垦内生活力、市场竞争力和影响力，推动农牧产业集团化、现代化、规模化，努力打造成为国内一流，具有国际竞争力的现代农牧业企业集团。

二、2类分区

打造"一带两翼六板块"核心区和"一极两廊多园区"拓展区。

"一带两翼六板块"核心区：核心区为集团24个农牧场公司（分公司）和265个生产连（队），"一带"为大兴安岭特色农林畜产业带，"两翼"为岭西草原生态畜牧业发展翼和岭东集约高效农牧业发展翼，"六板块"分别为旱作生态农业发展板块、城郊多功能农牧业发展板块、牙克石特色农林业发展板块、岭南特色有机农产品发展板块、岭北农林结合发展板块和种牛种羊繁殖示范板块。

"一极两廊多园区"拓展区：拓展区是以核心区辐射带动周边区域，"一极"是以海拉尔为核心，整合科技、信息、人才等资源形成集聚发展增长极，"两廊"是参与中蒙俄国际物流通道与蒙东北物流通道，"多园区"为现代农牧业产业园、农牧业科技示范园、农畜产品仓储物流园和生态循环农牧业示范园等系列综合产业园和示范区。

三、3个层次的产业体系

形成主导产业、特色产业、新兴服务业3个层次的产业体系。

主导产业，包括优质粮油产业（图5-7）、生态饲草业、绿色乳业、健康肉业。以市场需求为导向，坚持优质绿色安全导向，做强主导产业。特色产业，包括特色种植业、特色养殖业、林产品产业。按照"品质优良，品牌强化，拓展增收"的发展思路，做精特色产业。新兴服务业，包括现代农牧服务业、现代物流服务业、特色农牧旅游业。发挥呼伦贝尔农垦集团在农牧企业的主力军作用，培育壮大新兴服务业。

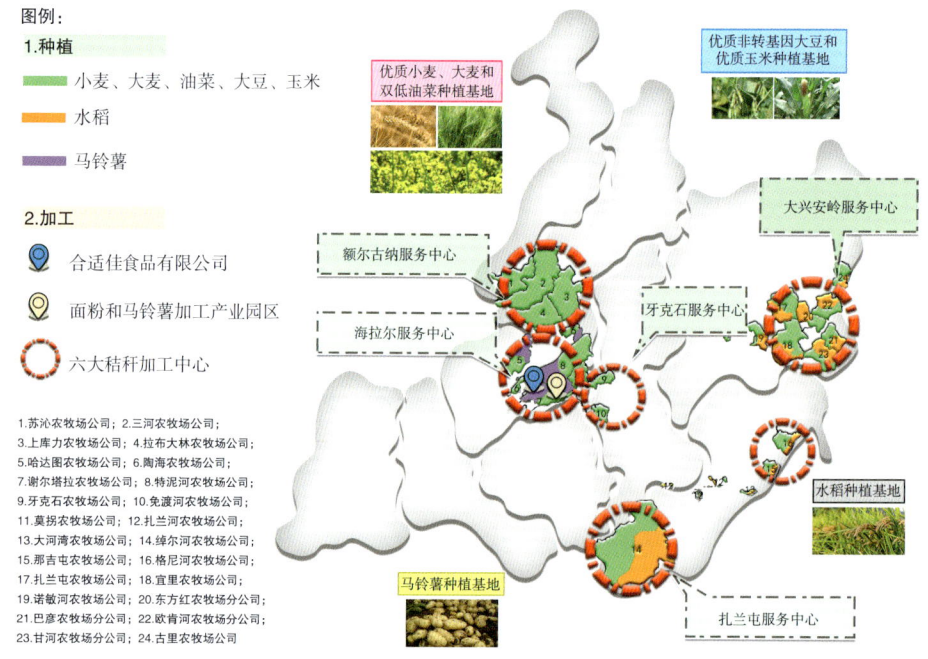

图5-7 呼伦贝尔农垦集团粮油产业布局示意图

四、5大支撑平台

构建科技创新平台、人才创新平台、标准化平台、质控平台、投融资平台。

（一）科技创新平台

全面深入实施"科技兴企"发展战略，加快推进呼伦贝尔农垦集团科技体制改革，加速生态草牧业重点实验室和区域粮油科创中心建设，加强呼伦贝尔农垦集团自主研发能力。围绕集团主导产业、特色产业和新兴产业，全面提升集团科技支撑水平。建设专业人才队伍，培养引进高新技术和实用技术人才，构筑集团"产学研"高科技人才平台和合作平台。科技创新能力大幅提升，科技创新基础条件不断改善，在现代种业、粮油深加工、乳业、仓储物流、农机农技等领域，获得一批原创性科技成果和关键技术产品。到2025年，集团科技进步贡献率达到75%。科技支撑引领能力显著增强，与"一带一路"沿线国家农业国际科技合作不断增强，建成具有国际先进水平的示范服务基地，科技服务水平明显提升，形成"保障呼伦贝尔、服务蒙东地区、辐射黑吉辽和俄蒙、示范粮食主产区"的科技支撑格局。

（二）人才创新平台

坚持本土人才培养与外部人才引进相结合，培养和引进一批高级经营管理人才，打造一批不同梯度、忠诚度高、奉献意识强的农垦企业家，为呼伦贝尔农垦集团提供数量充足、结构合理的人才保证和智力支持。建立灵活多样的人才管理机制，建立专业人才使用、考核及激励机制，实现在关键领域、关键项目上的突破。通过与中国科学院、中国农业科学院、中国农业大学等优秀的科研机构，江苏农垦、北大荒等先进的农垦机构开展交流合作项目，学习最新的政策、最先进的技术以及最成熟的思想，为集团的后续发展提供厚实保障。专业化人才队伍扩大，多元化的人才合作平台初步搭建，吸引高新技术的创新人才和创新团队落地发展，打造专业、开放、活力、创新的人才队伍，加快推动科技研发与成果转化。到2025年，累计开展技术人员业务培训1 000人次以上，培养硕士研究生50名以上，博士研究生2名以上，推广新品种2个以上，新技术、新成果5项以上。

（三）标准化平台

制定标准化发展策略，建立标准化组织架构和制度体系，成立呼伦贝尔农垦集团标准化专业技术委员会，围绕集团生产过程的关键技术和管理手段开展相关标准的研究和编制。加强标准化人才培养，逐步建立覆盖不同领域和环节的标准化专业技术队伍。根据集团各类农畜产品的生产环境、生产技术操作、安全卫生质量等系列标准，分层级、分阶段实施培训，形成自上而下的培训网络，指导集团内部农业标准化生产基地建设。到2025年，基本建成支撑现代农业产业体系、生产体系和经营体系，打造先进的、具有区域特色的标准化平台，创建和建成国家级、自治区级标准化示范区，实现标准体系健全，标准服务全面，标准影响力和贡献力大幅提升。

（四）质控平台

以呼伦贝尔农垦集团标准体系为依据，强化质量导向型科技创新引领，聚焦仓储、深加工、物流、品牌建设、服务等薄弱环节，加强源头管控，推进农业生产投入减量化、生产清洁化、废弃物资源化和产业生态化，促进一二三产业深度融合，建立农产品质量安全检测和追溯平台，实现农产品从田间到餐桌的全程可追溯、可控制，提升集团品牌竞争力，促进企业发展与生态环境保护和谐统一。全面建成布局合理、职能明确、功能齐全、运行高效的集团质量安全管理体系，既符合企业发展又与国际标准接轨，实现集团农产品全产业链、全过程、全覆盖，实现产品品质高，生产效率高，风险防控能力强，市场竞争力强，产业高质量发展取得显著成效。到2025年，优质农产品供给数量大幅提升，营养健康，特色鲜明，满足个性化、多样化、高品质的消费需求；农产品质量安全水平稳步提升，确保不发生重大农产品质量安全事件；集团农产品质量安全追溯体系基本建立，集团优势特色产品实现可追溯、可控制。

（五）投融资平台

牢固树立"抓发展，抓项目，抓资金"发展理念，围绕加快呼伦贝尔农垦集团高质量发展要求，以"呼伦贝尔农垦投资有限公司"作为对外投资的载体，加强投融资平台保障。坚持以政府为主导，整合现有融资资源，准确把握国家和自治区投资政策，结合自身发展实际，建立政府投融资平台的合作支撑模式。坚持现代企业管理，盘活资产存量，深化投融资体制改革，优化管理体制，破解发展瓶颈制约。坚持市场化运作，以项目为载体，全力拓宽投融资渠道，发展投融资多元化模式，促进国有企业融资模式和管理方式的转型升级，壮大集团市场化运营能力。形成投资主体多层次、多渠道、多元化的产业投融资新格局。以集团为主体，有效整合政府资源，增强国家新增债券使用效益，提高国家农牧业扶贫产业基金、绿色发展基金综合利用效率，PPP模式规范有序推进。统筹产业发展布局，积极筹措多方资金，稳步推动项目园区落地建设。到2025年，力争建立和完善一个具有现代企业管理制度，集融资、投资、开发、建设和经营功能为一体的综合性投融资平台。重点投资现代服务业、仓储物流业、营销加工等领域农牧业基础设施，加大5G网络、大数据中心、物联网等数字化新型基础设施建设力度，固定资产投资运行呈现稳增态势，到2025年，固定资产投资年增长10%。

五、6大保障

加强党的领导、建设现代企业治理体系、生态环境保护、改善民生、推动企业文化建设、加强风险防控和考核监督。

（一）加强党的领导

坚持党纵览总揽全局，协调各方，加强党对国有企业的全面领导，充分发挥企业党组织的领导核心和政治核心作用，突出政治功能，提升组织力，为实现《呼伦贝尔农垦集团"十四五"产业发展战略规划（2021—2025年）》提供坚强的政治和组织保证。坚持党要管党，从严治党，以改革创新精神全面推进党的建设新的伟大工程，保持和发展党的先进性和纯洁性，提高党的执政能力，确保党始终为呼伦贝尔农垦集团改革和发展的坚强领导核心。加强领导班子和干部队伍建设，强化基层党组织整体功能，充分发挥基层党组织的战斗堡垒作用，为打造全市农牧业高质量发展的"三大一航母"提供坚强保障。

（二）建设现代企业治理体系

加强农垦管理部门能力建设，进一步简政放权，创新工作方式。着力深化农垦市场化改革，推进政企分开，确立国有农场的市场主体地位。树立现代化企业管理意识，建立健全与市场接轨的企业运营管理机制、体系和架构，提高企业运营管理水平，创新思维，激发内生动力。坚持社企分开改革方向，推进国有农场生产经营企业化和社会管理属地化。

加强安全生产工作，遵守安全生产管理办法，各有关部门要切实履职尽责，形成自上而下的安全生产体系，切实推进贯彻落实安全生产工作。加强落实财务管理与审计。认真执行国家与集团有关法律、法规和财务规章制度，合理编制单位预算，统筹安排，高效使用各项资金，切实保障资金使用效益。加强国有资产管理，防止国有资产流失，定期盘存，做到账实相符。严格执行单位财务审计制度，保证财务管理的效率性、效果性和经济性。

（三）加强风险防控和考核监督

建立呼伦贝尔农垦集团风险防控体系。提高集团员工的风险防控意识，对生产经营、市场财务、品牌营销等的不确定因素出台相关风险管理改革制度，确保依法依规办事。产业经营方式以扶持龙头企业为主，发展多元化的农业经营组织，建立完善利益联结机制，提高集体有效抵御风险的能力。有些产业项目在国家政策性救济、保障之外可以引入有效的独立核算、自负盈亏的商业化市场模式。实行多家农牧业保险主体联保或分保，把风险分散。充分利用现代资本市场的良好环境，通过向银行、信托和证券机构进行合作，降低项目融资成本。防范和控制投融资风险轻重缓急，合理安排投融资总规模，使其与财政能力相协调。建立和完善偿债准备金制度。通过多渠道筹集偿债资金，化解偿债压力。

建立呼伦贝尔农垦集团风险预警与管理信息系统，科学研判农牧业市场信息，农畜产品供需、金融服务、政策规划和生态气候等多种变化，建立风险预警模型，提高宏观统筹决策的准确性，有效规避市场外部风险。

（四）保护生态环境

坚持减量化优先，从源头上减少生产、流通各个环节能源资源消耗和污染物产生。推进化肥农药的减量使用。推广配方肥和缓控释肥，做到精准施肥。完善病虫害监测体系，推广绿色防控技术，扩大统防统治面积，提升科学用药水平，提高农药利用率，保证农作物病虫害防控的农药利用率达到45%。认真落实控膜措施，减少和控制地膜利用，改进覆膜农艺措施，推广地膜覆盖和秸秆覆盖相结合的地膜减投技术，建立健全废旧农膜回收制度，不断提高地膜回收率，减少农业面源污染。

推进以高效节水为主的高标准农田建设。因地制宜推广水肥一体化、无膜浅埋滴灌、集雨补灌、测墒节灌、蓄水保墒、抗旱抗逆等技术，发展节水型灌溉农业，稳步发展非耕地设施农业，到2025年，高标准农田建设达到120万亩。加快淘汰高耗能老旧农业机械。开展农机更新改造，推广使用节能型农业机械，推进主要粮食作物生产全程机械化，到2025年，农牧业综合机械化水平达到96%。

（五）推动企业文化建设

各部门要提高对《强垦信条》重要性的认识，高度重视企业文化推进工作，在垦区营造一个促进企业文化建设的良好氛围。充分利用《呼伦贝尔农垦旬报》、呼伦贝尔农垦网、黑板报、宣传栏、微信公众号等媒体和宣传阵地，大力宣传企业文化建设工作的重要意义、主要目标、方法步骤等。大力宣传、推广典型经验，引导呼伦贝尔农垦集团员工积极投身于企业文化建设，为垦区经济建设做出积极的贡献。在企业文化建设中各单位要与思想政治工作、群众性精神文明建设活动和管理创新有机结合起来。各部门通力合作、齐抓共管，建立分工明确的工作机制，统筹规划，认真组织，精心安排，进一步明确执行机构和人员的工作职责，制定实施细则，稳步推进各项工作。

结合呼伦贝尔农垦集团发展需要，紧密联系员工的工作实际，开展具有针对性的工作，各部门积极开展企业内刊、企业歌舞等文娱主题活动，加强企业文化的人文关怀，推动企业文化落地生根。并开展优秀企业文化评选工作，对于工作实绩突出的单位和个人予以表彰和奖励。

（六）构建和谐企业

增强国有企业的经济责任感、社会责任感与政治责任感，构建和谐企业。积极发展经济，通过各种方式和手段，努力提高职工的收入，力争2025年职工人均年收入突破10万元。完善呼伦贝尔农垦集团基本养老、基本医疗、失业、工伤和生育等社会保障制度，保证职工培养—职工培训—优秀职工选拔—职务或级别晋升渠道畅通，提高职工与居民的幸福指数。高度重视困难群体，确保贫困农场全部摘帽，确保贫困职工家庭全部脱贫。

六、9大工程

（一）黑土地保护工程

按照《东北黑土地保护规划纲要（2017—2030年）》的规划，通过土壤改良、地力培肥和治理修复，有效遏制黑土地退化，持续提升黑土耕地质量，改善黑土区生态环境。力争到2025年，农垦黑土区耕地质量平均提高1个等级（别）以上，土壤有机质含量提高到10%。

1. 种植结构优化工程

重点在三河、上库力、拉布大林、特泥河、甘河等农牧场公司（分公司），推广"粮改饲"，扩大人工草地的种植。在大河湾、那吉屯、格尼河、甘河等农牧场公司（分公司）等实行粮豆轮作，推广大豆接种根瘤菌技术，利用大豆根瘤菌固氮养地作用，提高土壤肥力。同时，推动缓控释肥使用，实现玉米和大豆的共同减肥增产，实现种地与养地相统一。

2. 有机固体废物资源化利用工程

通过机械作业把粉碎的秸秆、根茬掺拌入耕层内，提高耕作层有机质含量和耕层结构。重点在哈达图、拉布大林、苏沁、三河、特泥河、谢尔塔拉等规模较大的农牧场公司，建立有机肥堆沤池（场），实行秸秆"过腹还田"。

3. 面源污染综合整治工程

控制工矿企业排放和生活垃圾、污水等外源性污染，推进化肥农药减量增效，农业生产资料包装物回收与治理，率先在古里、甘河、欧肯河、东方红等农牧场公司（分公司）试点，减少对黑土地的污染。

4. 小流域综合治理工程

通过治理缓坡耕地和侵蚀沟，推广等高修筑地埂，种植生物篱带、粮油作物隔带种植等水土流失综合治理模式，建立合理的农田林网结构，保持良好的田间小气候，保护生物多样性，防治黑土沙化风蚀。

（二）防灾减灾工程

坚持以防为主、防抗救相结合，坚持常态减灾和非常态救灾相统一，全面推开基层气象防灾减灾标准化建设。加强关键农时农事气象服务，加快农业气象服务基础设施建设和完善灾害预警技术服务领域，提升现代农业气象精细化服务能力。重点建设自动气象观测站、自动土壤水分站、农田小气候观测站等农业气象自动监测站网和农业气象试验站，完善交通、运维、计量等气象观测站网建设。建成农业现代化气象自动观测系统，完善和布局系统内的四要素设备、六要素设备和土建安装设备。建成区域气象自动观测系统，配备测试场地建设、仪器布局、设备安装、防雷设施、预埋件基础、警示告示牌等完整的基础设施。重点布局在岭西的苏沁、三河、上库力、拉布大林、哈达图、特泥河、陶海、谢尔塔拉、牙克石、莫拐、免渡河、绰尔河12个牧农场公司和岭东的大河湾、格尼河和那吉屯3个农牧场公司。

到2025年，建成75套气象自动站，其中四要素自动站46套，六要素自动站6套，多要素自动站23套。到2025年，基本建成适应农牧业高质量发展需要的气象现代化服务平台，气象防灾减灾作用进一步彰显，气象灾害预警信息覆盖率达到95%以上。

（三）农牧业基础设施工程

依托现代农牧业园区、生态循环园区、农牧业科技示范基地和规模化养殖场，大力发展农牧业现代化设施，提高现代农牧业设施装备配套能力，提升基础设施的标准化、机械化、信息化水平。以建设生态文明、发展农业循环经济为基本要求，配套畜禽粪污处理利用设施设备，实现畜禽粪污的有机肥资源化利用，促进种养循环和农牧结合。坚持绿色发展理念，围绕奶牛、肉牛、肉羊等优势产业，加大牧区畜舍棚圈等基础设施投入，加强标准化规模养殖基地建设，确保畜产品质量安全，发展优质奶业和健康肉产业。提高农机设施信息水平，积极发展智能农牧设施装备。

（四）现代粮仓建设工程

根据国家和区域重点产业布局和发展战略，立足呼伦贝尔农垦集团发展目标、物流需求和交通运输条件，科学规划，合理布局，打造贯穿岭东与岭西、连接"一带一路"中蒙俄、衔接"北粮南运"的蒙东北到京津冀3条物流通道。将智慧化和共享化理念共同融入现代化物流运作系统，在降本增效等耦合力机制作用下实现智慧化的物流智能技术体系和共享化的物流共享互动机制之间关联要素相互耦合衔接，推动物流系统主要功能环节相互适应、耦合协调、相辅相成，并最终达成物流运作流程高效智能化、物流资源高度共享化、物流系统功能全面转型升级的新型物流运作模式。

（五）农畜林产品加工工程

以龙头企业呼伦贝尔合适佳食品有限公司（全书简称合适佳）辐射带动双低油菜籽加工，到2025年，龙头企业加工转化率达到70%；做大做强优质面粉和马铃薯加工产业。到2025年，小麦加工能力突破5万吨，加工转化率达到20%。到2025年，马铃薯加工能力达到45万吨，加工转化率达到25%；以呼伦贝尔农垦集团六大现代农牧服务基地为依托，建立六大秸秆加工中心；以呼伦贝尔农垦集团六大现代农牧服务基地为依托，结合养殖区位特征，建立六大饲草加工服务中心，加强饲草储备和饲草料精细品加工能力建设，开展生态饲草产品加工工程；在岭西草原生态乳业发展区，以打造高端干乳制品为主攻方向，建设"岭西特色奶制品加工基地"；在岭东高效集约乳业发展区，建设"岭东高端液态奶加工中心"，开展绿色乳产品加工工程；集团统一集中进行肉羊肉牛生猪的屠宰加工，提高牛羊猪肉的统一售卖。在农垦食品公司、那吉屯农牧场公司建设肉牛肉羊屠宰加工场，在那吉屯农牧场公司建设生猪屠宰加工场，开展健康肉产品加工工程；开展特色农作物产品加工工程，探索岭东和岭西不同区域中草药品种的主要加工方式，依托呼伦贝尔芸生科技有限公司开展杂粮精深加工工程，围绕呼伦贝尔晟通糖业发展甜菜加工；种养结合，因地制宜，完善农场基础设施，开展有机肥加工工程；利用大兴安岭神泉山上天然资源优势发展矿泉水产业；以扎兰河农牧场公司为主，带动规模化蜜蜂养殖场（户），推动生态蜂产品加工工程。

（六）冷链物流建设工程

依托呼伦贝尔农垦集团物流园区，推动建设乳肉产品和主销区的冷链物流网络，以引进培育冷链物流企业为主，辅以建设冷链物流基地设施，完善农畜产品冷链物流体系建设。在海拉尔物流园区，鼓励合作的畜产品加工企业建设标准化预冷集配中心、低温分割加工车间、冷库等设施，提高乳肉制品加工储藏能力，提高畜产品冷链物流效率和能力；在扎兰屯物流园区，引进培育1~2家经济实力雄厚、核心竞争力强的大型冷链物流企业，以蔬菜仓储保鲜和冷链物流配送为主线，完善冷藏保鲜、低温分拣加工、冷藏运输、冷藏保鲜等设施，建设立足阿荣旗，面向岭西和俄蒙市场的标准化绿色蔬菜冬季储备和冷链物流体系。

（七）良种繁育工程

坚持三河牛品种选育和呼伦贝尔羊提纯复壮、短尾系呼伦贝尔羊选育；引进西门塔尔、安格斯等肉牛品种，杜泊、澳洲白、湖羊等肉羊品种，坚持实施优良种羊纯种繁育工作，在谢尔塔拉农牧场公司建设三河牛良种繁育基地，在农垦科技公司和哈达图农牧场公司建设呼伦贝尔羊良种繁育基地，为农户提供优质采精种公牛、公羊，建设种源科研生产经营一体化基地。加大种畜推广力度，充分发挥三河牛乳肉兼用性、耐寒宜牧、抗逆性强，适合高寒区域、粗放饲养管理等特点；重点利用呼伦贝尔羊原种场的优势，以及谱系健全、品种纯正，产肉性能高、耐粗饲等特点，大力推广三河牛和呼伦贝尔羊等优良畜种；推进绿色清洁养殖、粪污资源化利用，以东北有机黑猪为特色，重点繁殖长白、大白、杜洛克等品种，主推繁殖母猪高产综合配套、设施化养猪、生态健康高效养猪等技术，提高生猪良种繁育。升级改造现代化肉牛肉羊良种繁育示范基地，逐步在全集团肉牛肉羊养殖重点区域、重点农场推广优良品种，最终实现良种全覆盖。以现代化龙头企业为实施主体，巴彦农牧场分公司种羊园、莫拐农牧场公司种羊场和呼伦贝尔羊种羊场作为引种良种繁育示范基地。引进优质纯种母牛100头，共300头，纯种公牛各10头，共30头；三河牛优质采精公牛50头，年推广优质后备公牛500头，年销售冻精20万枚；引进杜泊、萨福克、湖羊等母羊各3 000只，共9 000只，种公羊各100只，共300只。

（八）数字化建设工程

以"统筹规划、适度超前、数据互通、资源共享"为原则，涵盖呼伦贝尔农垦集团各领域、各板块，围绕集团管理和农牧业生产的重点任务，建立健全数据资源采集体系。通过统一数据标准、数据软硬件接口与服务、数据转化与集成等技术，建立集团信息化空间大数据平台。以大数据平台为基础，完善数字共享平台功能，推进部门数据互联互通、业务协作协同和统一管控有效，建设全方位、多层次、一体化的数字技术渗透覆盖、融合集成和管理创新的信息化共享平台，为集团数字化、精益化、智能化变革，实现跨企业、跨产业协同创新发展打下基础。到2025年，成功构建"1+8"九大数字化共享平台。"1"为集团数字化平台。在集团总体数字化平台支撑下，合理设置科技创新平台、仓储物流平台、农机服务平台、投融资平台、营销平台、研发测试平台、加工转化平台、人力资源平台8大信息化子平台。到2025年，农牧业数据采集体系建立健全。体系由13个数据超级系统组成，分别为底层土壤数据采集系统、农田气象数据采集系统、农牧数据采集系统、基础设施数据采集系统、通信网络数据采集系统、农机农资数据采集系统、信息化中心平台、人力资源平台、财务投资平台、营销管理平台、科研测试平台、综合服务平台。到2025年，依托数字化共享平台，空天地一体化观测网络基本建成，农牧业经营数字化转型取得明显进展。

（九）品牌营销工程

结合资源禀赋、区域特色、产业基础和农垦优势等因素，制定呼伦贝尔农垦集团品牌发展规划，明确品牌定位和目标，大力推进集团品牌体系建设，构建"1+2+N"，即"主品牌+区域公共品牌+子品牌"的品牌体系。其中，"1"是指"呼伦贝尔农垦"为主品牌，"2"是指2个公用品牌，包括区域公用品牌和"中国农垦"公用品牌，"N"是指粮油、乳、肉等不同系列子品牌，公用品牌与主品牌、子品牌互为融合，互利共赢，构成具有区域优势、特色鲜明的集团品牌体系。到2025年，通过财政、金融支持，建立起完善的农产品品牌培育、发展和保护体系，形成标准化生产、产业化运作、品牌化营销的现代农业新格局，努力实现由粗放农业向品牌农业转变。"呼伦贝尔农垦"成为具有一定影响力、辐射带动范围广、市场竞争力强、文化底蕴深厚的国家知名农业品牌。

七、6大重点工作

以农牧业高质量发展为方向，打造现代产业体系；以标准化基地建设为核心，完善现代生产体系；以龙头企业为带动，构建现代经营体系；以品牌建设为核心，打造特色营销体系；以科技创新为引领，搭建智慧化保障平台；以"一带一路"和"西部大开发"为契机，建设"双循环"新格局。

（一）以农牧业高质量发展为方向，构建现代产业体系

依托呼伦贝尔农垦集团天然绿色、纯净、原生态的自然环境和无公害、绿色、有机的优质农畜林产品，加快以粮油、饲草、乳、肉四大主导产业为核心的现代农牧业产业体系，在做强主导产业的基础上，重点打造特色种植业、特色养殖业、林产品产业三个特色产业链条，大力发展现代农机农资、现代物流、特色农牧旅游三个现代服务业，将生态种养、健康食品、生态旅游、养生养老、体育文化有机结合和相互融合，全力打造集团现代产业体系。

（二）以标准化基地建设为核心，完善现代生产体系

打造粮油、饲草、乳、肉、特色种养殖等农畜林产品的绿色生产基地。积极创建特色农产品优势区，大力发展优质粮食、马铃薯、绿色蔬菜等高效特色农业，推广绿色高产高效栽培技术模式，实现全作物、全覆盖、全过程、全方位标准化生产。调整种植结构，重点发展全株玉米青贮、苜蓿和饲用燕麦半干青贮等绿色"全营养体"饲草产业，重点发展生态循环型奶牛、肉牛养殖模式，粪污资源化利用，形成种养一体化的生态循环农业模式。根据国家粮食生产功能区、重要农产品生产保护区、特色农产品优势区不同发展定位，以规模化种养基地为基础，依托农牧业产业化龙头企业带动，聚集现代生产要素，积极推动现代农牧业产业综合体建设工作。

（三）以龙头企业为带动，构建现代经营体系

持续深化垦区集团化、企业化、市场化改革，呼伦贝尔农垦集团总部为集团公司的战略管理中心，全面构建集团战略管控体系，实现规范化公司治理、国际化组织架构、市场化体制机制、民营化执行效率的目标，建立适应发展要求、充满活力、富有效率的现代农垦管理经营体系。采用先进科技和生产手段方向，增加技术、资本等生产要素投入，着力提高集约化、专业化水平。形成多元化、多层次、多形式经营服务体系，发展各种农业社会化服务组织，鼓励集团龙头企业与农场建立紧密型的利益联结机制，着力提高组织化、社会化程度。多层次利用资本市场，重点培育龙头企业资本运作能力，积极推进以产权联结为主、利益共享、风险共担的龙头企业与基地联结机制，重塑产业链、供应链和价值链，联强抱团发展，借势搭船出海。

（四）以品牌建设为核心，打造特色营销体系

充分利用中国农垦公共品牌和呼伦贝尔区域品牌，全力打造"呼伦贝尔农垦"主品牌，构建一系列定位准确、结构合理、相互关联、类别清晰的品牌体系。依托农垦品牌，充分利用移动互联网、大数据、云计算、物联网、区块链等信息技术，国内外知名电商平台，建立线上线下相结合的特色营销体系。

（五）以科技创新为引领，搭建智慧化保障平台

聚集科技人才，依托内蒙古自治区生态草牧业工程实验室，整合中国科学院、中国农业科学院、中国农业大学等科技资源，以科技创新为引领，加强物联网和绿色生产追溯体系建设，加快农畜林产品加工和精深加工新技术、新产品的自主研发，提升农畜林产品加工集成创新与熟化应用的科研能力，满足农畜林产品加工企业共性关键技术需求，将集团建设成为现代农牧业科技示范区。通过农牧业先进技术研究应用和示范推广，成立"呼伦贝尔国科智慧农牧业创新研究院"（以下简称"创新研究院"）。

（六）以"一带一路"和"西部大开发"为契机，建设"双循环"新格局

顺应全方位对内对外双向开放的大趋势，实施互利共赢的全方位开放战略。充分发挥呼伦贝尔农垦集团综合优势，支持集团龙头企业与国内外企业的合作与交流，与国内外一批知名企业开展合作，积极有效引进人才、资金、技术，实现强强联合。深入推进垦地融合发展，为农牧民合作社、家庭农牧场、种养大户提供优质服务。走出内蒙古，走向中蒙俄等"一带一路"重点走廊，推进联合联盟联营战略，在农牧产品生产、加工、仓储、港口和物流等环节开展跨国全产业链布局，在农机、农药、种子、化肥等领域开展国际产能合作，打造进出有序、优势互补的农牧业对外合作先行区。

第六章 主导产业发展战略

依据集团"十四五"期间"由农转牧、以牧为主"的发展方向，以市场需求为导向，稳粮优经扩饲，加快构建粮经饲协调发展的三元种植结构。坚持优质绿色安全，推进油菜、小麦、大麦、大豆、玉米标准化绿色生产全覆盖，重点发展生态循环型奶牛、肉牛养殖模式，形成种养加一体化的生态循环农业模式。建立绿色有机质农畜林产品生产基地，做大做强粮油、草（饲）、乳、肉4个主导产业，实现种植、养殖、加工、销售、服务全产业链发展。

第一节 优质粮油业

一、发展状况

（一）经济结构不合理，第二产业主要是农副和食品制造业

2018年全国生产总值900 309.5亿元，第二产业产值366 000.9亿元，占比为40.7%。内蒙古自治区2018年全年生产总值17 289.2亿元，第二产业产值6 807.3亿元，占比39.4%。2018年呼伦贝尔农垦集团有限公司总产值为1 014 569万元，其中第二产业产值95 099万元，占比仅为9.4%。与国家整体经济结构相比，呼伦贝尔农垦集团生产结构明显不合理。在第二产业中，2018年呼伦贝尔农垦集团的工业总产值（现行价，下同）为54 712万元，其中农副食品加工业总产值34 126万元，占比62.4%，食品制造业工业总产值8 625万元，占比15.8%，二者合计占比达到78.2%。整体来看，农产品加工占比低，产值低（图6-1）。

（二）工业产值区域分布差异显著，春蕾[①]等龙头加工企业贡献突出

从2018年呼伦贝尔农垦集团工业总产值贡献情况来看，海拉尔农垦150家单位，产值19 250万元，贡献率达到35.18%。其中，27家农副食品加工业企业，产值10 189万元；

---

① 呼伦贝尔春雷麦芽有限公司简称春蕾或春蕾麦芽，全书同

3家食品制造业企业,产值1 778万元。海拉尔农垦中那吉屯32家、特泥河8家、谢尔塔拉3家企业贡献较大,虽然格尼河单位数量达到44家,但贡献价值较小。龙头加工企业5家单位,产值为29 068万元,贡献率达到53.13%,包括了3家农副食品加工业企业产值23 612万元,1家食品制造业企业产值4 521元。春蕾(农副食品加工业)产值为14 794万元,对集团工业产值贡献率达到27%。麦福劳[①](农副食品加工业)产值5 258万元,合适佳(食品制造业)产值4 521万元(图6-2)。

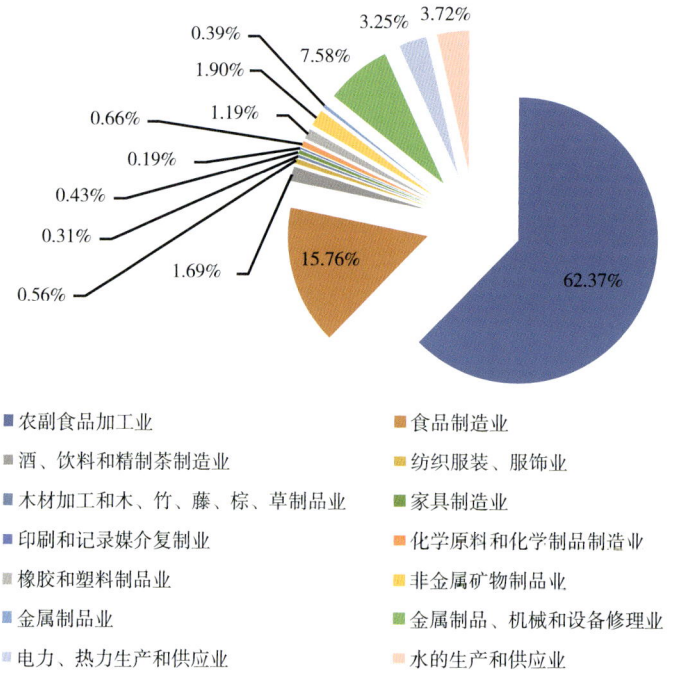

图6-1 呼伦贝尔农垦集团2018年经济结构

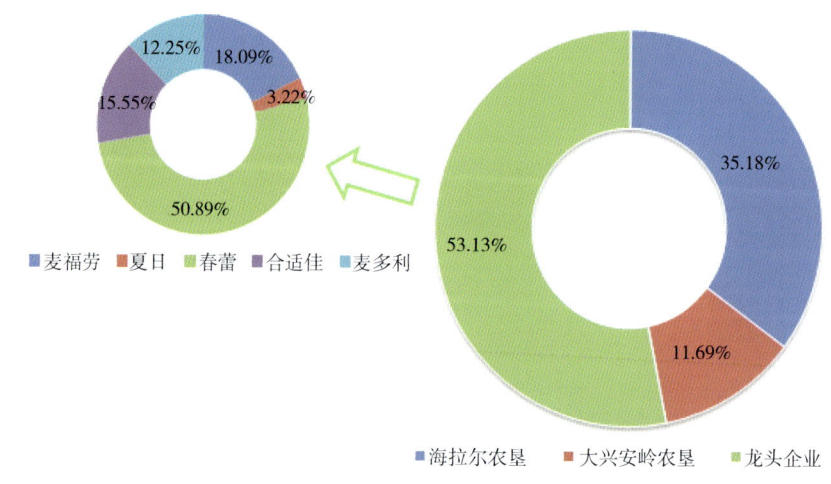

图6-2 呼伦贝尔第二产业经济结构图

———————
① 海拉尔麦福劳有限责任公司简称麦福劳,全书同

（三）加工品种多，大多数品种加工量少

呼伦贝尔农垦集团粮油加工品中产量最多的是麦芽，其次是豆饼及油菜籽饼、屑粉、饲料、食用植物油等。

1. 麦芽加工依托龙头企业，主要分布在海拉尔农垦产区

2018年，呼伦贝尔农垦集团大麦播种面积11 896公顷，产量48 067吨，主要分布在海拉尔农垦区。2018年集团麦芽加工总量为31 989吨，主要是由春蕾麦芽（20 330吨）和海拉尔麦多利啤酒原料有限公司[①]（11 659吨）加工。加工企业靠近大麦原产地（图6-3）。

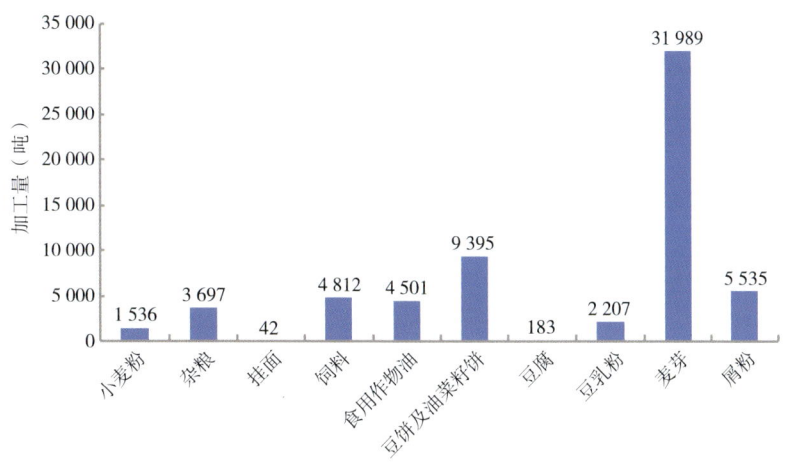

图6-3　呼伦贝尔农垦集团主要粮油加工水平

数据来源：呼伦贝尔农垦2018年记录表

2. 油料作物加工依托龙头企业，主要分布在海拉尔农垦产区

油料作物的加工主要是对油菜籽的加工。2018年呼伦贝尔农垦集团食用植物油产量4 501吨，其中，合适佳加工量为4 294吨，大兴安岭垦区加工量207吨（局直社区157吨、巴彦35吨、甘河15吨）。豆饼及油菜籽饼产量9 395吨，其中，合适佳产量为7 139吨，大兴安岭垦区产量2 256吨（甘河209吨、局直社区2 047吨）。

此外，还有豆制品加工。豆乳粉加工量2 207吨，全部分布在海拉尔农垦（那吉屯2 200吨、特泥河7吨）。豆腐加工量183吨，其中海拉尔农垦98吨（那吉屯90吨、格尼河5吨、扎兰屯3吨），大兴安岭农垦85吨（扎兰河60吨、宣里10吨、诺敏河9吨、巴彦3吨、吉里3吨）。

3. 其他粮油产品加工依托集团农场

马铃薯加工主要分布在海拉尔垦区，杂粮加工主要分布在大兴安岭垦区，小麦粉加工则两个主要垦区都有分布，饲料加工主要分布在海拉尔垦区。

---

① 海拉尔麦多利啤酒原料有限公司简称麦多利，全书同

2018年，呼伦贝尔农垦集团小麦播种面积95 540公顷，产量386 025吨。如果都在产地加工转化，按照75%的出粉率，则理论小麦粉产量约为29万吨。据统计，2018年呼伦贝尔农垦集团实际小麦粉产量1 536吨，增长空间还很大。小麦粉加工分布：大兴安岭农垦集团976吨（甘河509吨、古里150吨、巴彦70吨），海拉尔农垦集团560吨（上库力290吨、牙克石260吨、特泥河10吨）。挂面42吨，加工量较少，全部分布在大兴安岭农垦的局直社区。

马铃薯加工主要依靠产业化龙头企业，主要加工品是屑粉，2018年加工量为5 535吨，全部由海拉尔的麦福劳加工。

呼伦贝尔农垦集团杂粮生产优势突出，2018年加工杂粮3 697吨，全部分布在海拉尔的那吉屯农场。

2018年饲料加工4 812吨，主要由呼伦贝尔农垦集团的农场加工。其中，海拉尔垦区3 910吨（谢尔塔拉2 350吨，绰尔河800吨，那吉屯700吨，莫拐60吨），大兴安岭农垦902吨（甘河278吨，扎兰河85吨，巴彦60吨，吉里8吨，局直社区471吨）。

4. 以初级粮油加工为主，产值较低

呼伦贝尔农垦集团经营粮油加工的企业分别是主营马铃薯屑粉加工的海拉尔麦福劳有限责任公司、主营大麦麦芽加工的呼伦贝尔春蕾麦芽有限公司、主营油菜籽加工的呼伦贝尔合适佳食品有限公司以及主营麦芽加工的海拉尔麦多利啤酒原料有限公司。从2018年4家加工企业产值和产量对比来看，麦福劳加工的马铃薯屑粉单位产值最高，其次为春蕾麦芽加工的大麦麦芽，合适佳加工的油菜籽、麦多利的麦芽则单位产值较低（图6-4）。

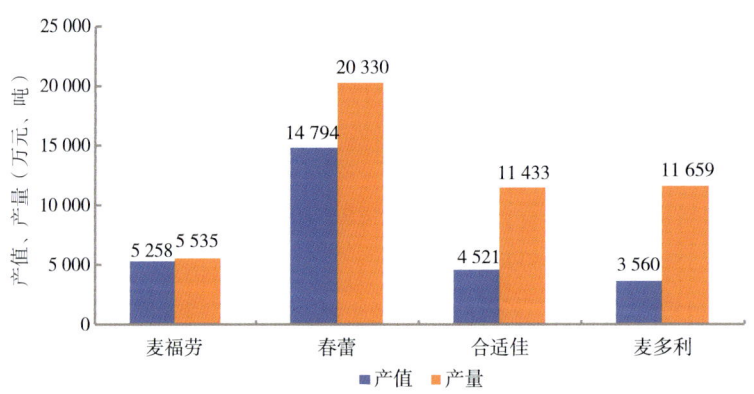

图6-4 加工企业产值和产量

5. 区位优势突出，绿色食品认证产品潜力空间大

呼伦贝尔农垦集团的海拉尔垦区位于呼伦贝尔大草原腹地，幅员辽阔，资源丰富，是优质的小麦和双低油菜籽产区。大兴安岭垦区农场地处大兴安岭西麓由山脉向松嫩平原过渡地带，域内森林茂密、河流众多、黑土肥沃，自然环境与资源得天独厚，是重要的小麦、大豆生产基地和杂粮生产区。2018年集团已认证绿色食品A级生产区面积55 269公顷，

产量128 854吨；已认证有机食品生产区面积2 667公顷，产量3 197吨；已认证无公害食品生产区面积3 099公顷，产量31 178吨。其中，小麦已认证绿色食品A级生产区面积6 290公顷，产量13 560吨；已认证有机食品生产区面积243公顷，产量664吨。玉米已认证绿色食品A级生产区面积11 626公顷，已认证有机食品生产区面积1 608公顷，28 444吨。大豆已认证绿色食品A级生产区面积35 020公顷，产量50 188吨；已认证有机食品生产区面积1 248公顷，产量2 070吨；已认证无公害食品生产区面积2 667公顷，产量3 197吨。得益于天然优势以及消费升级，未来集团产品的绿色有机认证及质量追溯体系发展空间还很大。

二、发展规划

（一）发展思路

以市场需求为导向，调整粮油种植业结构，按照"提升单产、调优品种、优质专用、总量稳定"的原则，重点发展优质小麦、双低油菜、大麦、马铃薯等优质粮油作物，同时"稳小麦、减玉米、增大麦、推水稻"。推进产地环境净化，推进化肥、农药减量使用，推动种植业绿色高质量发展。加快原料标准化生产基地建设，提升粮油产品质量和安全水平。重点针对优质小麦、马铃薯、双低油菜等农作物，通过加工龙头企业带动，扩大产品加工规模；通过产学研结合，引进精深加工新工艺和新技术，促进优产、优购、优储、优加、优销的"五优联动"，坚持"延伸产业链、提升价值链、打造供应链"，打造区域特色、绿色高端粮油产品生产加工基地。

（二）产业布局

根据气候条件、地形地貌等导致的农业生产条件的差异，呼伦贝尔农垦集团粮油产业布局可分为两大区域（图6-5）。

（1）大兴安岭西麓为小麦、油菜、马铃薯、大麦集聚发展区，包括苏沁、三河、上库力、拉布大林、哈达图、陶海、特泥河、谢尔塔拉、牙克石、免渡河、莫拐、绰尔河12个农牧场公司。

（2）大兴安岭东麓为大豆、玉米、水稻等作物集聚发展区，主要包括那吉屯、扎兰屯、大河湾、格尼河、巴彦、欧肯河、甘河、东方红、宜里、扎兰河、诺敏河、古里12个农牧场公司（分公司）。

各品种分布如下。

——小麦。重点布局在岭西地区，在上库力、拉布大林、三河、哈达图等12个农牧场公司建设小麦生产基地100万亩以上，打造高标准示范区。

——油菜。重点布局在岭西地区的12个农牧场公司，以特泥河与拉布大林2个农牧场公司为核心发展区，以上库力、三河、哈达图等10个农牧场公司为重点发展区，形成国内"双低"油菜优势生产区，油菜种植面积稳定在80万亩，充分保证合适佳的原料供应。

——马铃薯。种植布局逐步向土壤条件、灌溉条件适合的谢尔塔拉、陶海、哈达图、特泥河等农牧场公司集中，在4个农牧场公司建设马铃薯种植基地10万亩，年生产优质马铃薯20万吨，保证薯业集团的原料供应。稳定牙克石农牧场公司的马铃薯播种面积，并积极实施轮作种植。建设谢尔塔拉2万亩马铃薯种薯示范基地，年产优质马铃薯种薯1.2万吨。

——大麦。加强岭西地区优质大麦原料生产基地建设，重点布局在岭西三河、谢尔塔拉、特泥河、拉布大林等12个农牧场公司，保证种植面积在40万亩以上，产量稳定在10万吨以上，保证集团内麦芽厂优质足量的原材料供应。

——水稻。推进扎兰屯农牧场公司旱改水工作，以扎兰屯农牧场公司与大河湾农牧场公司为核心，通过租赁、合作社等形式带动扎兰屯、阿荣旗、莫旗水稻种植发展，形成5万亩的种植规模，打造扎兰屯地区优质稻米供应基地。

——玉米。可划分为籽实玉米种植区与青贮玉米种植区。籽实玉米种植区重点布局在≥10℃且积温2 300℃以上地区，包括那吉屯、甘河、大河湾、巴彦、格尼河等5个农牧场公司（分公司），稳定种植面积在30万亩，保证区域畜牧业的饲料粮需求。青贮玉米主要布局在岭北热量条件较低的地区。根据市场需求，适当扩展那吉屯农牧场公司、扎兰屯农牧场公司等鲜食玉米种植面积。

——大豆。重点布局在岭东的甘河、扎兰河、巴彦、宜里等4个农牧场公司（分公司）。稳定种植面积100万亩以上，年产大豆15万吨以上，打造非转基因高蛋白大豆生产优势区，加强与玉米等作物的轮作种植。

图6-5　2021—2025年优质粮油业发展布局图

（三）发展目标

标准化优质粮油种植基地初步建立。打造优质粮油标准化生产基地，辐射带动服务周边，形成具有区域优势特色的粮油生产基地，巩固提升优质粮油产区地位。到2025年，优质粮油标准化基地种植面积达到410万亩，其中优质小麦种植面积110万亩，双低油菜种植面积80万亩，优质大豆种植面积125万亩，大麦种植面积40万亩，玉米种植面积30万亩，优质马铃薯种植面积20万亩，水稻种植面积5万亩。

粮食加工产业链向纵深推进，现代化粮食产业体系初步建成。育、种、加、销体系初步形成。到2025年，粮油加工转化率达到38%，粮油产品优质率达到95%。

（四）重点任务

1. 推进种子繁殖体系建设

从种子的研发到种子的生产加工和供应等关键环节建立一个完整的供种体系，保障种子安全供应。开展联合育种，加快提升种业创新能力。与国内外科研院所开展联合育种，根据呼伦贝尔农垦集团产业发展需求，组建育种团队，以品种攻关为突破口，加快资源高效利用品种选育，开展小麦、油菜、玉米、大豆等作物和牧草新品种选育，培育高自主知识产权的优良品种。在云南、海南等地建设种子南繁基地，进行农作物新品种的加代繁殖育种工作，支撑种业的研发工作。积极参与建设高寒农作物种质资源保存中心，形成国内知名的区域种子繁育与示范基地。

强化种子生产能力建设，增强供种保障能力。发挥华垦种业公司作用，建设现代化种子加工厂，提高供种质量和保障能力。开展油菜种子丸粒化工作，加快新技术的推广应用，为农业生产提高产值和效益提供支撑。建设现代化种子加工中心和配送体系，提高种子生产、加工能力和服务水平。通过合作、并购和参股等方式进入优质小麦、双低油菜、优质马铃薯等种业，开展自育品种试验，建立新品种示范网络，完善种子市场营销、技术推广、信息服务体系，延伸产业链条。发挥华垦种业、农场与合作企业优势，以农场为主，建设种子联合繁育基地。加强区域优势品种资源保存、鉴定和遗传改良，选育高产、优质专用新品种。

加强农垦小麦新品种研发，重点推广格莱尼和龙麦系列等优质品种，依托集团华垦种业公司和拉布大林、特泥河、牙克石等3个农牧场公司建成小麦良种生产基地4万亩，实现年提供小麦良种8 000吨的能力，供种能力达到30%以上。

加强与国内良种研发科研机构合作，培育一批高产、高油、抗病且适合机械化收获的双低油菜新品种，繁育种植油用、饲用和观赏等系列品种。在青海和甘肃等地建设制种基地，在云南建立南繁育种基地，建成油菜良种生产基地2 000亩，具有年提供油菜良种200吨的能力。

依托呼伦贝尔种薯绿色繁育技术研究中心，大力建设谢尔塔拉马铃薯种薯生产示范基地，以荷兰系列、兴佳二号等品种为主，严格按5年以上种薯轮作生产，划定16万亩种薯种植轮作区，年产优质马铃薯种薯4.8万吨，其中2/3用作外销。在大西洋、早大白、尤金等品种基础上，继续筛选或选育适宜当地种植的新品种（系）。加强马铃薯脱毒种薯繁育和质量控制技术研究与应用。

在大兴安岭农垦集团和格尼河、绰尔河等农场建立大豆种子繁育基地，在黑河43、蒙豆、佳豆8号、合农95、金源73、华菜豆3号等大豆品种的基础上，继续筛选或选育适宜当地种植的非转基因新品种（系）。建成大豆种子生产基地1.5万亩，年产大豆种子2 000吨，供种能力达到60%。

2. 全面推广绿色生产方式

深入开展化肥减量增效行动，保持化肥使用量负增长，夯实测土配方施肥基础，开展测土化验、肥效试验和化肥利用率田间试验，分区域、分作物提出科学施肥意见。建立化肥减量增效试点，示范带动呼伦贝尔农垦集团化肥减量增效。深入开展有机肥替代化肥，探索种植与畜禽粪污资源化利用有机结合试点，从现有的有机作物向节肥潜力大的作物扩展。推广精准高效施药、轮换用药等科学用药技术，着力提升科学安全用药水平。大力发展旱作节水农业，按照控制农业灌溉用水总量、提升用水效率的要求，集成推广旱作节水农业技术，提高水资源利用效率。

在谢尔塔拉农牧场开展水肥药一体化技术攻关。筛选新型水溶肥料和施肥设备，为技术推广提供设备支撑。明确油菜需肥规律，建立灌溉施肥模型，实现随水施肥、按需施肥，农作物化肥利用率达到42%。不断优化投入产出比，实现降本5%以上，增效8%以上。

以单项突破上水平，集成创新增效益、减肥减药和保生态为目标，分别在玉米、水稻、大豆、小麦、马铃薯等粮食主产区建设1处示范展示区，示范推广配方施肥、缓控释肥和精准施肥，示范推广病虫害统防统治和绿色防控技术融合，到2025年示范面积达到50万亩，农药、化肥使用量减少3%以上，示范区测土配方施肥技术推广覆盖率达到95%，病虫害统防统治覆盖率达到100%，绿色防控技术应用率达到90%。

在岭西选取潜力大、基础条件好的农场，开展农作物绿色优质高效技术集成示范，将耕地质量保护提升、农业面源污染防治和生态涵养等进行有机融合，提升农田生态功能。

3. 加强粮油标准化基地建设

以优质小麦、双低油菜、优质大麦、马铃薯、水稻、玉米、大豆等优势产业带为重点，以提高粮油产品高质量发展为目标，开展优质粮油标准化生产基地建设。在加强高标准农田建设基础上，完善配套农机农资服务、水利灌溉、田间道路等设施建设，以标准化栽培为核心，集成品种优化、测土配方施肥、节水灌溉、全程机械化病虫害统防统控等绿色高效技术，利用物联网、人工智能、云计算等技术搭建标准化生产服务平台，构建粮油生产全程标准化监管体系。以标准化基地为依托，通过"育种示范基地""水肥一体化生产示范基地""农药减量化示范基地建设"等项目进行示范推广，实现节本、增效。到2025年主要农作物标准化生产技术覆盖率达到70%以上。

结合区域优势和产品特点，选择芥花油、优质小麦为突破点，立足国内领先，对标国际一流企业，推广粮油产品适度加工，积极参与制定优质粮油适度加工标准，强化先进标准引领。以标准化生产基地为依托，以龙头标准化加工企业为纽带，示范推广并带动周边规模化、标准化种植和集约化、标准化加工。

4. 加快补齐粮油加工短板

以优质小麦、双低油菜、优质大麦、优质马铃薯等区域特色农产品为重点，加大在精深加工、节耗减损、质量安全、营养健康等领域的基础研究和急需关键技术研发投入，提升区域特色粮油产品加工集成创新与熟化应用的科研能力，满足粮油产品加工企业共性关键技术需求。

（1）优质小麦。以农垦品牌为依托，与呼伦贝尔域内华和面业、内蒙古阜丰等本地加工企业在原料供给、带料加工、销售渠道等方面进行深度合作，形成小麦系列产品稳定的上下游合作关系，开发新型小麦面粉产品、专用粉、多谷物营养粉、小麦淀粉类产品、小麦麸皮和胚芽等副产物产品；引进国内知名面粉加工企业，建立小麦优质原料基地，围绕小麦精深加工转化，瞄准优质、高端、绿色、健康领域开发产品，做大做强优质小麦加工产业。到2025年，小麦加工能力突破5万吨，加工转化率达到20%。

（2）双低油菜。大力支持龙头企业合适佳，以龙头企业带动双低油菜种植基地规模化、生产标准化、管理规范化、产品优质化，扩大优质原料供应渠道。到2025年，龙头企业加工转化率达到70%，实现30万吨/年油菜籽加工能力；重点开发以芥花油产品为主，做好小包装芥花油的加工。加强与国内先进油料加工企业合作，开发功能型菜籽油产品、高附加值的美容护肤及保健类产品、食用菜薹、菜芽产品等新产品的研发和加工。补齐菜粕饲料深加工短板。

（3）优质大麦。积极扶持呼伦贝尔农垦集团内的大麦龙头加工企业，扩大大麦原料供应渠道，解决加工产能不饱和问题。到2025年，大麦加工能力达到10万吨，加工转化率实现100%。

（4）优质马铃薯。积极引进薯业公司，大力发展薯业加工，建设标准化马铃薯加工厂，引进健康、方便消费者日常饮食的新产品。支持加工企业提升精深加工能力，强化主食产品、休闲食品、健康营养食品及高附加值产品等开发和市场推广，提高马铃薯加工利用率，在种薯种植、商品薯种植、薯类加工、第四主粮开发上形成产业链。到2025年，马铃薯加工能力达到45万吨，加工转化率达到25%。

围绕优质小麦、双低油菜、优质大麦、优质马铃薯等区域优势产业带，以集团内部加工企业为核心，积极引进呼伦贝尔市内或国内先进加工企业精深加工技术，统筹初级加工和精深加工，鼓励龙头企业与周边种粮大户、家庭农场、农民合作社结成产业化经营联合体和利益共同体，培育一批加工标准化、产业链条长、品牌影响大、辐射带动能力强的粮油加工龙头企业。

专栏2：优质粮油良种繁育工程

（1）与国内外科研院所开展联合育种，提高种业创新能力。组建育种团队，以品种攻关为突破口，加快资源高效利用品种选育，开展小麦、油菜、玉米、大豆等作物和牧草新品种选育，培育高自主知识产权的优良品种。

（2）建设种子联合繁育基地，保障种子供种能力。发挥华垦种业、农场与合作企业优势，以农场为主，建设种子联合繁育基地。农场负责种子的生产，华垦种业负责种子的生产销售与新品种推广。在特泥河、牙克石和拉布大林等农牧场公司建立小麦种子繁育基地，在大兴安岭农垦集团和格尼河、绰尔河等建立大豆种子繁育基地，在特泥河、牙克石、谢尔塔拉、苏沁和上库力等农牧场公司建立牧草种子繁育基地，在青海和甘肃等地建立油菜制种基地。

（3）建设南繁基地，保障种子加代繁殖。在云南、海南等地建设种子南繁基地，进行农作物新品种的加代繁殖育种工作，支撑种业的研发工作。

第二节　生态饲草业

一、发展状况

呼伦贝尔农垦集团2018年牲畜总数约109.24万头（只），占全国牲畜总数的0.15%，其中牛和羊的数量分别占据全国总数的0.10%和0.15%，奶用基础母牛占全国奶牛存栏数目的0.6%。集团牧业产值18.27亿元，占全国牧业产值的0.06%。

呼伦贝尔农垦集团拥有天然草地面积1 057万亩，产草总量132万吨，单位面积平均产草量为124.50千克/亩。各农牧场公司（分公司）天然草地产草量分布如图6-6。从图中可以看到，不同农牧场天然草地差异明显。其中，三河农牧场公司的天然草原产草量最高，总量为24.51万吨；哈达图农牧场公司的天然草原产草量次之，总量为20.92万吨。此外，特泥河农牧场公司和上库力农牧场公司天然草原产草量总量在15万吨以上；谢尔塔拉农牧场公司、拉布大林农牧场公司、苏沁农牧场公司天然草原产草总量为6万~15万吨；陶海农牧场公司和宜里农牧场公司天然草原产草总量在2万~6万吨；牙克石农牧场公司、莫拐农牧场公司、免渡河农牧场公司、东方红农牧场分公司、扎兰河农牧场公司等天然草原产草量均在2万吨以下。

据统计，2018年呼伦贝尔农垦集团青饲料播种面积28 260亩，青饲料产量50 847吨。农作物秸秆以纤维素、半纤维素和木质素为主要成分，其中干物质组成中高达80%为多聚糖。对反刍动物来说，其肠道内的微生物能利用酶将纤维素、半纤维素分解为乙酸、丙酸、丁酸等挥发性脂肪酸，可以为其提供60%~70%的能量及体内合成蛋白质的碳架。因此，在反刍家畜的饲料来源中，秸秆类粗饲料占有相当重要的比重。除了天然草原的牧草供给外，呼伦贝尔农垦集团作物秸秆也可作为牲畜饲料来源。据统计，2019年呼伦贝尔农垦集团的秸秆饲料产量160万吨。基于秸秆资源产量，按照相关文献，秸秆饲用比例按34.24%计算，则集团约有54.8万吨的农作物秸秆可转化用于补充饲草料。

根据目前呼伦贝尔农垦集团拥有的饲草料量和饲养的草食家畜量计算，集团目前基本草畜平衡状况基本合理，未出现超载过牧现象。

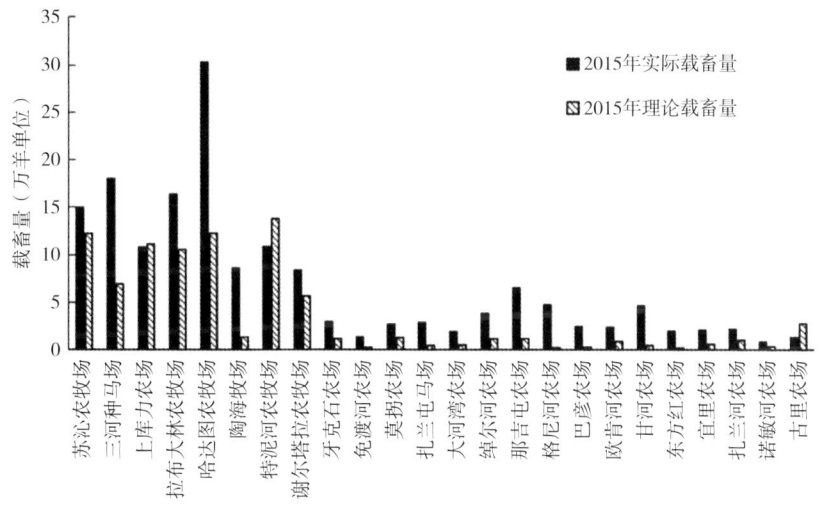

图6-6 呼伦贝尔农垦集团各农牧场载畜量统计图（匡文慧等，2018）

匡文慧等（2018）基于MODIS、Landsat TM/OLI和高分2号等遥感数据和农牧场草牧业年度报表数据，应用遥感解译和草地净初级生产力遥感估算模型，获取了呼伦贝尔农垦集团24个农牧场草地分布现状和退化状况，测算了各农牧场草地净初级生产力，评价了草地生态承载力和超载状况，得出呼伦贝尔农垦集团24个农牧场公司（分公司）中草地总面积的66.16%出现了不同程度的退化，主要表现为草地植被生产力和盖度下降，由草原开垦等导致草地破碎化面积约占草地总面积的1.55%。遥感估算的呼伦贝尔农垦集团24个农牧场公司（分公司）平均年产草总量约为34.07万吨，歉年（2001年）产草总量为27.43万吨，丰年（2013年）产草总量为48.89万吨。2015年，集团24个农牧场实际载畜量为164.19万个羊单位，理论载畜量为86.83万个羊单位，在不考虑青贮草和外购饲草料的情况下，超载率为89%，饲草缺口42.35万吨。基于生态草牧业建设的理念，提出如将集团10%的耕地开展人工草地种植，理论上相当于5 860平方千米天然草地的产草量，完全可满足整个集团牲畜饲草料需求，推行"粮、经、饲'三元结构'、草田轮作"的生产模式，适度利用现有耕地开展粮改饲和种养结合模式，提高草地产量有助于维护草畜平衡、遏制草地退化趋势，提高草原牧区草牧业可持续发展和生态保护能力。

二、发展规划

（一）发展思路

以"生态优先，绿色发展"为导向，按照"以草定畜，草畜平衡，为养而种，以养促种"的原则，以"天然饲草、人工种草、加工饲料"三位一体为主线，切实保护天然草原，坚持合理利用与保护建设相结合。转变发展方式，调整优化产业结构，实施"藏粮于草"战略，通过退耕还草、粮改饲、农闲田种草、草田轮作，因地制宜发展优质高产人工饲草料种植基地。整合各种资源，稳步推进饲草业集约化、规模化和专业化生产，集成创新草产品生产加工体系。集中打造天然草场和精细人工草业产业链，以科技创新全面提高生态饲草业综合生产能力、市场竞争力和经济实力，着力构建"草原增绿、牧业增效、牧民增收"的生态饲草业体系。

（二）产业布局

按照呼伦贝尔农垦集团资源禀赋特点、资源分异特征、生产潜力、区位优势、产业发展基础、生态环境承载力和区域生态经济功能，进行科学布局，形成"二片五区"的饲草业发展格局。

两片：

岭西天然草原优质牧草核心生产片。位于大兴安岭西部地区，包括苏沁、三河、上库力、拉布大林、哈达图、陶海、特泥河、谢尔塔拉、牙克石、莫拐和免渡河共11个农牧场公司，土地总面积1 805万亩。该片天然草原资源丰富，达858.13万亩，占呼伦贝尔农垦集团天然草地面积的93.68%，年产可食牧草总量为57.47万吨，是集团饲草业生产的主要区域。该片以天然草原资源为核心，发挥区域草甸草原、典型草原的优势，重点发展以"减压增效"为核心、绿色有机高端畜产品生产为目标的天然草原放牧畜牧业生产，同时生产天然牧草，补齐牧区饲草产业发展短板，并辅助建立集约、高效、规模化的人工草地。

岭东半农半牧高产饲草料生产片。位于大兴安岭东部地区，包括扎兰屯、大河湾、绰尔河、那吉屯、格尼河、巴彦、欧肯河、甘河、东方红、宜里、扎兰河、诺敏河和古里共13个农牧场公司（分公司），土地总面积2 017万亩，其中天然草原面积57.87万亩，占呼伦贝尔农垦集团天然草地面积的6.32%，年产可食牧草总量为3.88万吨，而耕地面积达203万亩。该片通过优化调整种植结构，积极发展人工草地，重点推动青贮玉米和苜蓿等优质饲草种植，推广农闲田种草和草田轮作，加快高产苜蓿、饲草种植基地及良种繁殖基地建设，形成农牧结合的高产饲草草料集约高效生产基地。

五区：

在岭西天然草原优质牧草核心生产片和岭东半农半牧高产饲草料生产片的基础上，根据不同地理特征和资源优势，进一步划分为5个生产区。

（1）天然草地放牧区。位于岭西天然草原地区。该区天然草地资源极其丰富，草地面积大，天然草原面积595.37万亩，包括苏沁农牧场公司（111.11万亩）、三河农牧场公司（176.06万亩）、上库力农牧场公司（118.66万亩）、拉布大林农牧场公司（83.54万亩）、哈达图农牧场公司（106万亩），是我国最优良的天然草地资源。该区草质量好，生产力高，2025年可食牧草总产量将达40万吨，羊草、针茅、隐子草、冰草、无芒雀麦、野豌豆、蒿蓄豆等优良牧草种类繁多，是呼伦贝尔农垦集团放牧畜牧业生产的核心地区，同时也是生态保护的重点地区。

（2）集约高效人工草地种植区。位于岭西地区，包括陶海、特泥河、莫拐、牙克石等11个农牧场公司，土地资源丰富且集中，总面积为281万亩，其中天然草地面积占农场总面积的63.34%，耕地面积占农场总面积的33.89%，适宜集约化、规模化生产，计划建立青贮饲料加工基地和牧草加工基地。通过种植业结构优化调整和退耕还草等政策，整合各种资源，形成集约高效人工草地种植区。

（3）农牧结合高产饲草料种植区。位于岭东地区，主要包括扎兰屯、大河湾、绰尔河、那吉屯、格尼河、扎兰河、宜里、诺敏河、东方红、巴彦、欧肯河、甘河和古里共13个农牧场公司（分公司）。该区水热条件较好，属于半湿润性气候，年降水量500~800毫米，整体气候温和、日照充足，适合农耕，种植业基础强，适宜配合"粮改饲"、农闲田种草、草田轮作，发展高产饲草饲料种植基地。

（4）优良牧草种子繁殖区。在三河、上库力、拉布大林、特泥河、扎兰河、宜里等面积较大，且适合集约规模化生产的农场中建立优良牧草种子选育扩繁基地，生产适宜东北寒冷地区的优良牧草种子。

（5）城郊天然放牧草原特色旅游区。位于岭西地区，主要包括谢尔塔拉、陶海等农牧场公司。适宜充分发挥美丽天然草原和游牧风情特色，创建城郊天然放牧草原特色旅游区。

（三）发展目标

1.规模化优质饲草料集约高效生产基地初步建立

到2025年，通过优化布局和饲草料生产基地建设，采用牧草新品种选育技术、优质饲草建植技术、人工草地水肥管理技术等，种植以杂花苜蓿、羊草、燕麦、青贮玉米等为主的高产优质饲草料共计100万亩，总产达到70万吨（干物质），基本形成高产饲草草料集约高效生产格局，满足呼伦贝尔农垦集团草食家畜饲养的需要。

2. 饲草业内部结构进一步优化升级，饲草业产业体系基本形成

到2025年，进一步建立完善饲草业产业体系，在天然草地改良和人工饲草料基地建设的基础上，大力发展优良牧草种子繁育生产，优质饲草种子繁育基地达到5万亩。大力推进农副产品转化利用，秸秆综合利用率达到88%，秸秆转化52万吨，粕类产品可利用转化28万吨。积极发展饲草料加工业，扶持培育饲草料生产加工龙头企业2~3家，新建10个饲草饲料加工点，饲草饲料加工转化率达到65%以上，提高牧草的转化效率5%~10%。新建饲草料储备库17万平方米，达到仓储10万吨干草的能力。

3. 具有区域优势的饲草业全产业链基本形成

到2025年，通过将天然草场利用与人工牧草精细种植有机结合的方式，融入现代农牧业管理手段，并与畜牧产业、加工业、旅游业等紧密衔接，形成高值产业链，全面提升饲草业产值。

（四）重点任务

1. 加强天然草原的保护和合理利用

天然草原以复壮改良和合理利用为核心，恢复退化植被，提高草地产量，改良草地质量，建设以"减压增效"为核心、绿色有机高端畜产品生产为目标的天然草原优质绿色牧草生产基地。实施退牧还草、退耕还草、草原奖补政策和天然草原治理工程，开展草原休牧围栏、草地改良建设；重点积极研发草地肥水耦合技术、有机无机平衡施肥技术、营养繁殖体恢复技术，为天然草原植被的改良和恢复提供技术支撑；采用松耙、切根、补播、施肥、封育、除杂、毒害草防治和虫鼠害防治等措施，对天然草原进行恢复和改良；通过天然草原轮牧、休牧、禁牧、打草场轮刈等放牧管理模式和草畜平衡制度，促进天然草原合理利用。

到2025年，退化天然草原植被得到有效恢复，天然草地改良面积达150万亩，主要在岭西的苏沁、三河、哈达图等11个农牧场公司进行。草原综合植被覆盖度达到78%，年均增长率达到0.8%。草地生产力得到明显提高，天然草地可食牧草总产量达到61万吨（图6-7）。

2. 建立完善的人工饲草料生产体系

借助呼伦贝尔农垦集团农牧业结构调整，通过退耕还草、粮改饲、农闲田种草、草田轮作等多种方式，大力发展人工草地，构建完善的人工草饲草料生产体系。加强人工草地基础设施建设，推进规模化、标准化、专业化和机械化生产水平。研发适合集团的优质牧

草种植技术体系，大力推广退化人工草地更新复壮技术、牧草混播建植技术、水肥调配管理技术、牧草实时刈割技术等，发展适合集团的"全营养体"饲草产业的种植模式。

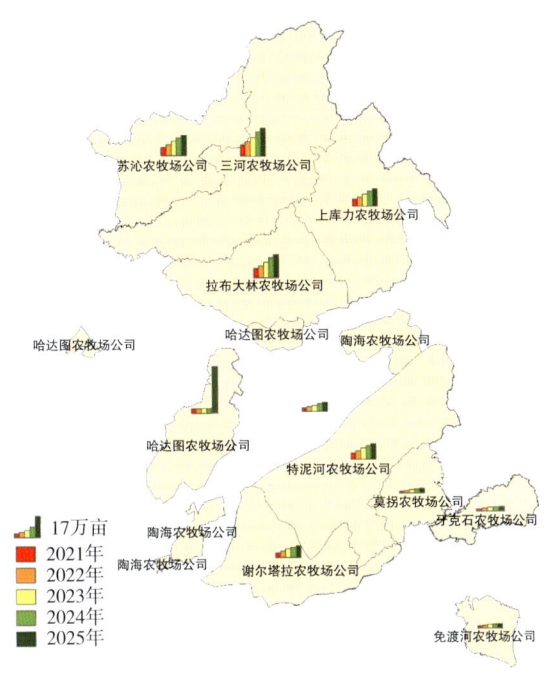

图6-7　2021—2025年呼伦贝尔农垦集团天然草地恢复和改良面积示意图

根据呼伦贝尔农垦集团奶牛、肉牛和肉羊等草食家畜的养殖计划，制定饲草料供需方案，在天然草地可利用牧草资源的基础上，至2025年，计划建设人工草地100万亩，折合干物质总产量达到70万吨。其中，种植苜蓿30万亩，折合干物质总产量达到12.9万吨；种植燕麦及其他优质牧草20万亩，折合干物质总产量达到12.4万吨；种植青贮玉米50万亩，折合干物质总产量45万吨。

在岭西各农牧场大力推进杂花苜蓿、羊草、燕麦、冰草等优质牧草种植，发展规模化集约高效人工草地总面积72.52万亩。重点部署在三河、拉布大林、特泥河和谢尔塔拉等农牧场公司。其中，规划苜蓿种植面积21.76万亩，燕麦及其他优质牧草人工种植面积14.50万亩，青贮玉米人工种植面积36.26万亩。

在岭东各农牧场种植杂花苜蓿、紫花苜蓿、青贮玉米等高产饲草饲料，建设高产饲草料生产基地，到2025年种植总面积达到27.48万亩，重点部署在大河湾、那吉屯和格尼河等农牧场公司。其中，苜蓿种植面积8.24万亩，燕麦及其他优质牧草种植面积5.50万亩，青贮玉米种植面积13.74万亩。

3. 构建优质草种繁育体系

立足呼伦贝尔生产耐寒草种的区域优势，加大对呼伦贝尔杂花苜蓿、野豌豆、萹蓄豆、羊草、冰草、披碱草、无芒雀麦等本地优良牧草种子的繁育。联合中国科学院等相关科研院校，探索建立以企业为主体，基地为依托，产学研相结合，育繁推一体化的优质草种繁育体系。开展牧草新品种培育、引种及其配套栽培技术研发，加强牧草种子生产基础设施建设，完善牧草种子生产技术体系，进行种植标准化生产，提高牧草种子的产量和质量。

建设国家级北方高寒优良牧草种子繁育基地5万亩，重点部署在三河、上库力、拉布大林、特泥河、扎兰河和宜里等农牧场公司。完善种子生产技术体系，提高牧草种子单产水平，达到610万千克的供种能力。逐步建立健全牧草种质资源库、更新繁殖基地、草种质检中心等配套基础设施。

4. 加强饲草料精细品加工

搭建科技成果转化平台，引导企业采用新技术、新工艺，开发新产品，提高草产品科技含量和市场竞争力。研发现代草产品加工新技术，推广牧草裹包青贮技术和玉米秸秆青贮发酵技术，发展青干草、草捆、草块、草颗粒、草粉等草产品加工利用技术，提高优质饲草的利用和转化效率，到2025年饲草饲料加工转化率达到65%。大力推广饲草青贮、秸秆青贮、微贮、膨化、压块等处理技术，扶持培育专业化秸秆饲草化利用企业，加大副产品粗类、麦根等的饲料化利用。

根据不同草场的种植情况优化和制定不同草产品的加工调制方案，研发新型优质的草产品，建立适合当地牛、羊的优质全价混合饲料体系。发展满足当地特优畜群需求为核心的优质草产品深加工和全混合日粮调制加工，开展有益微生物菌剂的研发与饲喂试验。积极开展"基地+公司+市场"经营模式，整合资源和生产要素，扶持培育规模化、标准化、机械化、专业化的饲料加工龙头企业，实现饲草产业化。

5. 建立完备的饲草料储备体系

探索建立"饲草银行"，完善草产业交易平台和物流体系。建立完备的饲草料储备体系，加大防灾应急饲草料库建设力度，解决牧区因冬季雪灾或歉年导致饲草不足的问题，调节牧区丰歉年草畜平衡。调整优化饲草收储方式，提高饲草料转化利用率。积极打造草产品全产业链，建立从原料、加工到销售的全过程质量控制体系，加快注册呼伦贝尔草产品绿色品牌，以市场化运作，拉长饲草产业链。

统筹考虑交通、饲草料资源等因素，推进饲草精细加工、储备库、青贮窖等基础设施建设。建设饲草料精细加工点，为提高效率，按照就近效率最大化的原则，每2~3个农牧场公司建设1个饲草料精细加工点。在城郊天然放牧草原特色旅游区建设1个加工点，天然草地放牧区建设3个加工点，集约高效人工草地种植区建设2个加工点，农牧结合高产饲草料种植区建设4个加工点，共建设10个饲草料加工点。最终达到青贮窖50万立方米，饲草储备库17万平方米，仓储干草能力10万吨。

第三节　绿色乳业

一、发展状况

乳业曾是垦区职工群众生产生活的重要组成部分，是促进职工群众增收致富，保障垦区安全稳定，实现新垦区建设的重要产业之一，但受乳业市场长期低迷、区域加工企业龙头带动作用减弱等外部因素和奶业基础设施仍比较薄弱、综合生产能力不高、劳动生产率低等内在因素影响，奶产业带动职工群众持续增收乏力，已不能肩负促进职工群众增收致富重任，产业发展面临诸多困难与挑战，形势非常严峻。为促进垦区奶业持续健康发展，充分发挥规划引领作用，推动垦区奶业平稳较快发展，根据农业农村部等九部委出台的《进一步促进奶业振兴的若干意见》农牧发〔2018〕18号文件和呼伦贝尔市奶业发展规划（2019—2023年）精神，制定《呼伦贝尔农垦集团奶业振兴规划（2019—2023年）》。

（一）现状

呼伦贝尔农垦集团养殖奶牛的品种主要是中国荷斯坦奶牛和三河牛。

1. 中国荷斯坦奶牛

中国荷斯坦奶牛旧称黑白花奶牛，从19世纪40年代开始从荷兰、德国和俄罗斯等国家引进，到20世纪以后开始从美国、日本等国家引进优质荷斯坦奶牛，并培育出适合于中国北方气候条件的中国荷斯坦奶牛品种。现在内蒙古自治区的奶牛品种主要以中国荷斯坦奶牛为主，约占奶牛总数的70%，其单产奶量约达6 300千克，乳脂率约3.56%。

2. 三河牛

黄牛的改良品种之一，内蒙古自治区东北部呼伦贝尔草原的三河地区原产的乳肉兼用的蒙古牛为雌体和海福特或西门塔尔牛的雄体杂交改良形成的品种。

（1）良种化水平得到提高。三河牛群体质量不断提高。有科学的育种方针，坚持三河牛本品种选育和适当引入德系、法系西门塔尔牛血统的育种方针，提高三河牛生产性能；有先进的选育手段，与中国农业大学合作，选育从简单的数量性状选育变为数量与分子选育相结合，选育水平得到提高；有严谨的育种方案，按照育种方案积极开展三河牛良种登记、三河牛后裔测定等工作，提升三河牛群体质量；2018年年末三河牛核心群单胎次产奶量达到6.5吨，18月龄公牛经短期育肥屠宰率达到50%～55%、净肉率42%～45%，生产性能发生了质的变化。

（2）规模养殖数量进一步增加。奶牛养殖业的家庭散养模式，新技术利用率低，先进的牧业装备不能推广使用，管理粗放，牲畜生产潜能不能得到挖掘、发挥，制约了垦区奶业发展。2014—2016年垦区通过自筹资金、鼓励职工投资、吸引社会投资10亿元，大力推进奶牛规模化养殖场（小区）建设。截至2018年年末，垦区奶牛规模化养殖场（小区）达到56个，设计存栏5.6万头。现有29个养殖场（小区）运营使用，存栏奶牛1.37万头。

（3）人工牧草种植进一步推广。垦区人工牧草种植已开始全面推广，目前已筛选出适合高寒地区种植苜蓿品种——杂花苜蓿，还有肇东苜蓿、工农一号2个品种正在试种阶段；种植苜蓿较早的三河种马场、谢尔塔拉农牧场在田间种植、收贮方面积累了一些经验。2018年垦区种植人工牧草13万亩。

（二）存在问题

1. 乳业加工缺少龙头企业，拉动作用非常弱

目前呼伦贝尔市仅有塞尚雀巢、光明、友谊、康益药业等几家企业收购牛奶，收购价格都不高，2018年全年谢尔塔拉农牧场第一牧场和第二牧场牛奶销售价格平均为3.48元/千克，养殖场都在亏损运营，乳制品加工企业只考虑自身利益的短视行为导致几十年来形成的奶业基础不复存在，奶牛存栏大幅度下降。2018年年末垦区奶牛存栏6.89万头，较2014年奶牛存栏高峰期下降了53%，且目前存栏中以发展肉用畜为主，真正产奶群体非常少，2018年垦区牛奶总产仅10.29万吨，较高峰期下降了30%以上。

2. 冬春季畜舍存在保温除湿矛盾，畜舍空气质量差，制约规模养殖发展

垦区处在高寒区域，冬春季畜舍为保温就要减少通风，就会导致畜舍湿度大、有害气体浓度超标。为降低湿度，控制有害气体在标准值以内，就要通风，而通风就会降低畜舍温度，保温、除湿之间存在矛盾，制约了规模养殖场发展。

3. 奶牛蹄病、乳房炎频发，严重影响牛奶产量和质量

现有规模化养殖场，在追求高产量的同时，采取全舍饲养殖模式，奶牛全天都在牛舍采食、休息，蹄部大部分时间与有粪污且潮湿的水泥地面接触，导致蹄病频发，严重影响奶牛产奶量，部分患病奶牛久治不愈、被迫淘汰，造成大量损失。还因机械化挤奶规程执行不到位等诸多因素，造成奶牛隐性、临床乳房炎频发，而且没有立竿见影的治疗措施，严重影响了牛奶质量，而且部分高产奶牛不得不因此而被淘汰。

4. 劳动生产率低，加大了养殖成本

垦区规模化养殖场人均饲养奶牛40头左右，奶牛小区人均饲养奶牛25头左右，劳动生产率接近国内平均水平，但远低于发达国家的人均饲养奶牛80头的水平。劳动生产率低，加大了养殖成本。

5. 粪污处理不规范，环保检查不达标

垦区现有规模化养殖场（小区）只有谢尔塔拉农牧场公司第一牧场、第二牧场建有粪污处理设施，其他牧场（小区）均没有建设粪污处理设施，各规模化养殖场（小区）在2018年的环保检查中都被要求整改，这将需要一大笔建设资金和运营费用。

二、发展规划

（一）发展思路

以市场需求为导向，充分利用草甸草原、温性草原等天然草地优势，依托规模养殖场建设全株青贮玉米、优质苜蓿及燕麦生产基地，秉持"为牧而农、种养结合、生态循环"的理念，以"种、养、加、销"一体化发展为主线，在呼伦贝尔农垦集团统一管理下，采用"奶牛养殖场和家庭牧场+合作社+奶制品加工厂"生产模式。实行以养定种、以种促养，依托生态饲草业建设优质饲草基地，实现"种好草"。以荷斯坦奶牛为主导品种，兼顾乳肉兼用品种三河牛，推广先进繁育技术，主推选种选配、全混合日粮饲养、生产性能测定、全株玉米青贮适用技术和粪污资源化利用等技术，以家庭牧场、中小型养殖场为主发展适度规模养殖、标准化养殖，达到"养好牛"目标。建设乳业加工生产线，严格监测生鲜乳生产、运输、加工过程，"控好质"。以呼伦贝尔和农垦共同品牌为背书，扩大奶牛养殖规模，大力推广"三河牛"牛奶，满足呼伦贝尔塞尚雀巢乳业公司需求，以各种风味的奶酪和民族奶制品为核心，加大优质干乳制品的研发，重点发展民族特色乳制品；扩大荷斯坦奶牛养殖规模，服务好优然牧业，加强高端液态奶发展，打造草原奶业高端品牌。利用"呼伦贝尔牛奶"品牌效应，带动集团奶业快速发展和全面振兴。以标准化、专业化、规模化、组织化、品牌化为导向，推动集团乳业研发、生产、加工、物流、市场、服务等全产业链开发，走出一条"产出高效、产品安全、资源节约、环境友好"的绿色乳业发展道路。

（二）产业布局

综合考虑农垦资源禀赋、养殖条件、基础设施等因素，遵循"依托资源、发挥优势、适度集中"的原则，构建"一心三基地"绿色乳业产业新格局。

一心：以谢尔塔拉三河牛育种繁育基地为核心，联合三河、上库力、拉布大林、哈达图、陶海和莫拐等农牧场公司，发挥天然草场优势，以自由放牧为主、舍饲为辅，重点发展以三河牛为主体的中小规模养殖基地，适度发展荷斯坦奶牛，着力打造以塞尚乳业为龙头，覆盖周边额尔古纳市、海拉尔、陈巴尔虎旗、牙克石等地的"岭西草原生态乳业发展区"；逐年增加奶牛养殖数量，提高奶牛单产，支持呼伦贝尔塞尚雀巢乳业公司扩大规模；以打造高端干乳制品为主攻方向，鼓励发展以牧民合作社为基础的民族特色乳制品生产，建设"岭西特色奶制品加工基地"，利用好三河牛高质量奶源优势和"呼伦贝尔农垦"金字招牌，做大做强民族特色乳制品产业。

三基地：依托那吉屯农牧场公司养殖基地，主要在扎兰屯、大河湾、绰尔河、格尼河等农牧场公司，重点发展以荷斯坦奶牛为主要品种的奶牛养殖，建设高标准、规模化奶牛养殖场，布设"岭东高效集约乳业发展区"；依托半农半牧区种植业的优势，大力发展苜蓿、全株青贮玉米等饲草料基地，推进种养结合，循环发展；以高端有机液态奶为主攻方向，发挥扎兰屯、大河湾、绰尔河、那吉屯和格尼河等农牧场公司靠近中心消费市场的区位优势,以期覆盖阿荣旗、扎兰屯、莫旗、鄂伦春旗等地奶业需求,探索"养殖户+合作社+加工厂"一体化经营的发展模式,建设岭东优质奶制品加工中心。

(三)发展目标

1. 加快推进优质奶源标准化基地建设

主推选种选配、全混合日粮饲养、生产性能测定、全株玉米青贮适用技术和粪污资源化利用等技术。在奶牛养殖场全部完成标准化生产,到2025年,呼伦贝尔农垦集团饲养奶牛规模达22万头,其中产奶基础母牛达到12万头,年产鲜奶60万吨,牛奶产量年均增产18.2%。到2025年,在岭西草原生态乳业发展区建设14万头三河牛的奶源标准化基地;在岭东高效集约乳业发展区建设1万头三河牛和5万头荷斯坦奶牛等养殖基地。

2. 提高质量安全和标准化水平

到2025年,生鲜乳抽检合格率达到100%,乳制品监督抽检合格率达到100%,机械化挤奶率达到100%。规模化养殖场全混合日粮饲养技术普及率达到100%,粪污资源化利用率达到95%。

3. 打造优质奶源加工基地

充分利用区域奶制品需求,建设覆盖周边地区的优质奶源加工基地,到2025年,力争建成优质牛奶标准化生产基地,生鲜乳加工转化率20%以上,高端产品比重达到50%以上,在岭西草原生态乳业发展区重点发展民族特色乳制品加工,在岭东高效集约乳业发展区重点发展高端有机液态奶,在两区分别培育1~2家区域内知名乳品加工企业。

(四)重点任务

1. 完善奶牛良种繁育体系

加大呼伦贝尔地方牲畜种质资源保护力度,严把地方种质资源标准,加强与科研院校产学研合作,在岭西草原生态乳业发展区以谢尔塔拉三河牛育种繁育基地为核心,持续推进三河牛选育,提高其抗逆性、耐粗饲、放牧性能等生产性能,以三河牛为主要品种进行奶牛品种改良,重点提高牛奶品质。以养殖产奶牛平均年单产达到5吨为目标,实现奶产量逐年提高。

充分利用国家和自治区对家畜良种的扶持政策,以提高荷斯坦奶牛单产为核心,加大奶牛优良品种繁育与引进,加快淘汰单产水平低、生产性能差的奶牛,提高全群单产和养殖效益。强化技术培训与指导,提升良种覆盖率,扩大高产奶牛数量。全面开展生产性能测定,全部采用优质冻精和性控冻精。强化技术培训与指导,推广人工授精、经济杂交等繁育技术,引进性控冻精、胚胎移植等先进繁育技术,提高三河牛选育强度和育种进程,确保牲畜良种化率稳定在95%以上,提高乳用性能。

2. 建设优质奶源标准化生产基地

根据基地建设和资源配置需要，坚持集团统一管理，依托公管公养、公管合养、公管托养、公管民养、统管民养等5种养殖模式，实现主产品统一销售，掌控农垦区域资源。其中，以公管民养为主，奶牛存栏数量为10万头；其次是公管公养和公管合养，奶牛存栏数量分别为5万头和3万头；统管民养和公管托养奶牛存栏数量分别为1.4万头和1 600头。扶持每个农场建设20个家庭牧场，每个家庭牧场规模在100头基础母牛，到2025年共建设300个家庭牧场，发挥示范带动作用。

严格按照《中华人民共和国畜牧法》等法律法规的规定，执行《奶牛标准化规模养殖生产技术规范》，推进标准化规模养殖场建设，在区域布局上采取适当集中全面发展的原则，以科技示范园区与专业小区建设为重点，积极培育以岭西草原生态乳业发展区和岭东高效集约乳业发展两大奶源基地。在岭西草原生态乳业发展区重点培育苏沁、三河、上库力、拉布大林、哈达图、陶海、特泥河、谢尔塔拉8个生态农牧场和高端奶源基地，到2025年，奶牛饲养规模达到16.74万头，基础母牛存栏数量达到9.21万头，年产鲜奶46万吨。在岭东高效集约乳业发展区重点发展大河湾、扎兰屯、那吉屯、免渡河、牙克石、莫拐、格尼河农牧场公司等奶源基地，到2025年，奶牛饲养规模达到5.8万头，产奶奶牛数量达到2.9万头，年产鲜奶14万吨。

重点加强水电路等基础设施、粪污处理设施、防疫、挤奶等配套设施建设，加强奶牛场的机械化、信息化、智能化装备和关键技术推广应用，加快现有奶牛养殖场的改造升级，对现有小规模养殖场进行设施改造与升级。推广应用奶牛养殖场物联网和智能化设施设备，提高奶牛养殖机械化、信息化、智能化水平。加强牧场原料、饲喂、营养、繁育、挤奶等全程监控和管理，实现奶牛养殖过程的可视化，力争全部实现新建牧场信息化、数字化和智能化。

3. 严格奶牛疫病防控与质量安全监管

严格动物防疫条件审查，落实疫病免疫、病原监测、检疫监管、无害化处理和应急处置等防控措施，做好从外区域购入奶牛的检疫、免疫、隔离工作。加强源头管理，建立健康档案，确保养殖场生物安全，严格奶牛养殖环节中饲料、兽药等投入品使用和监管。按照市政府要求积极推进布病和结核病净化，严格防控、防治奶牛口蹄疫、结核病等常见病，推进布鲁氏菌病（简称布病）和结核病的净化。构建覆盖全链条的病死牲畜无害化处理体系，建设病死牲畜无害化处理中心，每个养殖基地配套建设无害化处理尸窖。

加强呼伦贝尔农垦集团奶业全产业链质量安全监管。建立投入品台账制度，在奶牛养殖环节对饲料、兽药等使用情况进行登记、备查，强化兽药残留综合治理工作，实施阳性样品追溯监管；加强乳品检测中心（站）建设，实施生鲜乳质量安全监测计划，健全乳制品质量安全监管体系；规范生鲜乳收购、运输行为，确保生鲜乳质量安全，加强重点指标检测。

4. 加强乳制品开发与产品结构优化

在岭西草原生态乳业发展区建设民族特色乳制品工厂化生产试点。利用三河牛牛奶中乳脂率（4.06%）、乳蛋白（3.42%）和干物质（12.9%）"三高"特点，充分发挥其奶香醇厚、风味独特、口感好的优势，依托呼伦贝尔大草原得天独厚的优势，支持岭西各农牧场公司，重点生产巴氏杀菌乳、发酵乳、优质奶酪、特色民族奶制品等，积极培育鲜奶消费市场，满足高品质、差异化、个性化需求；充分利用与旅游业紧密结合，开发各种美味可口又极具营养价值的传统民族奶制品，服务当地、周边群众和呼伦贝尔外地旅游人员，通过旅游带动奶制品销售，同时通过互联网扩大销售比重。

在岭东高效集约乳业发展区积极发展高端有机液态奶生产。针对婴幼儿、孕妇、学生、上班族、中老年人等不同群体，围绕促进胃肠道健康、低糖或无糖、促进心血管健康等特殊需求，依托岭东各农牧场公司有机奶源基地，积极发展高端液态奶，培育周边地区鲜奶消费，满足高品质、新鲜、个性化需求；积极推进常温有机奶，开发乳酸菌片、双歧奶片等功能性乳制品，目标市场为北京、上海、深圳等地高端市场，产品定位从简单的营养补充上升为保健功能。

5. 推动有机奶制品品牌培育

以三河牛为重点，充分利用纯净生态环境，发挥草原绿色牧养、农区标准化规模养殖优势，立足集团，覆盖呼伦贝尔市，面向全国高端市场，培育高端草原奶、有机奶品牌，扩大乳制品市场影响力和竞争力，提高市场占有率。严格按照国家有机奶生产体系组织生产，严格遵照有机奶生产、加工、包装、贮藏、运输，建立完善的质量跟踪审查体系，并申请通过国家权威认证机构的有机认证（如中绿华夏等）。

建立"三河牛"品牌奶全产业链追溯体系，实现乳业养殖—加工—物流配送—消费终端等全产业链的无缝监管。加大对品牌扶持力度，扩大集体商标使用范围，加强广告宣传，形成绿色有机、天然健康、安全放心的"呼伦贝尔农垦"有机奶制品品牌形象，争创乳业"中国驰名商标"。

专栏3：培育新型农业经营主体

根据《中共中央办公厅、国务院办公厅关于加快构建政策体系培育新型农业经营主体的意见》《农业农村部、财政部关于做好2019年农业生产发展等项目实施工作的通知》（农计财发〔2019〕6号）等要求，国家财政持续加大对农民合作社、家庭农场等新型农业经营主体的支持力度，支持实施农民合作社规范提升行动和家庭农场培育计划，积极发展奶农合作社和奶牛家庭牧场，培育创建农业产业化联合体，加快培育新型农业经营主体，加快构建以农户家庭经营为基础、合作与联合为纽带、市场需求为导向的立体式复合型现代农业经营体系。

支持对象针对家庭农场（重点在岭北），主要支持纳入农业农村部门家庭农场名录的家庭农场（家庭牧场），其中家庭农场重点支持土地经营规模相当于当地户均承包地面积10~15倍或务农收入相当于当地二、三产业务工收入的农场；奶牛家庭牧场优先支持存栏量30~100头的中小规模牧场。粮食类等大宗农产品生产的农民合作社、家庭农场等新型农业经营主体数量应占有一定比重。

专栏4：中绿华夏——农业农村部有机食品认证机构

北京中绿华夏有机食品认证中心（China Organic Food Certification Center，COFCC）是农业农村部推动有机农业发展的专门机构，是中国国家认证认可监督管理委员会批准设立的全国第一家有机产品认证机构，也是中国认证认可协会确认的全国有机产品注册检查员培训机构。COFCC下设综合部、境内认证部、境外事务部、评审颁证部、质量管理部和市场信息部等6个部门。主要职责包括：有机产品的认证和管理；有机产品检查员和内检员培训；有机农业技术理论研究；有机产品国内外市场培育；国际交流与合作；提供有机产品信息服务。

COFCC依托农业系统工作体系优势，拥有一流的审核人员和技术专家。与IFOAM、德国BCS、日本JONA、丹麦国际有机食品体系研究中心等国外有机产品认证机构和推广机构建立了良好的合作关系。为推动中国有机产品市场推广与贸易，COFCC于2007年开始每年举办中国国际有机食品博览会，目前该博览会已成为世界第二大有机产品专业展会。

第四节 健康肉业

一、发展思路

依托优势天然草地资源，利用优质人工牧草生产基地，以"增牛增羊稳猪、补链强锌延链、品牌优化强化"为发展主线，肉牛肉羊形成"以公管民养为主导，以公管公养和统管民养为辅助，以公管合养和公管托养为补充"的饲养模式，建立集团统一管理、以家庭牧场为主的标准化养殖基地。主推高端综合配套、设施化养猪、生态健康高效养猪等技术，推进生猪规模养殖场标准化建设。建立引种良种繁育示范基地，优先选育适应本土的呼伦贝尔羊，提纯复壮短尾系呼伦贝尔羊、三河牛和东北有机黑猪，实现增牛增羊稳猪，扩大产量。延伸产业链、拓展价值链，加快布局屠宰加工链条，大力开发和生产高技术含量、高档次、高质量、多功能的深加工产品，打牢"优质饲草供应基地、标准化养殖基地"双基地，提升"产业链和价值链"双链条，实现肉业"统一品种选择，统一饲养标准，统一防疫部署，统一技术培训服务，统一肉类标准，统一收购销售"的"六统一"全产业链发展模式，加强技术创新、经营理念和模式创新，打造肉业品牌核心竞争力，将集团打造成健康肉业龙头企业。

二、产业布局

（一）岭西三河牛与呼伦贝尔羊养殖区

遵循"发挥优势、适度集中、产业融合、示范带动"的原则，对呼伦贝尔农垦集团牛羊产业进行布局，到2025年，重点在苏沁、三河、上库力、拉布大林、哈达图和特泥河等农牧场公司，建设肉羊总存栏116万只、年出栏71万只、年生产优质羊肉0.9万吨的肉羊生产基地；建设肉牛存栏3.12万头、年出栏4.3万头、年生产优质牛肉1.3万吨的肉牛生产基地。与呼伦贝尔其他大型肉类加工企业合作，借助其加工技术、设备和厂房生产农垦优质畜产品，同时发挥那吉屯农牧场公司的屠宰线、冷库优势，畅通销售市场，带动肉类产业发展，打造加工物流核。

（二）岭东西门塔尔肉牛、肉羊和生猪养殖区

重点在扎兰屯、绰尔河、那吉屯、格尼河、巴彦、甘河、古里等农牧场公司（分公司）建设"岭东西门塔尔肉牛和肉羊养殖区"；重点在大河湾、那吉屯、格尼河等农牧场公司建设"岭东生猪养殖区"。到2025年，达到肉羊年出栏28万只、年生产0.36万吨优质羊肉生产规模；达到肉牛年出栏5.7万头、年生产1.7万吨优质牛肉的生产规模，达到生猪年出栏5万头、年生产3 500吨优质猪肉的生产规模，形成点、线、面有机结合，以点带面、产业联结、集群发展的整体空间发展格局，辐射带动周边地区肉牛、肉羊、生猪产业持续、稳定、快速发展。

（三）集中进行肉羊、肉牛、生猪的屠宰加工，提高牛羊猪肉的统一售卖比重

规划在农垦食品公司、那吉屯农牧场公司建设肉牛屠宰加工场，在农垦食品公司、那吉屯农牧场公司建设肉羊屠宰加工场，在那吉屯农牧场公司建设生猪屠宰加工场。

三、发展目标

（一）产业规模明显壮大

到2025年，实现年出栏肉羊100万只，羊肉产量达到1.26万吨；出栏肉牛10万头，牛

肉产量达到3.05万吨；出栏生猪5万头，猪肉产量达到3 500吨的目标。牛羊猪肉总产量达到4.66万吨，将呼伦贝尔农垦集团打造成为牛羊猪肉生产加工输出基地（表6-1、表6-2）。

表6-1 草食家畜饲养年度计划及饲草饲料需求量

年份	肉羊		肉牛		奶牛		饲草饲料需求总量（万吨）
	存栏量（万只）	出栏量（万只）	存栏量（万头）	出栏量（万头）	总存栏（万头）	成年母牛（万头）	
2021	127.76	60.00	4.00	2.00	10.22	5.62	107
2022	144.80	68.00	8.00	4.00	12.78	7.03	129
2023	166.09	78.00	12.00	6.00	15.33	8.43	154
2024	191.65	90.00	16.00	8.00	19.11	10.51	186
2025	212.94	100.00	20.00	10.00	22.00	12.00	212

表6-2 十四五规划期间呼伦贝尔农垦集团乳肉产出

	项目	2021年	2022年	2023年	2024年	2025年
肉羊	出栏量（万只）	60	68	78	90	100
	羊肉产量（万吨）	0.76	0.86	0.98	1.13	1.26
肉牛	出栏量（万头）	2	4	6	8	10
	牛肉产量（万吨）	0.61	1.22	1.83	2.44	3.05
生猪	出栏量（万头）	4.50	4.50	4.50	4.50	5.00
	猪肉产量（万吨）	0.32	0.32	0.32	0.32	0.35
奶牛	总存栏（万头）	10.22	12.78	15.33	19.11	22.00
	成年母牛数量（万头）	6.13	7.67	9.20	11.47	12.00
	淘汰乳牛数量（万头）	0.58	0.72	0.89	1.10	1.29
	淘汰乳牛肉量（吨）	177	219	271	336	393
肉类总产量（万吨）		1.68	2.39	3.13	3.89	4.66
牛奶总产量（万吨）		30.66	38.33	45.99	57.33	60.00

（二）产业集群快速发展

围绕肉牛肉羊产业，建设规模化标准化生产基地，在生产、加工、物流、研发、示范、服务等环节相互融合，实现全产业链开发，产品品牌效应凸显。提高产地加工转化率和产品附加值，2021年，生猪转化率提高45%，年提高10%；淘汰奶牛转化率达到20%，年提高10%；肉羊转化率达到40%，年提高10%；肉牛转化率达到20%，年递增10%。

（三）科技、装备支撑有力

现代科技要素集聚，与国家级科研单位、省级科研单位联合研发，加快新产品新技术开发应用。良种良法良机配套，良种覆盖率达到100%，机械化率明显提高，农产品加工体系完善，精深加工实现突破。

（四）绿色发展取得突破

全面推行"一控两减三基本"，实现生产标准化、经营品牌化、质量可追溯，实现肉类产品质量安全检测覆盖率达到99%。

四、重点任务

（一）加快推进良种繁育体系

坚持三河牛品种选育和呼伦贝尔羊提纯复壮、短尾系呼伦贝尔羊选育；引进西门塔尔、安格斯等肉牛品种，杜泊、澳洲白、湖羊等肉羊品种，坚持实施优良种羊纯种繁育工作，在谢尔塔拉农牧场公司建设三河牛良种繁育基地，在呼伦贝尔农垦科技公司和哈达图农牧场公司建设呼伦贝尔羊良种繁育基地，为农户提供优质采精种公牛、公羊，建设种源科研生产经营一体化基地。

加大种畜推广力度，充分发挥三河牛乳肉兼用性、耐寒宜牧、抗逆性强、适合高寒区域、粗放饲养管理等特点；重点利用呼伦贝尔羊原种场的优势，以及谱系健全、品种纯正、产肉性能高、耐粗饲等特点，大力推广三河牛和呼伦贝尔羊等优良畜种；推进绿色清洁养殖、粪污资源化利用，以东北有机黑猪为特色，重点繁殖长白、大白、杜洛克等品种，主推繁殖母猪高产综合配套、设施化养猪、生态健康高效养猪等技术，提高生猪良种繁育。

升级改造现代化肉牛肉羊良种繁育示范基地，逐步在全集团肉牛肉羊养殖重点区域、重点农场推广优良品种，最终实现良种全覆盖。以现代化龙头企业为实施主体，巴彦农牧场分公司种羊园、莫拐农牧场公司种羊场和呼伦贝尔羊种羊场作为引种良种繁育示范基地，各引进优质纯种母牛100头，共300头，纯种公牛各10头，共30头；三河牛优质采精公牛50头，年推广优质后备公牛500头，年销售冻精20万枚；引进杜泊、萨福克、湖羊等母羊各3 000只，共9 000只，种公羊各100只，共300只。

（二）加强肉牛、肉羊、生猪养殖标准化基地建设

紧抓国家鼓励发展家庭牧场的机遇，充分发挥农垦品牌、技术优势和家庭牧场综合生产

成本低的优势，积极扶持鼓励家庭牧场发展，扩大肉牛、肉羊家庭牧场养殖规模。依托现有畜牧兽医队伍的技术优势和现代牧业的装备优势，组建社会化服务队伍，为家庭牧场提供全混合日粮、良种公畜、人工授精、疫病防控等服务，扶持家庭牧场健康发展。建立家庭牧场与加工企业之间的利益链接，探索多个家庭牧场组成合作社或者建立协会。到2025年，在利益联结机制上有所突破，转变现阶段的基地与加工企业松散的买卖关系，为产业进一步发展打好基础。生猪养殖以全面推广优良种猪和无公害生产技术，建设无公害养殖和生产基地，以东北有机黑猪为核心，形成种猪繁育、有机猪养殖的标准化产业基地。

（三）延伸产业加工与营销链条

加大招商引资力度，采取创新合作方式，加快与肉类加工企业合作，包括呼伦贝尔肉业集团、首农集团等，形成利益紧密的合作关系，借助其成熟的加工技术、完善的设备和厂房，联合生产农垦优质畜产品。

依托农垦品牌和科技平台，支持加工企业研发新产品，全面推进标准化、绿色化、规模化肉类生产，联合建设以草食牛羊肉深加工为方向的创新平台，联合建设冷冻库、分割车间和熟制车间，积极发展精品低温肉制品、生鲜调理肉制品、肉罐制品加工、速冻调理肉制品、休闲肉类食品等高附加值产品，提高肉类精深加工水平，延长产业链，提升价值链。

发挥呼伦贝尔农垦集团的引领带动作用，建设现代草食畜牧产业发展的窗口、科技推广应用的平台；支持社区农业、家庭牧场等模式发展，大力发展电子商务综合示范，扩大集团草食畜产品的销售半径；构建肉类全产业经营体系，增加畜牧业的经济效益。

（四）实施区域特色肉业品牌提升战略

充分挖掘天然牧草绿色生态优势，以全面提高肉类质量水平和竞争力为核心，研究制订科学的品牌发展规划，及时指导呼伦贝尔农垦集团进行畜牧业品牌的创建活动，培育、做大、做强区域优势、特色鲜明的集团品牌体系，包括"三河牛""呼伦贝尔羊"等一批特色鲜明、质量稳定、信誉良好、市场占有率高的名牌农产品。大力发展畜肉产品生产加工龙头企业、专业合作社和肉类产品行业协会，搭建肉类品牌建设的平台；加强对肉类产品品牌的监管；同时，要加强品牌权益保护，坚决打击假冒伪劣和仿制产品，理顺经营秩序，增强农垦品牌在全国的知名度、美誉度和影响力。

（五）加强动物疫病防控与质量监管

加强动物疫病防控体系建设，加大口蹄疫等重大动物疫病防控力度，重点加强布病、结核病等人畜共患病防控工作，实施种畜场疫病净化策略和小反刍兽疫消灭行动，提升应急能力。

加强肉牛、肉羊和生猪制品检测中心（站）建设，实施肉牛、肉羊和生猪质量安全监测计划，确保肉类质量安全，严格执行国家标准，加强重点指标监测。

强化基层防疫人员业务能力建设，定期组织开展培训学习。加强畜产品质量安全过程控制，突出投入品质量监管、生产技术规范及市场准入等关键环节，从源头上强化畜产品质量安全保障。

专栏5：畜牧良种繁育工程

（1）呼伦贝尔羊良种繁育工程。开展呼伦贝尔羊核心群保育，建设智能化种羊场。在农牧场公司（分公司）及牧业旗市组建呼伦贝尔羊扩繁场5~10个，重点开展呼伦贝尔羊提纯复壮和新品种、新品系育种工作。

（2）三河牛育种繁育工程。在加强岭西谢尔塔拉、哈达图和陶海农牧场公司建设，以期养殖产奶牛单产达到5吨；在岭东建设荷斯坦奶牛繁育车间，推广人工授精、经济杂交等繁育技术，引进性控冻精、胚胎移植等先进繁育技术。到2025年，确保良种化率稳定在95%以上，争创国家级三河牛良种繁育输出基地。

专栏6：呼伦贝尔农垦集团畜牧业发展规模测算

依据农业行业标准《天然草地合理载畜量的计算》（NY/T 635—2015）、集团家畜存栏和家畜饲草饲料需求情况等，对集团所辖24个农牧场公司（分公司）2021—2025年草畜平衡进行核算，进而确定集团饲草业的发展规模（表6-1）。

测算表明，基于集团肉羊和肉牛出栏数量分别由2021年的60万只和2万头，增加到2025年的100万只和10万头，奶牛存栏数由2021年的10万头增加至2025年的22万头（表6-2）。随着肉羊、肉牛和奶牛饲养规模的扩大，饲草干草需求量也逐年递增，除小麦和玉米等的精饲料外，饲草饲料需求量自2021年的107万吨增加至2025年的212万吨，增加近2倍。除集团天然草地和人工草地供给的饲草和玉米、小麦等提供的精饲料外，为保证草畜平衡，还需逐年增加人工草地的建设和提高农作物秸秆的利用率，以期至2025年达到100万亩苜蓿、燕麦和青贮玉米等人工饲草料生产基地的建设规模。

第七章 特色产业发展战略

特色产业就是要以"特"制胜的产业,是一个国家或一个地区在长期的发展过程中所积淀、成型的一种或几种特有的资源、文化、技术、管理、环境、人才等方面的优势,从而形成的具有国际、本国或本地区特色的具有核心市场竞争力的产业或产业集群。特色产业的本质是"我"最擅长的经济,是具有比较优势的产业,因此是有市场竞争力的产业。经济发展的实践证明,一个地方经济要获得持续发展的动力和源泉,就必须谋求在某一方面或某一领域持久的特色竞争优势,取得高于平均水平的经济效益。根据呼伦贝尔农垦集团现有的优势,采取适宜各自发展的特色竞争战略,把握关键,实施重点突破。首先要瞄准一个"特"字,就是要盯住个性化和有地方特色的产业,选择能提供与众不同的特色产品,积极推动,大力发展,形成本地具有独特性的东西,如品牌形象、技术特点、外观特点、客户服务、特殊原料、传统秘方、历史文化、自然特点、经销网络及其他方面的独特性,使之赢得持久的竞争优势,获得超常的经济收益。应该集中于一点,要毫不犹豫地从一种特色产业入手,集中各自的优势资源,采取超常措施,实施重点突破。从各地的发展经验看,其共同特点就是不求面面俱到,而是将战略的注意力集中于一个特色点上,挖掘深加工潜力,把特色产业逐步做强做大,使之在激烈的市场竞争中形成领先优势。提高绿色蔬菜、杂粮、甜菜、鲜食玉米、中草药,以及鸡、鹅、兔等特色产品的生产规模,以集团标准化种植、养殖基地为基础,按照公司"统一提供种苗、统一饲养标准、统一提供技术服务、统一收购、统一包装、统一品牌、统一销售"的模式,辐射带动周边形成优势特色产业带,培育和带动区域加工企业;依托集团品牌和营销体系,形成"标准化基地+加工企业+农垦营销体系"的格局。以大兴安岭公共品牌为依托,推动榛子、蓝莓、蜂蜜等产品的深加工能力,扩大夏日矿泉水的加工能力,打造绿色化、精品化、产业化为导向的特色产品体系,将特色产业打造成集团的创收新动力。

第一节 特色种植业

种植多种特色经济作物和中草药作物,种植结构不断优化。种植业作为农业的重要组成部分，给农业的发展提供内在动力。一直以来，农业作为内蒙古农村和牧区的支柱产业，无论是在农产品产量还是在经济产值方面都在不断提升（胡艳芳，2019）。呼伦贝尔农垦集团的特色种植业包括中草药（赤芍、防风、白鲜皮、金莲花等）、杂粮（绿豆、芸豆等）、甜菜、蔬菜、鲜食玉米等。呼伦贝尔农垦集团特色种植业的发展，为老百姓提供丰富的优质农产品，是国家重要的粮油基地。

一、发展思路与目标

以生态优先、绿色高质量发展为出发点，按照"突出特色、强化品牌、持续增收"的总体目标，依托呼伦贝尔农垦集团的资源和组织管理优势，深度挖掘区域特色资源潜力，以中草药、杂粮、甜菜、蔬菜、鲜食玉米为重点，培育生产优质适销、特色明显、竞争力强的农产品，带动周边种植农户，打造区域优势特色农产品种植、加工、销售和三产融合的基地。

优势特色作物种植规模扩大，标准化特色种植基地形成。到2025年，实现中草药种植30万亩，甜菜种植50万亩，杂粮种植10万亩。到2025年，特色种植面积稳定在90万亩左右。综合加工转化能力得到提升。以甜菜、杂粮为主，探索适宜的集种植、加工、销售一体的经营模式，形成为加工而种、为加工而养的种养格局；以设施农业为基础，通过"农旅"融合，加快推进一二三产业融合发展。到2025年，特色农产品加工营业收入实现5亿元以上。推进中草药产业融合发展项目。结合集团农场旅游规划，在优势品种核心示范种植区，打造集旅游和科普为一体的中草药科普基地1~2处。

二、产业布局

（一）因地制宜、科学合理布局健康中草药种植基地

在岭西，重点布局在谢尔塔拉、拉布大林、哈达图、谢尔塔拉、莫拐等5个农牧场公司，形成以水飞蓟、赤芍、白鲜皮、甘草品种为主的岭西中草药示范种植区，种植面积达到20万亩；在岭东，重点布局在大河湾、扎兰屯、巴彦等3个农牧场公司（分公司），形成以大黄芪、小黄芪、桔梗、党参、五味子等药材为主的岭东中药材示范种植区，种植面积达到10万亩。

（二）以"调优、调高、调特"为原则，布局有机杂粮种植基地

杂粮品种以杂豆、高粱、鲜食糯玉米为主，重点布局在岭东。杂豆主要分布在古里、绰尔河、那吉屯、扎兰河、东方红等5个农牧场公司（分公司）；高粱主要分布在格尼河、那吉屯、宜里等3个农牧场公司；鲜食糯玉米主要分布在那吉屯农牧场公司和扎兰屯农牧场公司。到2025年，杂粮种植面积达到10万亩。以"扩大产能"为主线，布局优质甜

菜种植基地。重点布局在岭西，以拉布大林、上库力、三河种马场、谢尔塔拉、哈达图等5个农牧场公司为主，到2025年，种植面积达到50万亩。

（三）以提高产业化水平为目标，布局休闲设施农业种植基地

立足设施农业现状，以发展城郊型农场为主，重点布局在岭东的那吉屯农牧场公司和巴彦农牧场分公司，岭西的谢尔塔拉、牙克石、特泥河和陶海等4个农牧场公司。到2025年，以休闲设施农业为基础，完善生态旅游项目建设，实现农业和旅游业融合发展。

三、重点任务

（一）打造特色农产品标准化示范种植基地

按照"标准化、规模化、集约化"原则，采取"农垦+农户+基地"等模式，建设特色农产品标准化示范种植基地。选取有条件的农场，加强与黑龙江省药学会、齐齐哈尔医学院等科研机构合作，打造良种繁育基地，销售种苗，带动周边农户；打造不同药材种植的标准化基地，加快药材无公害产地认定和GAP种植基地认证，并牵头制定相关种植标准；加强杂粮良种繁育与优良品种鉴选，推广保优节本高产栽培技术，推进有机杂粮标准化基地建设；大力推广甜菜双高全程机械化生产技术模式，促进规模化和集约化生产；积极发展设施休闲农业，推广绿色生产方式，实现产品质量控制统一管理。

（二）加快发展特色农产品产后加工

根据市场需求，加强开发适销对路的农产品，形成"种植在全市、加工在农垦"的格局，加快推进一二三产业融合发展。提高中草药、杂粮、甜菜等加工转化能力，开发保健食品、营养食品、速食产品和休闲食品等，延伸食品加工产业链条，提升农产品附加值。

探索因地制宜的中草药加工方式，发展种植基地与国内知名药材企业订单农业或合作经营，结合农场基础条件，开展蒙药材初加工标准化基地建设，示范带动区域农牧民增收和经济发展。

推进有机杂粮产后品质筛选、分拣和包装工作，开发推广优质专用品种；依托呼伦贝尔芸生科技有限公司，持续推进杂粮精深加工项目；加强和黑龙江八一农垦大学杂粮研究所和安徽省燕之坊食品有限公司合作，发展杂豆加工。

大力发展甜菜种植，为呼伦贝尔晟通糖业加工转化提供充足原料；加强设施农业产品产后处理，完善设施蔬菜产品产后分拣、包装、保鲜储藏等商品化处理和物流配送服务体系。

（三）重点推动中草药产业融合发展

充分发挥呼伦贝尔农垦集团资源、科技和体制优势，打造集团中药材种苗繁育、生

产、加工、销售和服务融合的全产业链，推进中草药产业高质量发展。第一，开展蒙中药材服务体系建设项目。以集团营销体系为核心，依托集团信息化平台，开展种苗销售、标准化技术推广和培训、农资农机服务、收购信息发布等多项业务，打造以农垦为核心的蒙中药材服务体系建设。第二，开展"中草药和文旅"融合发展项目。以水飞蓟、赤芍等代表性品种为核心，集合旅游农场规划，打造万亩种植基地。第三，开展中草药健康产业服务项目建设。围绕特色优势品种，结合国家政策导向，打造集旅游、药膳文化、养生、科普等为一体的中草药科普基地，弘扬中医药文化，发挥中医药在大健康产业的独特优势。

（四）联合打造区域优势特色品牌

以黑豆、高粱、小米等杂粮为核心，依托农垦品牌和营销体系，推广"苍茫谣"系列品牌市场影响力；以中草药为核心，积极与中国中药集团、同仁堂等国内知名药材企业开展合作，提高区域中草药商标的驰名度与盈利能力；以甜菜为核心，重点在甜菜种植优势区域，扩大甜菜生产规模，提供充足原料，与晟通糖业公司联合打造品牌；以设施农业为核心，发挥城郊农场种植基地的区位优势，提高设施蔬果种植技术管理水平，形成生态采摘、休闲娱乐、旅游观光于一体的田园综合体。

第二节　特色养殖业

一、发展思路与目标

按照公司"统一提供种苗、统一饲养标准、统一提供技术服务、统一收购、统一包装、统一贴牌、统一销售模式"原则，形成特色优势畜产品养殖基地，确定特色畜牧业发展的优先领域、主导品种和优势区域，集中力量进行重点培育，促进各类生产要素向优势区域、特色优势家畜产品集聚。以资源为基础，以市场为导向，增强特色畜产品的市场竞争力为核心，依托大兴安岭公用品牌和呼伦贝尔农垦公用品牌，继续发挥比较优势，大力发展畜产品深加工企业，拉长产业链条，提高产品附加值和市场竞争力，培育和带动当地加工企业，发展肉鹅、笨鸡、肉兔产业，形成生态养殖—产品加工—品牌营销一体化产业体系，提高呼伦贝尔农垦职工和农户收入。推动与马产业紧密相关的体育运动、休闲骑乘、文化旅游、专业化马产品开发等新业态，丰富马产业内涵。

加快标准化生产体系建设，提高标准化规模养殖水平。坚持规模化与标准化相结合，以规模化带动标准化、以标准化提升规模化。到2025年，建成家禽标准化规模养殖小区（场）10个，养殖肉鹅、笨鸡各80万只。重点提高肉鹅、笨鸡个体产肉率，加强疫病控制和产品品质建设。到2025年，实现畜禽良种化、养殖设施化、生产规模化、防疫制度化、粪污无害化和监管常态化的目标，保障优质禽肉供给市场，提升生产效益。加快马产业转型升级。以呼伦贝尔农垦集团10个关键旅游区与区域旅游为契机，发挥赛事活动、文化旅游的引领带动作用，加快建立现代马产业生产体系、经营体系、产业体系，提升马产业专业化、规范化、标准化、市场化水平，培育马产业成为集团新的经济增长点。

二、产业布局

呼伦贝尔农垦集团鹅、鸡、兔等特色养殖业发展前景广阔。集团粮食产品丰富，草地广阔，特色优质畜禽资源丰富，鹅、鸡、兔等特色畜禽正是肉类生产新的增长点。

肉鹅生产主要布设在岭东的那吉屯、扎兰屯和格尼河等3个农牧场公司，岭西的上库力和免渡河农牧场公司（河流分布较多区域）。肉鸡生产主要布设在岭东地区的那吉屯、扎兰屯和格尼河等3个农牧场公司等。肉兔生产主要布设在岭西地区的谢尔塔拉和免渡河农牧场公司，岭东地区的那吉屯农牧场公司和巴彦农牧场分公司等。

马产业空间发展布局：岭西地区，以三河农牧场公司为核心建立三河马繁育基地和标准化养殖基地，带动周边苏沁、上库力、拉布大林等12个农牧场公司；岭东地区，以扎兰屯农牧场公司为核心，带动周边绰尔河和大河湾农牧场公司。

三、重点任务

（一）完善以三河种马为核心的区域优势特色良种繁育体系

依托三河农牧场公司，选择三河马形成的血缘（纯血马、阿哈捷金马、奥尔洛夫马），引进优秀种公马，进行边冲血、边横交固定，选择培育优秀三河种马，建立新三河马核心群；建立和完善保种场、保护区和基因库保护体系，建设三河马种质基因库，建立马籍簿，降低近亲选配；加强保种场基础设施建设，推广繁育，扩大种群数量。

（二）加强标准化特色养殖基地建设

通过"集团+农户""企业+基地""基地+农牧户"等模式，补贴养殖户，扶持加工企业，发展肉鹅、笨鸡、养兔专业合作社，专业农户，特色养殖基地和养殖园等。改善养殖环境，做好额尔古纳、牙克石、阿荣旗等地区80万羽肉鹅养殖基地的建设和发展。

制定马标准化饲养技术规程，建设一批标准化养殖示范场，发挥示范带动效应。加快马饲料、疾病诊治、饲养管理等基础研究工作，逐步建立专用饲草饲料、兽药等产品研发生产及应用技术体系，提升马产业标准化养殖水平。

强化粪污综合处理，畜舍及水、电、路、防疫等配套设施建设，推行农垦养殖场规范化生产，实行清洁养殖，完善和配置自动饲喂、环境控制、疫病防控、废弃物处理等农机装备。充分利用"呼伦贝尔农垦"的品牌效应，不断提升产品品质，形成孵化、养殖、加工、销售一体化的全产业链发展模式。

（三）推动特色农畜产品与二、三产业的融合发展

提高鹅、鸡、兔特色家畜的生产规模和加工能力，推进各类食品工业化、产业化和品牌化，提升农产品附加值，延伸食品深加工产业链条。根据市场需求，加强和饲养适销对路的农产品，形成为加工而养的养殖格局，加快推进一二三产业融合发展。

深入挖掘马文化资源，充实和完善三河马文化博物馆藏展品。以呼伦贝尔大草原为依托，以岭西三河农牧场公司为主，发展三河马品种繁育、调训与推广。发展建设马术运动用马和休闲骑乘用马等农牧特色主题骑马旅游，打造呼伦贝尔草原景观带旅游等精品骑马旅游路线。积极参与策划与组织呼伦贝尔市级的马术竞赛活动，探索发展育马、马术、旅游和文化传承为一体的马产业发展综合体。

（四）以地理标志产品为核心增强品牌效应

依托农垦品牌和营销体系，发展养殖协会和经纪人队伍，深入挖掘资源潜力，培育区域优势品牌，大力发展高效特色农业，着重以农产品地理标志保护产品为切入点，打造区域优势特色品牌，不断拉伸产业链条，打造高效特色经济。针对集团发展目标，岭东地区以扎兰屯马场、大河湾等为主，重点打造阿荣旗白鹅、扎兰屯笨鸡等地标产品。岭西地区以三河种马场、苏沁农场、上库力农场、谢尔塔拉农场等为主，重点打造三河马等地理标志产品。

第三节 优质林产品产业

林产品是林下经济产业的主要产出。林下经济是在国家全面生态建设背景下，大量停止森林采伐的要求被提出后，林业产业转型而发展起来的新型林业产业。

林下经济在可持续发展理念指导下，以生态学、经济学及系统工程为基础理论，在维护和改善生态环境的前提下，以林下土地资源和森林生态环境为依托，在树冠下选择适合当地林下生长的动植物和菌类微生物进行合理种植、养殖、林产品采集加工以及景观利用，发展农、林、渔、牧循环复合的综合利用和经营模式，有效提高林区的综合效益，提升林业资源利用率和产值（应勇华，2020；苏志鹏，2018；占金刚，2014）。本节的优质林产品，主要是指林下养殖和林下采集的产品，如木耳、菌菇等。

鼓励林下经济，发展优质林产品产业具有保护生态和促进经济的双重意义，是对国家战略的响应。呼伦贝尔地区林地面积1 630万公顷，活立木蓄积11.6亿立方米，森林覆盖率51.4%，大部分位于大兴安岭南部，不仅是我国重要的后备森林资源基地和生态保护屏

障，而且对呼伦贝尔市的生态建设和经济发展有重要影响（李晓春等，2008）。呼伦贝尔农垦集团拥有40万亩林地，这些林地的保护利用和林下经济发展对呼伦贝尔市的林业产业发展和森林生态系统保护建设有重要带头示范作用。林下经济具有品种多、见效快、投资少、产出高、操作简便等优点，林下经济的发展可以减少对木质林产品的经济依赖，减少林木采伐，可以实现"近期得利，长期得林"的良性循环，具有经济社会发展和森林资源保护双赢的重要意义（齐雅静等，2019；宋文军等，2012）。

林下经济作为一种战略性新兴产业和新的经济增长方式，得到了国家和地区政府的高度重视。2012年国务院办公厅出台了《关于加快林下经济发展的意见》（国办发〔2012〕42号），推进了全国各地林下经济产业的发展，各地相继发布了推进林下经济发展的相关文件。《全国集体林地林下经济发展规划纲要（2014—2020年）》《全国林药林菌发展实施方案（2015—2020年）》《关于在贫困地区开展国家林下经济及绿色特色产业示范基地推荐认定的通知》等文件也相继推出，进一步促进了林下经济的发展，使林下经济成为林业供给侧结构性改革的现代林业产业的主流之一（张良，2020）。

一、林产品产业发展现状及优势

（一）发展现状

呼伦贝尔农垦集团林产品产业已小有规模。其中，榛子、松子等林果产品年总产量约230吨，黑木耳、榛蘑、猴头菇等林菌产品年总产量约174吨，黄芪、蒲公英、五味子、黄芩等林药产品年总产量约2 100吨。

林产品品牌和深加工体系已具雏形。呼伦贝尔农垦集团依靠"全原生态资源环境、全产业链管理模式、全过程重品质保障、全农垦人诚信支撑"，打造出了具有一定影响力的"呼伦贝尔品生态"系列品牌，其中"山极"系列为林产品品牌，已经生产加工了松子、榛子、柳蒿芽、黑木耳、花脸菇和黄花菜等品种林产品，初步形成了种植、采集、生产加工和营销的产业链。

（二）发展优势

呼伦贝尔地区林地资源丰富，境内大兴安岭森林面积达12万平方千米，其中呼伦贝尔农垦集团拥有林地面积40万亩，主要树种有兴安落叶松、樟子松、白桦、黑桦、蒙古柞和山杨等。呼伦贝尔林区自然环境优越，人为干扰少，没有工业污染源，几乎没有化肥、农药残留。气候冷凉，光照充足，昼夜温差大。土地多为原生土壤，具有深厚肥沃的腐殖层，排水渗水力强，土壤疏松，透气性能好，有机质含量高。独特的气候和土壤条件，造就了林下产品具有独特品质、口感和高营养等的优势。

独特的地理区位与自然环境造成呼伦贝尔林区林下动植物和微生物种类繁多。据统计，呼伦贝尔市有野生植物1 600余种，分属165科615属，其中有经济价值的野生植物600余种，包括500余种药用植物、20余种野生果品、20余种油料植物、70余种野生纤维植物、20余种野生淀粉植物和120余种野生食用植物等（齐雅静等，2019）。这些植物中，偃松子、榛子、老山芹、蕨菜、黄花菜、柳蒿芽等食用物种，以及黄芪、五味子、桔梗、防风、柴胡、龙胆草和黄芩等药用植物已被很好地发掘利用和种植，并得到市场的认可。呼伦贝尔地区已发现有大型野生经济真菌280余种，其中野生食用真菌120余种，榛蘑、猴头菇、花脸菇等菌类产品，因其味道鲜美、营养丰富，在市场上备受欢迎。

（三）存在问题

虽然呼伦贝尔农垦集团的林产品产业在优厚的先天条件助力下，取得了一定的成就，但总体上仍处于起步阶段，缺少整体规划，在林下经济的模式、林产品品牌的宣传、科学技术水平、新产品的开发等方面存在诸多发展中的问题。

资源利用率低，经济效益不高。呼伦贝尔农垦集团已开发的林产品仍处在低层次的初级开发阶段，资源利用率低，由于精细加工水平低，名牌产品少，造成经济效益低。就需求侧而言，市场对精深产品需求较大，需要的是直接到餐桌或开袋即食或独立小包装的产品。而呼伦贝尔农垦集团林下产品精深加工程度不够，打造高端品牌能力不足，多是传统生产方式，无法匹配市场需求，产品收益得不到保障。

呼伦贝尔林区"绿色生态"林产品符合市场绿色消费需求，虽然呼伦贝尔农垦集团开发了"山极"系列林产品品牌，但经营方式、销售渠道、品牌效应等方面仍显不足，有待进一步加强。呼伦贝尔农垦集团的林下产品销售渠道较为固定，集中在线下销售，其他销售渠道还没有完全打开，销售半径过短。

呼伦贝尔农垦集团林区林下资源丰富，但开发利用品种较为单一，科技支撑不足，对新产品的研发较为薄弱。呼伦贝尔农垦集团林区有丰富的植物和菌类资源，目前，已开发利用的菌类只有黑木耳、榛蘑和猴头菇等；已开发利用的山野菜和山果资源只有黄花菜、柳蒿芽、蕨菜、老山芹、四叶菜、蓝莓、榛子和偃松子等；已开发利用的药用植物只有黄芪、鹿含草、还魂草、蒲公英、白鲜皮、金莲花、五味子、苍术、藁本、知母、赤芍、白芍、黄芩、防风、桔梗、板蓝根、贝母、柴胡、龙胆草、射干、玉竹和升麻等。大部分资源未能得到开发利用，芳香油植物资源的利用尚未开发。而且已开发利用的植物资源也没有形成大的规模，缺乏市场竞争力。

二、战略意义

林下经济作为一种生态保护和经济发展双赢的生态循环经济模式，将保护生态的政策制约变为经济发展的优势，是未来林业可持续发展的有效手段和今后林区经济发展的主要方向，其在充分利用林业资源、生态保护建设、促进林业增收、增加林农就业等方面具有重大的战略意义。

林下经济充分利用资源，有利于实现林业的可持续发展战略。林下经济通过间作或套种，能够有效提高光能和林下土地资源的利用率，增加林地的生物多样性，抵抗力相交，减少病虫害，比单一经营能够有效改善生态环境，作物存活率高。通过以耕代抚，间接抚育林木，为林木生长提供充足的肥料，促进林木生长。林下经济活动加速了森林的新陈代谢，提高了林分的质量，有利于维持生态系统的稳定。此外，林下种植相当于扩大农业用地面积，可有效缓解耕地压力。

林下经济发展与森林资源培育、天然林保护、重点防护林体系建设、退耕还林还草、防沙治沙、野生动植物保护及自然保护区建设等生态建设工程紧密结合，属于典型的绿色、低碳、循环经济模式，发展林下经济促使对林区的保护，有利于提高森林生态系统的质量，有利于森林生态系统应对气候变化和巩固生态建设成果。

呼伦贝尔农垦集团有40万亩林地，发展林下经济延长了林业产业链，不仅拓展了企业的增收渠道，而且林下经济品种多、收益快、就业广，需要大量的劳动力，能够为当地提供大量的就业机会，解决林区人员过剩的问题。

三、发展机遇

"十二五"以来，我国林下经济高速发展，国家出台系列政策大力扶持林下经济，人们对绿色食品和食品安全的强烈需求，使林下经济的发展面临着前所未有的机遇。

自党的十八大国家对生态文明建设作出全面系统的部署以来，2010年，中央文件提出"因地制宜发展林下种养业"。2012年，国务院办公厅出台了《关于加快林下经济发展的意见》，推进了全国林下经济的发展。2015年，内蒙古自治区人民政府办公厅也发布了《关于加快林下经济发展的实施意见》，结合内蒙古自治区的林业实际，提出了相应的发展林下经济的实施意见。一系列的促进林下经济发展的政策文件相继出台，为林下经济的发展营造了良好的政策环境和氛围。

我国的食品需求结构正发生着深刻变化，逐步由"重数量、温饱型"向"重质量、健康型"转变。随着城乡人民生活水平的不断提高，人们对有机、绿色、生态、无污染、无公害食品和食品安全等提出了更高的要求，且需求日益多样，消费量急剧增加。人们对食品的要求不再局限于口感和风味，更要求营养丰富和有益健康。呼伦贝尔林区独特的地理位置和气候条件，造就了当地林产品的独特风味和口感，而且人为干扰少，化肥农药和工业污染小，所产的山野菜、山果和中药材具有无公害、绿色、纯天然、无污染等特点，恰能满足消费者追求绿色、安全的消费心理，市场前景相当广阔。

近年来，国际市场对蔬菜的需求旺盛，相关产品消费总量不断增加，我国蔬菜出口迅猛，俄罗斯、日本和韩国等国家每年从我国进口大量蕨菜、桔梗等山野菜和食用菌的鲜品和干品，目前还存在较大的国际市场需求缺口。

四、发展思路

（一）基本原则

1. 生态优先，适度发展

林下产品的种植和采集要在确保森林资源和生态环境安全、不改变林地用途的前提下进行，严格林地用途，有序利用林下资源，绝对禁止过度开发利用，保证资源自恢复力，促进林下经济持续健康发展。

2. 因地制宜，突出特色

从实际出发，按照各农牧场公司（分公司）气候特征及自然条件，科学规划，合理布局种植和加工基地，选择适宜的林下种植模式和特色产品，发展特色明显、市场前景好、经营效益高的林下产品种植和采集。

3. 重视质量，提升技术水平

完善林产品生产标准和监测体系，确保产品质量和食用安全。积极推进产学研合作，培育和推广新产品、新技术，强化企业科技创新建设。

（二）发展目标

充分利用农垦丰富的林下资源，培育发展蓝莓、黑木耳、蘑菇、榛子、灵芝等特色林产品加工产业。积极引进资金、技术和国内品牌绿色食品加工企业，深度开发黑木耳、灵芝等药用品和保健品。依托森林生态资源，因地制宜发展蓝莓、黑木耳、榛子等特色种植业发展，推进规模化、集约化和特色养殖基地建设，实施精品特色产业提质升级行动计划。

大力发展林下产品，扶强壮大林下经济，形成蓝莓、榛子、灵芝等为主要品种的经济林果种植加工产业。计划到2023年，提供1万吨左右的蓝莓、黑木耳、蘑菇、榛子、灵芝等林产品，加工转化率达到90%，实现主营业务收入2.2亿元。

五、产业布局

林下产品产业要以森林资源为依托，以科技为支撑，充分利用林下土地资源，开展林下种植、养殖和相关产品采集加工利用。从促进经济发展入手，围绕规划目标，根据各农牧场公司（分公司）优势规划优先发展产品，培植农牧场公司（分公司）特色支柱产业。

（一）发展模式

呼伦贝尔农垦集团林下空气湿度大、光照强度低、氧气充足，森林生态环境良好，自身原有的山菌、山野菜、山果种类丰富，选择产品品质独特、功能特殊、市场潜力大、附加值高的种类，进行林下种植和养殖，发展林菌、林果、林药、林菜等经济模式。

1. 林菌模式

利用抚育采伐剩余物，选择半阴半阳林地及林间空地，在不破坏林地和原生植被的前提下，采取4种栽培模式栽培食用菌，这4种食用菌栽培模式适用于全区。一是林间摆袋模式，适合于黑木耳、菌菇类。利用林间遮阳保温的特性，在林间摆袋栽培黑木耳、菇类。二是林地撒播模式，适合于平菇、滑子菇、鸡腿菇等菇类。利用林内清林剩余物，将其粉碎，加入辅料后进行巴氏灭菌，栽培料达到65℃以上时，进行翻堆，7~10天后，铺入林内进行播种、养菌。三是木段（圆盘）栽培模式，适合段栽黑木耳和松杉灵芝。利用清林采伐下来较粗木段及蒙古栎进行段栽黑木耳，阔叶木段捆成高15厘米的圆盘，灭菌后接种松杉灵芝。四是原生态栽培模式，接种松杉灵芝。利用林内伐根、倒木，打眼接种松杉灵芝。其中黑木耳的养殖技术比较成熟，适用范围广，市场需求大和接受度高，适合大部分农场发展，可作为重点产品推广。

2. 林药模式

利用林缘空地以及当地药用植物资源，在不破坏林地和原生植被的前提下，采取野生保护林药和人工种植共同发展的方式，经营林下药用植物产品。具体方法：在疏林地或者林缘地药用植物生长区域，实施近自然培育。调查呼伦贝尔林区野生药用植物品种、分布情况，确立补植密度，选择种植方法，进行直播或植苗种植。呼伦贝尔中药产业属于北药系列，可重点发展寒温带野生药材骨干品种。一要抓大宗中药材。要重点发展适合本地气候特征的产量大、用量大、用途广的大宗中药材品种，达到规模化种植，打响呼伦贝尔农垦中药品牌。如黄芪、桔梗、五味子、赤芍、苍术、白鲜皮、柴胡、还魂草、蒲公英等。二要抓特色药材。根据药材品种实际，重点发展适合呼伦贝尔种植的中药材品种，如林下人参、草苁蓉、岩高兰等。三是抓保健品开发。充分利用本区地产药材十分丰富的优势，依托科研机构和龙头企业，开发各类保健品。如黄芪系列保健品、刺玫瑰保健功能饮料、金银花天然野生药茶等。四是抓药用食品开发。加强药材和食品相关研究，如山野菜（四叶菜、柳蒿芽）、黄花菜、桔梗及各种野果山珍和可食天然植物色素等。

3. 林菜模式

呼伦贝尔林区森林野菜种类丰富，以老山芹、柳蒿芽、蕨菜、黄花菜和四叶菜为主，储量较多。根据不同林地、不同野菜的分类，进行种子繁殖或育苗移栽等栽培管理，进行人工补植栽培，增加生长密度，提高生物产量。对于可在林间空地进行人工栽培山野菜，也可在林菜间进行人工补植栽培，形成高效复合栽植模式。对于已掌握栽培技术的黄花菜、柳蒿芽、蕨菜、老山芹和四叶菜等野菜品种，可扩大种植规模；对牛蒡、风毛菊、东风菜、歪头菜、山韭等有市场潜力、有初步栽培技术的野菜品种，加大栽培技术的研发，不断丰富森林野菜产品种类。

4. 林果模式

林果模式主要包括两种产品，一是野生坚果类产品，二是野生浆果类产品。呼伦贝尔林区野生坚果类品种主要是偃松子和榛子。榛子类产品采取抚育措施，将原有的榛子树割掉，留其根部，让榛子树自然萌发，并施有机肥，促进它的生长，对其进行规模化生产、机械化采摘。针对偃松采取严格的保护管理措施，在确保资源可持续发展的基础上，通过科学的采集手段，比如统一规定采摘期等，进行适度的经营利用。呼伦贝尔林区野生浆果类品种主要是蓝莓和沙果。蓝莓营养价值、经济价值皆较高，产量也较大。在不破坏林地和原生植被的前提下，在野生蓝莓主要分布农场，实施野生蓝莓保护经营模式。以保护生态系统为主，适当进行人工补造，少量开展人工栽培。其他农场可实施野生蓝莓集约经营和果园管理经营模式，增设喷灌等设施，以人工栽培为主，人工补植、人工抚育为辅。沙果耐寒性强、丰产性好，在呼伦贝尔地区有百年的栽培历史，主要集中在北纬45°以北、大兴安岭南麓之间的扎兰屯市、阿荣旗、莫旗。除了沙果鲜品，当地还开发出了沙果汁、沙果干、沙果醋等终端产品。沙果的种植主要以人工栽培为主，并依托当地果树科研院所培育沙果优良品种。育种方法采取以常规有性杂交育种、芽变选种为主，结合生物技术等新技术育种手段，形成综合高效的育种技术体系。对沙果的主要经济性状进行标记，使杂交实生苗能在早期预先选择，缩短育种周期，培育出优质、适产、易管理、抗病的鲜食品种和高产、易管理、高糖、高酸、抗病的加工果汁专用品种。

（二）空间格局

林产品产业资源在呼伦贝尔农垦集团林区各农场呈现不均衡分布，根据全区分布情况，可以将呼伦贝尔农垦集团的24个农牧场公司（分公司）分为3个区域，以便于分别规划、分类管理。黑木耳、蓝莓主要布局在绰尔河农牧场公司、宜里农牧场公司、格尼河农牧场公司、那吉屯农牧场公司等。沙果、榛子主要布局在扎兰屯农牧场公司、格尼河农牧场公司、那吉屯农牧场公司等。牙克石农牧场公司重点发展灵芝、食用菌、人参、黑木耳和蘑菇等，打造集采摘、休闲、娱乐、科普于一体的林下生态园。宜里农牧场公司和古里农牧场公司重点发展白芍、黄芩、白兰根、桔梗、龙胆草、知母等药用植物产品产业。

六、重点任务

在保护好森林资源的基础上，充分挖掘释放林业产业的发展潜力，从加快林产品产业发展的关键环节入手，重点加强示范基地、生产经营主体、产品质量安全体系、品牌打造、市场流通体系、市场营销体系等方面的建设工作。

（一）示范基地建设

通过林下经济示范基地建设，让示范基地成为新品种、新技术、新模式的展示窗口，推广先进实用技术和发展模式，以点带面辐射带动其他农场积极发展林下经济，为其他农场提供借鉴参考，起到"探路子、出经验、做示范"的重要作用。

林下经济示范基地，要充分利用林下空间，在现有林产品产业的基础上，进一步推广林下特色种植业、养殖业、产品精深加工和森林康养旅游等立体复合生产经营方式，因地制宜发展品牌产品，打造资源共享、优势互补、循环相生、协调发展的生态产业循环发展经济模式。

（二）生产经营主体培育

在资金、政策、组织发动、基础设施建设等方面给予大力扶持，动员社会资本投资林下经济，培育一批林下经济企业，以农场为核心，分层次、有选择地培育、扶持、引进壮大林下产品龙头企业，其他组织形式为补充的新型生产经营主体，推动集群发展，密切龙头企业与农户、专业合作组织的利益联结关系。着力构建集约化、专业化、组织化、社会化相结合的新型生产经营体系，开展林产品加工销售，推进林下经济全产业链发展。

龙头企业的培育要依托各地优势资源及特色产业，大力发展林下经济生产经营。引导龙头企业向产区延伸，促进林下经济产品就地加工转化。支持龙头企业与上下游企业组成战略联盟，实现优势互补、做大做强；提升企业的技术研发能力和装备水平，大力发展林下经济产品精深加工，延伸林下经济产业链。

（三）产品质量安全体系建设

加强林下经济产品质量安全体系建设，就是要促使林下经济产品实现高质量的生产，获得更高的经济效益，保障林下经济产品消费安全，推动林下经济健康有序发展。开展林下经济产品原产地保护，制定林下经济产品生产标准和检测体系，确保产品质量安全。增加卫生监督检验标识，增加食（药）品监督检验机构监制标识，让消费者放心购买。做好相关认证，质量认证、绿色食品认证、无公害食品、有机食品认证等是产品质量的保证，对供应大中城市基地产品全面实施认证。

（四）"绿色生态林下产品"地域品牌打造

以"呼伦贝尔农垦"为主品牌，结合垦区农畜林产品特点，结合市场渠道建设的实际需要，梳理构建框架完整、结构合理、相互关联、类别清晰的主副品牌体系。提高品牌产品附加值，不断扩大商品影响力与创收能力。可通过申请地理标志的手段提高在同类产品中的竞争力，地理标志不仅仅表现了产品的质量，而且还显现出其作为市场竞争手段的功能，呼伦贝尔地区农林产品特色明显，应继续加大"呼伦贝尔农垦"集体商标的申报和使用，加快"呼伦贝尔农垦沙果、榛子、蘑菇、蓝莓"地理标志的申报工作，扩大地域品牌范围。加强产品结构性包装,在品牌形象塑造、品牌文化建设、视觉识别系统设计和包装设计中,处处围绕"特色商标"的形象,凸显自然、绿色、纯净、原乡的品牌价值。做创意林业产业,在林下产品的产前、产中和产后诸环节与文化、艺术创意结合,使其成为具有"四高""五化""五型""六美"的新型林下产品。开发风俗、特色产品,增加常规林下资源产品的风俗、地区特色,开发新型产品。优化完善林下副产品品质,包括外观、口感、营养成分、安全性等,执行标准化生产,采用精加工、深加工技术。

加大地域品牌宣传力度。针对不同消费群体做有针对性的宣传,开展森博会、森林旅游节等大型活动进行宣传。同时,利用现代化宣传渠道,开通林下产品品牌微信公众号、微博、网站主页等媒体,进行全面的线上宣传。

（五）市场流通体系建设

建设林下产品（山珍）交易中心和区域优势特色农畜林产品集散地,形成完整、高效的市场体系,加强其在商品集散、价格调节、信息传播、科技交流、会展贸易等方面的作用。强化信息体系建设,引导生产和消费。构建现代物流配送网络,形成高效、快捷的林下经济产品物流体系。以有效联结产销关系为重点,创新产品流通模式,进一步减少流通环节,降低流通成本,建立完善、高效、畅通、安全、有序的林下经济产品流通体系。以市场为导向,依靠现代化的管理手段,按照现代物流经营理念,建立线上线下物流节点,把林下产品的主要生产销售节点和各个物流节点连接起来。建立供应链节点,把呼伦贝尔市区域内林下产品物流的重要通道和物流供应链连接起来,加强农畜林产品产地预冷等冷链物流基础设施网络建设,完善鲜活农畜林产品直供直销体系。

（六）市场营销体系建设

以区位为出发点,进行市场布局。多维度全方位开展集团林产品的营销工作,针对不同的客户群体,一案一策,采取灵活可持续的营销方式与对方建立起长期稳定的合作关系。同时,基于新技术手段和平台,拓展销售渠道。

构建"立足内蒙古、保障呼伦贝尔、服务北上广、辐射黑吉辽"的市场布局,重点与北大荒、首农、上海光明、广东农垦、海南农垦、宁夏农垦、江苏农垦等农垦企业,与中粮、中储粮、中化、中信等大央企建立合作关系。与中国电信、建设银行等大合作伙伴进行对接,与中国科学院、中国农业科学院、中国农业大学等科研院校建立研发合作关系。充分利用满洲里口岸的地缘优势,加强与俄罗斯、日本、韩国等主要林产品进口国的联系,利用满洲里口岸联通东北亚和欧洲国家,打造出口加工企业,加强与黑河、绥芬河、天津、大连等口岸的对接,使更多合规的优质林产品走向更广阔的市场。

充分利用移动互联网、大数据、物联网等信息技术,促进优质林下产品销售网络平台建设。应该积极把握网络时代的推广策略,通过网络途径,推进林产品的线上销售,拓展产品销售渠道。基于互联网技术下的农村电商平台为林区产品的销售开辟了新途径。"互联网+"模式下的林下经济产品销售不仅有利于拓宽产品销售渠道，还有利于林下经济产品品牌的建立。以"淘宝""京东"等为代表的互联网销售平台通过"用户评价"的方式，收集消费者意见，为林下经济生产提供指导，为林下经济产品的品牌建立提供了信息支撑。

七、保障措施

推进呼伦贝尔农垦集团林产品产业发展，须从企业自身状况和林区条件出发，严格执行法律法规，加强科技指导，完善管理制度，来确保林产品产业健康有序发展。

（一）严格遵照法律法规，保障林产品生态循环产业稳定可持续发展

发展林下经济要充分利用林地资源，要科学、合理、有序地发展林下经济，要认真实施天然林保护、野生动植物保护和自然保护区建设工程，要认真宣传、贯彻、执行国家相关法律法规。严格土地用途管制，依法执行林木采伐制度，严禁以发展林下经济为名擅自改变林地性质或乱砍滥伐和毁坏林木、破坏野生动物栖息地。发展林下经济必须建立在森林资源可持续利用的基础上，才能避免出现森林资源的破坏和耗竭，以及由此产生的环境问题。发展林区产业项目，应以资源能自行恢复为原则，植物资源开发应以叶、花、果为主，避免灭绝性开发。野生动物资源开发必须在解决繁殖技术后方可加以利用，对于濒危物种应加以保护，绝对禁止开发。要在严格保护资源和环境的基础上开发利用，开发程度应控制在资源和环境的承载能力之内，保障林产品生态循环产业稳定可持续发展。

（二）强化科技支撑和人才培养，提高技术研发水平

加强林下经济科技投入力度，与中国农业大学、中国科学院和中国农业科学院等科研机构以及技术推广单位进行联合研发，推进科技协作，抓好良种选育、高效栽培、无公害生产、采收加工、产品开发、贮藏保鲜、病虫害防治等先进适用技术研发和推广，建立产学研一体化的林下产业发展机制。积极引导、培育和推广适宜林下经济发展的优势品种和新技术、新模式，重点加强良种选育、病虫害防治、林产品加工、贮藏保鲜等先进实用技术的研究和开发，推动林下经济生产技术进步和产业升级，提升林下产品的特色和传统优势。以科技链延长产业链，实现林下产品高附加值和高收益。

通过自行培养和引进高端人才两个途径，强化技术人才的智力支撑。在自行培养方面，可以积极与高校、科研院所等高等人才培养机构合作，通过产学研相结合的方式培养专业人才，加强从业人员的技术和管理培训，培育本土专家和管理者，提高从业人员素质。在高端人才引进方面，首先要有吸引人才的管理机制，出台有利于留住人才、发挥人才作用的政策，形成尊重人才、珍惜人才的社会氛围，从制度上保证专业人才的福利、收

入和职级认定等,在此基础上广泛宣传,吸引、留住人才。

(三)加强知识产权保护,完善标准化生产和管理体系

建立健全呼伦贝尔农垦集团公司品牌和知识产权保护体系,完善各项管理制度,理顺现有商标持有人,明确品牌使用的授权流程,清理违规使用和不合理、不规范使用集团品牌的现象,有效保护集团公司的无形资产。统一品牌宣传口径,统一谋划产品内涵,统一品牌VI体系,统一组织宣传推广,统一建立品牌危机公关反应机制。完善林下经济产品质量标准体系、规范检验检测体系、严格质量认证体系、完善法律法规体系。按照标准化生产和管理的要求,积极推进林下经济生产和产品认证标准的制定工作。适时修订和完善现有的相关标准,加强种养生产操作规范、农药残留限量、产地环境质量、产品等级规格、包装储运等的标准化工作。

第八章 现代农牧服务业发展战略

发挥农垦在农牧业生产、经营和产业中的主力军作用，培育壮大现代农牧服务业、现代物流服务业、特色农牧旅游业三大新兴服务业，示范带动帮扶周边农牧业共同发展。以信息化服务平台为依托，加强物联网、智能装备的推广应用，建立标准化、规模化、集约化、产业化的现代农牧服务业体系；以"大基地、大粮仓、大粮商"为目的，以园区设施现代化水平为手段，以壮大优化物流节点和完善现代物流通道为重点任务，深化产销衔接，形成内外互联、南北通达的农牧产品现代物流服务网络；坚持生态保护优先原则，创新旅游发展新理念，加强文旅产业融合，结合农牧和城郊农旅（简称城旅）、科技和旅游，打造特色鲜明的农牧旅游业。

第一节 现代农机服务业

一、发展思路

坚持市场化导向，按照"盘活现有资产，推进资源共享"的原则，建立垦区大宗农业物资统一采购、营销与服务为一体的商业资本化运营模式，完善农机农资经营与服务功能。依托现代农机装备水平、信息化建设，建设以代种、代耕、代收、田间管理、租赁为主的现代农机装备社会化服务体系；以实现农牧业标准化生产为目标，建立统一管控、绿色健康、可持续的农资服务体系；以现代信息化技术为依托，推动大数据、物联网、VR等在农牧业中的融入应用，形成智慧农牧业管理与服务的新业态，逐步形成产前—产中—产后的全程化服务体系，推进现有技术装备成果落地，推动多种形式适度规模经营发展，促进小农户与现代农业发展有机衔接，推进农牧业现代化发展。

二、发展目标

到2025年，构建完成覆盖面广、设施配套完善、现代信息化技术支撑的"1+6"现代农牧业服务体系，稳固呼伦贝尔农垦集团农资农机服务在呼伦贝尔市占据的主导地位。

（一）建成一套覆盖农牧业全产业链的信息化服务体系

农牧业信息服务平台实现联网运行，农牧业信息化服务覆盖率达到100%，农牧业新型经营主体电子商务应用普及率达到100%。到2025年，呼伦贝尔农垦集团国家级智慧农牧业示范区初步建成，实现农牧业生产智能化、经营网络化、管理透明化、消费可视化和服务便捷化。

（二）形成六大布局合理的现代农牧业服务中心

到2025年，基本形成岭东大兴安岭服务中心、阿荣旗服务中心、扎兰屯服务中心，岭西额尔古纳服务中心、海拉尔服务中心、牙克石服务中心的六大服务网络。社会化服务耕地300万亩，占集团总耕地面积的50%。

（三）农机装备转型升级，现代化水平明显提升

到2025年，农机动力突破150万千瓦。农牧业综合机械化率达到96%。建成农牧业全程机械化示范农场3个，智慧农机示范农场2个。

（四）形成功能完善的农资综合服务体系网络

化肥、石油等农资供应服务网络全面覆盖24个农牧场公司（分公司），建成社会化服务中心6个，农资社会服务占总量的90%，国家化肥商业储备总量实现10万吨，统一把控农场农资安全标准和产品质量。

三、重点任务

（一）构建现代农机农资服务体系

围绕"全程、全面、高质、高效"发展目标，以农机农艺融合和机械化与信息化融合为路径，推动农机装备、作业水平和服务能力向数量、质量、效益并重转型升级，构建装备链配套、技术链集成、生态链循环、管理链智慧的现代农机智能服务管理体系。

以保障农垦，服务呼伦贝尔市场，拓展东北地区市场，辐射俄蒙为目标，建立种子和化肥线上和线下结合的农资销售服务网，加快建立现代化的农资销售和服务网络平台，促进农资服务转型升级，打造农垦由传统的农资销售商成为集农资国家商业储备、科技咨询服务、业务咨询、业务交易、网络宣传于一体的农资综合服务商。

为保障垦区生产生活物资应急储备，保障集团公司能源安全和充分发挥农牧业社会化服务功能，需配备完善的成品油经营权和油库、油站等重要基础设施，在有条件的城区建设成品油零售网点。

（二）建设六大现代农机服务中心

分别在大兴安岭区域、扎兰屯区域、阿荣旗区域、牙克石区域、海拉尔区域、额尔古纳区域建设六大基地。基地通过购置耕整地、植保机、收割机，为农场及周边提供耕、种、收"一条龙"农机服务。到2025年，社会化服务耕地300万亩，社会化服务比例达到50%。集团在稳固农机服务市场的同时带动周边散户、小户进行土地入股和流转，促进区域的适度规模经营。

大兴安岭服务中心通过整合欧肯河、东方红、宜里、扎兰河、诺敏河、古里、巴彦、甘河8个农牧场公司（分公司）资源，社会化服务辐射鄂伦春和莫旗自治旗区域120万亩耕地。扎兰屯服务中心通过整合扎兰屯、绰尔河、大河湾3个农牧场公司资源，社会化服务辐射扎兰屯区域50万亩耕地。阿荣旗服务中心整合格尼河、那吉屯2个农牧场公司资源，社会化服务辐射阿荣旗区域50万亩耕地。额尔古纳服务中心通过整合拉布大林、苏沁、三河、上库力4个农牧场公司资源，社会化服务辐射额尔古纳区域30万亩耕地。牙克石服务中心通过整合免渡河、莫拐、牙克石3个农牧场公司资源，社会化服务辐射牙克石区域30万亩耕地。海拉尔服务中心通过整合谢尔塔拉、陶海、特泥河、哈达图4个农牧场公司资源，社会化服务辐射海拉尔和陈旗区域20万亩耕地。

（三）加快智慧农机农场示范区建设

运用现代化通信技术、物联网、自动化技术以及电子监控、GPS卫星定位和GIS地理信息系统等先进技术，积极培育无人驾驶机械等新兴装备，形成智慧农机装备成套解决方案能力。着力提升农机信息化水平，搭建农垦农机化信息系统，重点开发呼伦贝尔农垦集团农机化管理资料、农机统计、农机化标准、农机市场、农机企业、农机产品、农机新技术数据库，增强农机作业调度指挥中心的动态掌控能力和科学调度水平。建立政务信息、政策法规、科研推广、管理服务、购机补贴等应用型数据库，实现信息公开与共享，同时满足各层次信息用户的需求。到2025年，在谢尔塔拉、拉布大林、巴彦等农牧场公司（分公司）建成智慧农机示范区，示范区农机信息化覆盖率达到100%。

（四）建设现代农牧业物联网服务业

构建"天—地—人—机"一体化的大田物联网测控体系，将呼伦贝尔农垦集团打造为国家级农牧业物联网试验示范基地。开展农牧业物联网示范基地及示范点建设工程，建设示范点5个。以RFID、IC卡、条形码等物联网技术，实现对肉品流通全过程监管，建设农畜产品全产业链溯源示范点若干个。引进农田管理地理信息系统、土壤墒情气象监控系统、病虫害监测预报防控系统、智能灌溉系统和智能化健康养殖系统等，提高高端农畜产品生产经营设施装备的数字化与智能化，实现对生长信息的实时感知、智能诊断、精确调控与智慧管理。

（五）搭建农牧业大数据信息服务体系

适应呼伦贝尔农垦集团规模化、标准化发展需要，强化农牧业信息服务功能，加强科技信息服务体系建设，实现集团业务推广与经营性服务相结合，重点搭建农垦现代农业综合信息服务平台，在莫拐、免渡河农牧场公司开展农业信息化的集成与开发试点，主要包括耕地管理档案、耕地土壤肥力等级划分、作物种植统计信息、长势动态变化、灾害统计与可视化、受灾面积和产量预估等信息服务平台和相关数据服务，实现31万亩耕地全覆盖。信息化试点实现"八个100%"，即：良种覆盖率100%、种子包衣率100%、标准化作业率100%、测土配方施肥率100%、病虫草害绿色防控率100%、秸秆综合利用率100%、全程机械化率100%、产品优质率100%。

专栏7：现代农机农资服务业重点工程项目

（1）智慧农机示范项目。着力提升农机信息化水平，搭建农垦农机信息化系统。建设智慧农业示范农场3个，信息化覆盖率达到100%。

（2）农机农资服务体系项目。分别在大兴安岭区域、扎兰屯区域、阿荣旗区域、牙克石区域、海拉尔区域、额尔古纳区域，建设六大社会服务基地。到2025年，社会化服务耕地300万亩，社会化服务比例达到50%。

（3）农牧业物联网服务业示范项目。以RFID、IC卡、条形码等物联网技术，开展农牧业物联网示范基地及示范点建设工程，建设示范点5个。

（4）现代农业综合信息服务平台项目。依托农牧业大数据技术支持服务，搭建现代农业综合信息服务平台，在莫拐、免渡河两场开展农业信息化的合作与开发，信息化试点实现"八个100%"。

第二节　现代物流服务业

一、发展战略

按照"整合资源、科学统筹、合理布局、功能提升"的原则，以市场为导向，科学规划、统一标准，通过新建与改造升级结合、一二三产结合、垦地结合等方式，补齐仓储设施短板；充分利用现代化信息技术和装备设施，提升仓储物流的标准化、信息化和智能化水平。坚持新建与改造结合、垦区与社会相结合等模式，培育具有市场影响力的龙头企业；建设涵盖储存、装卸、搬运、包装、冷链配送等全流程的现代化农产品物流体系，支撑大粮商发展目标。

充分发挥口岸区位优势，以中蒙俄国际物流通道、蒙东北物流通道为依托，建设海拉尔、牙克石、扎兰屯、大杨树4个大宗农产品仓储物流交易中心，建设海拉尔保税仓、油菜籽和小麦等农产品期货交割库，建设多个物流中转库、物流节点库和主销区的前置仓库，加快形成绿色高效、内外互联、南北通达的农产品现代化物流网络，促进集团产业升级。

二、发展目标

立足大基地、建设大粮仓、打造大粮商（国际），力争五年内建成设施完善、体系健全、运转高效、保障有力的现代化、专业化、集团化物流园区，以提升仓储能力为突破口，以先进技术应用为支撑，以提升物流效率为目标，强化衔接和资源整合，完善物流体系，打造专业化、标准化、信息化、系统化、现代化垦区物流体系。

（一）物流运输能力快速提升

促进装备标准化、系列化、现代化、信息化、精细化发展，加快组建现代化物流公司，物流作业机械化率达到95%，散粮运输比例提高至95%，物流效力明显提升。

（二）物流标准化和信息化水平提高

加快推进呼伦贝尔农垦集团内部物流标准化，对标垦区内外集团发展实际，提升物流标准化进程。积极应用新技术布局物流信息化平台，提升粮食物流共享水平，促进粮食物流和电子商务融合发展，提高粮食物流运营水平和组织化程度，提升物流信息服务能力、资源调配力和产业支撑力。

（三）形成4个园区为核心的现代仓储物流网络

以海拉尔、牙克石、扎兰屯、大杨树物流园区为中心，加快口岸、基地、交通枢纽等重要节点资源整合优化和物流节点布局，建设与集团发展目标相匹配、布局合理、功能齐全的仓储物流体系，形成内外互联、南北通达的农产品现代化物流网络。

三、重点任务

（一）加强粮食产后服务中心建设

整合呼伦贝尔农垦集团内部资源，建设18个专业化的粮食产后服务中心，分类适度加工，减少粮食产后损失。积极争取国家粮食相关政策，配套实施粮油质量检测和信息化服务，及时传递市场信息，整合产后服务资源，形成完整的服务链，提升为农场及周边农民服务的专业化水平。

粮食产后服务中心的建设原则：30万亩以上耕地面积的农牧场公司（分公司）建设2座，20万亩左右耕地面积的农牧场公司（分公司）建设1座。因岭东农场小且分散，仓容基本能满足需求，在岭东的那吉屯农牧场公司建立1个岭东粮食产后处理中心进行示范，辐射服务周边；在岭西的11个农牧场公司（分公司）建设17座粮食产后服务中心。

（二）加强物流节点和物流园区建设

根据国家和区域重点产业布局和发展战略，结合"一带一路"倡议，立足呼伦贝尔农垦集团发展目标、物流需求、交通运输条件，科学规划和布局现代化农产品物流园区，对集团物流销售网络走向、流量、运输流程等流动要素进行内外链接，在流通各个环节之间、交通要道之间、不同销区之间完善物流节点，实现物流通道的"无缝"连接。

加强与第三方物流合作，打造呼伦贝尔农垦集团农产品物流网络，全面提升流通效率。立足东北亚产业基地和边境口岸，与自治区、市政府共同建设仓储物流、加工、贸易、质检、信息服务一体化发展的综合物流园区，发挥集聚产业、稳定物流、带动示范的作用，实现多业态集聚效应，形成规模效应大、区域特色突出、服务功能强、服务范围广的交易和服务平台，服务集团大粮商战略。

（三）积极参与区域食物—物资应急保障体系建设

结合内蒙古自治区、呼伦贝尔市政府应急建设目标和要求，制定呼伦贝尔农垦集团粮食应急供应保障体系建设规划，构建布局合理、设施完善、管理规范的食物—物资应急供应体系。依托农场、加工企业形成食品应急加工能力，可以承担应急粮油及食品的加工，确保随时投入市场，保证应急需要。依托国家政策，在城郊和偏远农场分别建设成品粮应急储备设施，参与制定各类突发事件条件下粮油及食品运输配送的应急预案，在加工企业、仓储园区、物流节点等布局成品粮油应急保障基地。参与区域军粮供应渠道建设，提升区域军粮供应保障能力。

到2025年，建设成品粮应急储备点20～30个，参与建设重点区域的粮食应急配送中心9～12个；为发挥粮油应急加工企业保供稳价的作用，到2025年，呼伦贝尔农垦集团建立1处芥花油应急加工企业，实现年产胡麻油和菜籽油936吨；为加强农业生产资料投入品的供应、保障与服务体系，到2025年，集团实现国家化肥商业储备10万吨，成品油储备8 000吨。

（四）加快农畜产品冷链物流体系建设

依托呼伦贝尔农垦集团物流园区，推动建设乳肉产品和主销区的冷链物流网络，以引进培育冷链物流企业为主，辅以建设冷链物流基地设施，完善农畜产品冷链物流体系建设。在海拉尔物流园区，提高畜产品冷链物流效率和能力；在扎兰屯物流园区，引进培育1~2家经济实力雄厚、核心竞争力强的大型冷链物流企业，以蔬菜仓储保鲜和冷链物流配送为主线，完善冷藏保鲜、低温分拣加工、冷藏运输、冷藏保鲜等设施，建设立足阿荣旗、面向岭西和俄蒙市场的标准化绿色蔬菜冬季储备和冷链物流体系。

专栏8：现代物流服务业重大工程

（1）粮食产后服务中心建设工程。在岭西的11个农牧场公司建设17座粮食产后服务中心，在岭东的那吉屯农牧场公司建设1座粮食产后服务中心，改造风干仓容20万吨，投资规模1.4亿元。主要资金来源为中央财政、地方财政支持和企业自筹。

（2）现代仓储物流园区建设工程。建设海拉尔综合物流园区，参与俄蒙、辐射东北亚的国际物流通道。以大杨树物流园区为依托，构建以海拉尔、扎兰屯、牙克石、大杨树为节点，连接黑龙江滨江的国家粮食蒙东北通道。

（3）冷链物流建设工程。在扎兰屯引进培育1~2家冷链物流企业，加强蔬菜冷链物流体系建设，打造中俄蒙边贸蔬果冷链物流基地。在海拉尔，完善畜产品加工与冷链物流体系建设，并强化质量监管和疫病防治。

（4）粮油应急保障体系建设工程。到2025年，建设成品粮应急储备点20~30个，参与建设重点区域的应急配送中心9~12个，建成1处年产936吨的芥花油应急加工企业。

（5）农资投入品储备物流体系建设工程。到2025年，呼伦贝尔农垦集团实现国家化肥商业储备10万吨，成品油储备8 000吨。

（五）推进现代物流信息化建设

制定统一的仓储物流建设、技术、管理、服务标准体系，推进标准化的工作流程，实现仓储物流各个环节的标准化。实现物流服务的系列化和物流作业的规范化，提高仓储管理的准确性和精细化。

构建仓储信息化管理平台，实现全方位、全过程的信息化，管理过程智能化，有效提高仓储效率、降低损耗和成本。采用自动化设备、人工智能技术与物联网技术相结合，提高仓储物流活动的自动化、可视化程度，加速各环节的互动和响应，实现物流服务的科学化、现代化、智能化。建设集团电子商务综合服务平台，搭建电子商务物流配送网络，为集团、企业、消费者等提供第三方服务。

> **专栏9：中央厨房**
>
> 2017年中央一号文件提出关于"实施主食加工业提升行动"，大力推广"生产基地+中央厨房+餐饮门店""生产基地+加工企业+商超销售"等产销模式的要求。农业农村部办公厅关于印发《2020年乡村产业工作要点》的通知中指出，要推进业态融合，以加工流通带动业态融合，引导各地发展中央厨房、直供直销、会员农业等业态。
>
> "中央厨房"模式从为厨房提供主要原料，延伸到直接提供半成品和成品食物，打造从源头到餐桌的全产业生态链。这种模式是指通过统一采购、统一配送和标准化生产制作食材，减少中间流通环节，保障餐饮食品安全，完善饮食应急供应保障体系建设的集成式"云厨房"经营模式。

第三节　农牧旅游业

一、发展思路

创新旅游发展理念，把创建特色农牧旅游作为集团发展现代农牧业的重要抓手，依据"整合资源、统筹协调、生态优先、融合发展"的原则，充分发挥农垦"大草原、大山川、大河流"的资源优势，明确集团旅游发展定位，通过"城旅+农牧""科技+旅游"等方式，转变思想观念，打造特色鲜明的旅游目的地，推动"农牧林旅结合，一二三产业融合"。强化示范引领作用，激活呼伦贝尔农垦集团特色农牧旅游发展动力。以适应旅游消费需求变化为发展方向，加强农牧文旅品牌的推广，实现旅游带营销的创新模式，增强智慧科研旅游的客户体验感，保障特色农牧旅游发展的持续发力，推动特色农牧旅游业转型升级和高质量发展。

二、发展目标

在呼伦贝尔全域旅游规划指引下，打造最高标准的原生态、精品化、产业化为导向的国家草原农垦旅游体系。导入旅游业态，示范中国北方农垦产业农牧旅融合高质量发展，打造具有国家地标性的旅游产品项目群。整合农垦多元生态、文化资源，围绕农垦极具特色的生产生活方式，塑造田园牧歌式的慢生活旅游目的地；成为呼伦贝尔国际化高端旅游目的地重要支撑；打造农牧型田园综合体的呼伦贝尔样板，形成中国北方最具特色的农垦旅游示范品牌，构建农垦产业化发展旅游业示范区。

到2025年，打造10个农牧场公司（分公司）旅游示范点。包括谢尔塔拉农牧场公司、三河农牧场公司、扎兰屯农牧场公司、绰尔河农牧场公司、那吉屯农牧场公司、巴彦农牧场分公司、诺敏河农牧场公司、欧肯河农牧场分公司、牙克石农牧场公司、陶海农牧场公司。

到2025年，打造功能完善的旅游目的地。将呼伦贝尔农垦集团打造成中国北方最具特色的农垦旅游区，助力"呼伦贝尔农垦"统一品牌，在国内形成一定的知名度与美誉度。

谢尔塔拉农牧场公司。北面为呼伦贝尔大草原—莫尔格勒河景区，南邻呼伦贝尔市核心城区海拉尔区，具有承接5A景区客流接待服务与发展城郊休闲游憩的双重潜力与机遇。打造三河牛主题农牧型田园综合体、呼伦贝尔农牧文旅产业融合发展新示范、呼伦贝尔农垦旅游新名片、呼伦贝尔大草原—莫尔格勒河景区配套服务新空间、海拉尔城郊农旅休闲游憩新样板。

三河农牧场公司。占据额尔古纳—室韦—黑山头旅游金三角中央位置，更是额尔古纳至室韦旅游大通道的重要节点，三河种马场拥有点线面的综合区位优势，具备成为呼伦贝尔北部旅游核心服务点的潜力。塑造"在三河种马场，当一天牧马人"品牌，打造三河马文化主题的农牧休闲旅游目的地、呼伦贝尔马产业综合示范基地、额尔古纳北线旅游重要节点、马文化体验基地+马产业示范基地。

扎兰屯农牧场公司。毗邻扎兰屯城区，与扎兰屯多个品牌景区相交融，具有得天独厚的旅游发展优势。定位为扎兰屯城市"后花园"、城郊生态田园休闲目的地。

绰尔河农牧场公司。处于扎兰屯市与阿尔山两大旅游城市交通廊道中的必经之路，区位条件优越。处于柴河小镇高品质资源富集处，旅游发展联动性强。定位为打造美丽乡村宜居宜养的山水田园社区，柴河景区基础设施服务供给的大后方，为农场所在的十大湾、山水岩壁画等景区提供自驾游营地服务。

巴彦农牧场分公司。嫩加公路、G111国道、红甘公路贯穿境内，未来可依托便利的交通条件，发展农场旅游。定位为农垦第一犁、知青第一乡、内蒙古知名的农垦现代化农业体验旅游目的地。

那吉屯农牧场公司。连接北满、绥满省际大通道，交通条件优越；邻近扎兰屯、齐齐哈尔，利用区位优势，实现区域联动发展；定位为呼伦贝尔综合性有机农业观光科普示范园，构建"有机农业观光+有机农业体验+综合配套服务+城郊休闲+农业研学"农旅研学一体化产业。

诺敏河农牧场公司。西邻达尔滨湖国家森林公园，是公园的必经之路。未来可从功能、产品业态等方面与公园联动发展；定位为达尔滨湖国家森林公园门户小镇、呼伦贝尔森林生态体验地。

三、重点任务

（一）开发农旅产品新业态

立足呼伦贝尔农垦集团资源天然优势，深入挖掘农牧产业的休闲、体验、观光、采摘、养生等多种功能，建设"游牧人家、民俗农户、高端休闲牧场、休闲采摘园、田园观光带"，开发"森林狩猎、湖泊垂钓、草原骑马、农田耕作"等休闲项目，打造旅游项目多、吸纳能力强、四至范围清晰、功能配套完善的旅游目的地体系。以乡村公园、农业观光园、精品民宿等休闲农业与乡村旅游产品的建设为契机，打造现代新型乡村旅游区。

（二）打造农垦健康旅游产业集群

围绕草牧业、特色种养、绿色蔬菜等产业，开发具有农垦特色的农牧业旅游商品和特色美食，打造农垦健康养生旅游系列产品。与种植养殖业融合，积极扶持发展"药菜两用"蔬菜、林下药材产业，扩大中药材品质资源。与加工业相融合，创建国家绿色生态农垦产品与康养旅游基地。

加强奶业休闲观光牧场建设。在草原生态畜牧业发展中融合旅游元素，以谢尔塔拉三河牛繁育基地为核心，展示奶牛生态养殖、绿色乳制品加工、农牧田园风情为主，打造新兴休闲、生态、观光牧场，开展奶牛科普、饮奶知识讲解、牛奶品尝、挤奶体验等多项休闲娱乐活动。

打造不同主题的田园综合体。以油菜、开心农场等为主题，打造集种植、养殖、加工、体验销售为一体的油菜产业文化园。展示垦区产业新业态，打造集田园观光、农垦文化、娱乐休闲、科普研学、农事体验与采摘、健康美食、商务中心等城郊旅游一体化的休闲农牧业和乡村旅游等多业态的田园综合体，形成三产融合标杆示范。

（三）完善全域旅游设施建设

围绕不同区域的产业发展、自然风貌、文化风俗和资源禀赋，将海拉尔打造为特色鲜明、绿色低碳、功能完善、产业集聚的文旅小镇。加强休闲农牧业旅游基础设施建设，系统打造呼伦贝尔农垦旅游接待中心体系。完善道路、垃圾处理、供水、排水、供电等基础设施和游客服务中心、交通引导标识、停车场、观景台等公共服务设施，提升牧家乐、农家乐的卫生环境和服务水平。推进"互联网+旅游"，开展智慧休闲农牧业示范点（村）建设，推广可为游客提供智能手机在线服务的App，推进旅游点公共信息服务智能化。

（四）创建集团特色旅游品牌

依托呼伦贝尔农垦特色生态资源、历史文化，打造精品休闲农牧业与乡村旅游线路。结合农牧业会展举办不同特色的乡村旅游节庆活动，比如油菜花节、杜鹃花节、草原观光节和农牧业嘉年华等，在休闲、观光和体验的同时，举办优质农畜产品展销、农牧业艺术展示、趣味农事体验等活动，提升观光旅游项目的影响力。加强品牌宣传和营销力度，发展"互联网+休闲农牧业"模式，借力"携程网""同程网""腾讯"等网络平台，扩大休闲农牧业和乡村旅游在线交易的市场规模。

第九章 现代农牧基础设施建设

2015年以来，连续5年中央一号文件关于"三农"工作对农业基础设施建设均有所论述，并对我国农业基础设施的建设和管理作出具体安排部署。2020年中央一号文件明确指出，加强现代农业设施建设，以粮食生产功能区和重要农产品生产保护区为重点加快推进高标准农田建设，抓紧启动和开工一批重大水利工程和配套设施建设。加强高标准农田、农田水利、农业机械化等农业基础设施建设，正是巩固和提高粮食生产能力、实施"藏粮于地"战略和保障国家粮食安全的关键举措。呼伦贝尔农垦集团建设一批重大高效节水灌溉工程，提高抗旱防洪除涝能力。推进秸秆还田与土壤改良工程，稳步提升耕地质量。依托现代农牧业园区、生态循环园区、农牧业科技示范基地和规模化养殖场，大力发展农牧业现代化设施，提高现代农牧业设施装备配套能力。

第一节 加强农田基础设施建设

一、发展思路

按照农业高质量发展的要求，以巩固粮食安全基础为导向，遵循"夯实基础，稳定产能；因地制宜，综合治理"的原则，聚焦重点区域，统筹整合资金，加大投入力度，突出抓好高效节水灌溉，大力推进高标准农田建设，加快补齐水利基础设施短板，提高水资源利用效率，开展农田和队际道路修缮工作，发挥科技创新驱动作用，重点加强农业气象服务平台基础设施的建设，切实增强农田防灾抗灾减灾能力，为保障呼伦贝尔农垦集团生产、服务周边提供坚实基础。

二、发展目标

因地制宜，改造提升中小型水源工程，适当升级配套水利设施，全力推进高标准农田建设，提高耕地和水资源利用率。在主要粮油作物主产区域，进行土地整治、农田道路修缮、水土流失治理、气象防灾减灾标准化建设，大力改善农业生产条件，稳定粮油生产能力。

建设集中连片、旱涝保收、稳产高产、生态友好的高标准农田。到2025年，确保建成120万亩高标准农田，占耕地面积的20%。补齐水利设施短板，水源工程建设稳步推进。到2025年，推进2个农牧场公司（分公司）水系综合整治试点，新增治理农田水土流失面积1.2万亩。到2025年，节水灌溉面积达到100万亩，年均增长5.7%，其中，改造30万亩，新增节水灌溉22万亩。到2025年，新增修缮农田道路1 200千米。

气象防灾减灾体系建设成效初显，应急能力稳步提升。到2025年，气象服务观测站基础设施配套完成，气象灾害预警信息覆盖率达到95%以上。

三、重点任务

（一）推进高标准农田建设

结合国土空间、农田高标准建设规划，修编高标准农田建设规划，把抓好土地整治、输配电设施、耕地保护、地力提升和推广高效绿色增产增效技术作为高标准农田建设的重要内容，统筹规划，同步实施。建立耕地地力与墒情综合监测点，对土情、肥情和墒情进行实时监控，为科学施肥灌溉提供依据，提高耕地综合生产能力。因地制宜示范推广蓄水保墒、抗旱抗逆、测墒灌溉、水肥一体化等绿色增产增效技术。加强土地整治，改造提升中低产田，提升耕地资源利用率和抗旱减灾能力。

重点在苏沁、三河、上库力、拉布大林、哈达图等农牧场公司开展"旱能浇、涝能排"高标准农田建设项目，新增建设高标准农田38万亩。到2025年，确保建成120万亩高标准农田。

（二）补齐水利基础设施短板

以呼伦贝尔农垦集团现有水源条件现状为基础，结合自治区、呼伦贝尔水资源利用有关规划，通过中央财政水利发展资金资助，推进小堰闸、小型泵站、小型雨水集蓄利用工程等小型水源工程的建设和改造。根据种植作物特点，因地制宜补齐旱地水源工程"短板"，开展中小型水路建设和改造、病险水库除险加固工作，中小河流治理工程、水土生态保持工程等。同时配套完善提水泵站、渠道、进水闸、渡槽、倒虹吸等渠系建筑物的新建或改造。

到2025年，结合天津中水北方工程实地踏勘数据，新开工水源工程2座，巩固提升12处集中供水工程，维修小型水源工程24处和推进2个农场水系综合整治试点；新增治理农田水土流失面积1.2万亩。

（三）积极推广节水灌溉工程

加强水资源统一管理和科学调度，协调上下游，推广节水灌溉技术和智能控制技术。在水浇地，以发展渠道输水灌溉为主，配套渠道防渗、田间闸管输水灌溉、喷灌、微灌等节水灌溉技术装备,推广适时适量精准灌溉技术,加快高效节水体系建设。全面检查维修蓄水、输水工程、提灌、井灌机电设备,改造升级已有灌溉设备,购置必要的机泵管带、小提灌、末级渠系配套的水源和灌溉装备,确保灌溉畅通无阻,增强农业抗旱能力。

重点在苏沁、上库力、哈达图、陶海、牙克石、特泥河、免渡河、格尼河等农牧场公司开展节水灌溉工程。"十四五"期间,新增节水灌溉面积22万亩,改造30万亩。到2025年,节水灌溉面积达到100万亩。

（四）实施农田道路修缮建设工程

修护破损不宜通行的队际砂石路,改造原有坑洼不平的土路,以农场为单位摸清底数,研究制定整修方案,分轻重、分批次、分区域有计划地逐步实施农田道路修缮建设工程,确保农业生产道路畅通。重点在牙克石、免渡河、绰尔河和欧肯河、东方红、宜里、扎兰河、诺敏河、古里、巴彦、甘河等10个农牧场公司（分公司）开展农田道路修缮建设工程。到2025年,新增维修道路1 200千米,新建桥涵100座。

（五）加强防灾减灾体系和应急能力建设

坚持以防为主、防抗救相结合,坚持常态减灾和非常态救灾相统一,全面推开基层气象防灾减灾标准化建设。加强关键农时农事气象服务,加快农业气象服务基础设施建设和完善灾害预警技术服务领域,提升现代农业气象精细化服务能力。重点建设自动气象观测站、自动土壤水分站、农田小气候观测站等农业气象自动监测站网和农业气象试验站,完善交通、运维、计量等气象观测站网建设。建成农业现代化气象自动观测系统,完善和布局系统内的四要素设备、六要素设备和土建安装设备。建成区域气象自动观测系统,配备测试场地建设、仪器布局、设备安装、防雷设施、预埋件基础、警示告示牌等完整的基础设施。重点布局在岭西的苏沁、三河、上库力、拉布大林、哈达图、特泥河、陶海、谢尔塔拉、牙克石、莫拐、免渡河、绰尔河共12个农牧场公司和岭东的大河湾、格尼河和那吉屯等3个农牧场公司。

到2025年,建成75套气象自动站,其中四要素自动站46套、六要素自动站6套、多要素自动站23套。基本建成适应农牧业高质量发展需要的气象现代化服务平台,气象防灾减灾作用进一步彰显,气象灾害预警信息覆盖率达到95%以上。

第二节 加快仓储物流设施建设

一、发展思路

以市场为导向,按照"统筹规划,有序布局;突出重点,明确定位"的原则,以绿色、先进技术应用为支撑，通过新建与改造升级结合、垦地结合等方式，盘活呼伦贝尔农垦集团24个农牧场公司（分公司）现有仓储能力，补齐仓储设施短板；充分挖掘集团已有的铁路物流通道和节点优势，与市里相关规划对接，加快提升粮食物流业发展水平；突出重点线路，建设重要节点，充分利用口岸区位优势，加快形成绿色高效、内外互联、南北通达的农产品现代化物流网络，促进集团产业升级。

二、发展目标

到2025年，基本建成绿色化、科技化、智能化的粮食仓储体系，形成布局合理、结构优化的现代粮食流通格局。

（一）粮食仓储能力大幅提高

维修改造现有简易棚仓仓房，彻底消除老旧粮库，基本消除"席芡囤"等露天储粮，新建粮食仓储库，扩容仓储能力。到2025年，粮食仓储能力达到115万吨，新增仓容15万吨，维修改造仓容87万吨，占总仓容的87%。

（二）粮食仓储基础设施条件显著完善

围绕粮食产后服务中心，配备烘干、机械通风、环流熏蒸、粮情测控、谷物冷却系统等标准储粮机械化工艺设备。到2025年，维修改造烘干装备40台，共建设18座粮食产后服务中心，实现分品种、分等级、分仓储存。

（三）粮仓服务功能得到扩展

到2025年，建设海拉尔、扎兰屯、大杨树镇三大设施现代化、储粮科学化、管理规范化的现代粮库。库房类型均为保温钢板筒仓，配备"四合一"机械化操作系统，配备大数据信息化平台，提升集团粮食贸易能力。

（四）粮食质量安全保障能力得到提升

建设粮食质量安全检验监测体系，提升粮食品质分析及质量追溯等的质量安全检验监测技术。到2025年，建设粮食质检项目3个，粮食质量安全指标的综合检验能力达到70%以上。

三、重点任务

（一）配套完善粮食干燥设施和场地

结合粮食生产和现有粮食仓储库点分布，综合考虑呼伦贝尔粮食产业发展布局，合理建设粮食干燥设施，重点解决烘干动力远低于粮食产能、晒场不足和晾晒场老旧的问题。

到2025年，建设水泥晒场和晾晒场地80万平方米，其中，新建30万平方米、维修50万平方米。围绕粮食产后服务中心，维修改造烘干塔40台，烘干能力300吨/日。

（二）加快推进老旧仓储库的改造和升级

充分调动政府、第三方企业和社会力量等各方面的投入积极性，多渠道筹集建设资金，加快资金投入进度，加快维修改造老旧粮库进度。以粮食生产大农场为重点，逐步整体推进。重点对老旧棚仓改造成保温钢板仓，提升保温隔热、防潮防虫、气密性等功能，并配置适用的仓储作业设备，包括粮情检测、机械通风、环流熏蒸等机械化操作设施。对达到报废年限，无维修价值的"危仓老库"进行报废重建或异地新建。到2025年，仓房完好率达到95%，钢板结构的保温封闭仓房占比80%。

（三）依据不同定位建设粮食仓储库

围绕四大物流中心，在粮食主产区存在仓容缺口的区（农场），扩建仓容，调整仓型结构，新建一批收纳仓。在粮食物流中心和主要物流节点建设适合铁路散粮接卸和运输的中转仓，完善配套设施和设备。在城市近郊粮食主销区和交通要道粮食主销区，建设成品粮储备仓。重点在海拉尔、扎兰屯、牙克石、大杨树交通枢纽周边建设中转仓，在海拉尔和大杨树建设成品粮储备库，以备自然灾害等突发事件、政府宏观调控等紧急需要。

（四）加强仓储技术升级和体系建设

利用"四合一"储粮技术，即智能机械通风、计算机粮情检测、低剂量环流熏蒸、高效谷物冷却，全面推进绿色、生态、智能储粮体系建设。以区域优势特色品种小麦、油菜籽、稻谷、大豆等为核心，加快建立5T过程管理标准体系，建立集团食品质量检验监测体系，加强真菌毒素和重金属等质量监测技术的应用。大力推进仓储信息化建设，推动粮食仓储各环节的信息采集全覆盖，提高仓储智能管理水平。

第三节 推进现代农牧设施建设

一、发展思路

依托现代农牧业园区、生态循环园区、农牧业科技示范基地和规模化养殖场，大力发展农牧业现代化设施，提高现代农牧业设施装备配套能力，提升基础设施的标准化、机械化、信息化水平。以建设生态文明、发展农业循环经济为基本要求，配套畜禽粪污处理利用设施设备，实现畜禽粪污的有机肥资源化利用，促进种养循环和农牧结合。坚持绿色发展理念，围绕奶牛、肉牛、肉羊等优势产业，加大牧区畜舍棚圈等基础设施投入，加强标准化规模养殖基地建设，确保畜产品质量安全，发展优质奶业和健康肉产业。提高农机设施信息水平，积极发展智能农牧设施装备。

二、发展目标

加快推进农垦农牧业现代化发展步伐，探索循环农业发展模式，提高现代化农牧业科技创新能力，完善现代农牧业标准化、机械化设施条件，实现基础设施转型升级。

到2025年，呼伦贝尔农垦集团畜禽粪污综合利用率达到95%，试点规模养殖场粪污处理设施装备配套率达到100%。废弃物资源化高效利用取得显著成效，经济、社会、生态效益明显。到2025年，试点规模化养殖场全面实现标准化管理，保障畜产品质量安全水平达到全国农牧业集团领先地位。到2025年，农机装备总量稳步增长，装备机构得到优化改善，农机作业化水平显著提高。智能化、节能高效的新型农机装备研发有所突破并示范应用，形成现代化农机装备技术体系。

三、重点任务

（一）完善农牧废弃物处理设施

聚焦畜禽粪污固体废弃物，以内部循环、就地消纳为主线，提高畜禽粪污收集、处理技术水平，实现资源化利用，控制畜禽养殖污染排放。升级改造养殖场畜禽粪污资源化利用基础设施设备，建设畜禽粪污收集、存储、转运和预处理系统设施，完善干湿分离、堆沤积肥、有机肥加工等生产设施设备。重点在试点规模养殖场（哈达图、特泥河、上库力）建设完善的畜禽粪污有机肥资源化处理基础设施和设备。到2025年，畜禽粪污综合利用率达到95%，试点规模养殖场粪污处理设施装备配套率达到100%，基本实现畜禽粪污资源化利用。

（二）加强标准化规模养殖基地建设

重点建设和改造规模化养殖场圈舍，建设标准化规模养殖场，配套建设安全饮水、智能投喂设备、饲草料棚、牧草青贮等畜牧业生产相关设施，实现固定棚圈全覆盖。加强牧场原料、饲喂、营养、繁育、挤奶等全程监控和管理，实现奶牛养殖过程的可视化，力争全部实现新建牧场信息化、数字化和智能化。建设病死畜禽无害化处理设施，健全兽药质量安全监管体系。加大非洲猪瘟、口蹄疫等动物疫病防控力度，加强"免疫无疫区"基础设施和装备能力建设，提升疫情应急处置能力，确保畜牧业健康绿色发展。

（三）推进农牧机械装备现代化

加快发展大型拖拉机及其复式作业机具、大型高效联合收割机等高端农业装备。优化农机结构，推进深松整地、黑土地保护性耕作、高效植保、秸秆还田收贮、粮食烘干等机械装备和技术应用。着眼农机短板，重点提升甜菜收割机械、耕整地机械、青贮玉米收割机、场院机械等水平，着力补齐岭东丘陵适用机械装备开发、设施园艺机械、畜禽养殖、草牧业关键机械短板。运用3S技术、5G、物联网、自动化技术等先进技术，创新农机装备的智能化和信息化水平。到2025年，农机总动力突破150万千瓦。大中型机械占比提高。100~350马力大中型拖拉机动力在拖拉机总动力中占比达到70%以上；小麦、玉米、水稻、大豆等主要粮食作物生产全程机械化面积达到95%以上，甜菜收割机械实现100%覆盖；年度深松整地面积达到30%。

专栏10：农田基础设施重大工程

（1）高标准农田建设工程。结合国家高标准农田建设规划，完善配套设施。以苏沁、三河、上库力、拉布大林、哈达图等农牧场公司为核心，新增建设高标准农田38万亩。

（2）节水灌溉工程。解决水利设施短板问题，改造提升水利设施设备，引进节水灌溉技术。以苏沁、上库力、哈达图、陶海、牙克石、特泥河等农牧场公司为核心，新增节水灌溉面积20万亩，改造30万亩。

（3）水土流失治理工程。解决岭东大河湾和大农巴彦、扎兰河、甘河、诺敏河、宜里、古里、东方红、欧肯河等9个农牧场公司（分公司）的"水蚀沟"问题，恢复耕地1.2万亩。

（4）农田道路修缮工程。修护农田道路和队际砂石路，确保耕地道路畅通。重点在牙克石、免渡河和欧肯河、东方红、宜里、扎兰河、诺敏河、古里、巴彦、甘河等10个农牧场公司（分公司）开展，共修缮农田道路1 200千米。

（5）现代农牧业气象服务平台建设工程。建设现代农牧气象服务平台，提高气象防灾减灾能力。到2025年，气象灾害预警信息覆盖率达到95%以上，建成75套气象自动站，其中四要素自动站46套、六要素自动站6套、多要素自动站23套。

专栏11：现代粮仓建设重大工程

（1）老旧粮库维修改造工程。在小麦、玉米、水稻、大豆、油菜等粮油作物主产农场，拆除老旧危库，改造简易棚仓为保温筒仓。到2025年，共维修改造仓容87万吨。

（2）不同类别仓储设施改造工程。针对新建粮库，配套建设烘干设施设备。针对收纳仓，要配备基本保温隔热、防潮防虫、气密性等功能设施。针对中转仓，要完善粮油运转机械操作设施。针对储备库，要配备粮情测控、环流熏蒸、机械通风和谷物冷却等基础设施建设。

（3）仓储设施标准化工程。实现分品种分等级仓储功能，加快粮食质量监测体系建设，推广节能低碳烘干技术，全面推进绿色生态智能储粮技术和智能化粮库建设。

专栏12：5T过程管理

5T管理，全称"优质稻谷围收储期作业5T管理"，就是按稻谷籽粒全生命周期的通道和区块特性，以爆腰率和食味值为目标因子，分成熟收T1、田场T2、干燥T3、收仓T4和仓储T5等时期设置多参数管理因子，从而制定和贯彻稻谷生产精细时效5T管理标准。其中，"围"是借用的医学名词，取"围产"之精心护理之意。围收储作业期是指稻谷籽粒生长存续全过程，即稻谷抽穗后的过程。与以往制定的产品标准不同，5T管理是一项过程管理，目的是通过精细时效管理，提高鲜香食味品质、减少围收储期损失。以工业化思维、信息化思维，向管理要质量、向管理要效益，是农业和粮食管理的新探索。

专栏13：现代农牧设施建设重大工程

（1）农业废弃物资源化处理工程。重点在哈达图、特泥河、上库力等3个农牧场公司配套完善的畜禽粪污有机肥资源化处理设施。

（2）标准化示范养殖场基地建设工程。建设肉牛、肉羊、奶牛标准化设施的规模化养殖场示范基地各1处。

（3）现代农机装备提升工程。重点解决甜菜收割机、收割机和整地机械等短缺问题，补齐短板，提升农机装备水平。农机总动力突破150万千瓦。推广应用大中型农机，100～350马力*大中型拖拉机动力在拖拉机总动力中占比达到70%以上。

---

* 1马力≈735.5瓦。全书同

专栏14：气象防灾减灾工程
深入贯彻"两个坚持、三个转变"防灾减灾理念，坚持问题导向，扎实做好农牧业防灾减灾工作。 （1）切实抓好气象防灾减灾工作。加强和呼伦贝尔市气象部门合作，建立健全信息共享机制。完善呼伦贝尔农垦集团气象防灾减灾基础设施建设，加强物联网、大数据、人工智能、5G、智慧气象等现代信息技术在农业防灾减灾中的应用，提高预报预警的准确性和针对性。 （2）强化灾害预警服务体系。充分利用信息服务平台，做好农业气象灾害预警服务。开展气象防灾减灾科普宣传，提高防灾避灾意识和能力。 （3）做好科学防灾减灾。制定气象灾害防灾减灾预案，发挥人工影响天气保障作用，强化区域联防，力争做到应增尽增、应防尽防。合理组织专家队伍人员，做好科学抗灾减灾和灾后恢复生产工作。

第十章　产业发展的基础与动力

全面深入实施"科技兴企、人才兴企"发展战略，以激发企业经营活力、提升质量效益与生产效率为前提进行企业科技创新能力建设。围绕呼伦贝尔农垦集团主导产业、特色产业和新兴产业，全面提升集团科技支撑水平。坚持与国际通行标准接轨，建立健全集团标准体系，逐步推进集团全产业链、全过程实现标准化；实现集团农产品全产业链、全过程、全覆盖，建成具有国际先进水平的科技研发与推广示范服务基地。

第一节　加强品牌和营销体系建设

呼伦贝尔农垦集团目前拥有"苍茫谣""北一季""三河牛""夏日""畅沁""8号农场""甘河源""上库力""哈伦哈贝""扎兰河"等10个自主商标，尚未形成体系。产品多为初级农产品，精深加工产品少，且科技含量低，产业链条短，附加值不高，难以形成组团出击、集中打响品牌的合力，市场竞争力弱化。目前，集团仅有内蒙古自治区著名品牌"苍茫谣"，尚未有全国层面的知名品牌，其产品难以与知名品牌进行竞争，实现优质优价。"十四五"期间将积极推进企业品牌建设，促进品牌提档升级。突出绿色、优质、特色、健康四大优势，打造"呼伦贝尔农垦主品牌+区域公共品牌+子品牌"的品牌体系。加快企业营销体制和机制建设，加速营销队伍的培育。充分发挥网络、数据、技术和知识等要素作用，建立完善农牧产品线上线下销售网络，促进呼伦贝尔农垦农牧产销顺畅衔接、优质优价。

一、培育提升品牌

坚持市场为导向，以提质增效为目标，立足资源禀赋和区域优势，深度挖掘呼伦贝尔农垦集团农产品的核心价值与文化内涵；突出绿色、优质、特色、健康四大优势，打造"呼伦贝尔农垦"品牌体系；规范品牌管理，实施创新引领的品牌培育模式与发展机制，全面提升集团产品的品质和核心竞争力，加快集团产业转型升级，成为具有区域特色和国际影响力的知名品牌。

（一）构建集团品牌体系

结合资源禀赋、区域特色、产业基础和农垦优势等因素，制定呼伦贝尔农垦集团品牌发展规划，明确品牌定位和目标，大力推进集团品牌体系建设，构建"1+2+N"，即"主品牌+区域公共品牌+子品牌"的品牌体系。其中，"1"是指"呼伦贝尔农垦"为主品牌，"2"是指2个公用品牌，包括区域公用品牌和"中国农垦"公用品牌，"N"是指粮油、乳、肉等不同系列子品牌，公用品牌与主品牌、子品牌互为融合，互利共赢，构成具有区域优势、特色鲜明的集团品牌体系。到2025年，通过财政、金融支持，建立起完善的农产品品牌培育、发展和保护体系，形成标准化生产、产业化运作、品牌化营销的现代农业新格局，努力实现由粗放农业向品牌农业转变。到2025年使"呼伦贝尔农垦"成为具有一定影响力、辐射带动范围广、市场竞争力强、文化底蕴深厚的国家知名农业品牌。

（二）挖掘农垦品牌地域文化内涵

丰富品牌内涵，树立品牌自信，深度挖掘农垦地域特色的生活、生态和文化等，积极促进产业发展与资源禀赋、人文景观、非物质文化遗产、农垦建设等深度融合，将区域特色、农垦文化、民俗文化、技术优势等内涵融入集团品牌文化建设中。呼伦贝尔农垦集团加大"呼伦贝尔农垦"集体商标的申报和使用，加快"呼伦贝尔农垦沙果、榛子、蘑菇、蓝莓"中国地理标志品牌的申报工作，扩大地域品牌范围。讲好农垦故事，以故事沉淀品牌内涵，打造具有地方特色、高品质、高科技的呼伦贝尔农垦品牌。

（三）完善品牌发展机制

加快呼伦贝尔农垦集团商标注册、专利申请、"两品一标"认证等工作，规范品牌创建标准。通过科创中心、物流园区和示范基地等建设，创新投资融资机制，推动资本、资源要素在品牌引领下集聚，形成品牌与园区共发展的格局。与自治区和市发改、农业、国资委等部门协同配合，参与制定区域公用品牌标准和管理制度，积极参与中国农产品品牌目录申报，形成区域公用品牌和企业品牌联动机制。构建全程质量可追溯体系、品牌知识产权保护、品牌监管和危机处理应急机制，完善农业品牌诚信体系。

（四）强化提升品牌竞争力

强化品牌发展基础，发挥区位资源天然优势，抓好"绿色、有机、无公害"等产品认证，完善农产品质量安全检验检测体系，确保产品优质、健康、生态，提升品牌农业建设保障能力；强化科技创新，优化产品结构，开发新产品、提升品质。加强旅游品牌规划，提高旅游IP转化品牌能力，铸造品牌魂魄，增强品牌发展活力；全面推进经营理念创新，以市场为导向，坚持标准化、规模化生产，将绿色发展理念融入品牌价值。采用基地带动、龙头拓展、垦地共建、"互联网+"等形式，因地制宜地创新品牌发展模式，创新品牌发展之路，扩大品牌销售范围和竞争力。

（五）扩大品牌影响力

借助区域和农垦公用品牌，开展联合推介与宣传，打造呼伦贝尔农垦集团自媒体IP，发展粉丝经济，采用传统媒体与网络新媒体同步，共同打造公用品牌与呼伦贝尔农垦集团品牌形象。积极参加国家、自治区、行业协会等各类展销会和农产品交易会、电商营销平台等，大力宣传集团品牌文化，全方位、多层次、持续性地集中宣传集团品牌，扩大知名度。针对目标市场，利用法定节假日、民族节日、重大活动等关键时间节点，与新浪、腾讯、搜狐等消费者关联度高的社会化网媒合作，与消费者展开互动，引导绿色、营养、健康消费，提高品牌竞争力。

加强粮油品牌建设，积极争取"中国好粮油"示范企业。根据财政部、国家粮食和物资储备局《关于深入实施"优质粮食工程"的意见》（财建〔2019〕287号），现就落实"中国好粮油"行动计划制定本实施指南。"中国好粮油"行动计划紧扣实现粮食产业兴旺、农民增收、企业增效，满足消费者对优质粮油产品的需求，到2020年，全国产粮大县粮油优质品率提高30%左右。围绕双低油菜、优质小麦、大麦、马铃薯等区域优势特色品种，加大培育和优选优质粮种力度，积极引导和组织推广优质品种，实现连片种植和规模化经营。建立双低油菜、优质小麦、优质大麦的示范种植基地。支持合适佳、春蕾及薯业加工企业以"加工企业+农场+合作社+农户"模式，结成利益共同体，开展优质粮食订单农业，培育和优选优质品种，推广连片种植。

专栏15："中国好粮油"行动计划实施指南

根据财政部、国家粮食和物资储备局《关于深入实施"优质粮食工程"的意见》（财建〔2019〕287号），现就落实"中国好粮油"行动计划制定本实施指南。

"中国好粮油"行动计划要紧扣实现粮食产业兴旺、农民增收、企业增效，满足消费者对优质粮油产品的需求，到2020年，全国产粮大县粮油优质品率提高30%左右。

示范企业应具备以下条件：①企业有注册商标和品牌，市场开拓能力强，有销售渠道；②企业资产优良，信用良好，无相关违法违规行为；③产品销售量大，市场占有率及消费者认同度高，具有较强的新产品开发和产品质量保障能力，符合国家产业政策和环保政策要求；④企业积极性高，实施方案主要目标和考核指标清晰，措施具体可行。

示范企业数量由各省（区、市）根据实际情况确定，示范县（市）政府在符合条件的企业中择优选定。

二、打造特色营销体系

围绕推动"呼伦贝尔农垦"总品牌进入国家驰名商标为核心工作，推出一批受消费者喜爱的乳、肉、粮油及特色食品进入市场，大力建设"苍茫谣""北一季""三河牛""夏日""畅沁""8号农场""甘河源""上库力""哈伦哈贝""扎兰河"等商标集群。区域上，重点从"立足内蒙古、保障呼伦贝尔、服务北上广、辐射黑吉辽"做市场布局。大宗粮油产品、民族乳肉产品营销、农业后勤与科技服务主要围绕"立足内蒙古、保障呼伦贝尔、辐射黑吉辽"开展，"苍茫谣"高端乳肉产品、山珍、旅游产品、矿泉水等主要围绕"服务北上广"开展。充分发挥网络、数据、技术和知识等要素作用，建立完善农牧产品线上线下销售网络，促进呼伦贝尔农垦农牧产销顺畅衔接、优质优价。到2025年，呼伦贝尔农垦集团建立统一的线上线下相结合的一套农牧产品营销体系。依托国内外知名电商平台，建成集团品牌农产品网上商城；建成集团农产品展销中心和社区旗舰店。

（一）培育壮大营销主体

发展"龙头"加工型农产品贸易公司，利用"龙头"企业的生产技术和食品加工优势，通过建立"企业加工联盟体"，形成统一产品分级、包装标准，统一经营品牌，实现资源共享、风险或成本共担。创新农牧产品营销渠道，壮大营销企业主导下的流通联盟、商业超市主导下的纵向直销联盟等多元营销主体。采用多元化激励机制，推行经纪人和代理商制度，吸引专业人才参与产品经营代理。加大营销才人的引进和培养，尤其加强网络营销人员的培养，为网络营销提供充足的人才保障。

（二）加强营销渠道的信息化及配套建设

加强分级包装、加工仓储、冷链物流、社区配送等设施设备建设，完善市场信息、品牌营销、技术支撑等配套服务，形成可复制、可推广的品牌电子商务模式。借助互联网、大数据、物联网等信息技术，整合呼伦贝尔农垦集团农产品资源，汇集市场动态、供需状况等相关信息，对接国内知名电子商务平台和信息公共服务平台，打造与消费者交流互通的营销平台，实现农产品的产供销一体化，满足现代消费者个性化的需求。

（三）推进国内多渠道营销网络建设

明确销售区域和目标市场，实行"统一规划、统一形象、统一推广"，全面加强品牌农产品包装标识使用管理，提高包装标识识别度。构建连锁店、主流超市专柜、电商网络三种渠道的营销网络，坚持线上与线下并重、分阶段有序推进的原则，实现相互补充、稳步发展。在重点区域和市场实现定点销售，建立销售网点和展销中心，组建独立品牌连锁店；通过市场化运作方式，将集团农产品整体打包进入主流超市，设立销售专区或店中店。

（四）以消费需求为导向创新营销方式

以消费需求为导向，以优质优价为目标，推动传统营销和现代营销相融合，创新品牌营销方式，实施精准营销服务。借助大数据、云计算、移动互联等现代信息技术，拓宽品牌流通渠道。充分利用农业展会、产销对接会、产品发布会等平台，着力加强市场潜力大、具有区域特色和竞争优势的重点品种的营销与推广。针对重点区域的大客户，采用点对点的精准营销模式，重点开展体验活动、单位直供、社区直配等活动。充分利用国家实施"一带一路"的战略机遇，建设境外展示展销中心，搭建国际农产品贸易与技术服务合作平台。

（五）多维度推介核心品牌

采用融媒体互动营销、自媒体营销、创意植入营销等新方式，同时打造内容并构建渠道，形成"呼伦贝尔农垦"品牌宣传的指数增长。

将"呼伦贝尔农垦"品牌体系置于新媒体营销时代，品牌传播的内容可以为消费者提供分享和再创造的素材。围绕"呼伦贝尔农垦"这一主题策划拍摄系列微电影，借由整合传统媒体与新媒体的融媒体平台进行宣传。通过微博和微信等自媒体及短视频平台（抖音、火山小视频、快手等），邀请有流量的意见领袖，以图片、文字以及视频等方式对农垦核心产品进行宣传，线上营销与线下"网红地打卡"相结合，利用"网红效应"吸引日益壮大的青年消费群体。通过在收视率高的综艺节目、电影、电视剧、卡通动画和竞技游戏等植入呼伦贝尔农垦形象和系列产品，作为取景地、IP元素等植入导入，改变传统硬广告的营销模式。

专栏16：品牌营销重大工程

以呼伦贝尔农垦集团"1+2+N"品牌体系为支撑，挖掘农垦品牌地域文化内涵，培育品牌和产品形象，努力通过市场手段，强化提升品牌竞争力，打造呼伦贝尔的新名片。

培育壮大龙头企业带动的营销主体，加强营销渠道的信息化及配套建设，推进国内多渠道营销网络建设，以消费需求为导向创新营销方式。到2025年，建立一套线上线下相结合的农牧产品营销体系。

第二节　聚力打造创新平台

一、搭建科技创新平台

（一）发展思路

全面深入实施"科技兴企"发展战略，加快推进呼伦贝尔农垦集团科技体制改革，加速生态草牧业重点实验室和区域粮油科创中心建设,加强集团自主研发能力。围绕集团主导产业、特色产业和新兴产业,全面提升集团科技支撑水平。建设专业人才队伍,培养引进高新技术和实用技术人才,构筑集团"产学研"高科技人才平台和合作平台。

(二)发展目标

科技创新能力大幅提升,科技创新基础条件不断改善,在现代种业、粮油深加工、乳业、仓储物流、农机、农技等领域,获得一批原创性科技成果和关键技术产品。到2025年,科技支撑引领能力显著增强,与"一带一路"沿线国家农业科技合作不断增强,建成具有国际先进水平的示范服务基地,科技服务水平明显提升,形成"保障呼伦贝尔、服务蒙东地区、辐射黑吉辽和俄蒙、示范粮食主产区"的科技支撑格局。

(三)重点任务

1.深化集团产学研协同体制改革

健全呼伦贝尔农垦集团科技项目管理平台,建立集团科技投入稳定增长机制。完善科技成果转化机制,促进集团与科研院所、高校之间的知识流动和技术转移。建立以企业为主体,产学研结合的项目实施新机制,对重大专项和科技计划中有产业化前景的重大项目,鼓励集团农场、加工企业等积极参与新技术、装备、管理手段等的试点示范。研究建立科研创新绩效评价指标体系和定期评价机制,将评价结果作为人员激励政策实施的重要依据。

2.加强基础研究和关键技术的联合科技攻关

考虑产业发展和区域特色,加大科技投入,加强区域特色主推品种的创新、繁育和推广,加快农机与农艺、种养循环、粮食储藏、食品安全监测检测、农业防灾减灾、精深加工等新技术和新产品的自主研发。联合攻关解决生产实际存在的难题,针对面临的共性问题和技术瓶颈开展深入研究,满足农畜林产品加工企业共性关键技术需求。

与中国科学院、相关科研院校组建优质饲草产业发展技术支持与攻关服务体系,加快牧草新品种选育推广、丰产栽培、节水增效、适时收割、病虫害防治、草产品加工贮藏等关键技术的联合攻关;研发草地肥水耦合技术、有机无机平衡施肥技术、营养繁殖体恢复技术,为天然草原植被的改良和恢复提供技术支撑;研发适合集团的优质牧草种植技术体系,大力推广退化人工草地更新复壮技术、牧草混播建植技术、水肥调配管理技术、牧草实时刈割技术等,发展适合集团的"全营养体"饲草产业的种植模式。与中国农业科学院、国家粮食与物资储备局科学研究院等单位合作,以双低油菜为重点,开展联合育种,培育出适宜本地区种植的耐寒、抗旱、易机收、抗性好、活秆成熟的菜薹两用、双低、五彩等多用型的集团专用品种。在拉布大林、特泥河两个试验站开展五彩油菜、双低油菜等多功能新品种选育;建设千亩油菜良种展示示范基地,加快促进新品种转化应用;创新油料加工新技术，改进升级油料加工工艺，研究开发油料蛋白加工和油菜功能性食品，研发油菜产品质量安全控制技术。

3. 建设区域特色现代农牧业产业科技创新中心

与国内科研院所、高校联合构建开放式"产学研"创新网络，探索多部门—多学科—多元化合作新模式，建设具有区域特色和优势的现代农牧业产业科技创新中心，包括生态草牧业工程实验室建设和芥花油全产业链研发为核心的粮油科创中心建设。

加快生态草牧业内蒙古自治区工程研究中心建设。3年内建成建筑空间总面积2 000平方米，功能完善，运行与各项管理制度完备，固定人员规模达50人以上，其中专业研发人员30人以上，具有高级职称的技术骨干15人以上。建成生态草牧业种养加一体化技术研发与示范基地，打造牧草品种选育、天然草地恢复改良、菌剂研发与草产品开发、畜种改良与提升4个平台，研发草、畜系列实用技术产品5~10个，率先在呼伦贝尔农垦集团进行应用示范，并选择成熟完善的技术实施产业化，向呼伦贝尔市和内蒙古自治区辐射推广。到2025年，力争达到国家工程研究中心标准。

筹建内蒙古自治区粮油科创中心。以区域特色品种双低油菜为核心，兼顾优质小麦、马铃薯等优势品种，联合国家粮食与物资储备局科学研究院、中国科学院联合成立区域优势品种粮油科创中心。到2025年，打造成为内蒙古自治区粮油科创中心，引领双低油菜、优质小麦、乳、肉等区域优势特色产品相关技术标准的制定，积极参与国家重大科技计划项目的实施，在行业共性关键技术研究开发、标准制定和应用推广中发挥骨干作用，促进科技研发和成果转化。

成立呼伦贝尔国科智慧农牧业创新研究院（以下简称创新研究院）。结合国际发展趋势和国家重大需求，围绕打造世界一流的现代农牧业创新体系，针对"种（品种）、种（种植）、养（养殖）、研（科研）、储（仓储）、加（加工）、运（运输）、销（销售）"各环节，打造农牧业全产业链的信息基础平台，为高效调度、管理、决策提供数据支撑；建立具有自主产权体系的现代智慧农机创新基地。围绕农垦规模化生产特点，开发新设备新系统，推动农机装备智能化、绿色化、无人化、节能化和高效化发展，结合北斗系统、智能监控系统，建立科学的数据挖掘和异常识别系统，综合协同空、天、地、人、器（器具）等资源，发展精准高效作业；构建基于第三代农机体系的现代农牧业样板基地，构建依托清洁能源技术和无人化技术的第三代农机驱动生产模式；在数据驱动下搭建围绕农牧业产业需求，以信息技术聚集、产业高质量发展为目标的信息技术融合创新平台，用以支撑现代农业创新平台的运营与服务，实现农业生产过程的智能化决策。

4. 建设技术集成应用示范基地

按照满足顺应消费和创新开发消费的技术路径，结合呼伦贝尔油菜、马铃薯、乳、肉生态区的产业聚集发展需求，立足区域优势，突出产业特色，重点打造一批具有现代机械装备、现代科技、现代管理水平支撑，生态效益、经济效益和社会效益共同实现的现代农业示范基地，构建北方高寒地区乃至东北亚地区高标准的生态、优质、绿色、安全的现代农业示范区。核心建设单位优选4个，重点选择城郊型谢尔塔拉农牧场公司、特泥河农牧场公司和黄金旅游沿线拉布大林农牧场公司、上库力农牧场公司，充分利用特殊的地理生态条件、人文历史环境、较好的生产基础和科研条件，发挥国家级原种场、北方高寒地区种子产业化示范农场、国家级种羊场的政策和技术优势，建成引领带动集团产业升级、高质量发展的现代农业示范区。

5. 加强科技创新交流与合作

同国内外科研院所开展广泛的战略合作，集结一批院士、博士和各相关产业首席专家入驻，以草牧业工程实验室和呼伦贝尔生态农牧业研究开发中心为媒介，以中国科学院科学家团队为主体，聚合国内外相关科研院所专家团队、内蒙古自治区内部科研团队，形成强大科技支撑体系，构建农垦产业科技交流合作综合平台。支持集团内龙头企业与国内外企业、高新技术产业化基地、科技企业孵化器以及企业研究开发中心的合作与交流，共享科技成果转化经验，积极有效引进先进技术，实现强强联合。

专栏17：农垦农作物良种展示示范基地

2017年，农业部办公厅印发《全国农垦农作物良种展示示范基地认定工作方案》，以"筛选展示优良品种、集成推广先进生产技术、建立先进高效管理模式、加强培训交流和服务、搭建数字化网络展示平台"为主要任务，计划到2020年，围绕农垦农作物优良品种，认定建设一批设施完善、设备先进、源头可溯、质量可靠的现代化种子展示示范基地，筛选一批适应机械化生产、优质高产、多抗广适的优良品种，培养一支业务理论精、专业能力强、综合素质高的种子生产技术队伍，建设一个实地可视化和网络数字化相结合的农垦优良品种展示平台，充分发挥农垦优良品种示范带动作用，促进中国农垦种业品牌培育，推动农垦种业做大做强。

申报范围：全国农垦农作物良种展示示范基地申报作物范围包括水稻、小麦、玉米、棉花、大豆、油菜等。

申报条件：①基地自然环境优越，基础设施完善，种子生产条件较好，设备齐全，交通便利，区域内无检疫性有害生物。②基地包括新品种比较展示区和主推品种示范区，其中，新品种比较展示区展示品种不少于10个品种，每个品种展示面积2~3亩；主推品种示范区展示品种1~2个，每个品种展示面积不少于100亩。③基地管理机构健全，质量监管能力较强，生产技术和质量管理工作规范。④生产人员技术熟练，生产秩序良好，近3年未发生种子生产重大责任事故。

重点在特泥河、谢尔塔拉、哈达图、拉布大林等4个农牧场公司建设现代农业科技园区4处，试验用地2 800亩，科研楼1 800平方米。园区按照高标准规划，科学划分生产区、生态区、生活区等各类功能区，田间道路美化、基础设施配套，集农业科研、技术创新、成果转化、辐射带动、休闲观光于一体。以点带面促进成果转化。将现代农业科技园区打造成农业科技人员研发创新平台、职工群众科普教育基地、新技术推广应用的决策平台、对外宣传和辐射的窗口。

二、打造人才创新平台

（一）发展思路

坚持本土人才培养与外部人才引进相结合，培养和引进一批高级经营管理人才，打造一批不同梯度、忠诚度高、奉献意识强的企业家，为集团提供数量充足、结构合理的人才保证和智力支持。建立灵活多样的人才管理机制，建立专业人才使用、考核及激励机制，实现在关键领域、关键项目上的突破。通过与中国科学院、中国农业科学院、中国农业大学等优秀的科研机构及江苏农垦、北大荒集团等先进的农垦机构开展交流与合作，学习最新的政策、最先进的技术以及最成熟的思想，为呼伦贝尔农垦集团的后续发展提供厚实保障。

（二）发展目标

专业化人才队伍不断扩大，多元化的人才合作平台初步搭建，吸引高新技术的创新人才和创新团队落地发展，打造专业、开放、活力、创新的人才队伍，加快推动科技研发与成果转化。到2025年，累计开展技术人员业务培训1 000人次以上，培养硕士研究生50名以上，博士研究生2名以上，推广新品种2个以上，推广新技术、新成果5项以上。

（三）重点任务

1. 全面加强人才梯队建设

将"本土人才"培育和"外部人才"引进结合起来，有计划地到国内一流大学培训一批、到改革走在前面的兄弟垦区和先进企业挂职一批、到国内知名院校和社会招聘引进一批，为呼伦贝尔农垦集团打造农牧业领域航母提供数量充足、结构合理的人才保证和智力支持。要坚持本土人才培养与市场化选聘职业经理人相结合，培养和引进一批高级经营管理人才，打造一批忠诚度高、奉献意识强的农垦企业家。建立灵活多样的人才机制。建立特殊人才使用、考核及激励机制，实现在关键领域、关键项目上的突破。

加强呼伦贝尔农垦集团产学研人才梯队建设。以实现科技兴垦为目标，以服务集团及各专业公司、垦区24个农牧场公司（分公司）为宗旨，促进"产学研合作+专业人才"培养互动融合，全面加快垦区科技成果转化应用和提升基础研发能力，激发农垦科技创新活力。依托中央各部委、内蒙古自治区及中国科学院重大项目，培养一批"人才+项目"

的高水平产学研协同领军人才。与中国科学院、中国农业科学院等国内外先进科研机构协作，建设一批农牧业博士后流动站，更广泛地汇聚集团急需人才。利用院士工作站、科技研发中心和基地等开展实地人才培训，通过项目对接专家团队，搭建基地和技术队伍联系桥梁，将专业人才送到国家一流的科研院所和高校去培训的方式，加强人才的交流学习，提高垦区技术型、专用型人才的整体水平。

2. 建设人才合作培养平台

强化与中国科学院生态草牧业工程实验室的合作，围绕呼伦贝尔农垦集团现代农牧业产业体系需求的农学、土壤学、植保、中草药栽培、育种、市场营销、水利、农业机械等相关专业，进行人才交流和联合培养。强化集团与国内外农业科研院所合作举办或者承办高端论坛、农产品博览会、技术成果展示推介会、实地考察等活动，促进垦地合作、校企合作、院企合作等，建设人才培训平台、人才交流平台和人才管理平台等。通过研发平台建设与项目实施，开展学术论坛、国际交流，组建相关产业协会，同时，开展学位攻读、集中培训、个性化培训。鼓励集团的管理人员、技术人员和职工参与项目的实施，接受高端培训，提高业务能力与水平，培养能够高效组织实施工程化技术研发的人才队伍和自有专业领军人才，建设高质量专业技术人员团队和新型高素质职工队伍。

3. 健全完善人才激励机制

制订呼伦贝尔农垦集团统一用人机制方案，特别是后备人才，形成标准的科学选拔竞争机制。围绕"人才强垦"，建立特殊人才使用、考核及激励机制，实现在农牧业、工商业、项目工程管理、金融投资、品牌营销等关键领域人才引进上的突破。制定出台富有含金量的政策举措，优化配置工作环境和待遇条件，搭平台、给待遇，做到用事业留人、环境留人、待遇留人、感情留人。搞好节庆活动、办好各项年会，依法依规足额保障落实干部职工的薪酬和各项津贴、补贴以及福利待遇。

4. 加强标准化专业人才培养

制定标准化发展策略，建立标准化组织架构和制度体系，成立呼伦贝尔农垦集团标准化专业技术委员会，围绕集团生产过程的关键技术和管理手段开展相关标准的研究和编制。加强标准化人才培养，逐步建立覆盖不同领域和环节的标准化专业技术队伍。根据集团各类农畜产品的生产环境、生产技术操作、安全卫生质量等系列标准，分层级、分阶段实施培训，形成自上而下的培训网络，指导集团内部农业标准化生产基地建设。

5. 加快推动产业工人队伍建设

积极构建垦区产业工人技能形成体系，规划终身职业技能培训制度，探索产教深度融合新路径，推行现代学徒制和新型学徒制。深化"劳动竞赛、技术比武、岗位练兵""合理化建议""五小"[①]等群众性经济技术创新活动，注重发挥创新工作室示范引领作用。

---

① 指小发明、小创造、小革新、小设计、小建议。

大力弘扬劳模精神、劳动精神、工匠精神，在垦区树立劳动光荣、技能宝贵、创造伟大的价值导向和政策导向。从而进一步焕发垦区一线职工创新创造创优的热情和活力，努力造就一支有理想、守信念、懂技术、勇创新、敢担当、讲奉献的垦区产业工人队伍。

三、建立标准化平台

（一）发展思路

以优质、安全、绿色、健康为导向，合理规划呼伦贝尔农垦集团标准化系统布局，强化科技创新和管理创新，坚持与国际通行标准接轨，建立健全集团标准平台，把农业产前、产中、产后各个环节纳入规范的生产和管理轨道，逐步推进集团全产业链、全过程实现标准化；有序建立种植、养殖、种养加等标准化生产示范基地，以点带面，推广"呼伦贝尔农垦"技术和管理标准模式，以高标准引领集团高质量发展。

（二）发展目标

到2025年，基本建成支撑现代农业产业体系、生产体系和经营体系的、先进的、具有区域特色的标准化平台，建成国家级、自治区级标准化示范区，实现标准体系健全，标准服务全面，标准影响力和贡献力大幅提升。

（三）重点任务

1. 建立健全农牧业全产业链标准体系

结合呼伦贝尔农垦集团粮油、饲草、乳、肉等产业发展方向，以培育"呼伦贝尔农垦"品牌为重点和突破口，引导种养循环，资源综合利用，生物、信息等先进技术和管理手段的推广和应用，有计划有步骤地参与系列国家、行业标准的制定和落实，涵盖高标准农田建设、仓储、加工、农产品流通、社会化服务业、农产品质量等领域，结合集团特点，推动特色鲜明、技术和管理手段先进、三产融合的现代农业标准体系应用。

制定特色品种的生产标准和技术规程。包括春油菜机械化高产高效栽培技术规程、春油菜机械化栽培技术规程，大兴安岭北麓区小麦油菜轮作免耕控肥增效技术规程和高效绿色双低油菜栽培技术规程等；生态化规模养殖场建设规范、有机乳生产技术规程、无公害肉牛羊生产技术规程等。

制定农机管理和技术操作规程。围绕农业生产"六统一"（统一制定生产方案，统一农用物资管理，统一良种供应，统一模式化种植，统一农业机械调配，统一田间作业标准），制定系列农艺技术标准；总结提炼农机管理"六统一"（统一更新选型、统一农田指挥、统一作业标准、统一技术标准、统一收费核算、统一停放保管），完善农机标准化管理办法，制定农机化通用基础标准、管理标准、工作标准。

2. 建设特色鲜明的农牧业标准化示范区

以双低油菜、优质小麦、优质大麦、呼伦贝羊、三河牛等优势品种为重点，创建种植、养殖标准化示范区，开展特色农产品种养加标准化示范区，开展标准化、规模化生产，打造具有一定影响力的国家级、自治区级的现代农业标准化综合示范区，培育"呼伦贝尔农垦"品牌为核心的标准化生产基地，通过示范区的示范和辐射带动作用，加快呼伦贝尔农垦集团新技术、新管理手段的应用，促进科技创新、标准制定和产业升级的协调发展。

加强标准化基地的建设。以5万亩为下限，在莫拐、特泥河、谢尔塔拉、拉布大林、上库力等基础设施和耕地资源相对集中的农牧场公司，选择其中2~3个，最大建成单体为20万亩的集物资统一供应管控、优势农作物品种统一布局、标准化生产作业、全程自动化麦场管理、大型粮食仓储流通的现代农业标准化示范区，力争3~5年形成规模。

3. 提升标准化服务能力

建设完善标准化服务体系，以示范基地建设引领，为合作农户、企业等实施呼伦贝尔农垦集团标准提供咨询服务，指导其正确、有效执行集团标准。与全国和部门专业标准化技术委员会建立对接机制，参与国家层面标准化活动，拓展标准化研发服务，开展标准技术内容和编制方法咨询，为相关企业制定标准提供专业化服务。加强标准化服务能力建设，建立标准化信息平台，实现标准化信息交换与资源共享。

依据《团体标准管理规定》，响应市场需求，与标准化专业机构或科研院校合作，共同参与团体标准化建设，联合制定《"中国芥花油之都"标志使用规范及芥花油（籽、粕）团体标准》，聚焦新业态和新模式，填补标准空白。以团体标准规范芥花油、马铃薯等品种的企业市场行为，带动呼伦贝尔地区产业集群内的共性企业，优势互补、抱团发展，推动呼伦贝尔地区油菜、马铃薯等特色优势品种产业整体水平的提升。

4. 积极参与国际标准化合作与交流

积极主动参与国际标准化工作，促进与俄罗斯、蒙古国等沿线国家在农业政策、科技、服务、贸易等方面的沟通与交流，积极参与油菜籽、大麦等区域优势特色农产品国际标准化合作，推进"一带一路"农业标准互认协同工程，探索"一带一路"国家企业之间标准化合作新机制；引进、转化国际先进农业标准，加快与国外先进标准全面接轨，提升企业国际影响力和竞争力。

专栏18：农业标准化示范区

2007年，国家标准委发布《国家农业标准化示范区管理办法》，对农业标准化示范区建设原则和基本条件、建设目标和任务、管理标准、审批程度等做出规定，对于国家标准委所确定的示范区建设项目，国家将给予一定的补助经费，由地方财政落实相应的配套资金。

第十章 产业发展的基础与动力

> 截至2018年，先后建设8批国家农业标准化示范区4 272个，省级农业标准化示范区5 781个，涉及全国31个省、自治区、直辖市及新疆生产建设兵团的2 000多个县（区、市），覆盖了粮食、畜禽、水产、蔬菜、水果等大宗农产品和各地优势、特色农产品。
>
> 2019年6月，国家标准化管理委员会展开第九批国家农业标准化示范区验收工作。同年11月，第十批国家农业标准化示范区重点申报领域：①强化农业科技创新驱动作用，提升农业科技水平。②加快农业绿色发展，促进农业可持续发展。③培育提升农业品牌，推动现代农业高质量发展。

四、健全质管平台

（一）发展思路

以呼伦贝尔农垦集团标准体系为依据，强化质量导向型科技创新引领，聚焦仓储、深加工、物流、品牌建设、服务等薄弱环节，加强源头管控，推进农业生产投入减量化、生产清洁化、废弃物资源化和产业生态化，促进一二三产业深度融合，建立农产品质量安全检测和追溯平台，实现农产品从田间到餐桌的全程可追溯、可控制，提升集团品牌竞争力，促进企业发展与生态环境保护和谐统一。

（二）发展目标

全面建成布局合理、职能明确、功能齐全、运行高效的呼伦贝尔农垦集团质量安全管理体系，既符合企业发展又与国际标准接轨，实现集团农产品全产业链、全过程、全覆盖，实现产品品质高、生产效率高、风险防控能力强、市场竞争力强，产业高质量发展取得显著成效。到2025年，优质农产品供给数量大幅提升，营养健康，特色鲜明，满足个性化、多样化、高品质的消费需求；农产品质量安全水平稳步提升，确保不发生重大农产品质量安全事件；集团农产品质量安全追溯体系基本建立，集团优势特色产品实现可追溯、可控制。

（三）重点任务

1. 建设农产品质量检测检验中心

制定农产品检验检测机构建设规划，整合现有检测资源，以科技公司为主体，联合国家粮食与物资储备局科学研究院、中国农业科学院油料作物研究所、内蒙古农牧业科学院等单位，联合构建农产品检测检验中心；支持农场和加工企业等建设快速检测室，形成"呼伦贝尔农垦集团检测中心—农场/加工基地检测室—食品与投入品检测室"三级互联的产品质量检测网络，标准统一、上下贯通、检测参数齐全、运行高效的格局，引领区域粮油、饲草、乳肉等农产品质量安全标准与检测学科的发展方向，为内蒙古自治区、呼伦贝尔地区相关产业发展提供质量安全关键技术支撑。

开展产品检测检验中心基础设施改造，加大投入，购置相关短缺仪器设备和药品，整体提升检测能力，完成"双认证"工作；培养农产品专业技术人员10名，组建专家团队，成立联合工作组。到2021年，全面开展粮食、油料、油脂、饼粕、油料制品、乳肉等各类农产品参数的质量检测和卫生检测工作；到2025年，打造无公害农产品定点检测机构和国家计量认证的具有第三方公正性的法定专业质检机构。

2. 加强农产品生产全过程管控

加强化肥、农药、兽药和饲料等投入品的质量安全管理，推进废旧地膜和包装废弃物等回收处理。建立完善农产品产地准出管理系统，推动信息技术和管理手段相融合，实现设备、样品、人员、检测报告、客户关系等要素科学管理。加快建立农产品质量分级及产地准出、市场准入制度，实现从田间到餐桌的全产业链监管。

主要开展检测：①土壤检测。主要有土壤pH值、土壤有机质、土壤全氮等指标。②种子检测。主要有千粒重、容重、纯度等指标。③农产品检测。主要有农药残留快速检测，常见农药残留的定性、定量分析等。④乳制品检测。主要有理化指标，包括脂肪、蛋白质、碳水化合物等；有害物质检测，包括兽药残留、农药残留、重金属等环境污染物；添加剂检测，包括三聚氰胺、皮革水解蛋白、解抗剂、防腐剂等及掺假物质；微生物指标，包括细菌、病原性微生物等。⑤牛羊肉检测。主要有感官指标，包括色泽、组织状态、黏度、弹性等；理化指标，包括挥发性盐基氮和汞（以Hg计）。

3. 建立重要农产品质量追溯管理平台

制定农产品安全控制规范和技术规程，出台呼伦贝尔农垦集团农产品质量安全追溯管理办法，明确追溯要求，规范追溯流程，健全管理规则。选择油菜、马铃薯、乳、肉等优势品种，开展质量安全追溯平台建设，逐步覆盖到集团所有农产品。推动"互联网+检验检测"，加快线上、线下相结合，强化农产品收贮运环节的保鲜剂、防腐剂、添加剂监管，强化产地与消费地监管信息共享、协调对接，与国家农产品质量安全追溯管理信息平台对接，确保上线运行。

充分发挥农业农村部农垦局制定的农产品质量安全追溯体系的权威性与京东集团溯源体系的知名度与可视化特点，安装相关监控设备进行数据采集与实时上传，按照"一物一码"标准要求，让消费者能够精准了解产品从种养到餐桌的全过程信息，真正实现"好食物、看得见"的品质承诺。

4. 加快品牌农产品质量认证

围绕重点培育的区域公用品牌和企业产品品牌，根据农业土壤肥力、环境污染检测、病虫草害、气象及灾情预测预报等方面的工作需要，推进农产品生产标准化，制定农产品分类、分等分级等关键标准，推动构建全产业链的农产品信息化标准体系，推进农产品标识化,加大"两品一标"的开发及认证工作力度。

> **专栏19:两品一标**
>
> 2018年,根据中共中央办公厅、国务院办公厅《关于创新体制机制推进农业绿色发展的意见》要求,经中央编办批准,农业农村部决定对无公害农产品认证、农产品地理标志登记工作的职责进行调整,自此,"三品一标"变更为"两品一标"(绿色食品、有机农产品和农产品地理标志)。
>
> **一、绿色食品**
>
> 指无污染、优质、营养食品,经国家绿色食品发展中心认可,许可使用绿色食品商标的产品。由于与环境保护有关的事物在我国常冠以"绿色",为了更加突出这类食品出自良好的生态环境,因此称为绿色食品。我们国家提出绿色食品的概念,相继也制定了相应的标准,如《绿色食品产地环境技术条件》《绿色食品生产农药使用准则》和《绿色食品生产化肥使用准则》等。
>
> **二、有机农产品**
>
> 指根据有机农业原则,生产过程绝对禁止使用人工合成的农药、化肥、色素等化学物质和采用对环境无害的方式生产,销售过程受专业认证机构全程监控,通过独立认证机构认证并颁发证书,销售总量受控制的一类真正纯天然、高品位、高质量的食品。有机食品是食品的最高档次,在我国刚刚起步,即使在发达国家也是一些高收入、追求高质量生活人士所追求的食品。
>
> **三、农产品地理标志**
>
> 指标示农产品来源于特定地域,产品品质和相关特征主要取决于自然生态环境和历史人文因素,并以地域名称冠名的特有农产品标志。农业农村部负责全国农产品地理标志的登记工作,农业农村部农产品质量安全中心负责农产品地理标志登记的审查和专家评审工作。省级人民政府农业行政主管部门负责本行政区域内农产品地理标志登记申请的受理和初审工作。农业农村部设立的农产品地理标志登记专家评审委员会负责专家评审。

五、加强投融资平台建设

(一)发展思路

牢固树立"抓发展,抓项目,抓资金"的发展理念,围绕加快呼伦贝尔农垦集团经济高质量发展要求,以"呼伦贝尔农垦投资有限公司"作为对外投资的载体,加强投融资平台保障。坚持以政府为主导，整合现有融资资源，准确把握国家和自治区投资政策，结合自身发展实际，建立政府投融资平台的合作支撑模式。坚持现代企业管理，盘活资产存量，深化投融资体制改革，优化管理体制，破解发展瓶颈制约。坚持市场化运作，以项目为载体，全力拓宽投融资渠道，投融资发展多元化模式，促进国有企业融资模式和管理方式的转型升级，壮大集团市场化运营能力。

（二）发展目标

形成投资主体多层次、多渠道、多元化的产业投融资新格局。以集团为主体，有效整合政府资源，增强国家新增债券使用效益，提高国家农牧业扶贫产业基金、绿色发展基金综合利用效率，PPP模式规范有序推进。统筹产业发展布局，积极筹措多方资金，稳步推动项目园区落地建设。到2025年，力争建立和完善一个具有现代企业管理制度，集融资、投资、开发、建设和经营功能为一体的综合性投融资平台。重点投资现代服务业、仓储物流业、营销加工等领域农牧业基础设施，加大5G网络、大数据中心、物联网等数字化新型基础设施建设力度，固定资产投资运行呈现稳增态势，到2025年，固定资产投资年增长10%。

（三）重点任务

1. 创新整合优势资源

强化土地资本和投融资平台建设，通过证券化、土地使用权抵押、信托流转等多种方式实现土地资源资产化资本化。努力在抓好垦区主导产业的基础上，加强与国内外有实力的企业的合作交流。通过股权运作、资本经营在优化农牧业产业结构上开辟新途径，在转变农牧业发展方式上寻求新突破，在产品多元化上获得新成效，在打造大健康现代农牧业龙头企业上迈出新步伐，为农垦经济持续健康发展提供有力支撑。

2. 多措并举激活垦区经营活力

着眼于垦区中长期战略发展目标，遵循市场经济规律，按照依法合规、资源整合、兼顾各方、资产保值等原则，以土地资产为核心，盘活存量资产，创新投融资模式，降低投融资成本，提高投资收益，完善顶层设计，进一步激活垦区经营活力。深入推进投融资体制改革，创新农垦产业投融资体制，设立农垦产业发展基金、成果转化基金，大力吸引社会资本投入农垦产业发展，建立起多元投资主体和多种投资方式的新型投融资体制。拓展融资渠道，充分利用银行贷款、企业股票等外源性融资的作用，多方位筹集资金。推动形成投资增长的内在机制，促进民间投资和招商引资的顺利启动。以发展产业链金融为突破口，推动产业资本和金融资本的深入融合。

3. 搭建综合性投融资平台

将呼伦贝尔农垦集团下属专业农场、投资公司、企业等加以整合，成立以对外招商引资、对外股权合作、合营开发为主的综合性、市场化、全方位、多元化的投融资平台，从而增强呼伦贝尔农垦的整体承贷能力，提升银行授信额度。借助于银行间债券市场发行企业债券、中期票据、短期融资券进行票据融资，推动资源转化及重大项目的建设。通过资源整合、资本运作、兼并重组等方式与资本市场对接，吸引社会资本广泛参与，引入PPP模式，拓宽农垦发展投融资渠道，实现集团公司战略布局，带动优势产业加快发展，提升垦区主导产业、特色产业及相关产业的核心竞争力，进一步推动集团公司主业务板块的上市工作。鼓励集团发展农业保险、财产保险、信用保险等一揽子保险服务，鼓励保险资金优先投资农垦改革项目。

4.多元途径筹措政策资金支持

利用农垦科技支撑服务综合体各级平台向国家、内蒙古自治区和呼伦贝尔市的相关部门申报项目，争取更多国家财政支持。盘活固定资产，积极争取国家、农垦局等财政和事业费投入，吸纳社会资本。围绕农业金融、普惠金融、沿边金融综合改革试验区等有关支持政策，创新投融资模式和金融服务产品，充分发挥农业政策性金融作用，加大农牧业关键领域和薄弱环节基础设施的投入。创新和拓展经费筹措渠道，对农垦科技支撑服务综合体平台上产生的科研成果，进行转移转化，形成成果转化服务和产业化收益。

第三节　全力推动农牧业数字化

紧紧围绕国家数字农业发展规划要求，以建设智慧农牧业为目标，大力发展数字化农牧业，积极推动5G、物联网、AI、大数据、云计算等新型基础设施建设，结合农垦区位优势和产业发展蓝图，探索新基建技术与农牧业融合与应用的农牧业数字化发展模式。着力改造提升信息基础设施，建设完善的数字化共享平台，加快推进呼伦贝尔农垦集团本底资源数字化、管理手段信息化、产业链条系统化、企业对标国际化进程。以信息化共享平台为支撑，推广新型信息技术创新应用能力，开展智慧农牧业试验示范，强化关键信息技术装备创新和重大工程设施建设，加快农牧业生产经营、管理服务数字化改造，全面提升农牧业生产智能化、经营网络化、管理高效化、服务便捷化水平。

一、搭建数字化共享平台

（一）发展思路

以"统筹规划、适度超前、数据互通、资源共享"为原则，涵盖呼伦贝尔农垦集团各领域、各板块，围绕集团管理和农牧业生产的重点任务，建立健全数据资源采集体系。通过统一数据标准、数据软硬件接口与服务、数据转化与集成等技术，建立集团信息化空间大数据平台。以大数据平台为基础，完善数字共享平台功能，推进部门数据互联互通、业务协作协同和统一管控有效，建设全方位、多层次、一体化的数字技术渗透覆盖、融合集成和管理创新的信息化共享平台，为集团数字化、精益化、智能化变革，实现跨企业、跨产业协同创新发展打下基础。

（二）发展目标

到2025年，成功构建"1+8"九大数字化共享平台。"1"为呼伦贝尔农垦集团数字化平台。在集团总体数字化平台支撑下，合理设置科技创新平台，仓储物流平台，农机服务平台，投融资平台，营销平台，研发测试平台，加工转化平台，人力资源平台八大信息化子平台。

到2025年，农牧业数据采集体系建立健全。体系由13个数据超级系统组成，分别为：底层土壤数据采集系统、农田气象数据采集系统、农牧数据采集系统、基础设施数据采集系统、通信网络数据采集系统、农机农资数据采集系统、信息化中心平台、人力资源平台、财务投资平台、营销管理平台、科研测试平台、综合服务平台。

到2025年，依托数字化共享平台，空天地一体化观测网络基本建成，农牧业经营数字化转型取得明显进展。

（三）重点任务

1. 建立多维数据采集系统

采用空天地一体化的动态采集方式，以传感器监测、无人机航拍和卫星观测主要手段，同时以视频采集、人工录入等作为辅助手段，通过3S技术（遥感技术RS、地理信息系统GIS、全球定位系统GPS）、计算机视觉以及图像识别技术来获取各种农牧业自然资源大数据。利用物联网技术的传感器观测方式，通过3S技术的卫星观测方式和无人机操作能够对农田、养殖场、作业设备、人员进行精准定位，实时获取气候气象数据、土地测绘、土壤信息、病虫害信息、农户信息等资源数据，构建空天地一体化观测网络，实现数据资源的数字化动态监测和信息化监督管理。

2. 建设企业大数据信息中心

通过整合生产数据、环境数据、作物数据、病虫害、管理数据、销售数据等农牧业生产、管理中的要素信息，利用分布式、云计算、大数据等技术，形成大数据集成平台。大数据集成平台将底层土壤数据采集系统、气象环境数据采集系统、农牧业数据采集系统、农机农资数据采集系统、基础设施数据采集系统等多维数据进行集中统一存储与处理，利用计算机网络技术、自动化监控监测技术、视频监视技术、区域安全监控监测技术、农业作物、土壤林区等自动化信息采集技术等，实现对垦区全方位、全覆盖地监控。以平台为基础，引入数据挖掘展现技术，综合处理和分析挖掘数据信息，分析产业发展现状和发展趋势，实现核心数据展示应用功能。最终打造集数据资源整合、理论方法共享、分析成果发布、资源信息管理、智能化应用为一体的"一平台一应用"的信息中心。

3. 搭建企业综合管理平台

以科技信息手段为支撑，构建由公文管理、日程管理、流程管理、文档管理、人员管理、会议管理、报销管理、固资管理、车辆管理、ERP管理、个人办公、视频会商、系统设置、日志管理、移动办公App等15个管理平台组成的管理运行体系，通过统一的信息管理、Web界面平台展现，提高信息化集成的成果应用和转化，促进转变管理职能，创新管理方式，提升管理效能，实现真正意义上的系统全程管理、资源共享和高效配置。

4. 构建农事服务信息化体系

主要包括综合农事大数据中心、大数据管理子系统、辅助决策系统、农机管理与调度子系统、农机作业供需服务信息发布子系统、农机作业管理子系统、农机社会化服务平台子系统、农技服务平台子系统、农产品溯源子系统、农产品电商务平台等子系统。以农机网络化和农资综合服务作为科研重点，网络化管理农垦农机农资采购，提供不同区域农场的定制化农机农资服务。以传感器、物联网、云计算、大数据、人工智能为技术支撑，借助农机、农具所配备的各种传感器形成的信息采集系统、地理信息系统与全球定位系统，经云计算和大数据处理、运算，形成准确可靠、集约高效的管理决策。

二、建设农牧业数字化示范区

（一）发展思路

坚持创新引领，应用导向，遵循"先易后难、先简后繁、急用先行、逐步完善"原则，面向农业农村发展重大需求，大力推进自主创新、协同攻关，面向呼伦贝尔农垦集团农牧业发展高质量需求，聚焦数字化农牧业关键核心技术，围绕"种植、养殖、仓储、加工"4个产业，加强数字化试点示范与集成应用，提升区域农牧业生产经营智能化和集团企业管理现代化水平。

（二）发展目标

到2025年，共建设4处农牧业数字化示范区。包括：在谢尔塔拉农牧场公司建设种植业数字化示范区，在谢尔塔拉第一牧场建设养殖业数字化示范区，在拉布大林105生产连（队）建设仓储数字化示范区，在合适佳建设加工数字化示范区。

以点带面，熟化推广，到2025年力争初步实现"一个大数据信息中心"的智能化管理。建立覆盖农垦600万亩耕地、1 000万亩草场、40万亩林地、13万亩水面的农牧业数字化系统，实现资源配置、指挥调度、科学决策，打造领先的集约化现代农牧业发展新模式。

（三）重点任务

1. 改造提升信息化基础设施

在谢尔塔拉种植示范区，利用国家、自治区、呼伦贝尔市现有的空间基础设施和规划的遥感、导航、通信卫星、航空检测网络等资源，改造完善地面应用接口设施，推动光纤覆盖和升级改造，形成常规监测与农业遥感观测能力，提升高精度观测和快速应急响应能力；在谢尔塔拉第一牧场养殖示范区，智能化改造畜禽圈舍通风温控、空气过滤、环境感知等设备，集成应用电子识别、精准饲喂、动物疫病疫情精准防控等数字化设备；在拉布大林105生产队仓储示范区，配备完善农产品分类、分等分级储存、粮情远程监测、数量在线监测、智能出入库管理系统、智能通风、气调和烘干等设施设备；在合适佳加工示范区，配备完善车间生产工艺状况、设备开工情况、产品合格率统计分析、能耗产出对比、质量分析管控和智能操作等信息化设施，实现安全生产管控。

2. 打造全产业链数据传输和可视化平台

利用传感、遥感、通信等技术实现对农业种植、养殖、仓储、农牧业产品加工产业链的数据采集，主要包括：底层土壤数据、农业气象数据、基础设施数据一张图绘制、农情数据、农机作业与调度数据、农资配送数据等种植示范区数据；养殖畜舍环境数据、牲畜生长情况、喂食、数量、种类等养殖示范区数据；仓储系统作业监测、粮仓环境、粮仓粮位等仓储示范区数据；农牧产品加工数据、产品溯源等加工示范区数据。基于数据采集系统，形成集存储、计算、平台、软件、数据、应用等服务为一体的产业大数据平台，实现面向种植户、第三方用户、企业提供全产业链一体化、专业化大数据可视化平台，促进产业转型升级。

3. 加快农牧业生产经营数字化改造

在种植示范区，发展数字农情。利用卫星遥感、航空遥感、地面物联网等手段，提高动态监测能力，加快预警预测模型研发，积极建设智能农业。建设数字示范养殖场，推进设备智能化改造，精准监测养殖投入品和产出品数量，实现养殖环境智能监控和精准饲喂，加强动物疫病疫情的精准诊断、预警和防控，构建"一场一码、一畜一标"动态数据库。通过数据信息化综合处理和分析挖掘，实现生产、仓储、加工各环节信息互联互通，实现农牧业生产过程信息化，农牧业经营管理数据网络化，打造智慧农业示范基地。

4. 推动农牧业产业服务数字化转型

依托信息化基础数据资源体系和大数据平台，利用大数据分析、挖掘和可视化等技术，建立种植、养殖、仓储物流、加工全产业链的相关知识库、模型库，开发产业市场预警、政策评估、资源监管等功能模块，为集团顶层决策提供精准支撑。建立国内国际主要农畜产品数据调查分析系统，完善重要农畜产品商超、电商平台等市场交易信息采集系统，加快农畜产品供需平衡预测模型，健全农畜产品全产业链监测预警体系，为呼伦贝尔农垦集团内部各生产单位与合作方提供针对性信息化服务。通过集团数字化示范区引领带动作用，提高数字化技术的覆盖面和推广应用程度，增强集团在农牧业企业中的核心竞争力。

专栏20：数字化农牧业建设重大工程

根据农业农村部、中央网络安全和信息化委员会办公室关于印发《数字农业农村发展规划（2019—2025年）》的通知有关要求，呼伦贝尔农垦集团数字化农牧业重大工程项目包括：

（1）搭建数字化共享平台工程。成功构建"1+8"九大数字化共享平台。"1"为集团数字化平台。"8"为科技创新平台、仓储物流平台、农机服务平台、投融资平台、营销平台、研发测试平台、加工转化平台、人力资源平台八大信息化子平台。

（2）建设数字农牧业示范区工程。加强数字化技术推广应用能力，围绕"种植、养殖、仓储、加工"4个产业，分别在谢尔塔拉农牧场公司建设种植业数字化示范区、在谢尔塔拉第一牧场建设养殖业数字化示范区、在拉布大林105生产连（队）建设仓储数字化示范区、在"苍茫谣"合适佳芥花油加工厂建设加工数字化示范区。

第四节　打造区域产业联合体

依托农畜林产品绿色生产基地，加大龙头企业培育引进力度，培育壮大优势特色产业集群。根据国家政策要求和扶持方向，积极建设现代农牧业园区，以园区为载体，抓紧落地一批以标准化原料生产、集约化精深加工、现代物流配送和创新营销网络"三位一体"的现代农牧业项目。充分发挥龙头企业引领带动作用，加强和农牧业合作社、种养殖大户、农牧场合作，通过呼伦贝尔农垦集团标准化管理、资源共享、社会化服务、品牌共创等方式，集聚产业集群、产业园区和产业项目，构建"点、线、面"结合、功能有机衔接的产业格局，为构建现代农业产业体系、生产体系、经营体系提供新空间、新途径。

一、打造优势特色产业集群

（一）发展思路

牢固树立新发展理念，落实农牧业高质量发展要求，坚持全产业链打通与重点突出相结合的原则，聚焦主导产业，冲破制约产业发展的瓶颈，推动优势特色产业做大做强做优，形成凝聚力，整合区域内资源，联合打造形成结构合理、链条完整的优势特色产业集群，为构建现代产业体系提供有力支撑。

（二）发展目标

以呼伦贝尔农垦集团为主导，带动引领周边农户和企业，重点打造"双低"油菜、马铃薯、大麦、饲草、乳、肉羊、肉牛等产业集群；以种植和养殖基地为核心，以品牌为支撑，积极联合内蒙古自治区、呼伦贝尔市相关企业，共同培育小麦、鲜食玉米、大豆、杂粮杂豆、食用菌、中草药、马产业等特色产业集群，推动产业形态逐步升级，形成结构合理、链条完整的优势特色产业集群，成为集团高质量发展的新支撑、产业融合发展的新载体，实现区域内资源整合、合作共赢的新局面。

（三）重点任务

以一二三产融合为载体，在做大做强种植和养殖的基础上，向上下游延伸产业链，通过做强精深加工提升价值链，做优服务业激活供应链，三链协同发展释放产业集群的发展潜力，构筑一二三次产业深度融合发展新优势。

1. 大力推进种养加一体化，促进产业融合

坚持绿色循环发展为导向，在呼伦贝尔农垦集团内部统一规划，调整优化农业种植养殖结构，加快发展绿色农业。适度降低粮油生产面积比重，推广优质饲草料与特色经济作物种植，提高土地产出率、资源利用率，实现农牧结合，有序发展。充分利用集团现有资源，延长产业链，培育出一批优秀的饲料和养殖龙头企业，构建龙头企业引领的绿色生态循环系统。强化科技创新，提高饲料用粮转化利用效益，对粮油、食品加工副产物如饼粕、糟渣等进行优质化处理，提高饲料保障能力。

2. 做强精深加工，实现上下游联动

大力推广以农畜产品深加工增值为特征的农牧加复合型生态产业发展，促进优势加工产业在农产品转型升级中的积极推动作用，实现由加工业联动，农牧业上下游融合发展的模式。集中力量和优势资源，立足小麦、双低油菜、优质大麦等优势产品，通过品牌合作、资本注入等不同形式，与国内外知名企业合作，加大合作力度，扩大合作渠道，壮大产业化加工平台，做优做强合适佳、丰益麦业、麦多利、春蕾麦芽等龙头食品企业，做全食品加工产业链，结合呼伦贝尔农垦集团资源特点，打造两种加工模式的产业集群。

（1）基地+自有（建）加工模式。以呼伦贝尔农垦集团种植、养殖基地为核心，带动周边农业形成规模化、标准化种植和养殖基地，通过集团内部加工企业对基地农产品进行加工，形成加工企业带动种植基地发展，具体包括双低油菜、马铃薯和大麦产业集群，通过提升农产品生产基地规模化、标准化、商品化生产水平，提高农产品综合开发利用，延长产业链、提升附加值，将"小特产"升级为"大产业"。

（2）基地+合作加工模式。以呼伦贝尔农垦集团种植、养殖基地为核心，带动周边农业形成规模化、标准化种植基地，通过资金投入、品牌合作等方式与区域内加工企业合

作，形成种植、养殖基地带动区域内加工企业发展，具体包括小麦、玉米、杂粮等粮食产业集群和中草药产业集群，通过培育、带动区域内龙头企业发展农产品精深加工。

> **专栏21：种养循环的测算**
>
> 到2025年，实现出栏肉羊100万只、肉牛5万头、成年奶牛12万头的目标；存栏肉羊为213万头，存栏肉牛10万头，奶牛存栏22万头，产生羊粪129万吨和牛粪246万吨，加上厨余，共计500万吨；生产有机肥量为100万吨，按照每亩施用500千克的标准，可以增肥200万亩农田。2025年牛羊饲草饲料年需求量约为250万吨干物质，由天然草地、人工草地、农作物秸秆、精饲料和粕类等部分组成。其中，天然草地可食牧草年产量为61万吨，岭西天然草原优质牧草核心生产片面积858.13万亩，年产草量57.47万吨，岭东半农半牧高产饲草料生产片天然草原面积57.87万亩，年产草量3.88万吨。小麦和玉米等精饲料的需求量为42.62万吨；农作物秸秆产量68.69万吨（表10-1），以期到2025年利用率达到88%；油菜粕、大豆粕和甜菜粕等粕类产量32.61万吨（表10-2）；种植人工牧草100万亩，其中青贮玉米50万亩、苜蓿30万亩、燕麦20万亩，其总产量180万吨，折合干物质产量接近70万吨（表10-3）。

表10-1 呼伦贝尔农垦集团农作物秸秆产量 （单位：万吨）

作物种类	2021年	2022年	2023年	2024年	2025年
小麦	6.84	7.30	6.85	6.63	6.76
油菜	19.62	19.69	19.31	18.75	19.13
玉米	15.23	16.20	15.48	14.40	13.86
大豆	18.43	19.97	19.34	19.34	21.50
水稻	0.17	0.27	0.45	0.45	0.55
马铃薯	3.83	4.25	3.75	2.50	3.00
杂粮及其他	1.68	1.96	1.68	1.40	1.60
甜菜	1.17	1.4	1.64	1.87	2.29
合计	66.97	71.04	68.5	65.34	68.69

表10-2 呼伦贝尔农垦集团粕类产量 （单位：万吨）

粕类	2021年	2022年	2023年	2024年	2025年
油菜粕	9.16	8.82	8.65	8.40	7.56
大豆粕	18.72	18.72	18.14	18.14	17.55
甜菜粕	4.50	5.25	6.00	6.75	7.50
合计	32.38	32.79	32.79	33.29	32.61

表10-3 呼伦贝尔农垦集团人工牧草地种植面积及产量

项目	年份	青贮玉米	苜蓿	燕麦	合计
种植面积（万亩）	2021年	12.50	7.50	5.00	25.00
	2022年	20.00	12.00	8.00	40.00
	2023年	32.50	19.50	13.00	65.00
	2024年	45.00	27.00	18.00	90.00
	2025年	50.00	30.00	20.00	100.00
总产干物质（万吨）	2021年	7.50	1.61	1.51	10.62
	2022年	12.00	3.10	2.75	17.85
	2023年	24.38	5.87	5.59	35.83
	2024年	33.75	9.29	9.29	52.33
	2025年	45.00	12.90	12.04	69.94

3. 促进"互联网+"，实现产业间信息互通共享

推动"互联网+农业"发展，发展智慧农业和数字农垦。大力推广物联网技术、互联网技术在现代农牧业领域的应用，推动农牧业经营数字化，着力形成集种养殖、加工、市场、服务、监管相融合的农业信息化管理体系。以粮油、乳、肉等特色产业全产业链条可追溯技术为突破口，对生产经营过程进行精细化、信息化管理，加快推动移动互联网、物联网、二维码、无线射频识别等信息技术在生产加工和流通销售各环节的推广应用，强化上下游追溯体系对接和信息互通共享。

推进农牧产品的电商物流配送和综合服务网络建设，着力推动支持呼伦贝尔农垦集团农牧产品在阿里巴巴、京东、公益中国等平台上线，增加线上产品数量，建立符合电商行业及消费者需求的农牧产品供给体系。充分利用媒体信息、手机短信等方式，及时向各农牧场公司（分公司）发布农业气象、地质灾害、防汛抗旱、重大动植物病虫害预报及突发性疫情等公共信息。支持互联网企业与农牧业生产经营主体合作，建立集团公共服务平台和农业信息监测体系，为农牧民提供政策、市场、科技、保险等信息服务。

4. 建立"旅游+"模式，紧密联结一二三产业

以旅游为纽带，通过民宿、餐饮、体验等方式大力发展休闲农业和农场观光旅游，将农牧业的原料供给、就业增收、生态涵养、观光休闲、文化传承等进一步拓展，将农场采摘、体验、观光等纳入农垦旅游项目，补充和丰富本地旅游资源和旅游文化；带动呼伦贝尔农垦集团农牧林产品销售、服务、交通运输等相关产业的发展，满足城乡居民休闲消费的需要，实现一二三产业的紧密联结和深度融合，开辟现代农业建设的新途径。

5. 培育新型农牧业经营主体，健全利益联结和风险共担机制

推动农垦改革，着力构建以农户家庭经营为基础、合作与联合为纽带、社会化服务为支撑的立体式、复合型现代农牧业经营体系。积极推进多种形式的农牧业适度规模经营，加快培育家庭农牧场、农牧民专业合作社、农牧业产业化龙头企业等新型农牧业经营主体。开展新型农牧业经营主体试点创建活动，制定完善新型农牧业经营主体标准，规范其服务行为。支持新型农牧业经营主体为农民提供生产、加工、贮藏、销售、科技、信息、融资、保险等农业生产全程服务，实现规模化经营与农民共享收益的有机统一。推动呼伦贝尔农垦集团土地经营权规范有序流转，推动农牧业加工产业园区建设，健全工商资本和租赁农地的监管和风险防范机制。

二、积极建设现代农牧业园区

（一）发展思路

以"提质增效，融合发展"为导向，在标准化种植和养殖基地基础上，利用现代化、规模化的基础设施，坚持科技创新为引领，通过"生产基地+加工企业+服务业"模式，创新体制机制，聚集各类生产要素，在明确的地理界限和一定的区域范围内建设水平比较领先的现代农牧业发展平台，显著提高土地产出率、劳动生产率和绿色发展水平，推进一二三产业深度融合发展，积极探索农牧业高质量发展新路径，辐射带动周边农业农村发展，着力打造农牧业创新驱动发展的先行区和试验区，形成可复制、可推广的模式。

（二）发展目标

积极争取国家、内蒙古自治区、呼伦贝尔市政策，整合资金集中建设各类园区，为集团生产、加工、物流、服务融合发展提供载体，在额尔古纳、阿荣旗、扎兰屯、海拉尔等区域建设3~5个现代农牧业产业园，在海拉尔、额尔古纳、扎兰屯等建设3个农牧业科技示范园；在海拉尔、牙克石、扎兰屯等建设3个生态循环农业示范园；在海拉尔、牙克石、大杨树、扎兰屯建设4个农畜产品仓储物流园。

到2025年，以谢尔塔拉农牧场公司为核心，围绕三河牛育种、养殖、加工、销售一体化，力争打造1个国家级现代农牧业产业园；以哈达图农牧场公司为核心，围绕呼伦贝尔羊育种、养殖、加工、销售一体化，力争打造1个自治区或国家级产业强镇；依托标准化种植和养殖基地，推广种养加循环模式，力争打造2~3个自治区级的生态循环农牧业示范区。

（三）重点任务

1. 以区域优势特色种养基地为核心，打造现代农牧业产业园

以三河牛、呼伦贝尔羊、小麦、双低油菜等区域优势特色品种为核心，以标准化、规模化种植和养殖为基础，大力发展精深加工，依托品牌营销和技术创新，以谢尔塔拉、哈

达图等农牧场公司为主,全面统筹布局生产、加工、研发、示范、服务等功能板块,形成主体功能明确,现代要素高度集聚,技术集成应用水平较高,一二三产深度融合,规模经营显著的产业园区、农业高质量发展示范区。

2. 以科技创新平台为支撑,创建农牧业科技示范园

依托内蒙古生态草牧业工程实验室和粮油科创中心(拟筹建)等,联合国内外高等院校、科研院所,推进产学研紧密结合,着力提升粮油、草(饲)、乳、肉四大主导产业的技术创新水平,引导科技资源和人才向示范区集聚,强化"农牧业科技创新+产业集群"发展路径。健全新型农业科技服务体系,创新农技推广服务方式,探索研发与应用无缝对接的有效办法,支持科技成果在园区内转化、应用和示范,提高农牧业产业竞争力。

3. 以种养加一体化基地为核心,建设生态循环农牧业示范园

以标准化种植、养殖基地和加工企业为主体,将种植、养殖和加工有机结合,建成一个由粮油加工→畜牧养殖→有机肥生产→种植业→畜牧养殖组成的、物质与能量多级利用的良性循环生态系统,实现一、二产业的有机结合、废弃物资源化高效循环利用,大大减少农业面源污染和有效防止黑土地退化。以"产业化、工业化、标准化"为主攻方向,以"生态、安全、优质、高效、高产"为重点,建立标准化、规范化、无公害种养加一体化示范基地,优化区域内农牧业产业结构布局,提高优质产品的比重,促进示范园区经济的增长,形成绿色种植、生态养殖、新技术推广、废弃物综合利用于一体的生态循环农牧业示范区。

4. 以现代化仓储物流设施为依托,推进农畜产品仓储物流园建设

根据国家和区域重点产业布局和发展战略,立足呼伦贝尔农垦集团发展目标、物流需求和交通运输条件,科学规划,合理布局,打造贯穿岭东与岭西、连接"一带一路"中蒙俄、衔接"北粮南运"的蒙东北到京津冀3条物流通道。将智慧化和共享化理念共同融入现代化物流运作系统,在降本增效等耦合力机制作用下实现智慧化的物流智能技术体系和共享化的物流共享互动机制之间关联要素相互耦合衔接,推动物流系统主要功能环节相互适应、耦合协调、相辅相成,并最终达成物流运作流程高效智能化、物流资源高度共享化、物流系统功能全面转型升级的新型物流运作模式。

第五节 构建双循环发展新格局

秉持开放发展、合作共赢理念,积极推进垦地融合、垦垦联合,充分利用国内国际两个市场两种资源,加强对外合作,构建以国内大循环为主体,国内国际双循环的空间发展新格局。以农垦改革、乡村振兴和城乡居民膳食结构调整为契机,依托东北粮食通道和

内蒙古东北物流通道，积极拓展国内市场范围，着力打造"立足内蒙古、保障呼伦贝尔、服务北上广、辐射黑吉辽"的国内格局，积极融入国内大循环中。同时，充分发挥内蒙古自治区向北开放桥头堡的优势，扩大和俄罗斯、蒙古国农牧业合作与交流，打通生产、加工、物流、消费各环节的经济联系，提升呼伦贝尔农垦集团产业科技创新能力，利用高品质农畜产品开拓国际市场。

一、垦地融合发展

呼伦贝尔农垦集团拥有24个现代化农牧场公司（分公司），组织化、集约化程度高，以农牧业为基础、一二三产业融合全产业链发展。近年来，坚持生态优先，绿色发展的总体思路，粮油、饲草、乳、肉等产业蓬勃发展，累计为国家提供粮食350多亿千克，粮豆油3 750万吨，肉90多万吨，奶670多万吨。集团旗下的芥花油、面粉、矿泉水、奶制品、有机杂粮等数十种优质农畜产品，生鲜的西红柿、青椒、茄子、南瓜、糯玉米等绿色食品通过多种途径销往全国多地。

呼伦贝尔农垦集团公司实施多元产业发展，下设以农牧业生产为主的海拉尔农垦集团、大兴安岭农垦集团，以食品加工为主的呼伦贝尔农垦工业有限公司，以产品营销为主的呼伦贝尔农垦商贸有限公司，以旅游产业发展为主的呼伦贝尔农垦旅游有限公司，以项目建设和地产开发为主的呼伦贝尔农垦建安开发有限公司，以金融业务为主的呼伦贝尔农垦资本运营有限公司，以农牧业科技研发为主的呼伦贝尔农垦科技发展有限公司及生态产业技术研究院，以物资装备供应流通为主的呼伦贝尔农垦物资（石油）集团有限公司等9家多元产业公司。

以呼伦贝尔及周边盟市乡村振兴、奶业振兴为契机，积极整合周边农牧资源，通过租赁、共建等形式大力推进基地建设，充分发挥呼伦贝尔农垦集团的优势，积极带动呼伦贝尔及周边盟市规模化、集约化种养殖业发展，形成以农垦为核心，以农垦自建和垦地共建等为主要形式，以呼伦贝尔及周边盟市其他企业、大个体户及农户为补充的农牧业发展新格局，打造一批农畜林产品产加销一体的全产业链集群。努力扩展农垦农牧业服务半径，增强对周边区域的辐射带动能力。

在2025年形成"600+300"格局，即在呼伦贝尔农垦集团600万亩耕地基础上，辐射带动，整合或融合周边旗县300万亩地方耕地，以农垦各类资源来带动地方，促进合作，发挥农垦在农牧业科技、信息、种质、农资、机械、加工等方面的优势，依托龙头企业，着力提升农垦在现代农机装备服务、现代农资信息服务、现代仓储物流服务、特色旅游业等方面的服务能力，为周边地区和农户提供良种、大型农机作业、农业投入品供应、农产品加工、购销和旅游带动等社会化服务，增强对周边区域辐射带动能力，努力形成保障呼伦贝尔、立足内蒙古、辐射黑吉辽的农牧业服务格局。

"互联网+"时代的到来改善了我国传统的农产品销售渠道，为农业发展注入了新的活力，催生了许多新的经济形态。"互联网+农业"成为农业发展的新趋势，具有广阔的发展前景。呼伦贝尔市是国家推进"一带一路"、加强中蒙俄经济走廊建设的战略支点，是国家推进国际物流大通道的节点城市，在发展对外贸易及跨境电子商务方面具有独特的地缘优势（李平，2020）。

二、对接国内外资源与需求

（一）积极开拓国内市场

以农垦改革、乡村振兴和城乡居民膳食结构调整为契机，依托东北粮食通道和内蒙古东北物流通道，积极拓展市场范围，着力打造"立足内蒙古、保障呼伦贝尔、服务北上广、辐射黑吉辽"的市场格局。积极对接市场，加强市场细分，明确不同区域、不同层级消费群体对农牧产品的需求，并以此完善仓储物流系统，加强产品投放的准确性。通过建立消地库、销售窗口等形式，拓展农牧产品销售范围。巩固提升农垦作为国家重要的粮食与食品安全保障区的定位，确定农垦保障范围，提升农垦保障能力，与相关区域建立对口食品应急保障供应伙伴关系，发挥农垦在特殊时期的保障作用。

（二）探索跨境市场

1. 跨境电商发展现状

呼伦贝尔市位于内蒙古东北部，与蒙古国和俄罗斯两国有着长达约为1 733.32千米的边境线，是我国向北开放的桥头堡，是中俄、中蒙贸易的重要口岸。在"一带一路"及中蒙俄经济走廊建设等项目的推进下，呼伦贝尔地区目前已建成正式对外开放口岸8个，成为国家推进国际物流大通道的节点城市，在发展对俄跨境电商方面有着得天独厚的政策优势和地缘优势。

目前呼伦贝尔地区已经形成了以满洲里为中心的跨境电商发展布局。满洲里市是内蒙古自治区跨境电子商务重点城市，同时也是呼伦贝尔地区对外开放口岸的代表，其正在跨境电商领域实现快速突破，在国家沿边开放格局中发挥着越来越重要的作用。2016年，满洲里市被评为内蒙古自治区跨境电子商务示范基地。2017年，满洲里市跨境电子商务迅猛发展，共有27家电商平台上线运营，交易额突破12亿元，环比增长71%。2018年，在中俄国际邮路恢复开通的背景下，满洲里跨境电子商务企业达130家，交易额突破10亿元，占全区交易总额的一半以上。但是与广东、浙江、天津等跨境电子商务发展领先的省市相比仍有巨大差距，这也同时说明呼伦贝尔地区的跨境电商发展仍有较大的空间（李平，2020）。

近些年内蒙古呼伦贝尔地区跨境电子商务的兴起为呼伦贝尔地区企业的发展与转型带来了新的活力，这也极有可能成为其深化外贸领域改革的突破口。

2. 地区发展跨境电商的思考

第一，完善基础设施建设，强化物流管理，均衡地区发展。首先，政府要不断完善呼伦贝尔地区公路、铁路等交通基础设施建设，扩大呼伦贝尔地区的公路、铁路交通网的覆盖范围及与其他地区的连通区域，增加口岸过货量，从而在"一带一路"和中蒙俄经济走廊建设的背景下使呼伦贝尔地区保持对外贸易的快速增长。同时还要完善通信基础设施建设，提升信息的应用效率，从而为跨境电子商务提供强大的技术支持。其次，加强物流中心建设，在现有基础上努力完善并打造一批有国际化水准的物流集散中心。除大力支持本土物流企业的发展外，也要积极引进国内外知名物流企业，树立竞争意识，努力提高物流服务效率和质量，建设完善的跨境电商产业园区和供应链一体化服务平台。此外，针对物流运输周期长、运输成本高的问题，呼伦贝尔地区要积极推进与国内外物流公司的合作，同时要探索建立境外仓储设施并对仓储系统实行智能化管理的路径，从而在跨境电商交易的过程中满足消费者对物流速度和质量的要求。最后，积极推动呼伦贝尔地区其他旗市区与满洲里市跨境电子商务业务的均衡发展，努力帮助其他旗市区实现跨境电商交易额零的突破。同时在实施的过程中要充分考虑各旗市区的经济条件和产业特征，做到突出地方特色，因地制宜，差别化发展。

第二，增强政府的扶持力度，完善对接机制。在加快呼伦贝尔地区跨境电子商务业务发展的进程中，政府部门的政策支持起着至关重要的作用。政府要积极出台、完善关于跨境电商的各项政策、措施，注重培育本土电商龙头企业，同时积极引进知名电商企业进入呼伦贝尔地区，为呼伦贝尔市跨境电商的发展注入活力，从而达到提升跨境电商综合实力的目的。政府还要积极引导企业开展政企合作、校企合作、政校合作等联合培养模式为跨境电商发展提供新的思路。此外，政府应带头做好跨境电商政策宣讲、业务知识培训等工作，为跨境电子商务的发展打造良好环境。同时，当地政府要积极引导商务、海关、检验检疫以及邮政等部门的协调配合，进一步简政放权，增强服务意识，提高办事效率，为跨境电子商务企业提供充分便利。

第三，加强企业品牌化建设。跨境电商企业在谋求自身发展时不能仅仅依靠政府支持。呼伦贝尔地区跨境电商企业要想在电子商务国际市场中站稳脚跟，其首要任务就是加强企业品牌建设。首先，企业自身要勇于打破低价竞争的恶性循环，注重商品的品质与服务质量，从而提高自身的品牌竞争力，形成品牌优势；其次，企业要积极"走出去"，创新企业的经营思维，通过参加展会、商贸洽谈会等形式对自己的品牌进行推广宣传。同时积极利用eBay、Amazon、阿里速卖通等大型平台进行海外推广，加大品牌建设的资金投入，从而扩大品牌的影响力，让更多的海内外消费者喜欢上自己的产品。

第四，注重培养跨境电子商务复合型人才。人才是企业发展最重要的因素之一，跨境电商企业的竞争力与跨境电商从业人员的能力密切相关。但是国内许多高校的课程设置并没有以社会需求为导向。呼伦贝尔地区高校也存在课程设置与企业对俄语电子商务人才的实际需求不匹配的问题。目前，我国南方的许多高校在跨境电商人才培养方面走在了前列，纷纷成立跨境电子商务学院，积极开展跨境电商人才培养模式的探索，例如，杭州师范大学钱江学院和浙江外国语学院均成立了跨境电子商务学院，杭州职业技术学院在积极开展跨境电商校企双主体育人教学模式来培养跨境电商人才。我国北方地区作为俄语人才的培养重镇，在培养对俄跨境电商人才方面具有独特的地缘优势和人才优势。目前，许多高校开设了相关的跨境电商方面的课程。例如，黑龙江大学开设了对俄经贸实验班，东北师范大学开设俄语（电子商务）专业，哈尔滨理工大学开设经贸俄语专业，山东交通学院开设俄语（商务俄语方向）等，均旨在构建"外语+外贸+电商"三位一体专业课程体系，培养复合型的跨境电商人才。呼伦贝尔地区拥有两所本科高校和众多职业院校并有毗邻蒙古国和俄罗斯的地缘优势，在培养对俄跨境电商人才方面拥有先天优势。

第五，努力打造中俄蒙国际物流集散中心。呼伦贝尔地区要紧紧抓住国家"一带一路"重大契机，充分利用呼伦贝尔市作为"一带一路"主要节点城市的地缘优势，积极争取国家跨境电子商务试点和其他政策支持，推进一批改革措施在呼伦贝尔地区试行。积极推动海拉尔、满洲里等口岸城市发挥"一带一路"国际物流节点城市的作用，支持中欧班列带运国际邮件；支持海拉尔国际机场增开国际货运航班，促进中欧班列、航空港等扩大运营，进一步拓展中俄蒙国际货运大通道，将呼伦贝尔打造为中俄蒙国际商品集散中心、中俄蒙跨境电商枢纽城市。

在"一带一路"背景下，呼伦贝尔地区应该把握住跨境电商的政策红利，在发展的过程中充分结合市场需求，同时不断完善营商环境。政府、高校和企业等方面要相互配合，共同努力，从而推动当地跨境贸易的转型升级，提高呼伦贝尔地区跨境电商的综合实力，为地方经济发展注入新鲜血液。

（三）加大资源整合力度

积极利用国内各种有利资源，为农垦发展创造有利条件。加强与北大荒、首农、上海光明、广东农垦、海南农垦、宁夏农垦、江苏农垦等农垦企业的对接与合作，取长补短，共享资源，推动农垦企业相互合作。积极利用线上线下资源，加强与中粮、中储粮、中国中化集团等大央企对接，加强与京东、阿里巴巴等大电商平台对接。积极推进与各大金融机构、商业银行、中国电信等单位的合作。整合铁路、公路、仓储等交通物流资源，探索与大型物流公司的合作机制，打通产品外销的物流通道。加强与国内重要的农牧业科研单位的联系与合作，稳步推进与中国科学院合作的草牧业示范区，加强农垦农牧产品的科技含量，提升农垦的核心竞争力。

三、融入"一带一路"建设

"一带一路"是丝绸之路经济带和21世纪海上丝绸之路的简称，"一带一路"在中国区域经济发展与对外联系上具有里程碑的意义。2013年，中国提出了"一带一路"倡议。2014年，"一带一路"倡议开始落地。2015年3月28日，《推动共建丝绸之路经济带和21世纪海上丝绸之路的愿景与行动》公布，标志着"一带一路"由倡议阶段步入全面务实阶段。"一带一路"建设加强了物流、农业、旅游、能源等方面的产业对接合作，推动跨国产业链的构建，为我国企业营造对外投资的良好环境（安晓明，2016；王明国，2015）。

中俄蒙经济带，是"一带一路"的四条线路之一，呼伦贝尔农垦集团所在的内蒙古东北部作为重要节点，拥有不可替代的优势。"一带一路"倡议提出以来，呼伦贝尔深入贯彻"一带一路"和"五通"方针，充分发挥向北开放的地缘优势，有效对接俄蒙倡议，以人文合作为纽带，以构建互联互通立体网络为基础，以构建全方位向北开放的现代产业体系和提升开放型经济水平为目标，打通通往俄罗斯、蒙古国和欧洲的战略通道，促进在商贸、资金、人员、信息等方面的大流通，建设中俄蒙经济走廊（李兴，2020；吴云勇和王炳峰，2020）。

"一带一路"已成为新时代我国推动对外合作的平台，呼伦贝尔农垦集团作为国有企业在参与"一带一路"建设中应体现新担当，承担重要责任和使命，在积极履行社会责任中展现新形象。基于集团的良好优势和已有的稳定国际合作关系，为融入"一带一路"建设提供新的思路。

（一）发展优势

1. 地缘优势和良好的硬件条件为集团做大对外开放提供了坚实的支撑

呼伦贝尔农垦集团所在的呼伦贝尔市，位于内蒙古自治区东北部，东西长630千米、南北长700千米，总面积25.3万平方千米。北和西北部以额尔古纳河为界与俄罗斯接壤，西和西南部同蒙古国交界，边境线总长1 733.32千米，其中中俄边界1 051.08千米、中蒙边界682.24千米，是中俄蒙三国交界地区。

目前，呼伦贝尔市域内8个国家级口岸分布在满洲里市、海拉尔区、额尔古纳市、新左旗、新右旗，其中边境陆路口岸6个（对俄开放4个，对蒙开放2个），占内蒙古自治区陆路口岸38%，航空口岸2个，占内蒙古自治区航空口岸66%，边境旗市占内蒙古自治区的26%。呼伦贝尔市8个国家级口岸目前过货能力达到8 000万吨，对俄蒙进出口货物涵盖建材、矿产、能源、农产品等3 600余种（其中出口3 405种、进口251种）。其中满洲里国际铁路口岸承担了中俄贸易65%以上的陆路运输任务。

2. 中俄蒙长期的合作关系为集团融入"一带一路"提供了稳定基础

国家8部委批复实施《呼伦贝尔中俄蒙合作先导区建设规划》，打造欧亚大陆桥的重要枢纽、沿边开放合作发展的重点区域、体制机制改革创新的先行区、睦邻友好和边疆稳定的示范区，赋予呼伦贝尔市享受国家重点开发开放试验区相关政策、加大中央财政预算内基础设施投资力度、提高补贴比例、减免地方配套政策，增加对外资源性产业合作和园区等基础性建设的投资补助，中央和自治区相关转移支付对先导区适当倾斜等，为集团扩大对俄蒙毗邻地区的开放合作，以开放促发展、促改革、促创新，提供了良好机遇。

此外，各类国际展洽会在呼伦贝尔市向北开放、打造沿边开发开放最具活力的合作先导区中发挥了重要作用。截至2018年，呼伦贝尔市连续成功举办十四届"中国·海拉尔中俄蒙经贸洽谈暨商品展销会"和十五届"中国（满洲里）北方国际科技博览会"，其中，第十四届海拉尔中俄蒙展洽会现场参观人数达到2万人次以上，交易额达到1.8亿元，中俄蒙等国家企业签约意向额达到76.71亿元，展会成为中俄蒙三国毗邻地区间的重要经贸交流合作平台。

(二) 发展思路

1. 依托平台大力建设进出口生产基地

紧密围绕"一带一路"倡议和内蒙古自治区打造"我国向北开放重要桥头堡和充满活力沿边经济带"的契机，依托"中俄蒙合作先导区"和"满洲里国家重点开发开放实验区"两大平台，重点发展中蒙俄农畜产品国际贸易与加工，构建服务于产业链、加工制造业、边境贸易发展的国际商贸物流、冷链物流等现代服务业，稳步推进呼伦贝尔农垦集团"走出去"，将集团建设成为中蒙俄绿色农产品进出口加工、贸易枢纽基地。

利用呼伦贝尔农垦集团的资源、产业与区位优势，扩大对俄蒙农牧业合作与交流，打造双向开放的产业集群，加强开放平台建设，加快农产品、乳制品、肉类生产输出加工基地建设，到2025年，与俄蒙农牧业合作取得突破，建成优质设施果蔬出口基地，初步形成农畜产品国际商贸物流平台，国际农畜产品信息平台建成应用，并在农畜产品国际贸易中发挥重要作用。

2. 积极推进国际合作重点任务

（1）大力发展外向型订单农业。以呼伦贝尔农垦集团现有特色产业为基础，合理应用现有政策，全面推进农畜产品出口，发展订单农牧业。发挥农垦现代化、集团化、规模化优势，积极参与承担国家农业援外项目，鼓励农垦企业扩大优势农产品出口及国外优质农产品进口，挺进俄罗斯、蒙古国市场，利用好"两种资源、两个市场"，不断提高企业技术装备和管理水平，增强集团整体竞争力。加强绿色果品加工体系建设，通过招商引资等方式，培育出口蔬菜加工产业龙头，提高出口蔬菜深加工程度，增加蔬菜产品的附加值，加大自有品牌建设，更好地适应俄蒙消费市场。

（2）开展中俄蒙农牧业多领域平台合作。发挥呼伦贝尔农垦集团体制优势，以对俄蒙合作为重点，搭建双边乃至多边农牧业合作平台，实现优势互补。近期利用口岸和通道优势，创新国际贸易交易模式，主动搭建跨境农畜产品边贸信息与电子商务平台，培育本地接单、周边订单、俄蒙销售的新模式，为集团乃至中蒙俄农畜产品产能合作提供支撑。在合法合规的基础上，积极践行"走出去"，加强与俄蒙在畜牧业、饲草业、种植业、深加工、电子商务、现代物流领域的合作,利用俄蒙原料发展精深加工,合作建设农牧业产业园区,打造大型国际化现代农牧业产业集群。

(3)扎实建设跨境物流。积极利用满洲里作为中欧班列东通道主要货源地节点和呼伦贝尔粮食流通量大的优势,强化呼伦贝尔农垦集团在中蒙俄国际物流通道的核心节点功能,积极主动参与中蒙俄国际物流通道建设,夯实以仓储、物流、运营为主的中蒙俄现代跨境物流服务业。以海拉尔、扎兰屯为核心枢纽,其他农场为网络节点,重点建设一批现代化粮食仓储物流综合项目,配套完善互联互通基础设施、物流合作平台,大力发展粮食大宗商品仓储物流、冷链物流、国际货运、第三方物流等相关跨境物流服务业。

3. 打造现代农牧业完备产业链

"一带一路"倡议提出以来,我国对农牧业产业链的重视与日俱增,打造现代农牧业完备产业链是提升我国农牧产品竞争力至关重要的一步。

由于农牧产品加工业的关联度很高,现代农牧业在融入"一带一路"的过程中,应大力发展农牧产品加工业,延长农牧产品产业链,提高农牧产品的附加值,补齐农牧业现代化短板,将互联网与农村三产有效融合,增强农牧业企业的核心竞争力,推动现代农牧业的可持续发展。我国政府应加大投资力度,解放传统农牧业思想,将现代信息技术融入传统农牧业中,充分利用"互联网+"这一契机,通过农牧业电子商务这一平台,形成生产、运输、销售一体化的供应链,将我国与"一带一路"沿线各国的优势农牧业资源对接起来,实现相关农牧业实体的合作共赢,充分利用国内国际两个市场两种资源不断延伸产业链,使我国农民能够从产业链的增值过程中获取更多的收益。

4. 搭建现代农牧业信息化平台

我国农牧业发展长期滞后主要是由于农牧产品的生产和销售与市场需求不匹配,并难以适应市场的变化,这归根结底是信息的缺失,将先进农牧业科技引入我国农牧业生产经营是我国农牧业现代化融入"一带一路"进程的重要步骤。随着"互联网+"现代农牧业的发展,电子商务逐渐成为我国农牧业"引进来""走出去"的重要平台。搭建现代农牧业信息化平台作为推动"一带一路"进程中农牧业现代化的关键,是我国农牧业企业"走出去"的必由之路。我国农牧业企业应积极响应农牧业供给侧结构性改革的号召,通过搭建现代农牧业信息化平台,融合先进农牧业科技与传统农牧业经验,建设农牧产品供应链。一方面,我们可以通过现代农牧业信息化平台介绍国内国际市场农牧产品的供需变化,宣传农牧产品相关贸易政策,以保证农牧产品企业能够及时了解市场动态,相应调整供给量和营销策略;另一方面,我们可利用这一平台加强对自然灾害的监测和预警,最大限度地减少自然风险对农牧产品产量和质量的影响,实现现代农牧业健康发展。

5. 培养现代农牧业高技术人才

现阶段,我国从事农牧产品生产的大多是思想观念较为落后、教育水平较低、依靠传统种植经验发展农牧业的农民。在"一带一路"大背景下，面对着国际市场的冲击，推动我国农牧业标准化进程是建设农牧业现代化的重要环节，农牧业标准化作为现代农牧业建设的重要内容之一，对我国现代农牧业科技人才存在着很大的需求。我国各级政府和高校应改变当代大学生对于传统农牧业的偏见，加大力度培养现代化职业农民，重点培训农牧业专业技能，并组织培训当地农民，提高他们的职业技能。

为减少"一带一路"沿线国家高质低价的农牧产品进入国内市场对我国农牧产品市场的冲击，农牧业现代化人才需将现代农牧业科技与传统农牧业种植有机融合，将现代化管理经验与原始农牧业经验有机融合，将互联网技术与农牧产品生产经营有机融合，实现农牧业生产、销售、服务等各个环节的互联互通。"一带一路"沿线国家拥有大量的市场和资源，亟需现代农牧业人才将这些信息有效整合并加以利用，充分利用现代农牧业信息化平台和电子商务平台，将农牧业对接国内外市场，提高农牧业企业国际竞争力。

6. 建设现代农牧业生态循环机制

2018年5月，在全国生态保护大会上，习近平总书记提出了6项重要原则：坚持人与自然和谐共生；绿水青山就是金山银山；良好生态环境是最惠普的人民福祉；山水林田湖草是生命共同体；用最严格制度最严密法制保护生态环境；共谋全球生态文明建设。这6项原则，体现了我国对生态建设的重视程度。在"一带一路"大背景下，各级政府一方面应重视对生态农牧业的建设，加强对污染企业的综合治理，提高农牧业废弃物的利用率，综合利用秸秆资源，发展生态循环农牧业，鼓励农牧业企业推广循环利用模式；另一方面，大力发展观光旅游农牧业，利用"农家乐"等热门旅游项目吸引国内外游客，有效结合农牧业生产与生态文明，将生态保护融入农牧业现代化的进程中，兼顾现代农牧业的生态效益与经济效益，建设美丽乡村。

专栏22：农业对外合作

作为推动农业对外合作的重要举措，2017年7月，农业农村部认定了首批10家境外农业合作示范区和10家农业对外开放合作试验区。

境外农业合作示范区：结合东道国实际，立足区域资源优势和产业特色，优化示范区规划设计，加强全产业链建设，促进一二三产融合，建立健全运营管理与服务机制、风险防控体系，打造产业聚集融合平台，引领带动企业抱团走出去。

农业对外开放合作试验区：充分发挥自身区位优势、产业优势和对外合作优势，科学划定试验功能区边界，优化空间布局，打造政策集成创设平台，强化政策先行先试，为推进农业供给侧结构性改革、建设开放型农业农村经济新体制，探索积累可复制、可推广的经验。

为进一步扩大农业农村对外开放，以开放促改革，以开放促发展，2018年8月，国务院批准设立首个国家农业开放发展综合试验区——潍坊国家农业开放发展综合试验区。

第十一章 现代企业治理体系与保障措施

第一节 现代企业治理体系建设

坚持"生态优先、固农兴牧、改革创新、富民强垦"企业发展方向，积极推进垦区集团化、农场企业化改制工作，完善市场化经营机制，构建以资本为纽带的母子公司管理体制，建设现代农牧业企业集团。完善呼伦贝尔农垦集团公司的顶层设计，加强集团公司的"六统一"管理。完善企业治理机制，强化企业管理，构建更加灵活的以企业经营为主体的现代经营机制。

一、坚持和完善现代市场化改革

（一）坚持"垦区集团化、农场公司化"改革方向

加快推进直属企业整合重组，通过整建制转换体制机制，实现农垦向集团化转变，建立"呼伦贝尔农垦"大型现代农业企业集团。促进国有农场公司化改造，在24个农牧场公司（分公司）的基础上建立农业产业公司，构建以资本为纽带的母子公司管理体制。聚焦明确呼伦贝尔农垦集团战略核心产业，清理僵尸企业和农场，扎实开展内外、上下资源整合重组，创新农场与集团的共生共荣机制，构建一体化经营体系。

在实践中探索适合呼伦贝尔农垦集团可持续发展模式，完善集团公司的顶层设计，充分创新增量资产如新的资金、资产、资源和扶持政策等，盘活存量资产如土地、资产、组织、科技等原有的优势和潜能的发挥与激活；创新经营体制机制，强化农场企业统一经营管理和服务职能，优化管理模式，建立健全农场与职工、农场与集团公司之间合理的利益分享和风险共担机制。积极培育新型农业经营主体，发展股份制、公司制等农业经营形式。

（二）健全企业组织体制机制

以企业集团化为主导，开展垦区管理体制和经营机制改革，优化呼伦贝尔农垦集团管控和组织架构，健全协调运转、有效制衡的公司法人治理结构。充分发挥董事会的决策

作用、监事会的监督作用、经理层的经营管理作用、党组织的政治核心作用。按照定位准确、职能清晰、流程顺畅、精干高效的要求,科学设置管理层级和职能部门,减少中间环节,压缩管理层级,不断提高农牧场公司(分公司)内部管理水平、工作效率和市场竞争力。

作为垦区经济发展的决策和控制中心,呼伦贝尔农垦集团实行"六统一管理":统一制定集团战略、规划、年度计划、下达任务目标;统一管理权属范围内的分、子公司领导班子及领导干部,考核任务目标完成情况,兑现奖惩;统一管理垦区国有资源、资产;统一管控投资及资本运营、资金运行;统一管理对外合作;全面建设诚信农垦,规范经营行为,履行商事承诺。各农场公司利用集团授权的土地等各项资源落实生产计划。

(三)建立现代企业制度体系

以"垦区集团化,农场公司化"为路径,按照"产权清晰、权责明确、政企分开、管理科学"的原则,在管理体制、组织结构、经营方式等方面,健全法人治理结构,落实农场生产经营自主权,推动农场企业成为自主经营、自负盈亏、独立享有法定权利,承担法律责任的法人实体和市场竞争主体。

充分利用资源和资产,把生产要素资产化、资本化。生产经营与办社会职能实行机构、人员、财务、资产、债务"五分开"。改革财务制度,保障资金使用效益;构建薪酬制度,完善考核绩效和人才激励;规范劳动用工制度,保障职工利益;完善社会保障制度,强化国有企业的社会责任担当意识;健全国有资产监管体制,加强国有资产监督,杜绝国有资产流失;完善企业治理管理机制,构建以企业经营为主体的多元化现代经营机制。

二、规范土地管理与使用

(一)深入落实土地确权登记工作

土地是农垦最重要的生产资料,是农垦存在与发展的基础。深化农垦土地管理制度改革,是呼伦贝尔农垦集团可持续发展的有力保障。按照"依法依规、因地制宜、先易后难"的原则,采取有效措施,加快推进呼伦贝尔农垦集团的国有土地占有权、使用权、收益权和处分权的确权登记发证工作,对交叉地、土地权属有争议的,加大工作力度,呼吁上级依法协调解决,保障集团作为土地使用者的合法权益。划清农垦和地方的用地界线,确定生态保护红线和永久基本农田边界。进行土地总登记和土地变更登记,统计登记农垦各类土地面积、土地权属性质与来源、土地权利主体、土地权利客体以及直接相关的其他内容。强化农垦土地权益保护,禁止擅自改变农垦土地用途和非法侵占农垦土地的行为。

（二）严格实施土地利用规划

加强土地利用总体规划及年度计划管理，严格按照计划指标用地。执行土地用途管制制度，根据农垦的土地资源特点、社会经济发展需要和上级规划的要求划定土地用途区。对农垦土地严格实施分类管理，禁止擅自将农用地转变为建设用地。加快划定永久基本农田，切实落实非农建设占用耕地的审批管理、耕地占补平衡管理、基本农田保护管理和耕地保护责任制度。利用有关土地制度和集团企业的特点进一步加强耕地保护，做到耕地总量相对稳定、基本农田数量不减少、耕地质量改善，生产能力提高、耕地利用的集约度提高，并建立耕地预警系统，保障企业高效发展，维护国家粮食安全。

（三）灵活发挥土地资源利用效率

根据《农牧场企业化改革土地处置方案》，土地资源使用需经申请呼伦贝尔农垦集团统一预审评估等流程，加强对土地的集中管控，合理处置收回后的土地。对农垦企业改革制中设计的国有划拨建设用地和农用地，按照需要采取国有土地使用权出让、租赁、作价出资（入股）和保留划拨用地等方式处置。积极探索农垦国有农用地使用权抵押、担保机制。在重点发展农牧业的基础上，出台下放农场土地经营使用权的细则，保障农场相关产业发展和城镇化建设的合理用地需求。

三、加强企业现代管理

（一）加强集团管理部门建设

加强农垦管理部门能力建设，进一步简政放权，创新工作方式，着力深化农垦市场化改革，推进政企分开，确立国有农场的市场主体地位。树立现代化企业管理意识，建立健全与市场接轨的企业运营管理机制、体系和架构，提高企业运营管理水平，创新思维，激发内生动力。坚持社企分开改革方向，推进国有农场生产经营企业化和社会管理属地化。

加强安全生产工作，遵守安全生产管理办法，各有关部门要切实履职尽责，形成自上而下的安全生产体系，切实推进贯彻落实安全生产工作；加强落实财务管理与审计。认真执行国家与呼伦贝尔农垦集团有关法律、法规和财务规章制度，合理编制单位预算，统筹安排，高效使用各项资金，切实保障资金使用效益。加强国有资产管理，防止国有资产流失，定期盘存，做到账实相符。严格执行单位财务审计制度，保证财务管理的效率性、效果性和经济性。

（二）做好过渡期剥离农垦社会职能工作

做好剥离企业办社会职能的后续工作，加快解决一些移交和改革不到位的事项。对部分已经剥离出去的职能，尽快实现属地管理，摆脱农场"全程服务"的重担。实现属地管理，就近纳入，科学规划，因地制宜，多措并举的职能移交思路。积极推进呼伦贝尔农垦集团公检法、基础教育、基本医疗和公共卫生等办社会职能一次性移交地方政府管理。远离中心城镇等不具备社会职能移交条件的场区应探索推进办社会职能内部分开、管办分离，地方政府可采取授权委托、购买服务等方式赋予相应管理权限和提供公共服务，同时加强工作指导。

在呼伦贝尔农垦集团实施改革范围内，相关资产如为职工家属、离退休人员及社会人员提供服务的社区办公和活动用房、俱乐部、体育场馆、健身设施和器材、图书馆等场所及棚户区改造、商业开发等工程所配建的社区服务用房移交属地市区镇，由所在社区管理、维护和使用。

建立完善社区组织体系建设，对剥离出及原有的社区整合，设立新的社区，依法组建社区党组织和居民委员会，社区工作人员队伍由所在社区党组织、居民委员会成员和面向社会公开招录专职工作人员组成，原农牧场从事社区居委会职能的临时聘用人员，按照个人意愿，在同等条件下可优先参加居委会选举和公开招录。

（三）构建新型企业经营体系

推动农垦改革，着力构建以农户家庭经营为基础、合作与联合为纽带、社会化服务为支撑的立体式、复合型现代农牧业经营体系。积极推进多种形式的农牧业适度规模经营，加快培育家庭农牧场、农牧民专业合作社、农牧业产业化龙头企业等新型农牧业经营主体。开展新型农牧业经营主体试点创建活动，制定完善新型农牧业经营主体标准，规范其服务行为。支持新型农牧业经营主体为农民提供生产、加工、贮藏、销售、科技、信息、融资、保险等农业生产全程服务，实现规模化经营与农民共享收益的有机统一。

强化农业生产经营服务职能，根据各农牧场公司（分公司）的优势产业提供合理的产业规划和布局，统一进行农资采购、产品销售、良种供应、技术推广、农机作业等服务。利用统一生产标准、统一品牌和统一销售的方式，全力打造"呼伦贝尔农垦"的集团品牌，进一步增加产品和服务的附加值。

第二节　实施保障管理

切实发挥党的先进性，提高呼伦贝尔农垦集团的领导能力和水平，加强组织领导，完善实施机制。积极构建与宣传呼伦贝尔农垦集团的红色企业文化，做好企业品牌与文化的融合工作，提升企业的品牌力和竞争优势。充分利用和整合优势资源，以"呼伦贝尔农垦投资有限公司"作为集团对外投资的载体，强化土地资本和投融资平台建设，通过证券化、土地使用权抵押、信托流转等多种方式实现土地资源资产化、资本化。推动农垦改革，着力构建以农户家庭经营为基础、合作与联合为纽带、社会化服务为支撑的立体式、复合型现代农牧业经营体系。强化评估监测，形成规划实施的强大合力与制度保障，确保各项任务顺利完成。

一、加强党的领导

坚持党总揽全局，协调各方，加强党对国有企业的全面领导，充分发挥企业党组织的领导核心和政治核心作用，突出政治功能，提升组织力，为实现《呼伦贝尔农垦集团"十四五"产业发展战略规划（2021—2025年）》提供坚强的政治和组织保证。坚持党要管党，从严治党，以改革创新精神全面推进党的建设新的伟大工程，保持和发展党的先进性和纯洁性，提高党的执政能力，确保党始终为呼伦贝尔农垦集团改革和发展的坚强领导核心。加强领导班子和干部队伍建设，强化基层党组织整体功能，充分发挥基层党组织的战斗堡垒作用，为打造全市农牧业高质量发展的航母提供坚强保障。

（一）坚持党对宣传思想文化工作的领导

加强党对宣传思想工作的全面领导，旗帜鲜明坚持党管宣传、党管意识形态。加强对群团组织的思想领导，把党的理论和路线方针政策贯彻落实到群团工作各方面、全过程。要以党的政治建设为统领，牢固树立"四个意识"，坚决维护党中央权威和集中统一领导，牢牢把握正确政治方向。要加强作风建设，坚决纠正"四风"特别是形式主义、官僚主义。宣传思想干部要不断掌握新知识、熟悉新领域、开拓新视野，增强本领能力，加强调查研究，不断增强脚力、眼力、脑力、笔力，努力打造一支政治过硬、本领高强、求实创新、能打胜仗的宣传思想工作队伍。

（二）全面提升基层党组织建设质量

进一步贯彻落实新时代党的建设总要求和新时代党的组织路线，结合"三年打基础、五年争优先"的工作目标，项目化推进"最强党支部"和"四强四优"创建，突出党建引领、强化政治功能，坚持抓引领、强融合，着力在加强党的领导和完善公司治理上取得新突破。抓基层、强基础，着力在推动基层党组织标准化和规范化建设上取得新突破。抓培养、强管理，着力在锻造"三支队伍"和党员教育管理上取得新突破。抓示范、强阵地，着力在打造党建特色品牌和提升阵地建设水平上取得新突破；抓制度、强落实，着力在完善党的组织制度和强化执行力上取得新突破。以"五抓"促"五强"，着力实现垦区基层党建工作"五个新突破"，不断推动垦区基层党建工作质量"全面进步、全面过硬"。

（三）加强党风廉政建设和配套保障

加强组织学习，严格落实"一岗双责"，有效落实党风廉政建设主体责任和监督责任，把党风廉政建设和反腐败工作与业务工作一齐落实到位。同时建立完善居务监督委员会、工青妇等配套组织建设。

充分发挥法律合规服务和保障作用。呼伦贝尔农垦集团成立法律支持专项工作小组，统筹调度集团法律支持和保障工作，有效提升集团企业运营规范化、制度化、法治化水平。重点排查劳动用工、合同履行等方面的矛盾纠纷和法律风险，抓好普法宣传，有针对性地提出应对措施和合理化处置，切实发挥法律服务和保障作用。

（四）切实做好信访维稳工作

加强信访维稳工作力度，各级领导干部要增强工作的责任感与紧迫感，抓好信访保障工作方案的落实，及时掌握垦区信访工作动态，及时发现苗头，把不稳定因素处理在萌芽状态。认真按照中央、内蒙古自治区、呼伦贝尔市各级信访保障工作要求，严格落实好垦区值班备勤及报告制度，及时收集掌握并上报信访信息；明确信访工作任务与部门责任，抓好重点领域、重点群体、重点人员、重点案件信访矛盾问题，积极推动排查化解，维护垦区稳定，营造良好社会环境。

二、推动企业文化建设

（一）建立健全企业文化建设领导机制和组织架构

成立相应的企业文化建设领导机构，明确负责人、主管部门及工作人员。企业文化的领导体制要与现代企业制度和法人治理结构相结合，党委要加强对企业文化建设的领导，形成企业文化主管部门负责实施、各职能部门分工落实的工作体系。加强推进企业文化建设的组织架构。一级文化管理机构为企业文化建设领导小组，由呼伦贝尔农垦集团高管团队担任组长、副组长、组员。主要职责为决定呼伦贝尔农垦文化建设各阶段的战略任务与目标、指导方针与政策、决定企业文化工作小组的岗位职责与工作规范、审定文化执行部门提交的方案和建议、审批文化年度计划与预算等。在一级管理机构下设立集团企业文化领导小组办公室，上传下达相关精神，指导处理垦区企业文化建设工作，起草、制定企业文化范畴内的文件、规章和制度。二级文化管理机构为企业文化建设工作小组，由大兴安岭农垦集团、各专业公司直属工商企业及下属农牧场公司（分公司）的政工部及与企业文化联接紧密的人员组成。主要职责为推进落实企业文化各项措施方案，宣传、培训和贯彻企业文化，组织文化建设的相关活动等。

（二）梳理凝练企业文化核心

结合呼伦贝尔农垦的历史积淀，深入挖掘、提炼和总结其中的优秀文化元素，坚持继承与创新，凝聚思想、汇聚力量，塑造符合"生态优先、绿色发展"发展战略，具有呼伦贝尔农垦特色的统一企业文化，有助于提升品牌的知名度、美誉度和忠诚度。

坚持传承红色基因。深入贯彻以王震将军为代表的老一辈农垦人的"艰苦奋斗、勇于开拓"的伟大精神。弘扬农垦精神，传承红色基因，始终做到不忘初心、牢记使命，把农垦事业做好。

结合时代特征。精神文明创建和企业文化建设既要传承和发展历史形成的价值观，也要与时俱进赋予其鲜明的时代特征。文化要做到与时俱进，不断发展，要对企业制度文化、物质文化和行为文化进行全面的梳理。

（三）开展企业文化传播落地工作

各部门要提高对《强垦信条》重要性的认识，高度重视企业文化推进工作，在垦区营造一个促进企业文化建设的良好氛围。充分利用《呼伦贝尔农垦旬报》、呼伦贝尔农垦网、黑板报、宣传栏、微信公众号等媒体和宣传阵地，大力宣传企业文化建设工作的重要意义、主要目标、方法步骤等。大力宣传、推广典型经验，引导集团员工积极投身于企业文化建设，为垦区经济建设做出积极的贡献。在企业文化建设中各单位要与思想政治工作、群众性精神文明建设活动和管理创新有机结合起来。各部门通力合作、齐抓共管，建立分工明确的工作机制，统筹规划，认真组织，精心安排，进一步明确执行机构和人员的工作职责，制定实施细则，稳步推进各项工作。

结合呼伦贝尔农垦集团发展需要，紧密联系员工的工作实际，开展具有针对性的工作，各部门积极开展企业内刊、企业歌舞等文娱主题活动，加强企业文化的人文关怀，推动企业文化落地生根。并开展优秀企业文化评选工作，对于工作实绩突出的单位和个人予以表彰和奖励。

（四）做好品牌与企业文化的融合工作

企业文化和品牌建设息息相关、一脉相承。企业文化和品牌，是塑造企业影响力、控制力、领导地位的有力武器，直接影响着企业的长远发展。要充分借助文化的力量，打造卓越的企业品牌。企业文化是企业在长期生产经营活动中形成的，并为企业全体人员遵守和奉行的价值观念、行为准则和经营理念的综合反映。而企业品牌的主要特征是与用户共鸣和推动企业的价值取向。企业文化是企业品牌的精神力量和重要支撑，企业品牌是企业文化的载体。做好企业品牌与文化的融合工作，有助于提升企业的品牌力和竞争优势。

三、落实风险防控工作

（一）农牧业自身具备不确定性

农牧业是传统产业，行业利润薄弱，难以有非常大的收入增长。产业具有产出周期较长、产业链条主体层次纷杂、农产品受买方市场影响大、产业化管理水平较低等诸多不确定性。目前农业经济增长面临下行压力。我国经济已经进入起飞期，第二、第三产业将会持续快速发展，但受经济发展规律的影响，农业的发展竞争力难以与第二、第三产业抗衡，劳动力资源与资金资源都会从第一产业持续外流。同时，经济增长的要素和约束条件正在发生变化，劳动力成本进入上升通道，呼伦贝尔农垦集团面临的生态环境等外部成本约束加大，传统增长模式面临挑战，经济增长的下行压力不容忽视。我国农产品结构性失衡问题严重，产需矛盾日益增大。从我国整体农业生产环境来看，粮食与肉奶产量处于产能过剩阶段，但大豆、油料作物等农产品的进口依赖度过高，同时，受到国际量大、质优、价廉的农产品对我国农业市场的冲击作用，农业实现大规模盈利较为困难。另外，我国农业生产资源环境约束日益趋紧，农业生产潜能受限。

（二）产业发展的风险预估分析

呼伦贝尔农垦集团产业发展风险可以分为生产风险和经营风险两个方面。生产风险主要指粮油种植和畜牧养殖过程的不确定性带来的风险。主要包括3个方面：一是生产成本。原料的供应和价格、劳动力成本、农牧机械生产率等。二是自然灾害风险。农牧业生产对自然环境具有很强的依赖性。农垦的农场发生的灾害性天气主要有旱、涝、风、雹、霜、冻等，其中以春、夏旱威胁最大。非洲猪瘟、疯牛病、新冠肺炎等疫病疫情风险也会对畜牧养殖造成严重影响。三是政策风险。我国对农牧产业融合扶持力度逐步加大，政策环境总体趋好。但也存在政策"一刀切"的时空不合理性，政策调整往往会导致产业发展忽视市场经济规律以及政策执行层面存在的偏差等风险。

经营风险分为内部风险和外部风险。根据农垦产业发展方向，呼伦贝尔农垦集团内部经营风险主要体现在以下几个方面：一是产品转化率不高，工业反哺农业的作用没有完全发挥，反而由基地补贴工业企业，产业链条处于分裂或断裂情况。二是现有的农畜产品龙头企业较少，市场竞争力不足。三是市场营销没有打开，合作模式单一，品牌种类繁杂，产业发展模式没有统一化和标准化，市场难以形成合力。四是大数据等信息管理的风险。目前，集团缺少农牧产业风险管理与预估的大数据信息管理系统，对国内国际市场趋势、突发事件以及政策导向没有前瞻性。外部风险主要体现在两个方面：一是市场风险。受国内外大环境与地域限制（东边是大兴安岭，另外三边是边境）、经济与产业结构较为单一等原因的影响，部分农场发展进度滞后，畜牧业发展目标与资本运营发展目标严重受阻。二是投融资风险。借贷资本带来的报酬率为负，给集团带来了负债经营的风险。

（三）建立风险管理和防控体系

建立呼伦贝尔农垦集团风险防控体系。提高集团员工的风险防控意识，对生产经营、市场财务、品牌营销等的不确定因素出台相关风险管理改革制度，确保依法依规办事。产业经营方式以扶持龙头企业为主，发展多元化的农业经营组织，建立完善利益联结机制，提高集体有效抵御风险的能力。有些产业项目在国家政策性救济、保障之外可以引入有效的独立核算、自负盈亏的商业化市场模式。实行多家农牧业保险主体联保或分保，把风险分散。

充分利用现代资本市场的良好环境，通过向银行、信托和证券机构进行合作，降低项目融资成本。防范和控制投融资风险轻重缓急，合理安排投融资总规模，使其与财政能力相协调。建立和完善偿债准备金制度。通过多渠道筹集偿债资金，化解偿债压力。

建立呼伦贝尔农垦集团风险预警与管理信息系统，科学研判农牧业市场信息，农畜产品供需、金融服务、政策规划和生态气候等多种变化，建立风险预警模型，提高宏观统筹决策的准确性，有效规避市场外部风险。

四、建立考核监督机制

（一）明确规划实施责任

加强组织领导，完善实施机制，加大投入力度，强化评估监测，形成规划实施的强大合力与制度保障，确保各项任务顺利完成。明确责任主体、职责分工、任务进度，切实强化对规划实施的组织、协调、督导。结合各农场规模和实际经营情况，科学合理制定工作实绩目标和任务考核指标。

（二）做好规划衔接管理

加强统筹管理和协调沟通，合力推进规划实施，确保规划各项任务如期完成。积极对接国家部委和地方政府，争取相关投资项目资金。立足实际，加强统筹管理和衔接协调，做好与国民经济和社会发展总体规划、专项规划、区域规划、地方规划、年度计划等相关规划的衔接。

（三）完善规划监测评估

加强对本规划实施的组织、协调和督导。开展规划实施情况的监测和评估工作，把监测评估结果作为改进企业工作和绩效考核的重要依据。对于本规划内确定的约束性指标以及重大工程、重大项目和重要改革任务，要明确责任主体，实施进度要求，确保如期完成。规划实施过程中，密切关注形势变化和风险演化，坚持守住底线，做好应对困难复杂局面的准备。

（四）强化规划考核监督

及时跟踪规划实施进度，全面掌握规划实施情况，及时发现并解决问题。开展规划实施动态监测、中期评估、期末总结评估，建立与规划实施相对应的绩效评价机制，把监测评估结果作为改进工作和绩效考核的重要依据，形成有效激励和约束，确保规划落到实处。

第十二章　生态保护工程与民生建设

切实贯彻"绿色发展，生态优先"的发展思路，严格遵守按照《全国主体功能区规划》和《内蒙古自治区主体功能区规划》生态功能区划，减少农药与化肥的施用强度，实行循环经济与可持续发展。采用封育、休牧、施肥、虫鼠害防治等措施，大力开展天然草地放牧区天然草原恢复工程。通过土壤改良、地力培肥和治理修复，有效遏制黑土地退化，持续提升黑土耕地质量，改善黑土区生态环境。

第一节　生态环境保护与建设

一、生态环境保护和修复

节约资源是保护生态环境的根本之策。扬汤止沸不如釜底抽薪，在保护生态环境问题上尤其要确立这个观点。大部分对生态环境造成破坏的原因是对资源的过度开发、粗放型使用。因此，必须从资源使用这个源头抓起。要大力节约集约利用资源，推动资源利用方式根本转变，加强全过程节约管理，大幅降低能源、水、土地消耗强度。要控制能源消费总量，加强节能降耗，支持节能低碳产业和新能源、可再生能源发展，确保国家能源安全。要加强水源地保护和用水总量管理，推进水循环利用，建设节水型社会。要严守耕地保护红线，严格保护耕地特别是基本农田，严格土地用途管制。要加强矿产资源勘查、保护、合理开发，提高矿产资源勘查合理开采和综合利用水平。要大力发展循环经济，促进生产、流通、消费过程的减量化、再利用、资源化。

呼伦贝尔农垦集团是世界上集约化程度较高、面积最大的单体农场，耕地面积600万亩。截至2018年，80%以上的耕地实行集中统一耕种，实现了规模化经营。农垦拥有高标准土地64.5万亩，种植近80万亩10余种特色经济作物和中草药作物，节水灌溉农田突破百万亩，绿色农田监测面积达484.6万亩。获得27种产品绿色和有机食品证书，农产品质量追溯面积达124万亩，标准化规模养殖逐步完善。要充分发挥集团组织化、集约化和规模化优势，以市场需求为导向，优化产业体系与产品结构，加快标准化基地建设，培育和建设现代农业的大企业、大产业，不断提高农牧产品质量和产量，建设成为国家重要的粮食保障及食品安全示范基地，为国家粮食和食品安全做出重要贡献。依托良好的资源禀赋、优越的产地环境和天然生态的特色产品，大力推广循环农牧业发展模式和技术，推进规模化、集约化、标准化特色种养殖基地建设，提高绿色产品产量和品质，延长产业链条，建立以高附加值为导向的食品加工体系，提升农牧产品质量安全保障能力和监管水平，强化品牌培育与市场推广，实现原料基地向精深加工和绿色食品输出基地跨越，将集团打造成为呼伦贝尔重要的绿色农畜林产品生产加工输出基地和健康食品产业化航母。持续深化垦区集团化、企业化、市场化改革，集团总部为集团公司的战略管理中心，全面构建集团战略管控体系，实现规范化公司治理、国际化组织架构、市场化体制机制、民营化执行效率的目标，建立适应发展要求、充满活力、富有效率的现代农垦管理经营体系。采用先进科技和生产手段方向，增加技术、资本等生产要素投入，着力提高集约化、专业化水平。

按照"标准化、规模化、产业化、机械化、循环化"要求，推进优质粮油、现代草畜牧、人工饲草、特色种植业和特色养殖等集约高效发展，实现产业提质增效、提档升级，建设成为现代农牧业的示范区。加强土建工程建设，平整田间道路，提高农业机械化作业水平，有利于农业规模化、集约化经营。产业园以规模化种养基地为基础，聚集现代生产要素，发展集约化种养、精深加工、现代化营销，集生产、加工、科技于一体，具备技术集成、产业融合、创业平台、核心辐射等功能，带动新型农牧业经营主体和农户专业化、标准化、集约化生产，推动农牧业全环节升级、全链条增值。整合各种资源，稳步推进饲草业集约化、规模化和专业化生产，集成创新草产品生产加工体系。依托资源优势，大力发展中草药、猪、鹅、兔子等特色种养殖，推进规模化、集约化、标准化特色种养殖基地建设，形成特色鲜明、布局合理、效益显著的特色种养殖及加工基地。依托森林生态资源，因地制宜发展蓝莓、木耳、榛子等特色种植业发展，推进规模化、集约化和特色养殖基地建设，实施精品特色产业提质升级行动计划。着眼高端、兼顾多元，推进矿泉水产业集约化经营、规模化生产和特色化发展，力争形成神泉山矿泉水产业集团，建成呼伦贝尔市矿泉水生产加工基地。

（一）全面落实生态红线，严格控制开发强度

按照《全国主体功能区规划》和《内蒙古自治区主体功能区规划》的要求，对呼伦贝尔农垦集团所涉及重要生态功能区范围和禁止开发区域内各类开发和生产活动进行严格管制，使人类活动占用的空间控制在目前水平并逐步缩小，以腾出更多的空间用于维系生态系统的良性循环。依托资源环境承载能力相对较强的城镇，引导生产开发集中布局、点状开发，禁止成片蔓延式开发扩张。严格生产型园区管理，逐步改造和建设低消耗、可循环、少排放、零污染的生态型园区。

落实并坚持生态保护红线制度，建立严格的管控体系和管控制度，确保功能不降低、

面积不减少、边界不突破，确保生态功能显著提升，生态安全得到全面保障，给自然生态留下休养生息的时间和空间（表12-1）。

表12-1 呼伦贝尔市禁止开发区域列表

类别	名称	面积（公顷）	位置	主要保护对象
国家级自然保护区	内蒙古红花尔基樟子松林国家级自然保护区	20 085	内蒙古自治区呼伦贝尔市鄂温克旗	沙地樟子松森林生态系统
国家级自然保护区	内蒙古大兴安岭汗马国家级自然保护区	107 348	内蒙古自治区呼伦贝尔市根河市金河镇境内	寒温带明亮针叶林及栖息于保护区中的野生动植物
国家级自然保护区	内蒙古红花尔基樟子松林国家级自然保护区	20 085	内蒙古自治区呼伦贝尔市鄂温克旗	沙地樟子松森林生态系统
国家级自然保护区	内蒙古辉河国家级自然保护区	3 468.48	内蒙古自治区呼伦贝尔市	湿地、草甸草原、沙地樟子松疏林生态系统及珍禽
国家级自然保护区	内蒙古呼伦湖国家级自然保护区	740 000	内蒙古自治区呼伦贝尔市	珍稀鸟类及其赖以生存的湖泊、河流、湿地及草原生态系统
国家级风景名胜区	扎兰屯风景名胜区	-	内蒙古自治区呼伦贝尔市	
国家级风景名胜区	额尔古纳风景名胜区	-	内蒙古自治区呼伦贝尔市额尔古纳市境内	

（二）努力提高职工保护生态环境的意识

加强生态环境保护宣传，提高群众生态环境保护意识。结合农垦发展实际，用生动的案例宣传环境保护知识和国家的生态环境保护政策，阐明生态环境保护的重要性和破坏生态环境带来的严重后果。通过生态环境保护公益活动使环境保护理念深入人心。增强公民生态环境保护意识和参与生态环境保护的积极性，尽快形成人人了解生态环境保护、热爱生态环境保护、支持生态环境保护的良好局面。

（三）加大企业环境污染整治力度

提高企业从业人员的环境保护意识和管理水平，制订工作计划，控制畜禽养殖环境污染，积极建设污染物处理设施，防止任意排污的现象发生。同时，应用生态技术，实现污染物减排。养殖污染物实施干湿分离、雨污分流，实施农牧结合、种养结合；封堵排污口，确保污染物"零排放"。提高畜禽粪污制作有机肥的处理工艺，建设有机肥加工处理场，加大农业生产中有机肥的使用，不仅降低粪污浪费，而且有利于防止土壤养分失衡。

（四）加强天然草地的恢复和保护

大力开展天然草地放牧区天然草原恢复工程。采用封育、休牧、施肥、虫鼠害防治等措施，使退化天然草原植被得到恢复，以期到2025年，草原综合植被覆盖度达到78%，草地生产力得到提高。

继续实施呼伦贝尔草原保护治理工程，严格推进三牧措施（禁牧、休牧和划区轮牧）和草畜平衡制度，深入实施退牧还草等重大生态工程，促进草原生态持续向好。

二、黑土地保护

黑土地是大自然给予人类的得天独厚的宝藏，是一种性状好、肥力高，非常适合植物生长的优质土壤。全世界仅有四大块黑土区，分别是乌克兰的乌克兰平原、美国的密西西比平原、中国的东北平原（包括呼伦贝尔）以及南美洲阿根廷连至乌拉圭的潘帕斯草原。黑土地是呼伦贝尔农垦集团粮食生产能力的基石，加强黑土地保护，稳步提升黑土地基础地力，是保障农牧业稳定可持续发展的坚实基础。要按照《东北黑土地保护规划纲要（2017—2030年）》的规划，通过土壤改良、地力培肥和治理修复，有效遏制黑土地退化，持续提升黑土耕地质量，改善黑土区生态环境。力争到2030年，农垦黑土区耕地质量平均提高1个等级（别）以上，土壤有机质含量平均达到32克/千克以上、提高2克/千克以上。

（一）优化种植结构，提升黑土地农田系统的可持续性

调整优化结构，养地补肥。积极推广玉米与大豆轮作和"粮改饲"，发展青贮玉米、饲料油菜、苜蓿、黑麦草、燕麦等优质饲草料。推广大豆接种根瘤菌技术，实现种地与养地相统一。推进种养结合，发展种养配套的混合农场，推进畜禽粪便集中收集和无害化处理。通过作物合理轮作减少马铃薯土传病害对土壤的影响。大力发展奶牛、肉牛、肉羊等草食畜牧业，实行秸秆"过腹还田"。推广深松深耕整地，提高土壤蓄水保肥能力。推行粮豆轮作，推进农牧结合，构建用地养地相结合的产业结构。

（二）促进水资源永续利用，提升黑土地资源利用的可持续性

落实最严格水资源管理制度，推广节水技术，合理开发利用地表水，减少地下水开采。加快农业废弃物资源化利用，增施有机肥，实行秸秆还田，增加土壤碳储存和腐殖质，增强黑土微生物活力。按照"控、增、保、养、节"的技术路线积造有机肥、施用有机肥，通过施用有机肥来增加黑土地有机质含量，持续提升土壤肥力。以高标准农田建设

为主要方向，完善农田水利配套设施，建设高产生态良田。

（三）加强生态环境治理和小流域综合治理，提升黑土地生态环境的可持续性

治理面源污染，推进化肥农药减量增效，推行农膜回收利用，实现大田生产地膜零增长，减少对黑土地的污染。加强小流域水土流失综合治理，搞好缓坡耕地治理、侵蚀沟治理，推广等高修筑地埂、种植生物篱带、粮油作物隔带种植等水土流失综合治理模式，建立合理的农田林网结构，保持良好的田间小气候，保护生物多样性，防治黑土沙化风蚀。

（四）加大高标准农田建设力度，提升黑土地生产能力的可持续性

加快建设一批集中连片、旱涝保收、稳产高产、生态友好的高标准农田，实现土地平整、沟渠配套、田间路通、林网完善。保持良好的内在质量，培育土体结构优良、耕层深厚、有机质丰富、养分均衡、生物群落合理的土壤，将剥离后耕层土壤用于中低产田改造、高标准农田建设和土地复垦。提升农机装备水平，推广大马力、高性能农业机械，开展深松深耕整地作业，巩固提升农业综合生产能力。

专栏23：黑土地保护工程

按照《东北黑土地保护规划纲要（2017—2030年）》的规划，因地制宜，采取工程、农艺、生物等多种措施，全力保护东北黑土地。

（1）种植结构优化工程。重点在三河种马场、上库力、拉布大林、特泥河、甘河等农牧场，推广"粮改饲"，扩大人工草地的种植。在大河湾、那吉屯、格尼河、甘河等农牧场公司（分公司）等实行粮豆轮作，推广大豆接种根瘤菌技术，利用大豆根瘤菌固氮养地作用，提高土壤肥力。同时，推动缓控释肥使用，实现玉米和大豆的共同减肥增产，实现种地与养地相统一。

（2）有机固体废物资源化利用工程。通过机械作业把粉碎的秸秆、根茬掺拌入耕层内，提高耕作层有机质含量和耕层结构。重点在哈达图、拉布大林、苏沁、三河种马场、特泥河、谢尔塔拉等规模较大的农牧场公司，建立有机肥堆沤池（场），实行秸秆"过腹还田"。

（3）面源污染综合整治工程。控制工矿企业排放和生活垃圾、污水等外源性污染，推进化肥农药减量增效，农业生产资料包装物回收与治理，率先在古里、甘河、欧肯河、东方红等农牧场公司（分公司）试点，减少对黑土地的污染。

（4）小流域综合治理工程。通过治理缓坡耕地和侵蚀沟，推广等高修筑地埂，种植生物篱带、粮油作物隔带种植等水土流失综合治理模式，建立合理的农田林网结构，保持良好的田间小气候，保护生物多样性，防治黑土沙化风蚀。

三、循环经济发展

循环经济是以资源节约和循环利用为特征、与环境和谐的经济发展模式，采取各种有效措施，以尽可能少的资源消耗和尽可能小的环境代价，取得最大的经济产出和最少的废物排放，实现经济、环境和社会效益相统一（陆学等，2014；李兆前等，2004；解振华，2004）。循环经济是贯彻科学发展观，实现经济社会全面、协调和可持续发展的重要载体，是转变经济发展方式、调整产业结构、建设资源节约型、环境友好型社会和实现生态文明的必由之路（诸大建等，2013）。

发展循环经济是呼伦贝尔农垦集团应承担的社会责任，集团渴望成为循环经济发展的主要实践者。近年来，呼伦贝尔农垦集团的循环经济取得了长足的发展，但产业结构初级化、单一化等问题仍然比较突出，面临的产业结构调整压力比较大，转变发展方式任务艰巨。按照发展循环经济"减量化、再利用、资源化"的原则，集团仍需继续推进循环经济的快速发展。

（一）发展现状及存在问题

1. 发展现状

自2005年《国务院关于加快发展循环经济的若干意见》发布开始，呼伦贝尔农垦集团就以发展循环经济、保护生态环境、促进社会生态文明为使命，一直致力于对发展循环经济，尤其是生态循环农牧业的生产实践。目前，集团已经开展了有机固体废物资源化利用工程、面源污染综合治理工程等多个关于生态循环农牧业的重大工程。

有机固体废物资源化利用工程。通过机械作业把粉碎的秸秆、根茬掺拌入耕层内，提高耕作层有机质含量和耕层结构。重点在哈达图、拉布大林、苏沁、三河种马场、特泥河、谢尔塔拉等规模较大的农牧场公司，建立有机肥堆沤池（场），实行秸秆"过腹还田"。

面源污染综合整治工程。控制工矿企业排放和生活垃圾、污水等外源性污染，推进化肥农药减量增效，农业生产资料包装物回收与治理，率先在古里、甘河、欧肯河、东方红等农牧场公司（分公司）试点，减少对黑土地的污染。

2. 存在问题

呼伦贝尔农垦集团循环经济发展规模仍有待扩大、发展水平有待提高，主要表现为：循环经济理念尚未在农牧民基层得到普及，宣传教育不够深入；循环经济技术创新能力亟须加强，先进适用技术推广不足，先进设备引进速度缓慢；循环经济理论学习和技能培训机制有待加强。

（二）发展思路及目标

1. 指导思想和基本原则

以邓小平理论和"三个代表"重要思想为指导，树立和落实科学发展观，以提高资源生产率和减少废物排放为目标，以技术创新和制度创新为动力，强化节约资源和保护环境意识，促进循环经济发展。

遵循"减量化、再利用、资源化"的原则，减量化优先，坚持走生态循环农牧业，形成有利于节约资源、保护环境的生产方式；坚持推进经济结构调整，加快技术进步，加强监督管理，提高资源利用效率，减少废物的产生和排放。培育生态循环农业示范园区，推广循环经济典型模式，推动循环经济形成较大规模。强化监管，防止资源循环利用过程中产生二次污染，确保再生产品质量安全。

2. 发展目标

围绕呼伦贝尔绿色安全农畜产品生产，以资源利用节约化、生产过程清洁化、产业链接循环化、废弃物利用资源化为主线，强化循环农牧业的技术创新与指导，加快农业机械化，推进农业现代化，以农牧结合、立体种养为基本形式，积极推广农林牧渔多业共生生态循环农牧业，推动建设"粮—草—畜—渔—林—菜"立体循环体系，形成粮草兼顾、农牧结合、循环发展的新型种养结构，提高农业综合效益，推动主体小循环、园区中循环、区域大循环，促进种植业、林业与畜牧业科学配套，形成产业相互融合、物质多级循环的产业结构和生态布局，促进农业发展方式转变。

到2022年，建设3个区域生态循环农牧业示范园，打造全国农牧结合的生态循环农牧业示范样板。通过示范园带动全市农牧业种养结构进一步优化，农牧业废弃物资源化利用、无害化处理水平进一步提升、利用途径进一步拓展，探索出一批农牧结合，林牧、农林结合的高效生态种养加循环利用模式。

（三）重点任务

1. 全面推进源头污染的减量化

坚持减量化优先，从源头上减少生产、流通各个环节能源资源消耗和污染物产生。

（1）推进化肥农药的减量使用。推广配方肥和缓控释肥，做到精准施肥，淘汰落后施药机械，推广使用高效、低毒、低残留农药。完善病虫害监测体系，推广绿色防控技术，扩大统防统治面积，提升科学用药水平，提高农作物农药利用率，保证农作物农药利用率达到45%。

（2）认真落实控膜措施。减少和控制地膜利用，改进覆膜农艺措施，推广地膜覆盖和秸秆覆盖相结合的地膜减投技术，建立健全废旧农膜回收制度，不断提高地膜回收率，减少农业面源污染。

（3）推进以高效节水为主的高标准农田建设。因地制宜推广水肥一体化、无膜浅埋滴灌、集雨补灌、测墒节灌、蓄水保墒、抗旱抗逆等技术，发展节水型灌溉农业，稳步发展非耕地设施农业，到2025年，高标准农田建设达到120万亩。

（4）加快淘汰高耗能老旧农业机械。开展农机更新改造，推广使用节能型农业机械，推进主要粮食作物生产全程机械化，到2025年，农牧业综合机械化水平达到96%。

2. 提高资源的再利用和再循环能力

促进再生资源回收利用与区域特色产业进一步融合，发展重点领域资源综合利用，不断提高资源的再利用和再循环能力。

（1）提高秸秆综合利用能力。全面推进秸秆饲料化、肥料化、能源化、基料化和原料化利用，推广秸秆青贮、压块等全营养饲料加工，秸秆综合腐熟、秸秆氨化、秸秆气化供气等技术，发展秸秆食用菌和秸秆碳化等新型产业，着力提高秸秆综合利用能力，到2025年，秸秆综合利用率达到92%。

（2）推进畜禽粪污资源化利用。积极推广"粪污全量收集还田利用""粪污专业化能源利用"等经济适用的畜禽粪污资源化利用技术模式，同时积极提升改造养殖场畜禽粪污染源化利用基础设施设备，推进集团畜禽粪污资源化有效利用。

（3）加大农畜副产品资源化利用。利用现代生物工程和高效提取技术。提升畜禽血液、脏器、骨组织、皮毛绒等加工副产品的综合利用水平。在废弃物集中的地区，建设农畜产品资源化基地。

3. 加快生态循环农牧业示范基地建设

生态循环农牧业是围绕绿色安全农畜产品生产，以资源利用节约化、生产过程清洁化、废弃物利用资源化为主线，建设以饲草种植、有机肥替代化肥、畜禽粪污资源化利用、秸秆残渣处理为主要内容，通过调整优化农业结构，提高农牧业生产技术含量，施用有机肥，再生利用畜禽排泄物、农副产品废弃物，净化生产、生活废水，最终实现农业生产过程中废弃物的"全消纳"和"零排放"，形成种养加一体化的生态循环农业模式，到2025年，农畜产品质量安全监测覆盖率达到99%。加快生态循环农牧业示范基地建设，在示范基地重点开展"生态种植—畜牧养殖—养殖废弃物处理—果蔬/优质牧草"等种养结合循环模式的试点，因地制宜发展立体、循环、生态的高效种养模式，实现资源高效循环利用。着重推广林下种养殖、秸秆饲料化、肥料化等秸秆综合利用模式，畜禽粪便肥料化、饲料化、能源化利用发展模式，种养加、贸工农一体化模式。积极开展绿色生产、增施有机肥、秸秆还田、立体种养、生物防治农作物病虫害、节水农牧业等技术推广。大力加强农畜产品加工过程中的清洁生产等关键技术的研究与示范。加快开展农畜产品加工副产品综合利用示范。

4. 加强生态循环经济宣传与技术推广

大力开展形式多样的节约资源和保护环境的宣传活动，提高员工对发展循环经济重大意义的认识，把节约资源、保护环境变成员工的自觉行为，引导员工合理消费，规范消费行为，开展多种形式的实践活动，使员工逐步形成节约资源、保护环境的消费方式。组织开展有关循环农牧业宣传活动，对农村基层干部和农民做好培训和宣传，提高全社会对循环型农牧业重大意义认识，形成发展循环农牧业的良好社会氛围。加强发展循环型农牧业经济的技术创新与指导。积极开展沼气生产、增施有机肥、秸秆还田、立体种养、生物防治农作物病虫害、节水农牧业等技术推广。大力加强农畜产品加工过程中的清洁生产等关键技术的研究与示范。积极引导和发挥农牧业科研院所、龙头企业在循环农牧业科技创新与推广中的作用。

5. 积极引入先进循环经济技术和设备

充分利用现代生物、膜分离、超界萃取等技术，引导企业对加工副产物"吃干榨尽"，对终极废弃物进行无害化处理。开展秸秆生物腐化有机肥及过腹还田，秸秆氨基酸尾液联合资源化利用、生物质天然气秸秆综合利用，配套购置有机肥生产设备、秸秆收集处理设备、秸秆青贮设施设备及相关设施等。开展畜禽骨血等农畜产品加工副产品综合利用技术工程示范，重点引进农副产品加工处理设备，配套建设农副产品加工厂房等基础设施。

（四）环境影响评价

呼伦贝尔农垦"十四五"产业战略规划打破了传统的农牧业经营方式，显著提高农牧业的科技化、信息化和生态化水平，培育壮大一批资源节约型、环境友好型和生态保育型的农牧业产业集群，通过技术引进与示范，打造生产循环农业示范园，推动现代农牧业健康、稳定和可持续发展。农牧产业发展规划将积极推动化肥和农药减量合理施用，种植业环境由目前中级水平可初步达到优级水平。畜牧养殖的布局均符合经审批的环境影响评价文件的规定要求。大力推广畜禽粪污资源化利用技术模式，实现废弃物的"全消纳"和"零排放"，形成种养加一体化的生态循环农业模式，从环境保护的角度分析，畜牧业规划的环境风险较小。规划项目均按照国家有关规定，所有建设项目开工前必须做好环境影响评价，取得环保部门审批方可动工。项目实施过程中严格做好环境保护措施，尽可能减少环境影响。

1. 粮油种植业

根据规划，到2025年优质粮油标准化种植基地种植面积395万亩，其中优质小麦种植面积110万亩、双低油菜种植面积80万亩、优质大豆种植面积125万亩、大麦种植面积40万亩、玉米种植面积30万亩、优质马铃薯种植面积20万亩、水稻种植面积5万亩。小麦、油菜、马铃薯、大麦主要分布在大兴安岭西麓的苏沁、三河、上库力、拉布大林等12个农牧场公司（分公司）。大豆、玉米、水稻作物主要分布在那吉屯、扎兰屯、大河湾等12个农牧场公司（分公司）。种植作物的布局规划考虑到了气候条件、地形地貌等农业生产条件的科学适宜区,最大化保护当地的生态条件。

近年来,化肥、农药的施用量也呈现出逐渐增加的趋势,加上连年的投入,呼伦贝尔农垦集团农业资源环境也遭受外源性污染和内源性污染的双重压力,已日益成为农业可持续发展的瓶颈约束。规划坚持生产生态协同推进,积极推进化肥、农药减量使用与产地环境净化作为种植业发展的战略方针,将有效推动种植业绿色高质量发展。

"十四五"期间农业面源污染风险得到有效控制。深入开展化肥减量增效行动,保持化肥使用量负增长。到2015年,农作物化肥利用率达到42%。实现降本5%以上,增效8%以上。农药使用量减少3%以上,绿色防控技术应用率达到90%。同时,将耕地质量保护提升、农业面源污染防治和生态涵养等进行有机融合,大大提升农田生态功能。

不同于其他行业,种植业具有不可移动性、生长周期长等特点,其决定了种植业规划环境影响评价工作需重点关注种植业发展对环境的累积影响与潜在影响,尤其需要关注趋势变化。本规划在开展种植业环境影响评价工作时,参考"驱动力—压力—状态—影响—响应"概念模型,联合使用德尔菲法和层次分析法的绝对数量评价方法,通过对呼伦贝尔农垦集团种植业环境现状和"十四五"期末进行比较定量评价发现,当"十四五"规划目标达成后,集团种植业环境由中级水平可初步达到优级水平,可有效促进集团种植业健康、高效、可持续发展。

规划中的节水灌溉工程、良种繁育工程、标准化种植基地建设等项目工程的落地,将会提高优质小麦、"双低"油菜、大麦、马铃薯等优质粮油作物的效益产出能力。但规划的实施过程中,可能存在一些负面影响。因此,在项目工程规划实施过程中必须严格落实建设项目环境管理。各类工程建设项目,必须严格执行《中华人民共和国环境保护法》规定的建设项目环境保护"三同时"制度,落实环境影响评价和环境保护设计工作,制定切实有效的环境保护实施计划;强化生态保护红线、环境质量底线、资源利用上线和环境准入负面清单"三线一单";深化项目阶段环境影响评价,加强环境保护目标的跟踪监测与评价,尽可能把工程建设对环境的影响降到最低。

通过开展标准化基地建设,示范节水旱作农业技术,推进化肥减量提效和农药减量控害生产方式,提高农业资源环境对农业可持续发展的支撑能力。规划实施后,将有效保护呼伦贝尔农垦集团区域的生态条件,显著改善生态环境质量,建立绿色高效种植业体系,打造区域特色、绿色、高端粮油产品生产加工基地。节水灌区工程、水源工程、生态环境治理等工程的实施过程中,可能会对周围生态环境产生一定不利影响,通过严格落实规划、优化项目实施方案、采取完善环境保护措施,不利环境影响可以得到有效减缓和控制。从环境保护角度分析,该规划方案可行。

2. 畜牧养殖业

根据规划,到2025年,呼伦贝尔农垦集团饲养奶牛规模达22万头,其中产奶基础母牛达到12万头,肉羊213万只,肉牛10万头,猪5万头,肉鹅80万只,笨鸡80万只。按照上述养殖规模计算，到2025年呼伦贝尔农垦集团畜牧养殖业畜（禽）的日排泄物量约为24 213.8吨，其中粪排泄量为18 721.6吨，尿排泄量为5 492.2吨。肉牛、奶牛、羊、猪和家禽的日排泄量分别为3 657吨、8 045.4吨、5 814.9吨、328.5吨和6 368吨。

呼伦贝尔农垦集团的畜牧业养殖场区以谢尔塔拉三河牛育种繁育基地为核心，主要分布在三河、上库力、拉布大林、哈达图、陶海和莫拐等农牧场公司，重点发展以三河牛为主体的中小规模养殖基地；依托那吉屯养殖基地，主要在扎兰屯、大河湾、绰尔河、格尼河等农牧场公司，重点发展以荷斯坦奶牛为主要品种的高标准、规模化奶牛养殖场；在苏沁、三河、上库力、拉布大林、哈达图和特泥河等农牧场公司建设"岭西三河牛与呼伦贝尔羊养殖区"；在扎兰屯、绰尔河、那吉屯、格尼河、巴彦、甘河、古里等农牧场公司（分公司）建设"岭东西门塔尔肉牛和肉羊养殖区"；在大河湾、那吉屯、格尼河等农牧场公司建设生猪养殖区。

畜牧业养殖区均位于集团农牧场区域。养殖场距居民点、水源、旅游景点具有一定保护距离，养殖区的选址严格遵守"禁养区"和"限养区"的规定，秉持"为牧而农、种养结合、生态循环"的理念，距离农业种植区较近，实行以养定种、以种促养，发展循环生态农业，充分考虑了农田土壤消纳能力和区域环境容量要求。养殖场的卫生防护距离符合经审批的环境影响评价文件的规定要求。

呼伦贝尔农垦集团大力推广"粪污全量收集还田利用""粪污专业化能源利用"等经济适用的畜禽粪污资源化利用技术模式，同时积极提升改造养殖场畜禽粪污资源化利用基础设施设备，推进集团畜禽粪污资源化有效利用。养殖场排放的粪污施行固液分离，粪与废水分开处理处置，减少污水产生和排放，为畜禽粪便处理与利用创造条件。采用干法清粪工艺，畜舍地板设置网床或漏缝，实现粪、尿的分离，及时单独清出畜禽粪便，实现日产日清，并将产生的畜禽粪便及时运至贮存或者处理场所。规模化畜禽养殖场宜采用麦壳、稻壳、谷糠、锯末、粉碎的秸秆等材料作为圈、舍、厩的垫料。畜禽粪便、垫料等废弃物应适时清运。畜禽废弃物设置畜禽废渣贮存设施或场所，采取防渗漏、防溢流、防雨水淋失、防恶臭、水泥硬化等措施，以防止畜禽废渣渗漏、散落、溢流、雨水淋失、恶臭气味等对周围环境造成污染和危害。畜禽养殖产生的污水采用种养结合方式，经过无害化处理后，充分还田，实现污水资源化利用。科学日粮配方提高了饲料的消化率和利用率，选用养分含量变异小的优质饲料，使用环保添加剂，减少臭气的排放。并且及时清理粪污，加强通风，畜禽粪便和污水实行封闭输送贮存。提高畜禽粪污有机肥的处理工艺，建设有机肥加工处理场，加大农业生产中有机肥的使用，不仅降低粪污浪费，而且有利于防止土壤养分失衡。

呼伦贝尔农垦集团升级改造养殖场畜禽粪污资源化利用基础设施设备，建设畜禽粪污收集、存储、转运和预处理系统设施，完善干湿分离、堆沤积肥、有机肥加工等生产设施设备。在试点规模养殖场（哈达图、特尼特泥河、上库力）建设完善的畜禽粪污有机肥资源化处理基础设施和设备。到2025年，畜禽粪污综合利用率达到95%，试点规模养殖场粪污处理设施设备配套率达到100%，基本实现畜禽粪污资源化利用。

该规划符合国家产业政策要求，选址符合区域规划和环境功能区划要求，采用工艺技术可行。在农业生产过程中实现了废弃物的"全消纳"和"零排放"，形成种养加一体化的生态循环农业模式，从环境保护的角度来分析，该畜牧业规划的环境风险较小。

第二节 着力保障和改善民生

民生系着民心，是党执政之本、人民幸福之基、社会和谐之源，是最大的政治。呼伦贝尔农垦集团作为传统国有企业，需要以百姓心为心，与人民同呼吸、共命运。呼伦贝尔农垦集团最大的优势在于能够发挥党的组织优势，具有高度的国有企业的经济责任感、社会责任感与政治责任感。善于统筹各方资源，高效执行各项民生政策，把保障和改善民生工作落到实处。改善民生的路径需要坚持在发展中保障和改善民生，推动经济发展与民生改善良性循环。十四五期间，集团需积极发展经济，通过各种方式和手段，努力提高职工的收入，力争2025年职工人均年收入突破10万元。完善集团基本养老、基本医疗、失业、工伤和生育等社会保障制度，保证职工培养—职工培训—优秀职工选拔—职务或级别晋升渠道畅通，提高职工与居民的幸福指数。高度重视困难群体，确保贫困农场全部摘帽，确保贫困户全部脱贫。

一、努力提高职工收入水平

通过各种方式和手段，努力提高职工的收入。在呼伦贝尔农垦集团层面上，调整优化农牧业生产结构，提高农牧产品品质，促进提质增效；依靠科技进步，降低农牧业生产成本；推动农牧业产业化经营，积极扶持龙头企业发展，开展专业化生产，实现生产、加工、销售的有机结合，形成利益共享、风险共担的利益共同体，建立有利于职工增收的产业体系和利益机制；增加农业投入，降低自然灾害和市场两个风险；提高农牧民素质，促进剩余劳动力转移；大力推进农业社会化服务体系建设，奠定职工增收基础。从职工层面，引导职工开源节流，拓宽增收渠道，引导资金、技术、资源、信息、服务等向职工倾斜，帮助职工实现增收。通过上述措施，到2025年职工年均收入达到8.5万元，力争实现10万元。

努力提升职工的幸福感。建立公平合理的福利薪酬体系，积极推行绩效制、结构工资制等针对不同工种采用的薪酬分配制度，建立健全量化考核机制和各种约束激励机制；

建立公平畅通的干部职务晋升和职工级别晋升通道，使职工培养—职工培训—优秀职工选拔—职务或级别晋升形成完整体系。完善提高员工幸福感的制度体系。加强企业文化建设，认真做好"人心"工程建设，增强企业凝聚力，提升职工幸福感。加强职工思想教育，建立和谐友善的人际关系，营造增强员工幸福感的氛围。提高民主管理水平，加强民主治企，营造宽松、和谐而富有激情的工作气氛，增强提升员工幸福感的通道和渠道。

二、社会保障制度

（一）我国社会保障体系构成

我国社会保障体系是国家通过立法而制定的社会保险、救助、补贴等一系列制度的总称，是现代国家最重要的社会经济制度之一。作用在于保障全社会成员基本生存与生活需求，特别是保障公民在年老、疾病、伤残、失业、生育、死亡、遭遇灾害、面临生活困难时的特殊需要。

由国家通过国民收入分配和再分配实现。由社会福利、社会保险、社会救助、社会优抚和安置等各项不同性质、作用和形式的社会保障制度构成整个社会保障体系。现代国家必须制定社会保障法律规范，保证社会保障制度真正得到贯彻实施。包括以下几个方面。

1. 社会保险

社会保险是指国家通过法律强制实施，为工薪劳动者在年老、疾病、生育、失业以及遭受职业伤害的情况下，提供必要的物质帮助的制度。它是社会保障制度的核心内容。从社会保险的项目内容看，它是以经济保障为前提的。一切国家的社会保险制度，不论其是否完善，都具有强制性、社会性和福利性等特点。按照我国劳动法的规定，社会保险项目分为养老保险、失业保险、医疗保险、工伤保险和生育保险。社会保险的保障对象是全体劳动者，资金主要来源是用人单位和劳动者个人的缴费，政府给予资助。依法享受社会保险是劳动者的基本权利。

改革开放以来，我国的社会保险制度逐渐完善。1997年，国务院颁布《关于建立统一的城镇企业职工基本养老保险制度的决定》；2005年12月，国务院颁布《关于完善企业职工基本养老保险制度的决定》；2009年9月，国务院发布《关于开展新型农村社会养老保险试点的指导意见》；1998年12月，国务院颁布《关于建立城镇职工基本医疗保险制度的决定》；1999年1月，国务院颁布《失业保险条例》；1996年8月，国家劳动部发布《企业职工工伤保险试行办法》；1994年12月，国家劳动部发布《企业职工生育保险试行办法》。这些行政法规和规章的颁布，对于我国社会保险制度的建立和完善起了促进作用。

2. 社会救济

社会救济也称社会救助，是政府对生活在社会基本生活水平以下的贫困地区或贫困居民给予的基本生活保障。社会救济是基础的、最低层次的社会保障，其目的是保障公民享有最低生活水平，给付标准低于社会保险。社会救济主要包括自然灾害救济、失业救济、孤寡病残救济和城乡困难户救济等。

国家和社会以多种形式对因自然灾害、意外事故和残疾等原因而无力维持基本生活的灾民、贫民提供救助。包括提供必要的生活资助、福利设施，急需的生产资料、劳务、技术、信息服务等。维持最低水平的基本生活是社会救济制度的基本特征。社会救济经费的主要来源是政府财政支出和社会捐赠。1999年9月，国务院颁布了《城镇居民最低生活保障条例》，2007年7月，国务院发布了《关于在全国建立农村最低生活保障制度的通知》。城镇居民最低生活保障制度和农村最低生活保障制度的建立，为城镇和农村生活困难的群众提供了基本的生活保障。

3. 社会福利

社会福利是政府为社会成员举办的各种公益性事业及为各类残疾人、生活无保障人员提供生活保障的事业。社会福利所包括的内容十分广泛，不仅包括生活、教育、医疗方面的福利待遇，而且包括交通、文娱、体育等方面的待遇。社会福利是一种服务政策和服务措施，其目的在于提高广大社会成员的物质和精神生活水平，使之得到更多的享受。同时，社会福利也是一种职责。

我国颁布了老年人权益保障法、残疾人保障法、农村五保供养工作条例等法律法规，保障和促进了社会福利事业的发展。目前，我国有社会福利院、敬老院、疗养院、儿童福利院等福利机构。我国政府鼓励和支持社会兴办多种形式的福利企业，帮助适合参加劳动的残疾人获得就业机会。此外，我国政府还通过发行社会福利彩票募集资金支持社会福利事业。

（二）呼伦贝尔农垦集团社会保障体系的发展重点

1. 积极完善各项社会保障制度

完善农垦社会保险体系，实行基本养老、基本医疗、失业、工伤和生育"五险合一"的社会保险制度，覆盖呼伦贝尔农垦集团全体员工。

（1）完善基本养老、医疗保险制度。积极推进职工基本养老保险制度改革，探索符合农垦企业农业生产特点的参保缴费办法，将中途断保的职工纳入参保范围，实现职工全部纳入养老保险统筹范围。

（2）完善失业保险制度。加强失业保险制度管理服务工作，切实保障失业人员基本生活。

（3）建立和完善垦区统一的工伤保险和生育保险制度。扩大生育保险覆盖面，完善生育保险制度，保障女职工劳动权益。强化工伤保险宣传预防工作，引导劳务人员参加工伤保险，探索建立工伤保险与事故预防、职业康复相结合的机制。

（4）积极推进职工住房公积金政策。在深入调研基础上，研究制定可操作性的农垦职工住房公积金制度，坚持因地制宜，稳步推进，整体改善农垦职工的住房条件，构建和谐的劳资关系。

2. 建立困难职工长效帮扶机制

扎实推进垦区困难职工帮扶救助工作，巩固困难职工解困脱困工作成果，逐步建立起"党委领导、政府支持、内外联合、工会运作"的困难职工帮扶救助精准化、常态化长效化机制。

坚持依档帮扶、因困施助，积极配合当地政府完善低保救助和残疾人扶持救助制度。通过政策救助、生活救助、助学救助、医疗救助、产业救助、兜底帮扶、社会慈善等一系列救助措施，确保困难职工解决基本生活困难问题，同享垦区改革发展成果，助推企业和谐稳定发展。

加大开展就业援助活动力度。将困难职工家庭中有劳动能力和就业意愿的家庭成员纳入登记失业人员范围，并对其积极提供政策咨询、创业服务、职业介绍等免费公共就业服务，落实职业培训补贴、个人创业担保贷款贴息、求职创业补贴等就业扶持政策。

参考文献

安晓明，2016. 我国"一带一路"研究脉络与进展[J]. 区域经济评论（2）：77-88.

白新华，李启明，2019. 基于SWOT分析推进农业基础设施PPP投资的路径选择[J]. 农业经济（10）：3-5.

边桂云，2014. 呼伦贝尔国际乳业基地建设项目的可行性研究[D]. 呼和浩特：内蒙古大学.

蔡保忠，曾福生，2018. 农业基础设施的粮食增产效应评估：基于农业基础设施的类型比较视角[J]. 农村经济（12）：24-30.

蔡保忠，曾福生，2019. 农业基础设施投入对不同粮食作物产出的影响研究[J]. 农业现代化研究，40（4）：646-654.

蔡基松，2019. 发展绿色农牧业 打造大健康产业：呼伦贝尔农垦集团"垦区巡礼"纪行[J]. 中国农垦（9）：16-21.

曹志宏，陈志超，郝晋珉，2012. 中国城乡居民食品消费变化趋势分析[J]. 长江流域资源与环境，21（10）：1173-1178.

陈侃伦，2018. 我国中药产业发展存在的问题与对策分析[J]. 中国卫生产业，15（32）：91-92.

陈斯，2020. 讲好新时代的中国"农机化故事"[J]. 中国农机监理（1）：12-13.

陈修宇，2018. 伊利、光明乳业盈利模式及其财务绩效比较研究[D]. 桂林：桂林理工大学.

程延彬，乌日根达来，史金龙，等，2017. 内蒙古呼伦贝尔地区2017年兔产业发展趋势与政策建议[J]. 中国养兔（2）：26-27.

程延彬，朱泽义，刘杰，等，2019. 兔体系呼伦贝尔综合试验站技术用户意见调研报告[J]. 中国养兔（1）：32-34.

戴小文，庄天慧，何思妤，2020. 扶贫政策、经济增长与城市化：中国农村贫困人口变动影响因素研究[J]. 四川师范大学学报（社会科学版），47（2）：55-61.

邓隽，易法海，2000. 优化农村产业结构 促进农村经济增长[J]. 华中农业大学学报（社会科学版）（4）：34-36.

丁俊发，2018. 改革开放40年中国物流业发展与展望[J]. 中国流通经济，32（4）：3-17.

丁丽娜，肖海峰，2013. 我国城乡居民羊肉消费现状及前景分析：基于山东、内蒙古等

16个省市城乡居民羊肉消费调研数据[J]. 价格理论与实践（9）：90-91.

董志勇，李成明，2019. 新中国70年农业经营体制改革历程、基本经验与政策走向[J]. 改革（10）：5-15.

樊祥成，2018. 我国农业基础设施建设政策的演变与发展：以中央一号文件为中心的考察[J]. 青海社会科学（6）：78-84.

范贵德，2016. 信息不对称条件下"互联网+农产品"销售模式研究：以南宁市石埠郊区农业为例[J]. 中国市场（40）：23-24.

范志红，2017. 孕产妇饮食营养全书[M]. 北京：化学工业出版社.

封志明，史登峰，2006. 近20年来中国食物消费变化与膳食营养状况评价[J]. 资源科学，28（1）：1-8.

冯兆滨，余传元，申琪凤，等，2012. 加强农业科技平台建设 提升科技创新服务水平：以江西省农业科学院农业科技平台建设为例[J]. 农业科技管理，31（6）：28-31, 34.

盖迎春，王亚军，冯敏，等，2004. Internet下的数字化农业专家系统研究[J]. 遥感技术与应用（5）：386-391.

高亮之，2003. 数字化农业气象学[J]. 中国农业气象（2）：2-5.

谷树忠，吴太平，2020. 中国新时代自然资源治理体系的理论构想[J]. 自然资源学报，35（8）：1802-1816.

郭建靖，廉博，焦玉光，等，2017. 呼伦贝尔市玉米均衡增产技术研究与示范[J]. 现代农业（11）：34-35.

韩成福，2020-09-08. 加快振兴国产大豆 助力国家粮食安全战略[N]. 中国经济时报（004）.

韩长赋，2018. 开好局起好步 扎实推进乡村振兴战略[J]. 社会治理（7）：7-9.

韩长赋，2019. 四十年农业农村改革发展的成就经验[J]. 农村科学实验（2）：10-11.

侯微，姜国强，代锯，2014. 改革开放后中国农村城镇化进程的历史演进[J]. 中国经贸导刊（26）：35-36.

胡梦雪，2018. 全国现有农村留守儿童697万余人[J]. 农村·农业·农民（B版）（9）：8.

胡艳芳，2019. 内蒙古农业生态效率研究[D]. 呼和浩特：内蒙古农业大学.

胡育，2019. 如何放大巴氏奶活性营养市场优势[J]. 中国乳业（5）：16-20.

胡志辉，2014. 农业税改革与中国农民的变迁[D]. 天津：南开大学.

黄国勤，赵其国，龚绍林，等，2011. 高效生态农业概述[J]. 农学学报，1（9）：23-33.

黄季焜，2018. 四十年中国农业发展改革和未来政策选择[J]. 农业技术经济（3）：4-15.

黄小来，2018-06-15. 以龙头企业为核心发展农业产业联合体[N]. 光华时报（003）.

贾俊民，葛文光，2013. 关于三农概念与三农问题提法的考察[J]. 中国农村观察（5）：86-94.

江洪，2020. 美国发展数字化农业的经验和启示[J]. 农村经济与科技，31（8）：296-297.

江苏省农村发展研究中心课题组，1992. 对苏南农业适度规模经营的研究[J]. 农业经济问题（3）：27-33.

姜冰，曹亚楠，徐雅楠，等，2019. 世界乳业生产及贸易格局分析：兼论中国乳业国际竞争力[J]. 中国乳品工业，47（1）：36-42.

姜长云，2020. 推进乡村振兴背景下农业产业化支持政策转型研究[J]. 学术界（5）：120-127.

蒋和平，杨东群，2019. 新中国成立70年来我国农业农村现代化发展成就与未来发展思路和途径[J]. 农业现代化研究，40（5）：711-720.

康红蕾，2018. 移动互联网时代品牌营销特点及变革路径[J]. 商业经济研究（18）：56-58.

孔祥彬，姜官恒，刘英，等，2020. 地市级农业科研院所科研创新平台建设探讨——以潍坊市农业科学院为例[J]. 安徽农业科学，48（1）：267-269.

匡文慧，闫慧敏，张树文，等，2018. 呼伦贝尔农垦集团草畜平衡状况与粮经饲配置模式[J]. 科学通报，63：1711-1721.

雷任雄，陈骏，王婉宁，等，2020. 智能农机装备在江苏现代农机科技示范园的应用探索[J]. 江苏农机化（1）：11-12.

李斌，2010. 李实：中国最大的收入差距在城乡[J]. 新财经（9）：47-49.

李函娱，2020. 广泽乳业公司发展战略研究[D]. 长春：吉林大学.

李金霞，张绍勋，朱泽义，等，2018. 呼伦贝尔肉羊业生产现状与发展对策[J]. 当代畜牧（17）：10-11.

李军，赵宏良，张波，等，2020. 农业电商的发展探讨：以内蒙古呼伦贝尔市为例[J]. 投资与合作（7）：82-84.

李玲，2019. 我国农业资源利用的现状与对策探讨[J]. 农业与技术，39（17）：76-77.

李龙，2017. 宿州市现代农业产业联合体的探索与实践[J]. 通化师范学院学报，38（3）：47-50.

李娜，王明利，石自忠，2016. 世界肉牛养殖成本收益与效率比较分析[J]. 中国畜牧杂志，52（22）：1-8.

李平，2020. 试析呼伦贝尔地区跨境电子商务的发展现状及其思考[J]. 呼伦贝尔学院学报，28（2）：42-45，51.

李容容，罗小锋，余威震，2018. 中国农业科技政策的历史演进及区域政策重点差异分析[J]. 情报杂志，37（4）：55-61.

李蕊，2020. 管制及其改进：中国土地管理制度改革的逻辑进路[J]. 广东社会科学（4）：234-242.

李胜利，刘玉满，毕研亮，等，2013. 2012年中国奶业回顾与展望[J]. 中国畜牧杂志，49

（2）：31-36.

李兴，2020. "一带一路"框架下的中俄"五通"合作：成就、问题与前景[J]. 北京教育学院学报，34（1）：39-45.

李兴平，2017. 呼伦贝尔年鉴[M]. 呼伦贝尔：内蒙古文化出版社.

李燕，成德宁，郑鹏，2017. 农业基础设施对农业产出的影响及其区域差异：基于2004年至2013年中国232个地级市的分析[J]. 广东财经大学学报，32（6）：106-113.

李玉玲，2020. 我国农业科技创新问题及对策[J]. 数码设计（下），9（3）：272.

李兆前，齐建国，2004. 循环经济理论与实践综述[J]. 数量经济技术经济研究（9）：145-154.

李政敏，2015. 新时期体育品牌营销特征及创新策略[J]. 中国市场（38）：82-84.

廉博，郭建靖，王红霞，等，2015. 呼伦贝尔市玉米发展的现状、问题及对策[J]. 内蒙古农业科技，43（1）：87-89.

梁祚青，李鹏，2014. 健全完善新型农机社会化服务体系 促进农业机械化和现代农业提质提速发展：关于新型农机社会化服务体系建设的思考[J]. 现代农机（2）：1-4.

廖彩荣，陈美球，2017. 乡村振兴战略的理论逻辑、科学内涵与实现路径[J]. 农林经济管理学报，16（6）：795-802.

刘丹，2020. 金华数字化农业装备发展的思考与探析[J]. 现代农机（3）：2-3.

刘栋，陈博，2019. 互联网背景下城市品牌营销策略分析[J]. 中国商论（9）：57-58.

刘合光，2008. 中国农业机械化30年回顾：经验与问题[J]. 农业开发与装备（6）：3-6.

刘玉满，李静，乔光华，等，2009. 国际金融危机对我国奶业的影响分析（下）[J]. 中国畜牧杂志，45（14）：38-44.

柳建国，赵开兵，沈维良，2016. 宿州埇桥现代农业示范园区建设实证研究[J]. 安徽科技学院学报，30（4）：74-78.

卢雪婷，2018. 关于呼伦贝尔市马铃薯产业发展情况的调研报告[D]. 哈尔滨：东北农业大学

陆学，陈兴鹏，2014. 循环经济理论研究综述[J]. 中国人口·资源与环境，24（S2）：204-208.

陆艳，2011. 广西农业科技创新成效与创新平台建设思路[J]. 南方农业学报，42（7）：809-812.

罗莹雪，2018. 快消品行业品牌营销策略解析[J]. 企业文化（下旬刊）（2）：223-224.

吕品，2012. 我国城乡居民牛肉消费特征及影响因素分析[J]. 中国食物与营养，18（9）：45-49.

马晓河，2019. 构建优先发展机制推进农业农村全面现代化[J]. 经济纵横（2）：1-7.

孟繁盈，许月卿，张立金，2010. 中国城乡居民食物消费演变及政策启示[J]. 资源科学

（7）：1333-1341.

米炜，2007. 呼伦贝尔市乳业发展现状、问题及对策[J]. 北方经济（21）：46-47.

倪筱楠，肖梦瑶，刘凯，2019. 一带一路倡议下PPP模式在农业基础设施建设中的应用[J]. 农业经济（6）：24-25.

潘高羲，2019. 农机服务组织对农业机械化的影响研究：基于全国省级面板数据[D]. 武汉：华中师范大学.

乔国立，张春霞，杨彗慧，等，2020. 我国中药材种植业现状与发展建议[J]. 新农业（22）：27-28.

人民日报，[2020-08-17]. 全球新冠肺炎确诊病例超两千万 世卫组织呼做好持久抗疫准备[EB/OL]. http：//www.chinanews.com/gj/2020/08-17/9266844.shtml.

任继周，2013. 我国传统农业结构不改变不行了：粮食九连增后的隐忧[J]. 草业学报，22（3）：1-5.

任继周，李发地，曹建民，等，2019. 我国牛羊肉产业的发展现状、挑战与出路[J]. 中国工程科学，21（5）：67-73.

阮文彪，2019. 小农户和现代农业发展有机衔接：经验证据、突出矛盾与路径选择[J]. 中国农村观察（1）：15-32.

邵鹏，郭安，2019. 山东得益乳业网络营销现状及发展策略研究[J]. 中外企业家（34）：48.

石红梅，2007. 农业产业化与特色农业的发展：以安溪茶产业发展为例[J]. 农业经济问题（4）：30-33.

双全，王玉荣，仲家文，等，2018. 内蒙古乳业发展历程及现状[J]. 中国乳品工业，46（6）：32-35，60.

宋广林，李文华，2009. 谈农业高校科技创新平台体系的建设[J]. 农业科技管理，28（2）：39-41，82.

宋景荣，李殿军，姜波，等，2016. 呼伦贝尔市马铃薯产业发展优势及展望[J]. 中国马铃薯，30（5）：316-318.

宋亮，2020. 国内外乳业市场现状与发展预判[J]. 中国乳业（9）：2-6.

宋埙，2014. 我国农产品流通体制演进回顾及思考[J]. 商业时代（7）：10-11.

苏德毕力格，2019. 呼伦贝尔市肉用三河牛生产性能和遗传资源的调查[J]. 农家参谋（22）：143，167.

苏航，马明聪，2016. 宿州市积极探索农业生产经营主体创新之路：从埇桥淮河粮食产业联合体发展看新型农业经营体系培育[J]. 当代农村财经（1）：54-56.

苏志鹏，2018. 大兴安岭地区新林区林下经济发展问题研究[D]. 长春：吉林大学.

孙海燕，2019. 改革开放以来中国共产党对农业现代化道路的探索及其经验研究[D]. 长春：东北师范大学.

孙江超，2019.我国农业高质量发展导向及政策建议[J].管理学刊，32（6）：28-35.

孙少辉，唐庆明，于洋.2015.浅析林下资源与林下经济发展思路：以内蒙古呼伦贝尔为例[J].安徽农业科学，43（22）：130-131.

孙雨生，2014.黄淮海地区推进棉花收获机械化若干问题[J].中国农机监理（11）：24-25.

孙竹雪，2019.改革开放以来党的"三农"政策历史演变和新发展研究[D].南京：南京师范大学.

谭明交，2016.农村一二三产业融合发展：理论与实证研究[D].武汉：华中农业大学.

谭上勇，黄贱荣，华丽琴，2019.试析农业基础设施供给不足的根源与破解方法[J].南方农业，13（9）：147-148.

唐超，农峰，2016.现代农业产业联合体经营模式初探与路径优化：基于安徽宿州市淮河粮食产业联合体的案例研究[J].农村经济与科技，27（21）：69-72.

滕丽华，2020.农业基础设施对农村居民收入影响的实证研究[J].乡村科技，11（22）：20-22.

田传浩，2018.土地制度兴衰探源[M].杭州：浙江大学出版社.

田毅，2008.乡镇企业"异军突起"的前前后后——专访农业部乡镇企业局原副局长张毅[J].中国乡镇企业（12）：23-26.

汪冰清，徐焕良，刘杨，等，2020.江苏省"互联网+"农机信息化服务创新探索[J].安徽农业科学（11）：259-261，278.

王宝龙，2019.数字化农业的发展现状与数字化蜂业未来[J].中国蜂业，70（11）：14-15.

王大伟，宣卫红，马颖忆，等，2019."一带一路"视域下西北内陆地区农业基础设施发展态势及影响要素研究：基于西北五省面板数据的实证分析[J].东北农业科学，44（5）：88-93.

王恩久，李更新，李学，2006.大兴安岭林区发展林下经济的对策建议[J].中国林业经济（78）：35-37.

王国敏，常璇，2017.我国农业结构性矛盾与农业供给侧改革的着力点[J].理论探索（6）：100-106.

王娟丽，郭梦亚，马永喜，2020.城乡收入差距和乡村人口老龄化对粮食生产技术效率的影响[J].浙江理工大学学报（社会科学版），46（1）：1-8.

王凯，2020.加快农业技术推广信息化建设的途径研究[J].农业经济（11）：15-17.

王璐，2019.试析农业基础设施发展与农村经济增长的动态关系[J].农村经济与科技，30（4）：198-200.

王明国，2015."一带一路"倡议的国际制度基础[J].东北亚论坛（6）：77-90.

王铭洁，高菀璐，杨杰，2020. 互联网金融支持农村产业融合现状、问题及对策研究[J]. 时代金融（24）：13-15，19.

王鹏程，马红梅，2018. 中国农民增收：政策作用与优化路径[J]. 江苏农业科学，46（7）：357-362.

王盛开，吴宇，2012. 改革开放以来乡镇企业的发展特点与政策取向[J]. 北京行政学院学报（4）：85-89.

王思迪，张焱，2019. 大理乳业发展现状及问题研究[J]. 科技和产业，19（12）：48-53.

王营，梁海涛，连宁，2020. 乡村振兴背景下完善农业社会化金融服务的创新实践与思考[J]. 金融发展研究（5）：90-92.

王元奎，王国红，白雪飞，2020. 2020年呼伦贝尔市大豆种植户经营情况调查报告[J]. 内蒙古统计（4）：39-41.

魏丽莉，2013. 改革开放以来我国农民组织化理论流派及其比较研究[D]. 北京：中共中央党校.

邬克彬，廖晓莲，2013. 湖南农业大学科技创新平台建设纪实[J]. 实验技术与管理，30（3）：27-30.

吴从杰，2020. 呼伦贝尔市现代马产业发展对策研究[D]. 呼和浩特：内蒙古农业大学.

吴立全，于兴业，2019. "互联网+农业"视域下高校创新创业公共服务平台建设探索[J]. 中国成人教育（10）：39-42.

吴名勇，周建良，孙昌东，2018. 农业基础设施建设的现状[J]. 科技视界（23）：109-110.

吴萍，刘小伟，吴迪，等，2019. 农机生产性服务模式创新研究：来自山东与江苏的实践[J]. 中国农机化学报（3）：227-232.

吴曦，聂艳颖，乔建，等，2020. 农业创新服务平台建设探究[J]. 科技创新与生产力（10）：32-34.

吴英晶，斯日古楞，吴英姿，2010. 呼伦贝尔乳业行业集中度分析[J]. 合作经济与科技（10）：23-24.

吴云勇，王炳峰，2020. "一带一路"框架下中俄区域经贸合作优化建议[J]. 北方经济（5）：45-48.

武拉平，沙敏，2015. 农业高成本的影响及其对策研究[J]. 农业经济与管理（2）：49-55.

谢晓村，1989. 我国动物性食品消费的基本特点及相关因素[J]. 消费经济（3）：32-34.

解振华，2004. 关于循环经济理论与政策的几点思考[J]. 环境保护，（1）：3-8.

邢彬彬，2019. G乳业营运能力现状分析与提升对策[J]. 老字号品牌营销（10）：5-6.

熊燕，曲彦婷，张悦，等，2015. 大兴安岭林下经济发展模式及对策[J]. 国土与自然资源研究（4）：70-72.

徐志连，2015. 你中有我　我中有你：安徽宿州构建现代农业产业联合体新实践[J]. 农村经营管理（8）：16-17.

许海玲，2012. 呼伦贝尔市林业经济发展思路及对策[J]. 现代农业科技（13）：172-176.

许辉，2017. 对内蒙古大兴安岭林区林下经济经营与发展模式的探讨[J]. 内蒙古林业调查设计，40（3）：38-64.

许莹莹，2016. 改革开放以来中国共产党的农业科技政策研究[D]. 大连：辽宁师范大学.

许玉韫，张龙耀，2020. 农业供应链金融的数字化转型：理论与中国案例[J]. 农业经济问题（4）：72-81.

鄢洪涛，2008. 地方政府农村公共事业管理制度的绩效分析与创新途径[D]. 湘潭：湘潭大学.

闫景赟，程延彬，崔久辉，等，2019. 呼伦贝尔市草原畜牧业与生态环境保护的现状、问题与措施[J]. 农业工程技术，39（14）：53.

杨纪，冯金辉，李微，2020. 黑龙江省地方林业林下经济发展调查与分析[J]. 经济师（3）：143-144.

杨霞，2007. 我国畜产品消费分析及预测[J]. 中国食物与营养（5）：28-30.

杨颖莲，2020. 农产品品牌营销策略分析与研究[J]. 经济研究导刊（1）：54-55.

叶敬忠，豆书龙，张明皓，2018. 小农户和现代农业发展：如何有机衔接?[J]. 中国农村经济（11）：64-79.

叶兴庆，2018. 新时代中国乡村振兴战略论纲[J]. 改革（1）：65-73.

佚名，2018. 2017世界乳业现状（续）[J]. 中国乳品工业，46（11）：50-64.

佚名，2018. 2017世界乳业现状（续）[J]. 中国乳品工业，46（12）：53-58.

佚名，2018. 2017世界乳业现状[J]. 中国乳品工业，46（10）：55-64.

殷丹丹，2018. 新疆天润乳业市场营销策略研究[D]. 石河子：石河子大学.

尹昌斌，程磊磊，杨晓梅，等，2015. 生态文明型的农业可持续发展路径选择[J]. 中国农业资源与区划，36（1）：15-21.

应勇华，2020. 从林下经济着手发展村级集体经济：安吉山林经济调研[J]. 农家参谋，（12）：36-37.

尤春媛，2014. 农业科技资源共享中的政府创新平台建设研究[J]. 探索（1）：121-125.

游锡火，2019. 澳大利亚乳业发展现状及对中国的启示[J]. 中国奶牛（4）：62-65.

于文静，董峻，2019. "大国小农"如何实现农业现代化？中央农办、农业农村部有关负责人解读《关于促进小农户和现代农业发展有机衔接的意见》[J]. 财经界（4）：57-58.

于小飞，吴文玉，张东升，等，2010. 林下经济产业现状及发展重点分析[J]. 林业产业，37（4）：57-59.

曾定茜，阮银兰，2020. 农村产业经济融合视角下农业产业联合体建设实践探索[J]. 农业经济（8）：9-11.

曾福生，卓乐，2018. 实施乡村振兴战略的路径选择[J]. 农业现代化研究，39（5）：709-716.

詹卉，2020. "PPP+自组织"：农业基础设施供给机制的创新[J]. 财政研究（6）：121-129.

占金刚，2014. 发展林下经济的经济学解释[J]. 生态经济，30（8）：89-91.

张海波，2016. 发展数字化农业提升大农业层次[J]. 农场经济管理（3）：22-2

张辉，2020. 布局数字农业农村发展，推动农业数字化转型：两部门印发《数字农业农村发展规划（2019—2025年）》[J]. 网信军民融合（2）：36-38.

张慧瑶，2019. 新中国成立七十年（1949—2019）农村基层治理法制化研究[D]. 武汉：华中农业大学.

张建伟，图登克珠，2020. 乡村振兴战略的理论、内涵与路径研究[J]. 农业经济（7）：22-24.

张良，2020. 基于"两山论"的林下经济实践路径探讨[J]. 林业建设（1）：44-47.

张录全，2019. 全面建成小康社会进程中的农村思想政治工作研究[D]. 天津：天津师范大学.

张明权，徐志连，2013. 农业产业联合体释放乘法效应[J]. 农村经营管理（7）：39-40.

张文利，2018. 内蒙古自治区种植业发展存在的问题及对策[J]. 乡村科技（32）：32-33.

张振山，2014. 对振兴内蒙古自治区大豆产业的思考：以呼伦贝尔市为例[J]. 北方金融（12）：102-103.

张智博，2020. 呼伦贝尔市农户大豆种植意愿影响因素分析[D]. 呼和浩特：内蒙古农业大学.

赵春江，2019. 智慧农业发展现状及战略目标研究[J]. 智慧农业，1（1）：1-7.

赵俊利，侯智惠，侯安宏，等，2019. 内蒙古呼伦贝尔市肉牛产业现状及发展对策分析[J]. 畜牧与饲料科学，40（9）：65-69，92.

赵双龙，张志青，2016. 呼伦贝尔市玉米机械化生产农机农艺融合技术探讨[J]. 农业机械（2）：89-91.

赵娴，潘建伟，杨静，2019. 改革开放40年中国物流业政策支持的回顾与展望[J]. 河北经贸大学学报，40（5）：52-59.

郑淋议，罗箭飞，洪甘霖，2019. 新中国成立70年农村基本经营制度的历史演进与发展取向：基于农村土地制度和农业经营制度的改革联动视角[J]. 中国土地科学，33（12）：10-17.

政敏，2015. 新时期体育品牌营销特征及创新策略[J]. 中国市场（38）：82-84.

周高宁，2019. 呼伦贝尔西旗羊肉营销策略研究[D]. 福州：闽江学院.

周国鲲，2019. 我国农业产业化联合体的理论与实践研究[D]. 烟台：烟台大学.

朱佳木，2009. 我们应当怎样看待新中国的两个30年：访中国国史学会常务副会长、中国社会科学院副院长朱佳木研究员[J]. 思想理论教育导刊（11）：10-15.

朱满德，邢怀浩，2018. 中国农业问题的发展、演变与转型：基于"农业发展三阶段论"

视角[J]. 世界农业（2）：176-181.

诸大建，朱远，2013. 生态文明背景下循环经济理论的深化研究[J]. 中国科学院院刊，28（2）：207-218.

左停，李卓，2019. 自治、法治和德治"三治融合"：构建乡村有效治理的新格局[J]. 云南社会科学（3）：49-54.

附件

参考文件与资料

序号	名称
1	《中华人民共和国环境保护法》（2014年修订版）
2	《全国主体功能区规划》（国发〔2010〕46号）
3	《中共中央、国务院关于进一步推进农垦改革发展的意见》（中发〔2015〕33号）
4	《中共中央国务院关于统一规划体系更好发挥国家发展规划战略导向作用的意见》（中发〔2018〕44号）
5	《国家乡村振兴战略规划（2018—2022年）》（2018年9月26日）
6	《中国东北地区面向东北亚区域开放规划纲要（2012—2020年）》（国函〔2012〕95号）
7	《黑龙江和内蒙古东北部地区沿边开发开放规划》（国函〔2013〕81号）
8	《关于建立健全国家"十三五"规划纲要实施机制的意见》（2016年10月23日）
9	《粮食物流业"十三五"发展规划》
10	《粮食收储供应安全保障工程建设规划（2015—2020年）》
11	《全国马产业发展规划（2020—2025）》
12	《数字农业农村发展规划（2019—2025年）》
13	《乡村振兴战略规划（2018—2022年）》
14	《全国农业可持续发展规划（2015—2030年）》（农计发〔2015〕145号）
15	《关于促进畜牧业高质量发展的意见》（国办发〔2020〕31号）
16	《中共中央关于制定国民经济和社会发展第十四个五年规划和二〇三五年远景目标的建议》
17	《内蒙古自治区主体功能区规划的通知》（内政发〔2012〕85号）
18	《内蒙古自治区党委、自治区人民政府关于进一步推进农垦改革发展的实施意见》（内党发〔2016〕7号）
19	《内蒙古自治区"十三五"品牌发展规划》（内政办发〔2016〕199号）
20	《内蒙古自治区国民经济和社会发展第十三个五年规划纲要》（2016年10月20日）
21	《自治区农牧业厅财政厅教育厅卫计委民政厅中国人民银行呼和浩特中心支行关于印发内蒙古自治区农垦国有农牧场办社会职能改革实施方案的通知》（内农牧规发〔2017〕2号）

序号	名称
22	《内蒙古自治区农牧业现代化第十三个五年发展规划》(内政办发〔2017〕10号)
23	《内蒙古自治区粮食行业"十三五"发展规划纲要》(内政办发〔2017〕12号)
24	《内蒙古自治区"十三五"旅游业发展规划》(内政发〔2017〕18号)
25	《内蒙古自治区信息化发展"十三五"规划》(内政发〔2017〕20号)
26	《关于建立健全内蒙古自治区"十三五"规划纲要实施机制的意见》(内党办发〔2017〕35号)
27	《内蒙古自治区林业发展"十三五"规划》(内政办发〔2017〕40号)
28	《内蒙古自治区"十三五"工业发展规划》(内政发〔2017〕48号)
29	《内蒙古自治区生态环境保护"十三五"规划》(内政办发〔2017〕95号)
30	《内蒙古自治区"十三五"科技创新规划》(内政办发〔2017〕114号)
31	《内蒙古自治区新增"四个千万亩"高效节水灌溉实施方案(2016—2020年)》(内政办发〔2017〕129号)
32	《内蒙古自治区粮食生产功能区和重要农产品生产保护区划定实施方案》(内政发〔2017〕131号)
33	《内蒙古自治区党委关于贯彻落实习近平总书记考察内蒙古重要讲话精神的决定》
34	《内蒙古自治区"十四五"发展规划编制工作方案》
35	《内蒙古自治区党委关于制定国民经济和社会发展第十四个五年规划和二〇三五年远景目标的建议》
36	《呼伦贝尔市国民经济和社会发展第十三个五年(2016—2020)年规划纲要》
37	《呼伦贝尔农垦集团集团改革实施方案》(呼政字〔2018〕128号)
38	《呼伦贝尔市农牧业现代化发展规划(2018—2022年)》(呼政字〔2018〕32号)
39	《2019年呼伦贝尔市国民经济和社会发展计划》(呼政字〔2019〕32号)
40	《呼伦贝尔市国资委监督企业发展战略规划管理办法》(呼国资发〔2019〕83号)
41	《呼伦贝尔市奶业振兴规划(2019—2023年)》(呼政办发〔2019〕12号)
42	《呼伦贝尔市岭东奶源基地建设三年行动方案(2020—2022)》(呼政办字〔2020〕7号)
43	《呼伦贝尔市草业提升规划(2019—2023年)》(呼政办字〔2020〕8号)
44	《呼伦贝尔市岭东等重点地区生猪产业发展规划(2019—2023年)》(呼政办字〔2020〕2号)
45	《呼伦贝尔农垦集团集团奶业振兴规划(2019—2023年)》
46	《呼伦贝尔农垦集团集团公司畜牧业经营管理模式(试行)》
47	《呼伦贝尔农垦集团集团中草药发展指导意见(试行)》
48	《呼伦贝尔市"十四五"规划编制工作方案》

附录

呼伦贝尔农垦集团发展历程大事记

1954年

8月，中共内蒙古自治区东部区委员会与呼伦贝尔盟人民政府成立牧场筹建委员会，下设办公室，并由各单位抽调干部专门领导牧场的筹建工作。同时，在陈巴尔虎旗、索伦旗、额尔古纳旗、喜桂图旗（现牙克石市）、东新巴旗成立牧场筹建工作办公室，进行日常工作。

1955年

2月，呼伦贝尔盟国营牧场管理局成立，统一领导全盟各国营牧场的工作。

1958年

6月，国家农垦部副部长姜齐贤率工作组来海拉尔，制定了呼伦贝尔盟国营农牧场发展规划，提出：定居轮牧，结合舍饲，开荒建场，发展农场，结合加工副业，多种经营；边开荒，边生产，边建设，边积累，边扩大，包干投资。

1960年

6月，农垦部党组、农垦部王震部长向呼伦贝尔盟农牧场管理局乔杰林、呼伦贝尔盟开荒指挥部霍大儒，牡丹江农垦局王景坤、刘伯增，就牡丹江农垦局支援呼伦贝尔盟开荒建场的有关问题作了7点指示。

遵照农垦部党组和农垦部部长王震的指示及牡丹江农垦局党委关于支援内蒙古自治区呼伦贝尔盟开荒的决议，在海拉尔市成立牡丹江农垦局支援呼伦贝尔盟开荒指挥部，并由牡丹江农垦局调来呼伦贝尔盟的总场级、分场级和生产队级干部1 255名，拖拉机驾驶员和农具手2 235名，组成10个总场、50个分场、250个生产队，分布在额尔古纳旗、陈巴尔虎旗、鄂温克旗、喜桂图旗、阿荣旗、科右前旗及满洲里、乌兰浩特两市境内。同时设扎兰屯、乌兰浩特2个分指挥部和10个总场级指挥部，开荒建场。

1960年，呼伦贝尔盟农牧场管理局共开荒360余万亩，耕地面积达到426万亩。由公社并入牧场大小牲畜58 979头（匹、只），其中牛11 294头、马4 315匹、羊43 370只。

1961年

1961年末，呼伦贝尔盟农牧场管理局共有国营农牧场32个，公私合营牧场6个，耕地430万亩，大小牲畜39.3万头，拖拉机2154标准台，联合收割机276台，载重汽车142辆，职工46 000余人。于1960年并入国营农牧场的牧区人民公社绝大部分退出国营农牧场，人民公社社员从国营农牧场退走个人牲畜约6万头（匹、只）。

1962年

2—3月，国家农垦部、内蒙古自治区人民委员会向国务院递呈《关于内蒙古呼伦贝尔盟国营农牧场由国家农垦部直属企业改为地方国营企业的报告》。

国务院同意将呼伦贝尔盟各国营农牧场由农垦部直属企业改为内蒙古自治区地方国营企业。

1962年末，经调整后呼伦贝尔盟农牧场管理局为35个国营农牧场、6个公私合营牧场。封闭耕地268.5万亩，保留耕地157.6万亩。由于草荒严重，致使全局失收面积达60万亩。

1963年

1963年，呼伦贝尔盟农牧场管理局下辖34个国营农牧场，其中20个场下放归旗县市领导。同时撤销分场级组织，将500多个生产队减到302个。人员由44 305人精减到19 287人。

1964年

6月20日，遵照内蒙古自治区主席乌兰夫指示，由内蒙古自治区农牧场管王局副局长董毅民、呼伦贝尔盟农牧场管理局局长乔杰林、内蒙古自治区畜牧厅满都呼3人组成工作组，开始对呼伦贝尔盟岭西地区调整农牧矛盾执行情况进行检查，到7月16日检查结束。经检查认为，封闭耕地牧草以来草原植被都有不同程度的恢复，不致沙化，牧区干部和牧民对调整农牧矛盾都很满意。农牧场经过调整，进一步贯彻执行了以牧为主的方针，精减职工17 000多人，加强思想政治工作，进行了'双十条'的学习，调动了人的积极性，农业单产有所提高，畜牧业稳定发展。

1965年

3月9日，农垦部发出"关于样板农场和样板机械化生产队的通知"，要求样板农场和机械化生产队必须具备政治工作好、产量高、盈利多、领导班子革命化等基本条件，并在政治工作、生产建设、经营管理等方面提供能够带动其他农场的经验。全国选定了17个农场和5个机械化生产队作为样板。呼伦贝尔盟农牧场管理局拉布大林农牧场花木兰生产队作为全国机械化生产队样板之一。

1966年

1月，呼伦贝尔盟大杨树地区建场指挥部成立。指挥部、贮木场、医院暂设在巴彦。

1969年

8月，随着呼伦贝尔盟划入黑龙江省建制，呼伦贝尔盟农牧场管理局亦归属于黑龙江省国营农场管理局系统。巴彦、欧垦河、甘河、东方红、宜里5个农场则划归新成立的大杨树建设指挥部。

1971年

2月，呼伦贝尔盟革委会决定将盟农牧场管理局所属的25个国营农牧场下放到各旗、市领导。1971年度生产、基建、物资、财务计划均由旗、市布置，并列入旗、市国民经济计划内。

1972年

1月，呼伦贝尔盟革委会发出"关于改变国营农牧场领导体制的通知"：将旗、市领导的25个国营农牧场从1972年起收由盟统一领导，成立国营农牧场管理局，实行政企合一。

1976年

2月19日，中共黑龙江省委员会转发中共黑龙江省委员会改变兵团体制工作小组《关于改变黑龙江省生产建设兵团体制的实施方案》，要求各地、盟、市、县、国营农场、委、局认真贯彻执行。"实施方案"规定，兵团和国营农场体制改变后，撤销黑龙江生产建设兵团和省农场管理局，成立黑龙江省农场总局，按地区设11个国营农场管理局，全称是黑龙江省××国营农场管理局；呼伦贝尔国营农牧场管理局，所属原农场分局的24个农牧场和2个军马场，办公地址设在海拉尔市原呼伦贝尔农牧场分局；额尔古纳右旗境内有6个国营农牧场，耕地面积占全旗98.5%，人口占95%。为了加强一元化领导，统一指挥全旗的革命、生产和'反修'战备，成立额尔古纳农牧场分局，与旗政企合一，一套机构两个牌子，对下统一领导全旗境内各农牧场和人民公社，对上属于呼伦贝尔盟党委、革委和呼伦贝尔国营农牧场管理局；国营农牧场实行条块结合的双重领导体制，农牧场的生产计划、基建、财务、劳动工资、物资供应和产品调拨，以省国营农场总局为主，党政工作以地区为主，国营农场管理局是地区领导国营农牧场的工作部门，在地委的一元化领导下进行工作。

1978年

5月3日,黑龙江省国营农场总局批准呼伦贝尔国营农牧场管理局在海拉尔建石油中转库,油库规模6 600立方米,生活和工作设施210平方米,及相应的辅助设施,总投资44.35万元(不包括铁路专用线)。要求于当年7月1日投入使用。

1979年

11月20日,中共内蒙古自治区党委同意自治区农牧场总局党组《关于东三盟国营农牧场体制问题的请示报告》,对呼伦贝尔国营农牧场管理局、大杨树农场管理局实行自治区农牧场总局和盟双重领导,各有侧重。党政工(包括党务、组织、宣传、统战、纪检;工会、共青团、妇联工作;边防、武装、政法;交通、邮政、银行、文教、卫生等业务)由盟领导和管理。计划财务、投资物资、劳动等项业务由自治区农牧场总局管理。

1981年

5月,海拉尔农牧场管理局将八一牧场、巴达尔湖农场、呼和马场、跃进马场、索伦牧场、公主陵牧场、阿力得尔牧场、杜尔基农场的人、财、物统计数字移交给兴安盟农场局,从1981年1月1日起归兴安盟农场局管理。

11月21日,中共呼伦贝尔盟委员会、呼伦贝尔盟公署发来贺电,全文如下。

大杨树农场局党委、大杨树农场局:您局全体职工在十二大精神鼓舞下,经过艰苦努力,战胜了涝、旱、虫等自然灾害,夺取了较好收成,11月16日你局已向国家交粮豆5 155万斤,超额55万斤,完成了5 100万斤的当年任务。为此特向您局并向全体职工表示热烈祝贺。希望你们以十二大精神为动力,继续努力做好工作,力争向国家多交售粮食,为四化建设作出更大的贡献。

1983年

2月23日,中共内蒙古自治区委员会、内蒙古自治区人民政府下发各盟市委、市政府和直属单位《关于改革国营农牧场领导体制的报告》,全区12个农牧场管理局的118个农牧场全部移交所在盟、市管理,总局直属的四所技校(即海拉尔、大杨树、锡林浩特、通辽技校)移交当地农管局管理。海拉尔、大杨树2个管理局的计划、基建和局级干部仍由自治区管理。各农牧场管理局和农牧场(企业)的建制级别不变,干部的级别职称待遇不变。

10月20日,海拉尔农牧场管理局拟定《关于稳定和完善经济责任制的意见(讨论稿)》,提出进一步加深对经济责任制的性质和意义的认识,正确处理国家、企业和职工三者利益的关系等十条意见。

1984年

1月14日，大杨树农场管理局决定试办家庭农场。

12月10日，海拉尔农牧场管理局召开农牧场工作会议，着重学习讨论中共中央《关于经济体制改革的决定》，研究农牧场经济改革和办家庭农牧场问题，总结交流经验。会议通过了《海拉尔农牧场管理局兴办职工家庭农牧场方案》。

1988年

6月17日，《呼伦贝尔报》载：自1984年以来，海拉尔农牧场管理局的工商业发展较快，已建成122处农畜产品加工厂，打进城镇的商业网点已达25处。出口了1 500头牛、310匹马，并出口了蜂蜜、药材、白瓜籽等土特产品，共创汇157万美元。

7月，大杨树农场管理局开始对所属企业实行二轮承包，同时颁发《关于企业领导体制改革实施方案》《关于招标（聘任）承包方案》及《关于招标承包测算和考核办法》等文件。

1989年

1989年末，海拉尔农牧场管理局全面超额完成了各项经济指标：社会总产值4.09亿元，比上年增加1.08亿元，增长35.9%，完成计划的164.5%；国民生产总值1.66亿元，比上年增加4 089.6万元，增长32.6%，完成计划的136.7%；人均国民生产总值1 724.8元，比上年增加440元，增长34.25%；工农业总产值2.27亿元，比上年增加3 214.2万元，增长16.47%，完成计划的115.4%；全员劳动生产率4 774.3元，比上年增加694.3元，增长17.01%；人均收入808.5元，比上年增加100.4元，增长14.2%；实现利税4 150.8万元，比上年增加1 966.9万元，增长90%；利润3 394.9万元，比上年增加1 870.7万元，增长122.73%，完成计划的242.5%。所有这些表明，全局各项建设事业已进入建局以来的鼎盛时期。

1990年

10月23日，海拉尔农牧场管理局出台《场长（经理）任期目标承包经营责任制经济奖惩办法》。

1990年，海拉尔农牧场管理局完成社会总产值46 000万元（1990年价。本段同），国民生产总值20 100万元，工农业总产值42 400万元，粮豆油总产7.08亿斤，牲畜存栏21.76万头只，实现利润2 901.2万元，人均收入938元。"七五"期间，局粮食生产连续5年创历史最好水平，累计生产粮食11.6亿千克，年均递增20%。累计税金4 370万元，是建局以后经济效益最好的时期。

1990年，大兴安岭农场管理局完成工农业年总产值9 076万元（1980年不变价。本段同），为呼伦贝尔盟公署下达经济责任状指标的118%，比上年增长26.2%。其中工业总产值1 802万元，为计划的101%，增长8.3%；农业产值7 224万元，为计划的123%，增长25%。粮豆总产116 825吨，增长43.6%，粮豆订/议购任务合计完成69 233吨，完成计划的204%；粮豆播种任务83万亩，实际完成85万亩，为计划的102.4%，比上年增长0.2%。大小畜年末存栏1.5万头（只），比上年增长14.5%。全局实现利润663.5万元，为计划指标的301.5%，比上年增长212%。

1993年

1993年，大兴安岭农场管理局17个农工商企业全部盈利，实现利润1 463.9万元，人均纯收入1 600元，各主要经济指标创建局以来最好成绩。全局实现工业产值4 276万元，比上年增长3.7%，利润290万元，比上年增长2.1倍，全局工业以年递增19%的速度蓬勃发展。1993年全局加工、修理、发电、采煤等行业，产值都有大幅度提高，植物油厂创利200万元。

全局粮食总产达130 050吨，比上年增长12.1%，农业总产值达15 309万元，比上年增长23.2%，人均纯收入1 400元，比上年增长19.4%，这是垦区连续5个丰收年。

管理局荣获盟公署、盟委双文明目标责任状考核评比一等奖。

1994年

1994年，大兴安岭农场管理局9项经济指标均创建局以来最佳成绩。实现工农业总值26 456.8万元，较1993年（下同）增长19.9%；国民生产总值15 716.6万元，增长12.9%；大豆单产150.9千克，增长8.2%；小麦单产209.3千克，增长21.6%；上缴税金1 280.5万元，增长2.2%；人均收入2 366.7元，增长34.0%；职均收入4 838元，增长32.9%；大小畜存栏61 779头（只），增长33%。

大兴安岭农场管理局获得全盟"双文明目标管理优胜奖"，双文明"三连冠"。

1995年

1月14日，《内蒙古日报》二版载：被海拉尔农牧场管理局定为"哈达图模式"的"双租赁、双抵押、一转移"农垦企业的改革形式，经过一年的运行，已初见成效。《内蒙古日报》一版载：特泥河农场实行招标承包试点，每年利润增长速度均在百万元以上；成为自治区农垦系统第一个利润超千万元大关的农牧场；全场人均收入达2 400元，成为海拉尔垦区第一个既无内债、又无外债的先进企业。

1995年

12月31日，海拉尔农垦经济工作超常规、超历史发展，实现了改革、农业发展、经济效益、职工收入4个方面的突破。完成社会总产值10.8亿元，比上年增长25.6%；国民生产总值3.8亿元，比上年增长37.1%；工农业总产值6.89亿元，比上年增长17.9%；粮油总产9.09亿斤，比上年增长36.7%；农业利润达2.5亿元；牲畜存栏25.5万头只，比上年增长13.8%；资产总额14亿元，比上年增长40%；资产负债率78.2%，比上年下降了3.4个百分点；第三产业产值1.19亿元，比上年增长48.7%；自营经济2.55%，比上年增长38.8%；固定资产新增9 924万元，比上年增长13%；利润5 410万元，比上年增长8.0倍；职均收入3 891元，比上年增长63%；人均收入2 008元，比上年增长27.7%。

1995年，全局农业投入6.3亿元，比上年增加1.8亿元；投入化肥2.9万吨，增加1.3万吨，全局推广108项农业增产新技术达2 651万亩次，比上年增加700万亩，实现粮油总产9.09亿元，农业现价产值7.5亿元，农业利润2.5亿元。

1995年，海拉尔农牧场管理局荣获农业部颁发的"全国粮食生产先进垦区"奖；荣获自治区人民政府颁发的"1995年份兴垦奖""1995年份全区农业技术推广先进集体奖"。

1996年

7月25日，中共中央政治局委员、国务委员兼国家体改委主任李铁映在自治区党委书记刘明祖、主席乌力吉、呼伦贝尔盟委书记胡其图及海拉尔市党政领导的陪同下，视察了海拉尔乳品厂、谢尔塔拉种牛场，并听取了海拉尔农牧场管理局党委书记、局长曹育民的工作汇报。期间，李铁映等领导看到谢尔塔拉种牛场的小麦万亩喷灌区和三河牛核心群后非常激动，对海拉尔垦区的经济体制改革、建立现代企业制度等作了重要指示，亲自为集团起名叫"绿宝石"，并题写了"绿宝石"三个大字和"出土之时便有节，待到凌云总虚心"的对联以示勉励。为了支持"绿宝石"集团的建立与发展，李铁映还指示，"绿宝石"集团可以作为国家改革试点，由国家体改委对集团总体方案的设计与制定给予具体帮助和指导。

1998年

1998年，海拉尔农牧场管理局完成国民生产总值48 767万元，同比减少8.5%；工农业总产值完成76 751万元，同比减少7.8%；全局实现利润731万元；粮豆油总产5亿千克；牧业年份存栏34.2万头只，同比增长6.9%；人均收入2 706元，同比下降11.5%；职均收入4907元，同比下降7%；实现利税总额6 510万元，同比下降44.6%。

1999年

1999年，海拉尔农牧场管理局实现国民生产总值50 917万元，同比增长4.4%；工农业总产值81 330万元，同比增长5.9%；人均收入2 849元，同比增长5.3%；职均收入5 312元，同比增长8.3%；实现利税6 525万元，同比增长0.2%；粮豆油总产5.935亿千克；牧业年份存栏35万头只，同比增长4.1%。

2000年

9月，三河马场被确定为农业部农垦局改革试点单位。

11月15日，内蒙古自治区党委决定海拉尔农牧场管理局、大兴安岭农场管理局列为自治区18户直属国有重要骨干企业，党的关系隶属内蒙古自治区党委企业工委管理。

2001年

2001年，海拉尔农牧场管理局实现国民生产总值41 208万元；工农业总产值56 651万元；人均收入2 737元；全局亏损1.375亿元；上缴税金2 434万元；粮豆油总产1.98亿千克；牧业年份存栏36.2万头只；牛奶总产7.5万吨，比上年增长13.6%，垦区出现了2个万头牛场，3个万吨奶场，苏沁、谢尔塔拉、陶海等牧场养畜户奶资收入超过万元，出现了大灾之年职工收入增加、企业效益增长的可喜局面。

2002年

2月26日，为加快结构调整力度，提高经济效益和增加职工收入，海拉尔农牧场管理局提出了海拉尔垦区结构调整六大行动计划，即乳业、肉业、草业、双低油菜、优质大豆和种业行动计划，2002—2005年实施。

8月28日，内蒙古自治区人民政府第9次常务会议研究决定：海拉尔、大兴安岭2个农牧场管理局下放为呼伦贝尔市市属企业，实行属地管理。

2002年，海拉尔农牧场管理局工业经济运行保持稳步增长，工业增加值完成9 170万元，同比增长5.8%；工业总产值完成21 903万元，同比增长29.7%；实现销售收入20 518万元，同比增长13.4%；上缴税金1 599.4万元。国内生产总值完成54 453万元，同比增长32.1%。其中，第一产业增加值37 001万元，同比增长53.3%；第二产业增加值9 181万元，同比增长3.1%；第三产业增加值8 271万元，同比增长1.38%；年人均纯收入3 276元，同比增长19.7%，实现利润3 334万元，由上一年的亏损13 750万元一举扭亏为盈。海拉尔农牧场管理局拉布大林、上库力、特泥河、三河、苏沁、牙克石、那吉屯、莫拐、免渡河、大河湾、格尼河、哈达图等12个农场盈利超百万元，受到内蒙古自治区的表彰和奖励。

2003年

8月6日，按照内蒙古自治区党委的决定，呼伦贝尔市委和海拉尔农牧场管理局加快了改革步伐，决定采取"两块牌子，一套人马"的办法，保留海拉尔农牧场管理局，在海拉尔农牧场管理局基础上组建海拉尔农垦（集团）有限责任公司。

12月30日，海拉尔农垦（集团）有限责任公司举行了挂牌仪式，呼伦贝尔市四大班子领导参加了挂牌仪式。

2003年，海拉尔农垦（集团）有限责任公司实现国民生产总值48 949万元；工农业总产值68 648万元；人均收入3 163.8元；全局亏损380万元；上缴税金2 868万元；粮豆油总产2.25亿千克；牧业年份存栏48.1万头只，同比增长26.1%。

2004年

1月9日，大兴安岭农垦（集团）有限责任公司第一次股东代表大会召开。讨论通过了《大兴安岭农垦（集团）有限责任公司章程》。这次改革是在原大兴安岭农场管理局事业单位的基础上，农垦集团8个国有农场和局直属各企事业单位通过国有资产和职工国有身份"双退出"，实现国有股、员工股及海拉尔和大兴安岭2个农垦集团互相参股，组建农垦集团公司，实现投资主体多元化，建立现代企业制度和公司法人治理结构，并保留了原农场管理局牌子，公司股本总额1.5亿元，其中国有股占51%、员工股49%，农垦集团12 100名国有职工置换了国有职工身份，并以置换身份的资产入股7 443万元。置换身份的员工均与新成立的公司签订了劳动合同。

8月28日，大兴安岭农垦（集团）有限责任公司正式挂牌，标志着大兴安岭农垦集团转制改革的顺利完成，农垦集团翻开了历史新的一页。

2004年，海拉尔农垦（集团）有限责任公司实现生产总值6.1亿元，同比增长25%。其中，第一产业增加值4.5亿元，同比增长36.9%；第二产业增加值8 016.3万元，同比增长2.4%；第三产业增加值8 404.7万元，同比增长0.23%。农牧场人均收入3 792.5元，同比增长19.9%。实现利润3 846万元，比上年增加4 226万元。粮油总产3.49亿千克，年末牲畜存栏41.6万头（只），同比增长8.5%，牛奶总产量15万吨。

2005年

5月9日，大兴安岭农垦集团、海拉尔农垦集团主要领导陪同呼伦贝尔市政府领导一同到黑龙江农垦总局，就海拉尔农牧场管理局、大兴安岭农场管理局两局与黑龙江总局建立经济联合体事宜进行第一次磋商。三方基本达成一致意见，海拉尔农牧场管理局、大兴安岭农场管理局两局以独立法人资格加入黑龙江北大荒农垦集团，建立农垦集团域经济联合体。

8月28日，海拉尔农垦（集团）有限责任公司在海拉尔工业开发园区举行30万吨油菜籽加工项目奠基仪式。

2005年，海拉尔农垦实现国民生产总值92 808万元，同比增长53.7%；工农业总产值188 338万元；人均收入5 704元，同比增长19.9%；实现利润11 455万元，同比增长197.8%；粮豆油总产6.25亿千克；牧业年份存栏51.7万头只，同比增长19.4%。

2006年

6月底，大兴安岭农垦集团牲畜存栏突破50万头只。两年来，通过政策扶持、资金支持、"五抓三个一"等措施，累计总投资6 805万元，新建畜牧小区19个，新建畜舍23.6万平方米，牲畜总头数比2004年净增80%，良种率达到70%以上，一类疫病防疫密度达到100%，综合防疫密度达到98.5%以上。大兴安岭农垦集团涌现出千只狐、百头鹿、万只兔等一大批特色养殖业大户，实现了畜牧养殖"千百万"工程。

7月11—13日，农业部农垦局局长杨绍品到海拉尔农垦集团就体制改革、经济发展、经营管理及社会稳定等情况进行调研。期间到拉布大林农牧场、三河马场、上库力农场视察。杨绍品局长要求，海拉尔农垦集团继续按照中央确定的农垦系统"集团化、股份化、产业化"的发展方针，坚定不移地推进集团化改革，在新农村建设中起排头兵和示范、带动、辐射作用，要保护和促进生产力的发展，提高职工群众的生活水平，解决好企业在改革发展中出现的问题。调研期间，杨绍品局长还与内蒙古自治区推进呼伦贝尔农村牧区综合改革指导组组长特木勒就农垦改革交换了意见。

8月11日，内蒙古自治区政府主席助理费·阿拉腾别立格、自治区政府调研室副主任王海滨等一行四人到海拉尔农垦集团就农垦管理体制及运行现状，农牧场及职工对农垦改革的意见和建议进行调研。

2006年，海拉尔农垦实现国民生产总值103 115万元，同比增长11.11%；工农业总产值207 345万元，同比增长10.09%；人均收入6 672元，同比增长16.98%；实现利润13 390万元，同比增长16.89%；粮豆油总产6.42亿千克；牧业年份存栏53.9万头只，同比增长8.7%。

2007年

7月2日，兴安绿源公司大豆浓缩蛋白生产线建成投产，标志着大兴安岭农垦集团大豆精深加工龙头企业建成迈出了重要步伐。该项目由大兴安岭农垦集团4个农场、1个流通企业共同投资4 500万元建设，设计年加工大豆浓缩蛋白1万吨，产值1.8亿元。三期工程将再投资5 000万元，进行浓缩蛋白改性和大豆功能因子提取，生产大豆高科技终端产品。

7月10日，内蒙古自治区政府副主席雷·额尔德尼到海拉尔农垦集团视察工作。雷·额尔德尼副主席对海拉尔农牧场管理局、大兴安岭农场管理局两局的工作给予了肯定。雷·额尔德尼副主席同意海拉尔农牧场管理局、大兴安岭农场管理局两局在项目申报上享受呼伦贝尔市的旗市待遇，要求陪同视察的内蒙古自治区相关部门予以落实；同意凡是内蒙古自治区出台的对农村、农民的政策，海拉尔农垦、大兴安岭农垦均享受。

2007年，海拉尔农垦国民生产总值完成12.3亿元。其中，第一产业增加值10.1亿元，同比增长23.5%；第二产业增加值1.27亿元，同比增长4.3%；第三产业增加值0.95亿元，同比增长4.6%。职均收入18 244元，人均收入8 025.1元，同比增长20.3%。实现利润20 850万元。粮豆油总产5.05亿千克；牧业年份存栏318 596万头只。

2008年

7月,农业部农垦局在上库力农场举办粮食发展调研活动,内蒙古、黑龙江、江苏、湖北、辽宁等农垦局的主要领导19人参加调研活动。会议旨在通过加强科技措施应用、扩大种植面积等多渠道,全面加快粮食生产能力,使农垦粮食总量在5年内有大幅度提高,为国家粮食生产做贡献。

8月,全国农垦经贸流通合作座谈会在海拉尔召开,全国18个农垦集团的主要领导共77人出席会议,会议由海拉尔农垦(集团)有限责任公司承办。

9月2日,内蒙古自治区党委书记储波、政府代主席巴特尔一行先后对海拉尔农垦(集团)有限责任公司家畜繁育指导站、三河牛科技文化馆、标准化生产队第二生产队以及农业秋收现场进行现场考察。储波、巴特尔详细了解内蒙古三河牛繁育工作,对取得的成绩给予了充分肯定,希望谢尔塔拉种牛场在三河牛保种和选育提高上做出更大的成绩。对海拉尔农垦集团在实施保护性耕作方面所做的贡献给予充分肯定。对农业标准化生产建设发展提出指导性意见。对农业机械化发展及农业科技应用水平给予很高评价,并进一步强调要把握发展机遇,保持经济较快发展势头,逐步提高职工群众生活水平,进一步加强农业生态建设和环境保护,为农业可持续发展奠定坚实基础,为全区发展现代农业起到示范带头作用。

9月20日,内蒙古自治区党委书记储波、政府代主席杨晶到大兴安岭农垦集团视察。储波书记、杨晶主席重点视察了大兴安岭农垦兴安绿源大豆工程有限公司大豆浓缩蛋白生产线。储波书记指出,以农业为主的大兴安岭农垦集团,建设了这样一家高技术含量的大豆加工企业,是一个了不起的成就,在内蒙古自治区尚属首家。

11月20日,由海拉尔农垦集团、江苏春蕾麦芽集团和自然人三方投资兴建的呼伦贝尔春蕾麦芽有限公司竣工投产庆典在额尔古纳市举行。呼伦贝尔春蕾麦芽有限公司一期工程投资5 000万元,投产后可完成产值5 000万元以上,年耗大麦原料9万吨,生产麦芽6万吨,定向供应国内知名啤酒品牌华润雪花啤酒集团。

12月,按照《呼伦贝尔市人民政府关于转发内政字〔2006〕201号文件的通知》呼政字〔2006〕136号和《呼伦贝尔市人民政府关于海拉尔农垦等二系统企业办中小学未移交地方退休教师养老金补差工作进行属地办理的实施意见》呼政字〔2008〕162文件精神,海拉尔、大兴安岭农垦集团完成了学校和教职员工移交工作。

12月,大兴安岭农垦集团农业实行"三田制"管理,即员工田、规模田和统一经营示范田。为进一步减轻员工负担,将员工田面积调整为12~18亩,继续执行零收费制度;同时农场收回退休员工承包的员工田和规模田不再对员工发包而由农场统一管理和经营,称为"统一经营示范田",农场也相应成立了统管队,按照农业"六统一"要求专门管理统一经营示范田。

2008年，海拉尔农垦全年完成生产总值130 875万元。其中第一产业增加值107 127万元，同比增长5.95%；第二产业增加值13 137.5万元，同比增长3.39%；第三产业增加值10 610.6万元，同比增长12.11%。实现利润30 433.9万元，农牧场人均收入10 071.82元，职均收入17 482元。粮豆油总产6.17亿千克，年末牲畜存栏349 689头（只），牛奶总产273 890.5吨。

2009年

5月，海拉尔农垦（集团）有限责任公司获全国"五一"劳动奖状。

6月1日，中共中央政治局委员、国务院副总理、国家防汛抗旱总指挥部总指挥回良玉在水利部部长陈雷、国务院副秘书长张勇、国家发改委副主任杜鹰、财政部副部长丁学东、农业部副部长危朝安、国家林业局副局长孙扎根、国家气象局副局长矫梅燕、国研室党组成员黄守宏，内蒙古自治区主席巴特尔、副主席郭启俊、呼伦贝尔市委书记曹征海、市长罗志虎等陪同下，深入海拉尔农垦集团视察抗旱工作，在谢尔塔拉种牛场，回良玉一行观看了大型免耕播种作业现场、查看了大田出苗情况、用土壤水分测量仪测试了土壤墒情，看望了工作在生产一线的职工群众。

12月，按照呼伦贝尔市政府《研究农垦企业养老保险市级统筹有关问题》专题会议纪要精神和《关于农垦企业基本养老保险工作移交属地管理的通知》呼劳社发〔2008〕79号文件精神，撤销海拉尔、大兴安岭农垦社保经办机构，基本养老保险业务工作全部移交属地管理。

12月31日，海拉尔农垦完成国民生产总值162 258万元，粮豆油总产7.63亿千克，年末牲畜存栏38.9万头（匹、只），2009年工业总产值112 508万元，实现利润34 058万元，职均收入27 382元，人均收入13 446.6元。

2010年

8月6日，内蒙古自治区党委书记、人大常委会主任胡春华一行在市委书记曹征海等陪同下，来到大兴安岭农垦集团视察工作。在中德现代化示范场，胡春华等一行认真听取了有关情况的汇报，参观了德国克拉斯大马力主机、大型收获机等农机设备，集团公司副总经理李洪斌汇报了中德示范场运行合作情况。胡春华对中德农业现代化示范场的建设给予高度评价。

8月16日，国务院综合改革办公室副主任黄维健一行到海拉尔农垦（集团）有限责任公司调研农垦企业分离办社会职能工作情况。

2010年，海拉尔农垦（集团）有限责任公司完成生产总值181 453万元，粮油总产7.63亿千克；年末牲畜存栏498 748头（匹、只），2010年实现利润33 047万元。人均纯收入15 443元，职均收入30 916元。

2011年

6月21日，中共中央政治局委员、中央书记处书记、中宣部部长刘云山在内蒙古自治区党委书记、人大常委会主任胡春华，内蒙古自治区党委常委、宣传部长乌兰，呼伦贝尔市委书记罗志虎、市长张利平陪同下深入谢尔塔拉种牛场对宣传思想文化和农村精神文明创建工作进行考察指导。

7月8日，中央电视台新闻联播播出题为"海拉尔农垦：机械化引领现代农业快速发展"的专题报道，历时2分钟，采用人物采访、田间作业、数字对比、机械展示等形式，全景展现了现代农业发展。

2012年

呼伦贝尔市委、市政府决定在海拉尔农牧场管理局、大兴安岭农场管理局两局基础上组建呼伦贝尔农垦集团，并整合全市农牧业资源，打造呼伦贝尔农牧业产业化航母，成为全市经济发展新的增长极。

7月8日，内蒙古自治区党委书记胡春华到呼伦贝尔农垦集团视察农牧业产业化工作，呼伦贝尔市委书记罗志虎、市长张利平等领导陪同。胡春华指出，农垦要从长远谋划畜牧业发展，在牧业多元化方面寻求新的经济增长点和突破口。

2013年

8月28日，内蒙古自治区党委书记王君在全区科学发展观摩活动呼伦贝尔汇报会上特别指出，要发挥呼伦贝尔农垦集团在农牧业发展上的带动作用。

9月10日，拉布大林农牧场小麦新品种"拉1553"在内蒙古自治区农作物品种审定委员会五届五次会议通过审定并命名，这是继小麦"拉2577"通过审定命名之后又一新品种。

9月24日，呼伦贝尔生态产业技术研究院经内蒙古自治区科技厅批准，在呼伦贝尔市民政局注册成立。

9月26日，呼伦贝尔生态产业技术研究院与任继周院士签订《呼伦贝尔草地农业生态系统院士专家工作站共建协议》。

9月28日，"海拉尔农垦集团大型机械化保护性耕作技术研究与推广"项目获呼伦贝尔市政府颁发的2013年度科学技术进步奖一等奖。

12月24日，呼伦贝尔生态产业技术研究院及呼伦贝尔农垦集团有限公司与中国科学院科技促进发展局签订了"中国科学院与呼伦贝尔生态产业技术研究院"科技合作框架协议。

2014年

1月9日，深圳华大基因研究院与呼伦贝尔生态产业技术研究院在呼伦贝尔签署了"国家基因库呼伦贝尔高寒种质资源分库"共建协议。

6月11日，内蒙古自治区党委副书记、政府主席巴特尔在呼伦贝尔农垦集团大兴安岭农垦集团视察时指出，农垦发展大有潜力，自治区对农垦要大力支持。

6月25—28日，农业部农垦局局长王守聪一行在呼伦贝尔农垦集团调研时指出，农垦走出了一条中国特色横向纵向一体化的改革新路。

7月18日，呼伦贝尔农垦集团公司在伊敏煤电宾馆与教育部科技委农林学部委员就农垦有关问题进行座谈。集团公司领导、傅廷栋院士、荣廷昭院士及各大院校专家、相关部门人员参加座谈会。座谈会上，各位院士、专家针对呼伦贝尔农垦集团农牧业、旅游业发展现状及今后的发展方向做了系统分析，并对呼伦贝尔农垦集团在延伸农牧业产业链等方面提出了建议。

7月28日，呼伦贝尔生态产业技术研究院与深圳华大基因研究院共同组建的"国家基因库呼伦贝尔高寒种质资源分库"在呼伦贝尔市举行揭牌仪式，并正式运行。

2015年

1月24日，拉布大林农牧场、特泥河农牧场获得农业部第一批全国农垦农机标准化示范农场。

3月20日，呼伦贝尔市市长张利平在呼伦贝尔农垦集团调研时指出，农垦要坚定打造产业化航母的目标不松劲不放松。

3月26日，由中国科学院科技促进发展局、中国科学院植物研究所、呼伦贝尔农垦集团、呼伦贝尔生态产业技术研究院、宁夏农业综合开发办、盐池县政府联合召开"生态草牧业试验区建设座谈会"，自此，呼伦贝尔农垦集团"生态草牧业试验区"建设拉开序幕。

3月29日，"十个全覆盖"工程全面展开。呼伦贝尔农垦建筑安装有限责任公司承建工程任务40 000万元左右。

7月31日，呼伦贝尔农垦集团与中国农业科学院进行了战略合作签约，中国农业科学院党委书记陈萌山指出，此次战略合作的关键是在呼伦贝尔地区打造一个先行示范区域。农业部农垦局局长王守聪、呼伦贝尔市副市长郝桂娟出席签约仪式。

9月2日，呼伦贝尔农垦集团与中国科学院签署战略合作协议，共同推进呼伦贝尔草牧业试验区建设。

12月4日，呼伦贝尔市市长张利平主持会议，专题研究呼伦贝尔农垦集团改革发展工作。呼伦贝尔农垦集团汇报了《呼伦贝尔农垦集团改革与发展实施方案》，与会人员围绕贯彻落实中共中央、国务院印发的《关于进一步推进农垦改革与发展的意见》结合呼伦贝尔农垦集团实际进行了讨论。张利平指出，要提高认识，抓住机遇促改革，打造现代化产业航母。

2016年

1月8日,经呼伦贝尔农垦集团批准,呼伦贝尔合适佳食品有限公司、海拉尔麦福劳有限责任公司、海拉尔麦多利啤酒原料有限公司(国有产权)、呼伦贝尔春蕾麦芽有限公司(国有产权)、鄂伦春自治旗夏日饮品有限责任公司的出资人变更为"呼伦贝尔农垦工业有限责任公司",自2016年1月1日起,上述工业企业资产(或国有股权)、人员移交至呼伦贝尔农垦工业有限责任公司管理并行使出资人职责。

1月25日,呼伦贝尔农垦资本运营公司参与集团公司与内蒙古产权交易中心战略合作协议签订仪式。

5月29—30日,中国科学院上海生命科学研究院营养科学研究所所长陈雁率队出席呼伦贝尔健康食品研发和检验中心揭牌仪式。

6月8日,中国科学院地理科学与资源研究所研究员钟林生一行3人到呼伦贝尔农垦集团论证"呼伦贝尔农垦旅游产业发展规划"。

6月13—14日,内蒙古自治区政协副主席常海率无党派人士界别活动组到呼伦贝尔农垦集团就改革发展情况进行调研并召开座谈会。常海要求,呼伦贝尔市委、市政府与农垦集团要认真学习中央和自治区相关文件精神,积极争取上级扶持,推进集团迅速发展。

7月,呼伦贝尔农垦集团所属海拉尔农垦、大兴安岭农垦集团,专业公司及所属独资及控股子公司、事业单位共计62个单位全面升级为集团型财务管理软件——金蝶EAS财务管理系统,标志着集团公司财务信息化管理平台组建完成,并实现高效运转。

7月18日,中国·呼伦贝尔高品质芥花油高峰论坛,在呼伦贝尔农垦集团隆重举行。这场由呼伦贝尔农垦集团、中国作物学会油料作物专业委员会主办,呼伦贝尔农垦的商贸公司、科技公司、工业公司、合适佳食品有限公司承办的高峰论坛,吸引了有关专家、学者和全国各地160多位主要合作伙伴的眼球。中国作物学会油料作物专业委员会专家们齐聚呼伦贝尔,对呼伦贝尔农垦集团合适佳食品有限公司生产的"苍茫谣"芥花油的营养健康品质做出了高度评价。专家们一致评定,"苍茫谣"芥花油具有好生态、好原料、好工艺、好品质、好营养的特点,是绿色安全、营养健康、品质最优良的大宗食用植物油。

7月18日,由中国农业科学院、呼伦贝市政府主办,呼伦贝尔农垦集团有限公司承办的春油菜全产业链绿色高产高效模式现场观摩会暨专家论坛,在谢尔塔拉农牧场油菜万亩高产攻关试验田的现场观摩中拉开了序幕。《经济日报》《中国经济时报》《农民日报》《中国食品安全报》《中国农垦》杂志社、内蒙古广播电视台、《内蒙古日报》《呼伦贝尔日报》、呼伦贝尔广播电视台以及新浪、网易等网络媒体,都对此次专家论坛做了报道。

8月2—3日,"全区农垦贯彻落实中央、自治区农垦改革文件工作座谈会"在大兴安岭农垦集团召开,座谈农垦改革并部署下一步工作。

8月12日，由国家大豆产业技术体系、中国作物学会大豆专业委员会、呼伦贝尔农垦集团主办的"中国·大兴安岭大豆产业发展战略高峰论坛"在大兴安岭农垦集团成功举行。中国工程院院士、南京农业大学教授盖钧镒，中国大豆产业协会常务副会长刘登高，国家大豆产业技术体系首席科学家、农业部大豆专家指导组组长、中国农业科学院作物科学研究所研究员韩天富，吉林巨润集团董事长刘明智共同启动论坛。《农民日报》、《科技日报》、《内蒙古日报》、内蒙古广播电视台、《呼伦贝尔日报》、呼伦贝尔广播电视台等媒体对此次专家论坛做了详细报道。

9月17—18日，自治区党委书记李纪恒在呼伦贝尔农垦集团调研时强调，发挥优势加快转型，为全面建成小康社会起表率作用。期间李纪恒书记到呼伦贝尔合适佳食品有限公司调研。

10月26日，呼伦贝尔市委书记秦义，市委副书记、代市长于立新一行深入呼伦贝尔农垦集团调研。秦义强调，呼伦贝尔农垦集团要明确新时期在全市经济社会发展中的定位，成为推动农牧业发展的"国家队"，健康食品的产业化"航母"。集团公司领导参加座谈。

12月25日，呼伦贝尔农垦集团、额尔古纳市和赤峰众益糖业有限公司在呼伦贝尔市党政办公大楼举行年加工100万吨甜菜制糖项目三方签约仪式。

2017年

2月17日，呼伦贝尔草牧业示范区建设2016—2017年度工作会议在中国科学院植物研究所举行，集团公司总经理张天喜赴京参加呼伦贝尔草牧业示范区建设年度会议。会议主题是为了落实汪洋副总理的指示，进一步推动呼伦贝尔草牧业科技示范工程，更好地完成中国科学院"十三五"规划的重大突破。会议主要围绕2016年呼伦贝尔地区生态草牧业试验区建设的工作成果、存在问题和改进建议以及2017年的工作计划进行研讨和交流。

8月2日，中央电视台乡约栏目策划的相约呼伦贝尔农垦——CCTV7大型户外相亲节目走进垦区。

12月26日，呼伦贝尔农垦集团召开土地确权登记发证工作会议。

2018年

7月19日，呼伦贝尔市政府、中国轻工业联合会主办，呼伦贝尔农垦集团、呼伦贝尔市农牧业局承办的"中国芥花油之都·呼伦贝尔"授牌仪式隆重举行。

9月21日，呼伦贝尔市政府召开推进呼伦贝尔农垦改革工作领导小组第二次会议，审议并原则通过医疗卫生职能改革等11个农垦办社会职能改革专项方案和农垦集团深化体制机制改革实施方案，安排部署下一步工作。

9月26日，中央政治局委员、国务院副总理胡春华在农业农村部部长韩长赋，内蒙古自治区党委书记李纪恒、自治区党委秘书长罗永纲、自治区政府副主席李炳荣等领导的陪同下,到呼伦贝尔农垦集团调研,对农垦集团实行绿色发展、转型升级、产业引领、生态优先的做法和与中国科学院合作推进草牧业示范区建设给予高度肯定。胡春华指出:"要种好草、养好牛、出好奶、卖好价!"

9月30日—10月23日,呼伦贝尔市先后印发了《关于印发〈呼伦贝尔农垦集团深化体制机制改革实施方案〉的通知》(呼党办发〔2018〕19号)、《关于印发〈呼伦贝尔农垦集团职能改革方案〉的通知》(呼政办发〔2018〕46号)、《关于印发〈呼伦贝尔农垦集团改革实施方案〉的通知》(呼政字〔2018〕128号)。

12月31日,根据《关于印发〈呼伦贝尔农垦集团深化体制机制改革实施方案〉的通知》(呼党办发〔2018〕19号),呼伦贝尔农垦集团公司完成了吸收合并海拉尔农垦(集团)有限公司的工作。

2019年

2月14日,呼伦贝尔市委副书记、市长姜宏深入呼伦贝尔农垦集团公司谢尔塔拉农牧场调研奶业工作,集团公司主要领导陪同调研。

2月24日,集团公司主要领导在海拉尔出席中国科学院生态草牧业工程实验室第一届理事会,张天喜当选为中国科学院生态草牧业工程实验室第一届理事会理事长,胡兆民被提名为工程实验室共同主任拟任人选。(最好是要有人名?除非因特殊原因隐去人名)

7月15日,内蒙古自治区政协副主席梁铁城及内蒙古生态文明建设和黄河文化经济促进会促进奶业振兴课题调研组一行11人到谢尔塔拉分公司第一牧场就三河牛养殖、繁育、乳制品加工销售等问题进行了调研。

7月26日,集团公司党委副书记、副董事长、总经理胡兆民接受《中国农垦》、人民网、《农民日报》、《经济日报》、《中国农村杂志》等多家央视媒体主编及记者的采访,介绍了集团公司体制机制改革、产业转型、高质量发展等方面的情况。

9月28日,在集团公司总部办公楼前举行"呼伦贝尔农垦集团有限公司党委、呼伦贝尔农垦集团有限公司"挂牌仪式。

11月12日,以农业农村部农垦局一级巡视员彭剑良为组长的农业农村部国有农场办社会职能改革"回头看"抽检组,到哈达图农场检查办社会职能改革进展情况。

2019年,呼伦贝尔农垦集团全年实际完成总播种面积567.7万亩,同比增长1.19%;粮豆油总产9.85亿千克,同比减少16.5%;牧业年度牲畜存栏117.49万头(匹、只),同比增长1.19%;肉奶总产13.9万吨,同比增长14.15%;实现总产值67.2亿元,同比减少19%;按生产实现制实现营业总收入37.69亿元,同比减少13.4%;职均收入56 678元,同比减少5.14%。

2020年

2月15日,集团公司通过呼伦贝尔市红十字会首批捐赠200万元,专项支持呼伦贝尔境内疫情防控工作。

3月，内蒙古自治区副主席艾丽华到合适佳食品有限公司调研指导工作。

7月30日，集团公司与呼伦贝尔军分区联合举办"八一"军事日暨市民兵应急营训练演示活动。

8月24日，呼伦贝尔农垦集团公司那吉屯乳业公司5 000头全群奶牛示范牧场项目举行奠基仪式。

10月12日，呼伦贝尔市委书记于立新在集团公司党委副书记、总经理、海拉尔农牧场管理局局长胡兆民陪同下深入呼伦贝尔农垦集团，就农牧业发展、秋粮收获、企业经营、安全生产、国有企业党建等工作进行调研。

11月13日，自治区党委副书记、自治区主席布小林到集团公司谢尔塔拉农牧场调研民族传统奶制品产业发展。

12月17—19日，24个农牧场公司先后举行挂牌仪式，标志着集团公司"农牧场企业化"改革工作迈入新的历史阶段。

2020年，呼伦贝尔农垦集团实现各业总产值68.2亿元，同比增长1%；实现生产总值28.3亿元，同比增长24%；销售实现营业收入42.8亿元，同比增长4.35%；在岗职工职均收入67 532元左右，同比增长14.11%；实现销售净利润4 568万元，比上年增加24 338万元；负债总额70.87亿元，比上年减少4.7亿元，资产负债率77.2%，同比下降1.7，国有资产保值增值率103.27%。